Das Buch

Südafrika ist ein Land mit sehr bewegter, von Gegensätzen gezeichneter Geschichte. Seine einzigartige Stellung in der heutigen Welt läßt sich auf seine besondere Rolle im Prozeß der europäischen Expansion zurückführen. Während europäische Besiedlung und Herrschaft in Amerika und Australien sich immer stärker ausweiteten, blieb in Afrika und Asien beides eine Episode, mußten sich die Europäer nach kürzerer oder längerer Zeit wieder zurückziehen. In Südafrika dagegen vermochte sich weder die europäische noch die afrikanische Seite ganz durchzusetzen. Das Ergebnis war ein bis heute anhaltender Machtkampf zwischen Schwarz und Weiß, der durch Rivalitäten unter den Weißen noch verwickelter wurde. Aus den unterschiedlichen Gruppen entstand durch Konflikt und Kooperation eine extrem ungleiche und gleichwohl unauflösliche Rassengesellschaft.
Wer die Gegenwart Südafrikas verstehen will, muß auch seine Geschichte studieren. Die Darstellung setzt lange vor der europäischen Inbesitznahme ein, schildert zuerst das Leben der frühesten Bewohner und berichtet dann von Holländern und Briten, von den Konflikten zwischen Siedlern und Nomaden, zwischen Briten und Buren, vom Kampf um Wasser und Weidegründe und um die reichen Bodenschätze, vom wirtschaftlichen Aufstieg des Landes bis hin zum Versuch, die Stellung der Weißen durch die Politik der Apartheid zu zementieren.

Der Autor

Jörg Fisch, geb. 1947, lehrte zunächst in Bielefeld und Mainz und ist jetzt Professor für allgemeine neuere Geschichte an der Universität Zürich. Veröffentlichungen u.a.: ›Krieg und Frieden im Friedensvertrag‹ (1979); ›Die europäische Expansion und das Völkerrecht‹ (1984); ›Hollands Ruhm in Asien‹ (1986).

Jörg Fisch:
Geschichte Südafrikas

Deutscher
Taschenbuch
Verlag

Originalausgabe
März 1990
© Deutscher Taschenbuch Verlag GmbH & Co. KG,
München
Umschlaggestaltung: Celestino Piatti
Karten: Kartographie Huber, München
Die Übersichtskarte S. 12/13 wurde nach Angaben des Autors
gezeichnet von Martin Steinmann, Schaffhausen.
Gesamtherstellung: C. H. Beck'sche Buchdruckerei,
Nördlingen
Printed in Germany · ISBN 3-423-04550-7

Inhalt

Wer sich heute mit Südafrika beschäftigt, braucht sich dafür nicht zu rechtfertigen. Er kann mit weltweitem Interesse an seinem Gegenstand rechnen. Wenn es schon nicht begründet werden muß, so lohnt es sich doch, die Art dieses Interesses näher zu bestimmen. Es ist nicht sachlich, bezogen auf ein besonderes Gewicht, das Südafrika politisch, wirtschaftlich oder kulturell in der Welt hat, sondern moralisch, bezogen auf innere Zustände, die als ungerecht empfunden werden. Südafrika ist keine Weltmacht und noch nicht einmal eine Großmacht. Es ist, trotz seiner reichen Bodenschätze, kein gegenwärtiger und kein künftiger Wirtschaftsriese. Es steht nicht an exponierter Stelle in den weltpolitischen Auseinandersetzungen, noch hat es von der ganzen Welt bewunderte und nachgeahmte kulturelle Leistungen erbracht. Aber es ist das einzige Land der Erde mit einem umfassenden System gesetzlich verankerter Rassendiskriminierung. Das Interesse der Welt beruht wesentlich auf der moralischen Verurteilung dieses Systems und der ihm zugrundeliegenden Ideologie.

Solches moralisches Interesse ist durchaus legitim, ja sogar geboten. Die Frage ist, ob es auch die Betrachtung der Geschichte des betreffenden Landes bestimmen kann und soll, oder ob dabei die Perspektive des sachlichen Interesses vorzuziehen ist. Es geht hier um die Wahl der Methode. Die moralische Geschichtsbetrachtung hätte die moralische Qualität des Handelns von Einzelnen, Gruppen, Völkern und Rassen zum Gegenstand. Sie würde die in der Gegenwart verurteilten Zustände als Ergebnis verwerflichen Handelns in der Vergangenheit verstehen. Sie müßte, als Voraussetzung dafür, den Handelnden selber unterschiedliche moralische Qualitäten zuerkennen. Darin wäre stillschweigend vorausgesetzt, daß andere Gruppen oder Völker anders und im moralischen Sinne besser gehandelt hätten – nur so würde Südafrikas Sonderstellung verständlich.

Diese Form der Erklärung ist in sich durchaus stimmig. Sie muß aber auf eine Annahme zurückgreifen, die strukturell der Grundvoraussetzung des Rassismus entspricht: daß nämlich unterschiedliche Völker, Gruppen und Rassen unterschiedliche intellektuelle und moralische Eigenschaften und Fähigkeiten haben, daß die einen von Natur aus besser und überlegen, und die andern schlechter und unterlegen sind. Eine solche Annahme läßt sich nun allerdings nicht zwingend widerlegen. Daß Rassismus unwissenschaftlich ist, ist allgemein anerkannt. Daraus folgt aber nicht, daß die Grundannahmen des Antirassismus wissenschaftlich erwiesen sind. Sie lassen sich ebensowenig beweisen wie die des Rassismus, weil sie auf einer jeder Wissenschaft vorausliegenden und unabhängig von der Erfahrung gefällten Entscheidung beruhen, die unterschiedlichen Völker und Rassen so zu betrachten und zu behandeln, wie wenn in intellektueller und moralischer Hinsicht keine Qualitätsunterschiede bestünden. Sonst müßte der Antirassismus unter dem Vorbehalt stehen, nur so lange zu gelten, bis die Wissenschaft das Gegenteil bewiesen hat. In der Diskussion über den Rassismus werden häufig Seins- und Sollensaussagen miteinander verwechselt. Das wird deutlicher, wenn man das Prinzip des Antirassismus als Spezialfall des Prinzips der Gleichheit betrachtet. Dieses besagt, daß alle Menschen als Gleiche behandelt werden *sollen*. Ob und in welchem Maße sie tatsächlich gleich *sind*, ist eine ganz andere, wissenschaftlich kaum abschließend beantwortbare Frage, die mit jenem Prinzip auch nichts zu tun hat.

Für die historische Betrachtung bzw. Erklärung steht diese methodische Entscheidung, ob das Erklärungsmuster moralisch oder sachlich sein soll, ebenfalls noch vor der Wissenschaft. Die Entscheidung für die sachliche Erklärung setzt die Annahme voraus, daß die durchschnittliche moralische Qualität von Handlungen unterschiedlicher Einzelner und Gruppen bei gleichen Rahmenbedingungen gleich ist. Damit ist selbstverständlich nicht vorausgesetzt, daß alle stets gleich handeln, sondern nur, daß die Handlungen der einen unter gleichen Umständen im Durchschnitt nicht wesentlich verwerflicher sind als die der andern. Zur Erklärung kann also nicht auf den Charakter der beteiligten Gruppen zurückgegriffen werden. Vielmehr sind die Umstände und Bedingungen, die Kräfte und Verhältnisse anzugeben, welche die Situationen erzeugt und ermöglicht haben, in denen die Beteiligten in ganz bestimmter Weise handelten.

Der Einwand liegt nahe, bei dieser Art von Geschichtsbetrachtung seien die Menschen nur willenlose Werkzeuge der Geschichte, ohne eigene Verantwortlichkeit. Urteile über die moralische Qualität von Handlungen sind jedoch keineswegs ausgeschlossen. Das skizzierte Erklärungsmuster erlaubt es

durchaus, eine Tat zu verurteilen oder einen Zustand für ungerecht zu erklären und Menschen dafür verantwortlich zu machen. Unzulässig ist nur die Rückführung dieser Verantwortlichkeit auf den Charakter der Handelnden. Die Frage ist somit,
wo die Hauptursache angesetzt wird: Bestimmt der – zumal
moralische – Charakter der Handelnden die Geschichte, oder
werden ihre Handlungen in erster Linie durch äußere Umstände und Rahmenbedingungen bewirkt? Diese Frage läßt sich
nicht mit wissenschaftlichen Methoden lösen. Dennoch bedeutet die Entscheidung für die zweite Antwort im vorliegenden
Falle keine bloße Willkür. Es ist durchaus möglich, den Gang
einer Geschichte aus dem Charakter von Einzelnen abzuleiten.
In der Geschichte eines Staates aber sind nicht Einzelne, sondern Kollektive die wichtigsten Handlungseinheiten. Urteile
über deren Charakter beruhen in weit höherem Maße als Urteile über Einzelne auf willkürlichen, methodisch nie zureichend
abgesicherten Verallgemeinerungen, in denen sich der Historiker – bewußt oder unbewußt – mehr oder weniger stark zum
Sprachrohr populärer Vorurteile und Feindschaften macht. Aus
den angenommenen Charakterunterschieden werden dann
leicht wieder Diskriminierungen abgeleitet.

Dies ist, wie gesagt, keine wissenschaftliche, sondern eine
vorwissenschaftliche, die Methode bestimmende Entscheidung.
Im Falle eines Gegenstandes, der aufs engste mit dem Rassismus
verknüpft ist, erscheint der Hinweis jedenfalls angebracht. Die
Frage der Parteinahme zugunsten der einen oder der andern
Rasse, zugunsten der Sieger oder der Unterlegenen, ist demgegenüber durchaus nachgeordnet. Sie mag die Weise der Darstellung und die Auswahl der zu behandelnden Gegenstände beeinflussen. Aber auf der Grundlage eines gemeinsamen Erklä-
rungsmodells vermögen sich selbst Anhänger unterschiedlicher
Parteien zu verständigen, während Anhänger derselben Partei,
die unterschiedliche Methoden verwenden, ihre Ergebnisse
nicht miteinander vergleichen können.

Für die sachliche anstelle der moralischen Perspektive sprechen gerade auch Gründe der Vergleichbarkeit (die die Voraussetzung für historische Gerechtigkeit in einem weiteren Rahmen bildet). Die Geschichte anderer Länder und Völker, für die
das Interesse sich aus ihrer sachlichen Bedeutung ergibt, wird in
aller Regel nicht mit moralischen Erklärungsmustern geschrieben. Würde man demgegenüber für Südafrika auf einem Muster
guter und böser Akteure beharren, so würde seine Geschichte

Internationale Grenzen
Provinzgrenzen
Eisenbahnen

0   100   200   300 km

KALAHARI

BOTSWANA

NAMIBIA

Keetmanshoop

Grünau

BETSCHUANALAND

Kuruman

Auob

Kuruman

Molopo

28°

Alexander Bay

KLEIN
NAMALAND

Oranje

Upington

GROSS

1680

Green

Water

GRIQUALAND

Port Nolloth

Buffel

Springbok

Pofadder

BUSHMANLAND

Kenhardt

Oranje

Hopetown

WEST

KLEIN

BUSHMANLAND

KAPPROVINZ

Priesca

Brak

De Aar

1708

Garies

KAREEBERGE

Carnarvon

Groen

Victoria West

Williston

Sak

HANTAMSBERG

1673

Calvinia

Kariega

SNEE

Atlantischer

32°

ROGGEVELDBERGE

Doring

923

GROSSE

KAROO

Graaff-Reinet

St. Helena
Bay

Tankwa

Beaufort West

Groot Compuls

Olifants

Groot Berg

Prince Albert
Road

Dwyka

Willowmore

Saldanha

Table Bay

Wellington

Worcester

2326

2152

Buffels

Oudtshoorn

Uniondale

Ozean

KAPSTADT

Paarl
Stellenbosch

Bree

Swellendam

George

Knysna

Bellville

Goukts

Plettenberg

Kap der Guten Hoffnung

Table Bay

Mossel Bay

16°

Kap Agulhas

24°

zu einem unvergleichbaren Sonderfall, strukturell in ähnlicher Weise, wie in der abendländischen Tradition die Geschichte Israels ein Sonderfall war, weil darin, der Bibel zufolge, direkte göttliche Eingriffe vorkamen, auf die man bei andern Geschichten nicht zurückgreifen konnte.

Auf dieser Grundlage ist die vorliegende Darstellung gegenwartsorientiert in dem Sinne, daß sie von den aktuellen Verhältnissen in Südafrika, insbesondere der Rassengesellschaft mit ihrem System der Diskriminierung, ausgeht und fragt, wie sie entstanden sind. Die Auswahl und die Gewichtung der einzelnen Lebensbereiche richten sich nach der Bedeutung, die sie dafür haben oder gehabt haben. Im Mittelpunkt stehen die politischen, die wirtschaftlichen und insbesondere die gesellschaftlichen Verhältnisse. Nur teilweise unmittelbare Auswirkungen auf jenes System hatten die Religion, das Recht und allgemein die Ideologie. Wichtig waren auch das Bildungswesen und Sprachfragen, während der Kultur im engeren Sinne geringere Bedeutung zukam. Deswegen, und wegen mangelnder Kompetenz des Autors, wird sie nur am Rande behandelt.

Mindestens so wichtig wie die Rolle der einzelnen Lebensbereiche ist im südafrikanischen Zusammenhang die Rolle der unterschiedlichen Gruppen, Völker und Rassen. Bis in die 1960er Jahre hinein standen die Weißen im Mittelpunkt der Geschichtsschreibung über Südafrika. Seither hat die Forschung einen bedeutenden Aufschwung genommen, sowohl in quantitativer als auch in qualitativer Hinsicht. Nicht zuletzt unter dem Eindruck entsprechender Vorgänge in vielen jungen schwarzafrikanischen Staaten ist die Geschichte der Schwarzen mit neuen Methoden und neuen Fragestellungen sehr viel intensiver behandelt worden. Das hat auch zum Postulat einer spezifisch schwarzen Perspektive für die Geschichte Südafrikas geführt. Solche Forderungen sind zur Kontrastierung der früheren Vorherrschaft der Perspektive der Weißen gerechtfertigt, nicht aber für eine allgemeine Geschichte Südafrikas. Das Interesse der Welt richtet sich ja auf Südafrika als Rassengesellschaft, nicht als schwarze Gesellschaft – sonst erschiene es einfach als einer unter vielen schwarzafrikanischen Staaten. Deshalb sollte die Rassengesellschaft den eigentlichen Gegenstand bilden. Nach der Präsentation der verschiedenen Gruppen stehen ihre Auseinandersetzungen und Kämpfe, aber auch ihr Zusammenleben und ihr Zusammenwirken im Mittelpunkt. Wenn dabei die Weißen mehr Gewicht erhalten, als ihrem zahlenmäßigen Anteil zukommt, so hat das zwei Gründe. Erstens haben sie die Auseinandersetzungen bislang zwar nicht ausschließlich, wohl aber zu guten Teilen zu ihren Gunsten entscheiden und dadurch in besonders starkem Maße prägend wirken können, nicht zuletzt auch auf das Schicksal der andern Gruppen. Freilich ist Südafrika andererseits ein besonders gutes Beispiel dafür, wie die Unterlegenen langfristig auch wieder die Geschichte der Sieger beeinflussen oder gar bestimmen, so daß die Einbeziehung der Verlierer nicht nur ein Gebot der Gerechtigkeit ist, sondern eine Grundvoraussetzung für das Verständnis der Geschichte des Landes überhaupt. Zweitens ist über die Geschichte der Weißen zumal in der Frühzeit mehr bekannt als über die der Schwarzen. Zwar haben hier neue Methoden in letzter Zeit bemerkenswerte Ergebnisse gebracht. Aber schriftliche Quellen, die erst mit dem Erscheinen der Europäer einsetzen, lassen sich nicht ganz ersetzen, und wir werden z. B. über das frühe Zulureich nie so viel wissen können wie über die frühe Kapkolonie. Das sagt nichts über den Wert der jeweiligen Geschichte. Aber der Historiker muß sich an die Quellen halten – schriftliche oder nichtschriftliche. Wo sie fehlen, kann er nur schweigen.

Im Zuge des Aufschwungs der historischen Forschung in den letzten Jahrzehnten ist auch eine Reihe von guten und übersichtlichen Gesamtdarstellungen der südafrikanischen Geschichte entstanden. Sie sind aber für ein englischsprachiges und oft speziell für ein südafrikanisches Publikum bestimmt, dessen Hintergrund und Interessen sich von denen einer mitteleuropäischen Leserschaft unterscheiden. Im deutschsprachigen Raum besteht durchaus eine eigene und lange Tradition des Interesses an, der Beschäftigung mit und der Verbindungen zu Südafrika. Eine Darstellung sollte diesen Hintergrund einbeziehen, der von früher Einwanderung über die Nachbarschaft Deutsch-Südwestafrikas mit der Kapkolonie bis zum Verhältnis der Buren zum Nationalsozialismus reicht. Zwar liegen auch einige deutschsprachige Gesamtdarstellungen vor, doch sie sind zum größten Teil überholt, während die neueste und beste, von Bilger (1976), schwer zugänglich und sehr umfangreich ist und sich wesentlich auf die Gegenwart konzentriert. Bislang haben sich stets nur Laien sowie in andern Berufen tätige Historiker des Themas angenommen. Vielleicht ist es an der Zeit, daß auch die deutschsprachige Historikerzunft sich einem so leidenschaftlich diskutierten Gegenstand nähert.

Dieses Buch versteht sich also als Versuch, gestützt auf gedruckte Quellen und Darstellungen die Geschichte Südafrikas im Lichte der neuesten Forschung in verständlicher Form zu schildern. Es erhebt keine darüber hinausgehenden wissenschaftlichen Ansprüche im Sinne der Aufarbeitung neuen, unbekannten Materials. Die Perspektive hingegen ist eigenständig und stets auf die Kräfte gerichtet, die schließlich zur Herausbildung einer ganz spezifischen Form einer Rassengesellschaft geführt haben. Der Rassismus selber ist nur eine dieser Kräfte, und bei weitem nicht die bedeutendste.

Das Manuskript wurde im Frühjahr 1989 abgeschlossen. Einzelne Nachträge reichen bis zum Herbst 1989.

Die Benennung der verschiedenen Bevölkerungsgruppen Südafrikas ist häufig umstritten und nicht selten ein Politikum. Die einfachste Lösung wäre, die jeweilige Selbstbezeichnung zu verwenden. Daneben sollte die verwendete Terminologie aber auch einigermaßen in sich stimmig sein und der normalen Wortbedeutung nicht geradezu widersprechen. Beides ist nicht immer vereinbar, und noch nicht einmal die Selbstbezeichnungen sind überall einheitlich, so daß Kompromisse nötig werden. Das gilt im Deutschen noch stärker als im Englischen und im Afrikaans, da Übersetzungen zusätzliche Komplikationen schaffen.

Die eigentliche Ursache für die Schwierigkeiten mit der Terminologie liegt darin, daß die südafrikanische Bevölkerung per Gesetz in vier Rassengruppen eingeteilt wird, von denen drei, die nichtweißen, gegenüber der vierten, der weißen, benachteiligt sind. Man kann diese Einteilung ablehnen, aber man kann nicht über Südafrika reden, ohne auf sie einzugehen. Daß die offiziellen Namen für die diskriminierten Gruppen sich abnutzen und als abschätzig oder gar beleidigend verstanden werden, versteht sich fast von selbst. Nur liegt der Grund der Abnutzung nicht in der Bezeichnung, sondern in der Diskriminierung, und solange diese nicht abgestellt wird, droht jeder neuen Benennung dasselbe Schicksal.

Die vier Rassengruppen werden hier bezeichnet als Weiße, Inder, Mischlinge und Schwarze. Die *Weißen* nannten sich früher in der Regel ›Europäer‹; der neue Sprachgebrauch ist inzwischen aber weitgehend unbestritten. Die *Inder* wurden bis 1984 offiziell als ›Asiaten‹ bezeichnet. Da sie zum allergrößten Teil indischer Abstammung sind, ist der Ausdruck ›Inder‹ jedoch aussagekräftiger; er gilt seit 1984 auch amtlich. Die *Mischlinge* sind eine Bevölkerungsgruppe, die sich aus afrikanischen und asiatischen Sklaven, aus Khoisan (»Hottentotten« und »Buschmännern«), Weißen und südafrikanischen Schwarzen vor allem im 18. und 19. Jahrhundert gebildet hat, während seither wegen der zunehmenden sozialen und gesetzlichen Schranken zwischen den Rassen die Vermischung nur noch eine geringe Rolle spielt. Die offizielle Bezeichnung ist im Englischen ›Coloureds‹, im Afrikaans ›Kleurlinge‹. Als Übersetzung würde also ›Farbige‹ näher liegen. Doch wird der Ausdruck im Deutschen gewöhnlich für Angehörige farbiger Rassen überhaupt verwendet, also auch für Schwarze und Asiaten. ›Mischlinge‹ weckt demgegenüber nicht selten negative und diskriminierende Assoziationen. Läßt man sich auf sie ein, dann akzeptiert man gerade eines der Vorurteile des Rassismus, daß Rassenmischung etwas Negatives sei. Dagegen steht das Argument, es gebe ohnehin keine reinen Rassen, und alle Menschen seien Mischlinge. Als Argument gegen den Rassismus ist das sicher richtig. Daß biologische Unterschiede bestehen, die durch lange Abgeschiedenheit der Hauptrassen voneinander entstanden sind, ist aber in der modernen Anthropologie kaum bestritten. Rassismus entsteht erst da, wo solche Unterschiede intellektuell-moralisch und überhaupt wertmäßig aufgeladen werden.

Nirgends wird das Problem der Abnutzung von Bezeichnungen so deutlich wie bei den *Schwarzen*. Nachdem ursprünglich vor allem ›Kaffern‹ verwendet worden war, wurde später ›Eingeborene‹ (›Natives‹, ›Naturelle‹) zur offiziellen Bezeichnung, abgelöst nach dem Zweiten Weltkrieg durch ›Bantu‹ und schließlich durch ›Schwarze‹.

Die drei diskriminierten Rassengruppen wurden in der Regel, wenn sie den Weißen gegenübergestellt wurden, insgesamt als ›Nichtweiße‹ bezeichnet. Dieser negative Ausdruck wird zunehmend als diskriminierend empfunden und sowohl von den Betroffenen als auch von Außenstehenden durch ›Schwarze‹ ersetzt; die Schwarzen im engeren Sinne werden dafür ›Afrikaner‹ genannt. Hinter dieser Sprachregelung stehen verständliche politische Anliegen. Aber sie führt zu logischen Schwierigkeiten. Nicht alles, was nicht weiß ist, ist schwarz. So entsteht die merkwürdige Lage, daß fast weiße Mischlinge ebenso zu den Schwarzen zählen wie traditionell auf helle Haut Wert legende Inder. ›Schwarz‹ ist in diesem Zusammenhang nicht mehr als Farbe, sondern als politischer Perspektiv- und Zielbegriff zu verstehen: »schwarz« ist, wer sich gegen die herrschenden Weißen wendet; die Perspektive ist die der – bislang nicht bestehenden – Einheit aller Nichtweißen gegen die Unterdrücker. Theoretisch müßten in diesem Modell sogar oppositionelle Weiße als Schwarze erscheinen (was in der Praxis gelegentlich geschieht); kollaborierenden Angehörigen anderer Rassen wird der Ehrentitel ›Schwarze‹ in der Tat abgesprochen und durch den als Schimpfnamen verstandenen Ausdruck ›Nichtweiße‹ ersetzt. Da in einem allgemeinen Überblick die innere Evidenz der Bezeichnungen soweit wie möglich für sich sprechen sollte, und da die Rasseneinteilung gerade nicht von den politischen Auffassungen der Eingeteilten ausgeht, sondern von ihrem Aussehen und ihrer Herkunft, bleibe ich, ohne jede Diskriminierungsabsicht, beim traditionellen Ausdruck: ein logisch einleuchtender anderer Sammelbegriff für die Nichtweißen fehlt vorderhand.

Unabhängig hiervon hat sich im Englischen die Bezeichnung ›Africans‹ für die Schwarzen weitgehend durchgesetzt (ohne daß ›Schwarze‹ bzw. ›Blacks‹ in dieser Verwendung als diskriminierend empfunden würde). Den ›Africans‹ stehen terminologisch die ›Afrikaners‹ gegenüber, die afrikaanssprachigen Weißen vornehmlich niederländischer, deutscher und französischer Abkunft, im Gegensatz zu den englischsprachigen Weißen, die hier in der Regel der Kürze halber – zwar inkorrekt, aber der Sache nach eindeutig – als ›Briten‹ bezeichnet werden. Die Unterscheidung zwischen ›Africans‹ und ›Afrikaners‹ wird hier aus zwei Gründen sprachlich anders gefaßt. Zunächst läßt sie sich im Deutschen nur schriftlich ausdrücken, indem die ›Afrikaners‹ – orthographisch falsch – als ›Afrikaaner‹ bezeichnet werden, im Gegensatz zu den schwarzen ›Afrikanern‹. Zweitens führt sie leicht zu Streitigkeiten darüber, wer denn nun die »richtigen« Afrikaner seien, obwohl diese Frage in der südafrikanischen Politik in der Regel gerade nicht umstritten ist, herrscht doch heute weitgehend Einigkeit darüber, daß alle Rassengruppen ein Lebensrecht im Lande haben. Auch im Englischen ist die Unterscheidung unglücklich, denn die Begriffe ›Afrikaner‹ und ›Schwarze‹ sind nicht deckungsgleich, wenn man etwa an Nordafrika denkt, wo Afrikaner leben, die keine Schwarzen sind, oder an Amerika, wo Schwarze leben, die keine Afrikaner sind, ganz abgesehen von unförmigen Konstruktionen, die sich ergeben, wenn man z.B. vom ›African People of South Africa‹ sprechen muß. Die Vorstellung, manche Südafrikaner seien Afrikaner und andere etwas anderes, aber trotzdem Südafrikaner, die Unterscheidung zwischen afrikanischen und nichtafrikanischen Südafrikanern, spottet jeder Logik.

Die afrikaanssprachigen Weißen bezeichnen sich selber ebenfalls als ›Afrikaners‹ und die Schwarzen als ›Swartes‹, erheben damit also einen ungerechtfertigten Anspruch, allein Afrikaner zu sein. Aus diesen Gründen ist hier in bezug auf Südafrika überhaupt nicht von Afrikanern die Rede, und der Ausdruck wird, wie es logisch allein sinnvoll ist, nur als Sammelbegriff für alle Bewohner Afrikas verwendet. Die ›Afrikaners‹ werden statt dessen ›Buren‹ genannt. Das ist zwar der Sache nach mittlerweile weitgehend falsch, da nur noch wenige Buren Bauern sind. Dazu wurde der Ausdruck von britischer Seite oft mehr oder weniger deutlich als Schimpfwort verwendet. Im Deutschen jedoch hatte er diesen negativen Beigeschmack kaum je, und die Bezeichnung schafft jedenfalls Eindeutigkeit.

Aus dem Voranstehenden ergibt sich folgendes Schema (in Klammern die hier nicht verwendeten alternativen Bezeichnungen):

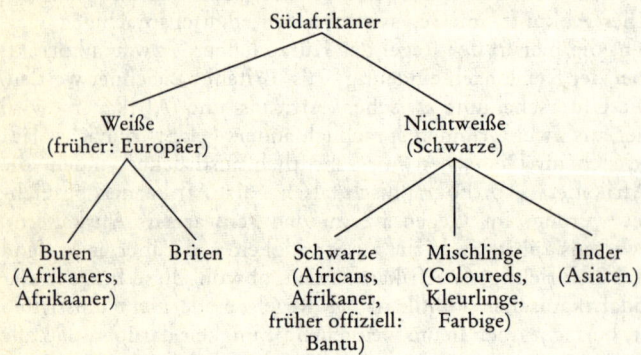

Südafrikaner

Weiße
(früher: Europäer)

Nichtweiße
(Schwarze)

Buren
(Afrikaners,
Afrikaaner)

Briten

Schwarze
(Africans,
Afrikaner,
früher offiziell:
Bantu)

Mischlinge
(Coloureds,
Kleurlinge,
Farbige)

Inder
(Asiaten)

Auch in Südafrika wird die Geschichte vom Menschen gemacht. Aber die Natur hat ihm engere und vor allem schärfere Grenzen gezogen als in vielen andern Gebieten der Welt, zumal in Europa. Die geographischen und klimatischen Rahmenbedingungen vermögen nicht zu erklären, weshalb in der südafrikanischen Geschichte zu bestimmten Zeiten bestimmte Ereignisse stattgefunden haben. Wohl aber lassen sich aus ihnen grundlegende Kräfte und Tendenzen dieser Geschichte ableiten.

Bodenbeschaffenheit

Südafrika bildet den halbkreisförmigen Abschluß der großen Hochfläche, die sich von Äthiopien aus nach Süden erstreckt. Diese Formation ist in ihrem Kern erdgeschichtlich sehr alt; doch wird sie größtenteils von jüngeren Schichten überlagert. Ihr Rand ist zu einem Gebirge aufgewölbt, dem ein teils durch Ablagerungen von Flüssen aus der Hochebene, teils durch Hebung der Küste entstandener Landstreifen vorgelagert ist. Man kann damit grob drei Landschaftstypen unterscheiden.

1. Der *Küstenstreifen* ist im Osten und Süden zwischen 80 und 240 km breit, im Westen nur etwa 60–80 km. Einzig im äußersten Nordosten hat sich eine richtige, 50–60 km breite Ebene gebildet. Sonst steigt das Land terrassenförmig an und ist von zahlreichen Flüssen mit häufig tiefen Schluchten durchfurcht. Diese Flüsse sind zwar im Osten und Süden meist wasserreich. Aber sie sind alle kurz und steil und dadurch nicht schiffbar. Im Süden wird das Land außerdem von parallel zur Küste verlaufenden Gebirgszügen durchschnitten.

Diese unregelmäßige Bodenbeschaffenheit, die im Südosten – im südlichen Natal und in Transkei – am stärksten ausgeprägt ist, erschwert die Fortbewegung sehr stark. Auch einem Ausweichen auf die See stellen sich große Hindernisse entgegen. Auf den offenen Ozeanen mit gefährlichen Strömungen und Winden gab es in voreuropäischer Zeit keine nennenswerte Schiffahrt. Selbst die Europäer bauten die Küstenschiffahrt erst

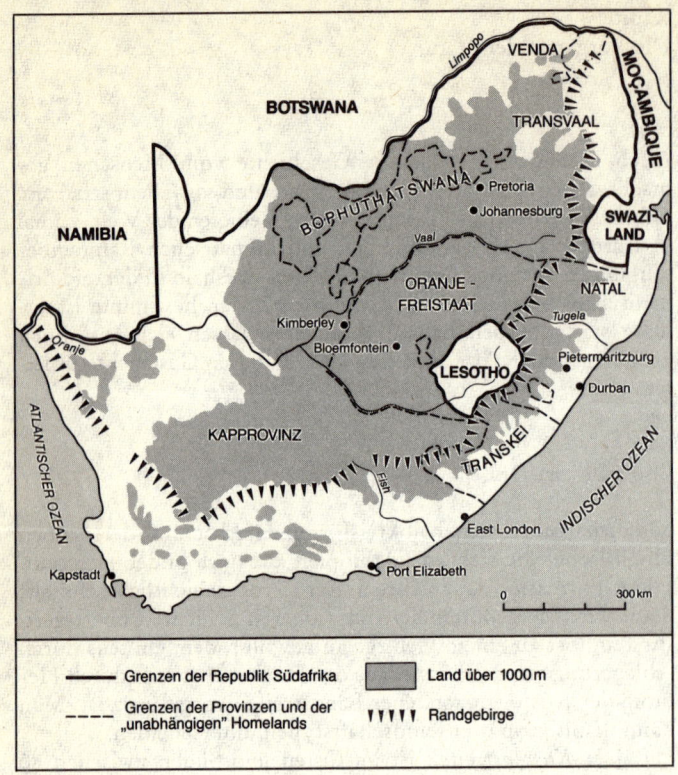

—— Grenzen der Republik Südafrika	▨ Land über 1000 m
--- Grenzen der Provinzen und der „unabhängigen" Homelands	ⅤⅤⅤⅤⅤ Randgebirge

Bodengestalt

seit dem späten 18. Jahrhundert und nur sehr langsam auf. Das hing auch damit zusammen, daß die 2954 km lange Küste nur einen einzigen natürlichen Hafen besitzt, Saldanha Bay, ca. 100 km nördlich von Kapstadt, wo wiederum Trinkwasser fehlt. Zwar finden sich viele weitere Buchten. Sie sind aber entweder nicht ausreichend geschützt, oder Sandbänke und Felsriffe behindern die Zufahrt. Selbst der Hafen von Kapstadt war vor dem Bau künstlicher Molen alles andere als sicher.

2. Das *Randgebirge* ist geologisch einfach die abschließende Aufwölbung der Hochfläche. Es umspannt den gesamten Halbkreis, ist aber von sehr unterschiedlicher Mächtigkeit. Es steigt von der Hochebene langsam auf und fällt dann meistens jäh in

das Küstenvorland ab, in Stufen von bis zu 2000 m. Seine größte Höhe erreicht es in den Drakensbergen zwischen dem südlichen Natal, Transkei und Lesotho, mit dem höchsten Punkt Südafrikas von 3482 m. Stellenweise ist es auch nur 1000 bis 1500 m hoch. Aber es bildet überall ein gewaltiges Hindernis für die Fortbewegung, das vor dem Bau von Eisenbahnen und modernen Straßen nur mit größter Mühe zu überwinden war.

3. Hinter dem Randgebirge erstreckt sich das *Hochland*. Es ist flach bis leicht gewellt und von einzelnen Erhebungen aus älterem Material durchzogen. Die Ebene erreicht ihre größte Höhe im Süden und Osten, etwa zwischen Transkei und der Gegend nordöstlich von Swaziland. Hier liegt das meist 1200 bis 1800 m hohe Hochfeld, das vereinzelt bis zu 2500 m ansteigt. Nach Norden, Osten und Westen hin senkt es sich allmählich, im Rahmen großer Flußsysteme, bis auf ca. 500 m. Der bedeutendste Teil des Hochlandes ist dem Oranje mit seinem wichtigsten Nebenfluß, dem Vaal, zugeordnet, während der Osten und Nordosten dem Limpopo zugewandt ist. Oranje und Limpopo durchbrechen das Randgebirge im Westen bzw. Osten. Im Nordwesten schließt sich die abflußlose Kalaharisenke an. Auch die großen Flüsse der Hochebene sind nicht schiffbar, weil sie einerseits viele Stromschnellen und andererseits eine außerordentlich unregelmäßige Wasserführung aufweisen. Immerhin wird dadurch die Fortbewegung zu Lande erleichtert, die in der Ebene auch in den Wasserläufen kaum Hindernisse findet, denn die meisten Flüsse sind während des größten Teils des Jahres wegen ihrer geringen Wasserführung in vielen Furten leicht überquerbar.

Komplizierte geologische Verhältnisse, zu denen insbesondere zahlreiche alte vulkanische Einsprengsel gehören, haben Südafrika zu einem ganz außerordentlichen Reichtum an Bodenschatzen verholfen, der sich wieder hauptsächlich auf Transvaal und den nördlichen Oranje-Freistaat konzentriert. Außer Erdöl und Bauxit besitzt Südafrika alle wichtigeren Bodenschätze in großen und zum Teil gewaltigen Mengen. Dazu kommt eine Fülle speziellerer Mineralien.

Weniger günstig sind die Auswirkungen der Geologie für die Landwirtschaft. Die Böden sind größtenteils mittelmäßig bis schlecht. Erst die moderne Düngung brachte einen gewissen Ausgleich. Dazu ist der Humus meistens sehr dünn und erosionsgefährdet.

Klima

Südafrika liegt zwischen 22 und 35 Grad südlicher Breite. Dem entspricht auf der nördlichen Halbkugel etwa der Streifen zwischen Kreta und der Südgrenze Ägyptens. Im Vergleich dazu ist das südafrikanische Klima wesentlich kühler. Das hängt mit der relativen Nähe des Meeres und mit der großen Höhe des Plateaus zusammen. Die durchschnittliche Jahrestemperatur ist, von einigen tiefgelegenen nördlichen Landesteilen abgesehen, in ganz Südafrika nahezu gleich. Man kann das vorherrschende Klima als gemäßigt bezeichnen. Im südwestlichen Küstenstreifen ist es ausgesprochen mediterran, im Nordosten nähert es sich subtropischen und vereinzelt sogar tropischen Bedingungen. Die jahreszeitlichen Temperaturschwankungen sind relativ gering, die tageszeitlichen relativ groß. Beide sind um so größer, je weiter man sich von der Küste entfernt. In weiten Teilen des Landes, besonders in den höher gelegenen, kommt es während längerer Zeit zu Frost. Die durchschnittliche Sonnenscheindauer ist deutlich länger als in Europa, und zwar um so mehr, je weiter man sich von der Ostküste entfernt.

Dieses Klima erlaubt Europäern ohne jede Schwierigkeit den Aufenthalt. Krankheiten, die ihnen vor den Fortschritten der modernen Medizin die Niederlassung in weiten Teilen Afrikas und insbesondere an den Küsten unmöglich machten, fehlten in Südafrika. Der Malaria-Erreger findet sich nur im äußersten Norden und Osten. Auch die Tsetse-Fliege, die die Haltung von Pferden und Rindern unmöglich macht, kommt lediglich in einigen Flußniederungen jener Gegenden vor.

Den mit Abstand wichtigsten klimatischen Faktor bilden die *Niederschläge*. In Südafrika ist der Wassermangel das zentrale Hindernis für menschliche Aktivitäten. Der Kampf um wasserreiche Gebiete wurde zu einer entscheidenden Triebkraft seiner Geschichte. Beträgt die durchschnittliche jährliche Niederschlagsmenge im Weltmaßstab 857 mm, so liegt sie in Südafrika bei 464 mm – eine Grenze, die in Mittel- und Westeuropa nur in Spanien in größeren Gebieten unterschritten wird. 500 mm werden als Minimum für Ackerbau ohne künstliche Bewässerung betrachtet. Die Verteilung ist allerdings sehr ungleich. 21 Prozent des Landes erhalten weniger als 200 mm, 65 Prozent weniger als 500 mm, 31 Prozent über 600 mm[1]. Die Regenmen-

---

[1] Official Yearbook 1987/88, 9.

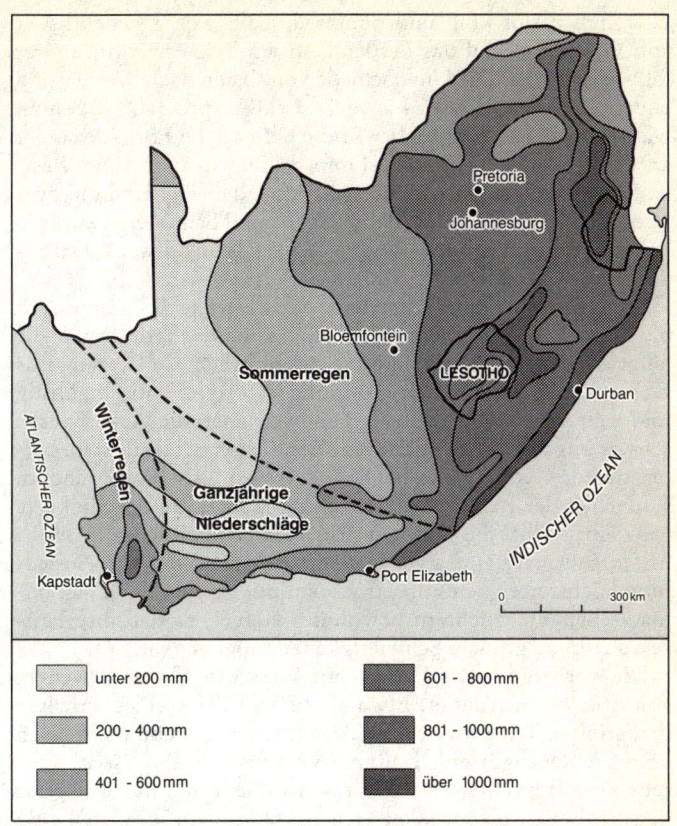

Durchschnittliche jährliche Niederschlagsmengen

ge ist im Osten am größten, und sie nimmt nach Westen hin kontinuierlich ab. Das hängt mit den Meeresströmungen und den vorherrschenden Druckverhältnissen zusammen. Entlang der Ost- und Südküste fließt von Nord nach Süd der warme Agulhasstrom. Die Luft wird über ihm erwärmt und mit Feuchtigkeit gesättigt. Insbesondere im Sommer gelangt sie zum Festland, wo sie über dem ansteigenden Küstenstreifen abgekühlt wird und dadurch Niederschläge erzeugt, vor allem über den Bergen. Je weiter sie ins Binnenland vordringt, um so trockener wird sie und um so weniger Regen fällt. An der Westküste fließt von Süden her der kühle Benguelastrom. Die Luft über ihm bleibt kühl und nimmt deshalb wenig Feuchtigkeit auf. Gelangt sie auf das Festland, so wird sie erwärmt, und es fällt kein Regen. Die Unterschiede von Osten nach Westen sind enorm. So erhält Durban an der Ostküste pro Jahr 1008 mm, während das fast auf gleicher Breite befindliche Port Alexander an der Westküste sich mit 41 mm begnügen muß[2]. Die Westhälfte Südafrikas, jenseits der 500 mm-Niederschlagslinie, war also nur für Viehzüchter (nebst Jägern und Sammlern) zugänglich und erforderte um so ausgeprägteren Nomadismus, je trockener das Gebiet war.

Eine Sonderstellung nehmen die Südwestecke des Landes, wo die beiden Meeresströmungen aufeinandertreffen, sowie die Südküste ein. Hier fällt überdurchschnittlich viel Regen. Das Gebiet am Kap der Guten Hoffnung ist also klimatisch günstig und sehr fruchtbar, auf dem Landweg aber für Ackerbauern schwer zugänglich. Als Schwarze von Osten heranrückten, hatten sie nur Getreide, das bei Sommerregen gedieh, während im Kapgebiet der Regen vornehmlich im Winter, an der Südküste ganzjährig fällt. Sie konnten also nicht weiterziehen. Als die ersten Europäer eintrafen, fanden sie deshalb ein zur Ansiedlung höchst geeignetes und trotzdem nur von wenigen halbnomadischen Viehzüchtern bewohntes Gebiet, so daß ihre Festsetzung ohne größere Schwierigkeiten möglich war.

Die Versorgung des Landes mit Wasser wird durch weitere Faktoren beeinträchtigt. Etwa 85 Prozent des Gebiets erhalten den größten Teil der Niederschläge im Sommer und meistens in heftigen Regengüssen[3]. Dadurch verdunstet viel Wasser, während vom Rest ein großer Teil rasch abfließt und nur wenig für den Erdboden bleibt. Winterregen, der zudem weniger heftig fällt, überwiegt einzig im Westen; ganzjährig sind die Niederschläge nur an der Südküste. Das Ausmaß der Verdunstung zeigt sich darin, daß nur 9 Prozent der Niederschläge das Meer erreichen, während es im Weltdurchschnitt 31 Prozent sind[4]. Dazu fällt der Regen von Jahr zu Jahr höchst unregelmäßig, und dies um so mehr, je niedriger die durchschnittliche jährliche Niederschlagsmenge ist. In Gebieten mit ohnehin unzureichender Wasserversorgung ist die Wahrscheinlichkeit also am größten, daß der Regen für längere Zeit ganz ausbleibt. Weite

[2] Christopher 20. Vgl. Official Yearbook 1987/88, 7.
[3] I. Kaplan 19 f.
[4] Official Yearbook 1987/88, 14.

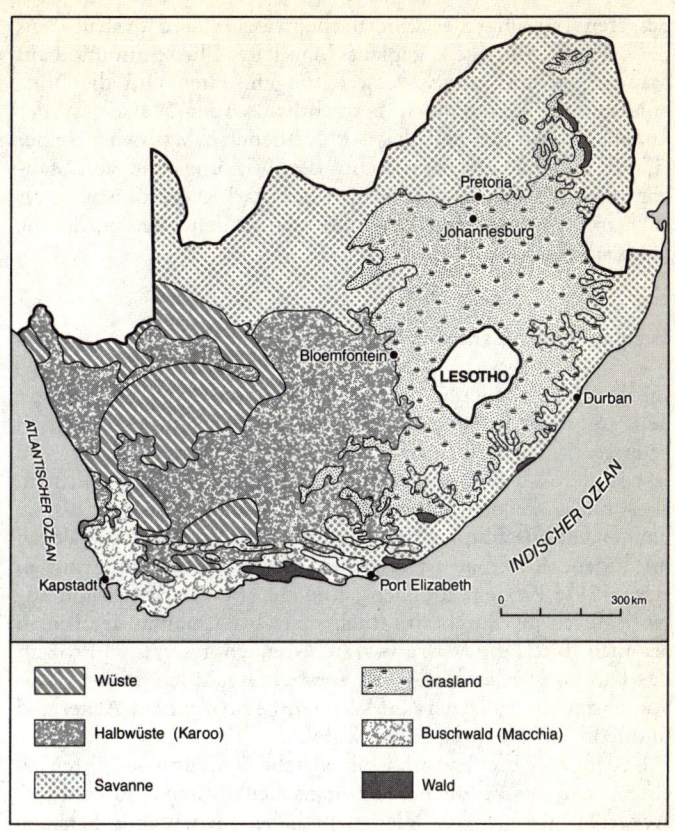

Vegetation

Strecken Südafrikas werden mehr oder weniger periodisch von Dürren, die oft mehrere Jahre währen, heimgesucht.

Der Boden erlaubt nur in sehr begrenztem Maße die Speicherung von Grundwasser. Dieses wird zwar im ganzen Lande intensiv genutzt. Vor allem in trockenen ländlichen Gebieten bilden Windpumpen häufig die einzige Wasserquelle. Grundwasser deckt etwa 10–12 Prozent des Wasserbedarfs Südafrikas[5]. Doch die Reserven sind begrenzt. Große Projekte zur

---

[5] CHRISTOPHER 13. I. KAPLAN 29.

besseren Nutzung des Oberflächenwassers sind deshalb teils bereits ausgeführt, teils geplant. Man leitet Flüsse um und baut Staudämme und lange Wasserleitungen. Hier sind die Nutzungsmöglichkeiten noch beträchtlich. Aber Wasser ist *der* knappe Rohstoff Südafrikas – die Niederschlagsmenge selber läßt sich nicht vergrößern. Und der Wirkungsgrad von Staudämmen z.B. ist, sowohl wegen der starken Verdunstung als auch infolge gewaltiger Schlammassen in den Flüssen, die die Stauseen rasch auffüllen, begrenzt.

Vegetation und Landwirtschaft

Infolge der Trockenheit des Landes waren wohl nie größere Teile mit dichtem Wald bewachsen. Die Vegetation richtet sich in erster Linie nach der Feuchtigkeit. Die Zonen reichen von fast kahler Wüste im Westen über Halbwüste mit spärlichem, aber für Tiere nahrhaftem Buschwerk und Grasland bis zu baum- und buschbestandener Savanne im Osten sowie Wäldern im Süden. Ackerbau ist ohne künstliche Bewässerung nur in etwa 12–15 Prozent möglich[6], und der Bewässerung sind sowohl durch die durchschnittlich schlechte Qualität der Böden als auch durch die Wasservorräte Grenzen gesetzt. 84 Prozent des Landes werden land- oder forstwirtschaftlich genutzt. Davon entfallen 81 Prozent auf Weiden, 12 Prozent auf Ackerland und lediglich 1,4 Prozent auf Wald[7].

Bodenbeschaffenheit und klimatische Verhältnisse führen zu einem sehr empfindlichen ökologischen System. Sowohl der Ackerbau als auch die Viehzucht haben bedeutende Schäden verursacht. Durch Umpflügen steiler Hänge und mangelnde Bewachsung der Äcker in der Niederschlagszeit wurde die ohnehin gefährliche Erosion verstärkt. Dasselbe geschah durch Überweidung, die auch zu einem langsamen Vorrücken der Wüste auf Kosten der Halbwüste und der Halbwüste auf Kosten des Graslandes führte[8]. Durch die Rückbildung der Vegetation verschlechtert sich außerdem die Wasserversorgung des Bodens. Diese Gefahren wurden im 20. Jahrhundert allmählich erkannt und seit dem Zweiten Weltkrieg auch tatkräftig

[6] I. KAPLAN 21.
[7] KLIMM/SCHNEIDER/WIESE 47.
[8] CHRISTOPHER 20.

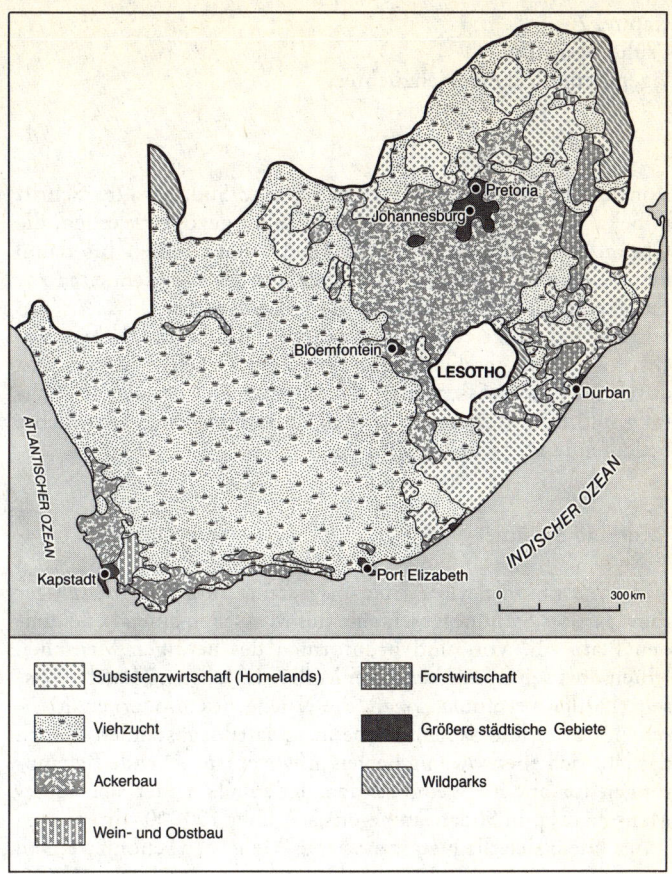

Bodennutzung

und mit beträchtlichem Erfolg angegangen[9]. Doch hatten hier
politische Faktoren ihre Auswirkungen: in den besonders
dicht besiedelten und dadurch besonders gefährdeten Reservaten bzw. Homelands der Schwarzen geschah wenig. Der
Staat stellte geringe Mittel zur Verfügung, und der Widerstand gegen Maßnahmen zur Bodenverbesserung war mangels
Alternativen für die Betroffenen stark.

[9] COLE 252. Vgl. JSAS 15, 2 (1989).

Kapitel 2
Frühe Besiedlung
Jäger, Sammler und Viehzüchter

Vor dem Erscheinen der Europäer war in Südafrika die Schrift unbekannt. Daraus darf nicht der Schluß gezogen werden, die Gegend bzw. die sie bewohnenden Völker hätten bis dahin keine Geschichte gehabt. Wohl aber sind die Möglichkeiten zur Erforschung dieser Geschichte stärker eingeschränkt als da, wo schriftliche Aufzeichnungen vorliegen. Immerhin haben Archäologie, Frühgeschichte und Sprachwissenschaft, unterstützt durch die Naturwissenschaften, in letzter Zeit bei der Beleuchtung und Entzifferung der frühen südafrikanischen Geschichte bedeutende Fortschritte gemacht.

Jäger und Sammler

Südafrika nimmt, wie Afrika insgesamt, aufgrund vielfältiger Funde in der Stammesgeschichte des Menschen einen bedeutenden Platz ein. Vor- und Frühformen des heutigen Menschen lebten dort seit mindestens drei Millionen Jahren. Manche Wissenschaftler vermuten sogar, die Wiege des modernen Menschen, des Homo sapiens, habe in Südafrika gestanden[1]. Doch das läßt sich ebensowenig beweisen wie entsprechende Behauptungen für andere Weltgegenden. Jedenfalls findet sich dieser Menschentyp in Südafrika bereits seit über 100 000 Jahren[2].
Nachdem sich die Hauptrassen des Menschen schon zu einem sehr frühen Zeitpunkt herausgebildet hatten, erfolgte später innerhalb der schwarzen (negroiden) Rasse eine weitere Differenzierung. Von den eigentlichen Schwarzen unterschied sich nun eine Gruppe von Menschen mit deutlich hellerer, braungelber Haut, kleinem Wuchs und sogenanntem Pfefferkornhaar. Dazu kam eine Reihe weiterer körperlicher Merkmale[3]. Diese später ›San‹ genannte Bevölkerung nahm vermutlich zumindest ganz Afrika südlich des Sambesi ein und entwickelte die genannten Besonderheiten durch langandauernde weitgehende Abgeschie-

[1] RIGHTMIRE, in KLEIN 159ff.
[2] DEACON, in KLEIN 222.
[3] Vgl. TOBIAS, in HAMMOND-TOOKE 32. SINGER, in TOBIAS, Bushmen, Kap. 8.

denheit von den übrigen Bewohnern Afrikas. Doch sind die Unterschiede zwischen Schwarzen und San deutlich geringer als die zwischen den Hauptrassen. Über den Zeitpunkt und die Dauer der Differenzierung liegen keine sicheren Erkenntnisse vor; manche Autoren gehen davon aus, daß der Prozeß vor etwa 35 000 Jahren einsetzte[4].

Die San zeichneten sich nicht nur durch gemeinsame körperliche Merkmale, sondern auch durch verwandte Sprachen und ähnliche Lebensweise aus. Zwar entstanden vielerlei Einzelsprachen, die aber alle eine einzige Familie bilden, deren bekanntestes Merkmal die Klick- oder Schnalzlaute sind, die später von einer Reihe von Bantusprachen in Südafrika übernommen wurden.

Die San lebten als Jäger und Sammler (Wildbeuter). Dabei bestanden im einzelnen sicher bedeutende Unterschiede, die sich vermuten, aber nicht in ein festes zeitliches oder räumliches Schema einordnen lassen. Einerseits erfolgte eine langsame Entwicklung der Technik und der Werkzeuge, freilich ohne die Verwendung von Metallen. Andererseits wurde die Lebensweise den jeweiligen lokalen Umständen angepaßt. Trockenes, wenig bewachsenes Gelände z. B. erforderte häufigere Ortsveränderungen als wasser- und wildreiche Gegenden; an der Küste lebte es sich anders als in der Wüste. Verallgemeinerungen müssen deshalb im Rahmen solcher Bandbreiten gelesen werden.

Etwas genauere Angaben sind möglich, weil Jäger und Sammler, wenn auch in abnehmender Zahl, die Einführung der Viehzucht und des Ackerbaus und schließlich sogar den Vormarsch der Europäer überlebt haben; letzte Gruppen finden sich noch heute in der Kalahari in Namibia, in Angola und vor allem in Botswana. Ältere Beobachtungen und archäologische Funde deuten darauf hin, daß sich die Lebensweise zumindest in den letzten 2000 bis 3000 Jahren, wahrscheinlich aber noch wesentlich länger, nicht grundlegend verändert hat.

Die Existenz als Wildbeuter setzte eine äußerst geringe Siedlungsdichte und meistenorts mehr oder weniger ausgeprägten Nomadismus voraus. Beides führte zu sehr kleinen sozialen und politischen Einheiten. Die Kerngruppe bildete die Familie. Zuweilen lebten einzelne Familien isoliert. In der Regel aber bildeten mehrere von ihnen eine Gruppe oder Horde. Diese

---

[4] TOBIAS, in CAMERON/SPIES 26. Vgl. aber etwa INSKEEP 122, der nur 4500–9000 Jahre annimmt. Tobias selber ging 1974 von 6–15 000 Jahren aus: TOBIAS, in HAMMOND-TOOKE 34; 1978 von 20–25 000 Jahren: TOBIAS, Bushmen 29.

hatte nur selten ein Oberhaupt, das außerdem nur sehr begrenzte Befugnisse hatte; alle wichtigeren Fragen wurden von den Familienoberhäuptern in einer Art Rat gemeinsam entschieden. Da der Individualbesitz äußerst gering war, konnten kaum soziale Unterschiede entstehen. Über die Größe dieser Gruppen läßt sich wenig Sicheres ausmachen; man findet Angaben, die von 10–15 bis zu 200 Personen reichen, wobei Zahlen über 100 sicher ausgesprochene Ausnahmen waren und solche zwischen 20 und 30 eher die Regel bildeten[5]. Auch die Größe einer einzelnen Horde war häufigen Schwankungen unterworfen. Wurde die Versorgung knapp, so gingen kleinere Gruppen ihre eigenen Wege; war sie reichlich, wurden größere Zusammenschlüsse möglich. Einzelne oder Familien schlossen sich wechselnden Gruppen an. Die Gesellschaft war insgesamt offen und sehr beweglich; man pflegte ein weites Netz vor allem von verwandtschaftlichen Beziehungen. Oberhalb der Ebene der Horden bestanden keine weiteren politischen Einheiten.

Die Lebensweise war grundsätzlich nomadisch, wobei aber die Häufigkeit der Ortsveränderungen und die Entfernung der Lagerplätze voneinander ganz von den lokalen Bedingungen abhingen. Jede Gruppe hatte ein mehr oder weniger klar abgegrenztes Revier, innerhalb dessen sie sich bewegte. Soweit keine Höhlen oder andere natürliche Unterkünfte verfügbar waren, bauten sich die Nomaden an jedem Lagerplatz neue, sehr einfache Hütten.

Der Lebensunterhalt wurde in erster Linie durch Feldfrüchte gedeckt, die von den Frauen und Kindern, teilweise aber auch den Männern, gesammelt wurden. In Meeresnähe spielte der Fischfang eine wichtige Rolle. Spektakulärer, aber von den Ergebnissen her unsicherer war die Jagd, der ausschließlich die Männer oblagen. Sie verwendeten teilweise Fallen und Schlingen; doch am wichtigsten waren Pfeil und Bogen, wobei die Wirkung der steinernen Pfeilspitzen durch Gift beträchtlich verstärkt wurde.

Von der Arbeitsteilung zwischen den Geschlechtern abgesehen, bestand keine weitere Spezialisierung. Jede Familie stellte sich ihre einfachen Werkzeuge, Geräte, Behältnisse und Behausungen selber her. Diese Gegenstände blieben denn auch Privatbesitz, während das Land (bzw. das Revier) allen in gleicher Weise gehörte.

[5] Vgl. etwa SCHAPERA 78–81; INSKEEP 101–104 und besonders LEE, !Kung San 42–74.

Während die materielle Kultur sehr einfach war, sind die San durch ihre Kunst berühmt geworden. Sie schufen Felsreliefs und vor allem Felszeichnungen und -malereien, die sich zu tausenden finden und von außerordentlicher Qualität und Ausdruckskraft sind. Eine direkte Datierung ist noch nicht möglich; immerhin erlauben in der Nähe gefundene Gegenstände Rückschlüsse. Bei einem Fund in Namibia nimmt man ein Alter von ca. 27000 Jahren an. Ansonsten aber beginnt diese Kunst um 4000–5000 v. Chr. und reicht bis zum 19. Jahrhundert n. Chr.[6]. Ihre Funktion ist nach wie vor umstritten, man vermutet heute vor allem rituelle und magische Bedeutung. Ähnliches gilt für ein weiteres hochentwickeltes kulturelles Element, den Tanz, der intensiv von beiden Geschlechtern gepflegt wurde.

Viehzüchter: Die Khoikhoi

In den ersten Jahrhunderten nach Christi Geburt breitete sich im südlichen Afrika, und besonders in dessen westlicher Hälfte, die Viehzucht aus. Unsicher ist, in welchem Maße (und woher) dabei Viehzüchter einwanderten und in welchem Maße die bereits ansässige Bevölkerung die Viehzucht allmählich übernahm. Sofern Einwanderer kamen, bildeten sie jedenfalls keine rassisch völlig andersgeartete Bevölkerungsgruppe. Die körperlichen Unterschiede zwischen Wildbeutern und Viehzüchtern blieben gering.

Eine einigermaßen plausible und vor allem auch durch sprachgeschichtliche Forschungen unterstützte Theorie geht heute davon aus, daß um 200 v. Chr. im nördlichen Botswana die dortige Bevölkerung, oder ein Teil von ihr, die Viehzucht kennenlernte, wahrscheinlich von anderen, von weiter nördlich kommenden Völkern, die keine San, sondern Schwarze waren[7]. Zunächst hielt man nur das Schaf, später auch das Rind und noch später die Ziege, die aber nie große Bedeutung gewann. Die Viehzüchter breiteten sich allmählich nach Süden aus, auf Wegen, die nach wie vor umstritten sind. Ob und in welchem Umfang sie sich in der Osthälfte Südafrikas festsetzten, ist unsicher, während feststeht, daß sie große Teile der Westhälfte besiedelten und damit auch die Gegend am Kap der Guten Hoff-

[6] Deacon, in Klein 301. Inskeep 84.
[7] Dies und das Folgende vor allem nach Elphick, Khoikhoi, Kap. 1–3. Details zur Lebensweise besonders bei Schapera.

nung, die dank ihrem Wasserreichtum für Viehzucht hervorragend geeignet war.

Über diese Viehzüchter, die Khoikhoi, sind wir nun vergleichsweise gut informiert, weil die europäischen Seefahrer seit dem späten 15. Jahrhundert und erst recht seit 1652 die Holländer in der Kolonie am Kap auf sie stießen und mit ihnen über längere Zeit intensive Beziehungen pflegten. Offen ist dabei wieder die Frage, wie weit zurück die vom 16. bis zum 18. Jahrhundert beobachteten Verhältnisse projiziert werden dürfen. Vermutlich galten aber die zentralen Merkmale seit der Einführung der Viehzucht.

Die Haustiere machten eine andere Lebensweise nicht nur möglich, sondern auch notwendig. Im Zentrum stand die Pflege und Aufzucht des Viehs. Man lebte in beträchtlichem Maße von Milch und Milchprodukten, wobei die Produktion allerdings saisonal stark schwankte. Fleisch spielte demgegenüber eine geringere Rolle. Vieh wurde nur zu Opfern und Festen geschlachtet. Hingegen wurde das Fleisch verendeter Tiere verzehrt. All dies reichte jedoch in der Regel für den Lebensunterhalt nicht aus, so daß neben der Viehzucht stets auch noch Nahrung durch Jagd und Sammeln beschafft werden mußte.

Trotzdem ermöglichte die Viehzucht eine höhere Bevölkerungsdichte, was zu größeren zusammenlebenden Gruppen führte. Kerneinheit war ebenfalls die Familie, die aber kaum je allein lebte. Sie war Bestandteil eines Clans, einer Gruppe, die ihre Herkunft in der männlichen Linie von einem gemeinsamen Vorfahren ableitete und in der Regel ein Dorf bewohnte. Der Clan hatte ein Oberhaupt. Dessen Funktion war erblich, aber seine Befugnisse waren durch eine Art aus den Familienoberhäuptern bestehenden Rat beschränkt. Wuchs ein Clan stark, so spaltete sich ein Teil von ihm ab und ging eigene Wege. Anders als bei den Jägern und Sammlern stand nun aber über dem Clan (der außerdem wesentlich stabiler war als die Horden) noch eine weitere Einheit, der Stamm, gebildet aus einer Gruppe von Clans. Hatten diese im Schnitt vielleicht 100 Angehörige, so umfaßte ein Stamm zwischen einigen Hundert und 2000 Personen[8]. Ihm stand das Oberhaupt des angesehensten Clans vor. Das Stammesoberhaupt war in seiner Macht allerdings noch stärker eingeschränkt als die Clanoberhäupter; er war im Grunde nur Vorsitzender in deren Runde, die hauptsächlich in Ange-

---

[8] SCHAPERA 225.

legenheiten von Krieg und Frieden sowie bei Streitigkeiten zwischen Clans tätig wurde. Der Stamm besaß geringe Stabilität. Immer wieder spalteten sich einzelne Clans ab, während andere sich neu anschlossen. Das erklärt sich aus der Lebensweise. Der Stamm konnte nur ausnahmsweise und für kurze Zeit am gleichen Ort siedeln. Die Herden brauchten viel Weideland, so daß jeder Clan getrennt in einem kleinen Dorf lebte. Die meisten mußten periodisch ihre Wohnplätze verlegen, um die für die Jahreszeit jeweils günstigsten Weiden aufzusuchen.

Obwohl auch bei den Viehzüchtern kaum eine Arbeitsteilung bestand, die über diejenige zwischen den Geschlechtern hinausging, war ihre materielle Kultur doch deutlich entwickelter. Das Vieh lieferte den Rohstoff für vielfältige Gebrauchsgegenstände. Etwa gleichzeitig mit der Viehzucht war die Keramik aufgekommen; man konnte nun größere Vorratsgefäße herstellen. Die Behausungen waren denen der Wildbeuter überlegen. Es waren solide Rundhütten aus Holz und Matten, die bei der Verlegung des Wohnplatzes abgebaut, auf Tragochsen gebunden und am neuen Ort wieder aufgebaut wurden. Die Herstellung von Metall war nicht bekannt, wohl aber, wenn auch in geringerem Maße, seine Verwendung (Kupfer und Eisen), wobei allerdings umstritten ist, ob es lange vor der Ankunft der Europäer eingeführt wurde. Vermutlich wurde es von den weiter westlich ansässigen Ackerbauern gegen Vieh eingetauscht, was zugleich zeigen würde, daß Handel über größere Strecken getrieben wurde, wenn auch in geringem Umfang.

Mit Felsmalerei gaben sich die Viehzüchter kaum ab, wohl auch deswegen, weil sie ihren Aufenthalt in der Regel nicht in Höhlen nahmen. Hingegen spielten Musik und Tanz eine bedeutende Rolle. Die rituellen, magischen und medizinischen Funktionen, die bei den Jägern und Sammlern von einer größeren Zahl von Personen ausgeübt wurden, waren bei den Viehzüchtern stärker in einzelnen Medizinmännern konzentriert.

Dem Vieh kam nicht nur im Hinblick auf Ernährung und Rohstoffgewinnung, sondern in viel umfassenderer Weise eine zentrale Rolle zu. Es bildete den Maßstab des Reichtums und damit die Grundlage des sozialen Ranges und der politischen Macht. Eine rechtsgültige Ehe konnte nur geschlossen werden, wenn die Familie des Bräutigams der Familie der Braut Vieh übergab. Das Vieh hatte zudem rituelle Bedeutung, z.B. bei Opfern. Seine Pflege oblag beiden Geschlechtern, im Gegensatz zu den Ackerbauern, wo sie den Männern vorbehalten war.

Das Verhältnis zwischen Wildbeutern und Viehzüchtern

Zwischen der Viehzucht und der Jagd besteht ein Konkurrenz-verhältnis. Wo Vieh weidet, hat Wild entweder keinen oder jedenfalls nur noch beschränkten Platz. Andererseits ist in ge-wissen Grenzen auch eine Verbindung der beiden Lebenswei-sen möglich – die Viehzüchter jagten ja auch selber. Entspre-chend vielschichtig dürfte der Aufeinanderprall verlaufen sein. Zunächst wurden die Wildbeuter sicher von den technisch überlegenen und zahlreicheren Viehzüchtern zu guten Teilen verdrängt. Sie mußten sich in unwirtliche Gebiete zurückzie-hen, in denen sie später vielleicht erneut aufgestöbert wurden. Für andere bot sich die Möglichkeit der Unterwerfung. Sie konnten, wenn auch in untergeordneter Stellung, als Hirten, Jäger, Krieger oder Späher in den Dienst der Viehzüchter treten und stiegen dann wohl, zumindest teilweise, im Verlauf einiger Generationen durch Vieherwerb und Heirat zu mehr oder we-niger gleichberechtigten Mitgliedern eines Clans auf.

Doch das war nur eine Seite der Medaille. Viehzucht war ein prekäres Geschäft. Durch Dürre, Seuchen, wilde Tiere, Dieb-stahl oder Krieg konnten eine Familie, ein Clan oder gar ein Stamm ihr Vieh leicht verlieren. Nun war das Vieh, ebenso wie alle Gebrauchsgegenstände, Privat- bzw. Familienbesitz. Ledig-lich das Land galt als Gemeineigentum, wobei selbst hier Ein-schränkungen zugunsten von Familien bestanden. Wer sein Vieh verlor, konnte nicht automatisch mit der Solidarität einer größeren Gemeinschaft rechnen. Vielleicht konnte er in die Dienste eines reichen Nachbarn treten. Sonst blieb ihm nichts anderes übrig, als sich als Wildbeuter durchzuschlagen. Das galt besonders dann, wenn eine größere Gruppe ihr Vieh verloren hatte. Sie versuchte dann häufig, durch Raub oder Diebstahl rasch wieder in den Besitz von Vieh zu gelangen. Kriege, vor allem um den Besitz von Vieh, aber auch bei Blutrache, waren häufig, wenngleich relativ unblutig. Es ging nicht um die Ver-nichtung des Gegners, sondern um sein Vieh. Meist war der Krieg nach einer kurzen Schlacht zu Ende. Dennoch konnten seine Folgen verheerend sein. Verlor eine Seite ihr Vieh, so mußte sie von Jagd und Sammeltätigkeit leben. Der Clan war dazu zu groß und mußte sich aufspalten; vor allem die Schwä-cheren vermochten nicht immer zu überleben. Die Sieger schlachteten in der Regel große Teile des erbeuteten Viehs zu Opferzwecken, so daß der Gesamtbestand abnahm.

Auf diese Weise lebten beide Gruppen nebeneinander und miteinander, in Konflikt und Kooperation. Die Unterscheidung zwischen Wildbeutern und Viehzüchtern blieb in der westlichen Hälfte Südafrikas von Bedeutung. Doch es war je länger desto weniger eine ethnische und immer mehr eine soziale Unterscheidung: von den ursprünglichen viehzüchtenden Einwanderern verloren manche mit der Zeit ihr Vieh und wurden zu Wildbeutern, während von den ursprünglich Unterworfenen viele zu Viehzüchtern wurden. Diese waren in jeder Hinsicht angesehener. Sie bezeichneten sich selber als ›Khoi‹ (Mensch) oder ›Khoikhoi‹ (Menschen der Menschen), während sie den Jägern und Sammlern den geringschätzig gemeinten Namen ›San‹ gaben. Die Holländer übernahmen die Einteilung, aber nicht die Namen und nannten die Khoikhoi ›Hottentotten‹ und die San ›Buschmänner‹. Heute spricht man, wenn man beide Gruppen bzw. Lebensformen meint, meistens von ›Khoisan‹.

Die Ausbreitung von Ackerbauern

Die frühesten Funde, die auf in Südafrika betriebenen Ackerbau schließen lassen, werden auf ca. 200 n. Chr. datiert und stammen aus Natal und Transvaal[1]. Im Verlauf der folgenden Jahrhunderte dehnten sich Ackerbauern über weite Teile der Osthälfte Südafrikas aus. Sie hielten sich an die fruchtbarsten, wasserreichsten und klimatisch günstigsten Gebiete an der Küste und entlang den Wasserläufen unterhalb von etwa 1000 m, wobei sie auch Viehzucht, Jagd und Sammeln betrieben. Sie verwendeten Eisen, und man spricht deshalb von der älteren Eisenzeit.

Skelettfunde lassen vermuten, daß die Bewohner solcher Siedlungen größtenteils der negroiden, schwarzen Rasse angehörten. Da vorher vermutlich nur Khoisan in der Gegend gelebt hatten, dürfte also eine Einwanderung aus dem Norden erfolgt sein. Über die Wanderroute besteht Unklarheit. Man nimmt heute an, daß Ackerbauern zuerst von Ostafrika her der Küste entlang vorgedrungen sind. Ob es sich dabei um die unmittelbaren Vorfahren der heutigen bantusprechenden Völker Südafrikas oder um andere Schwarze handelte, läßt sich nicht entscheiden.

Zu Beginn des zweiten Jahrtausends kam erneut größere Bewegung auf. Verschiedene Elemente der Lebensweise änderten sich, und man spricht von der jüngeren Eisenzeit, die bis zum Kontakt mit oder zur Unterwerfung durch die Europäer dauerte. Ob die Veränderungen auf eine neue Einwanderung zurückzuführen waren oder auf Anstöße aus der vorhandenen Bevölkerung, insbesondere auf deren Zunahme, ist nicht bekannt; denkbar ist auch eine Kombination aus beiden Ursachen. Spätestens jetzt kamen die Bantusprachen auf, und sie wurden zu den einzigen von den Schwarzen in Südafrika gesprochenen Sprachen.

Die Ackerbauern drangen nun auch in höhergelegene Gebiete vor. Zwischen ca. 1300 und 1600 wurde das eigentliche Hoch-

---

[1] VAN ASWEGEN, Geskiedenis 42. Vgl. HALL 1, der einen eher noch früheren Beginn vermutet.

feld besiedelt. Dabei erfolgte eine Gewichtsverlagerung vom Ackerbau zur Viehzucht. Die Siedlungen wurden nicht mehr in Tälern, sondern auf Höhen oder zumindest an Hängen angelegt. Die Gewinnung und Bearbeitung von Metallen machte Fortschritte.

Um 1600 war die Osthälfte Südafrikas zum größten Teil von Ackerbau treibenden Schwarzen bewohnt. Freilich war die Besiedlung vielerorts noch sehr dünn.

Im Zuge dieser Ausdehnung waren die San in die abgelegensten und unwirtlichsten Gebiete des Landes abgedrängt worden, wo nur noch wenige ihr Dasein fristen konnten. Andere waren vernichtet, wieder andere in die neue Gesellschaft integriert worden, ähnlich wie dies bei den Khoikhoi geschehen war, zunächst in untergeordneter Stellung, aber mit der Möglichkeit allmählichen Aufstiegs.

Im Westen kam die Expansion nicht am Widerstand der San, sondern an natürlichen Schranken zum Stehen. Die Schwarzen gelangten nicht wesentlich über die 200 mm-Niederschlagslinie hinaus, jenseits derer weder Ackerbau noch geregelte Viehzucht möglich war. In diesen Trockengebieten blieben die San einigermaßen unbehelligt. Im Grenzbereich entspann sich vermutlich ein relativ reger Verkehr von zuweilen kriegerischer, in der Regel aber friedlicher Natur, bei dem auch hinüber und herüber geheiratet wurde. Die Übernahme der Klicklaute durch mehrere südafrikanische Bantusprachen ist dafür ein wichtiges Zeugnis.

Im äußersten Süden bestand keine solche klimatische Grenze. Denn der Küste entlang blieb ja die Regenmenge bis über das Kap der Guten Hoffnung hinaus hoch. Daß die Ackerbauern hier trotzdem ebenfalls nicht weiter kamen, mußte also andere Gründe haben. Zunächst wirkte sich wohl aus, daß die wichtigsten Getreidearten, Sorghum und Hirse, aus dem tropischen Norden stammten und nur bei Sommerregen gediehen. Die Südküste aber hatte keinen spezifischen Sommerregen, sondern ganzjährige Niederschläge. Später, als die Viehzucht eine größere Rolle zu spielen begann und andere Getreidearten bekannt wurden, verlor dieser Grund an Gewicht, denn die Südküste war für Viehzucht durchaus geeignet. An ihr lebten aber bereits viehzüchtende Khoikhoi, die nicht so leicht verdrängt werden konnten wie Jäger und Sammler. Eine rivalisierende Nachbarschaft entstand. Sie äußerte sich im Kampf um die Weidegebiete und dauerte wohl mehrere Jahrhunderte, wobei friedliche und kriegerische Abschnitte miteinander abwechselten. Auch hier kam es zu vielfältigen Kontakten, zu Heiraten ebenso wie zur Aufnahme von Flüchtlingen und zur Unterwerfung und allmählichen Integration von Gruppen der Gegenseite. Im Ganzen erwiesen sich die Schwarzen als stärker. Sie rückten langsam der Küste entlang vor. Es war die einzige Gegend, in der ihr Siedlungsgebiet bei der Ankunft der Weißen noch expandierte und in der dann auch die ersten umfassenden Auseinandersetzungen zwischen Schwarzen und Weißen erfolgten.

Probleme der voreuropäischen Geschichte der Schwarzen

Damit ist ein Rahmen gezogen, der die Osthälfte Südafrikas und die Zeit vom 3. bis zum 19. Jahrhundert umspannt. Über die Geschichte im eigentlichen Sinne, die sich innerhalb dieses Rahmens abgespielt hat, also über die Bildung und Auflösung von Staaten und Völkern, über die Wanderungen größerer und kleinerer Gruppen, über Kriege und Friedensschlüsse oder Veränderungen in der Lebensweise und Sozialstruktur wissen wir sehr wenig, und selbst das Wenige beruht meistens mehr auf Vermutungen als auf gesicherten Erkenntnissen. Das hängt mit der fehlenden Schrift zusammen. Schriftliche Quellen setzen in etwas größerem Maße für die meisten Gebiete erst mit den Berichten von Europäern im 19. Jahrhundert ein. Das gilt zumal für das Binnenland. Solche Aufzeichnungen machen in der Regel auch Angaben über unmittelbar vorangegangene Zeiten. Sie reichen aber mit einiger Zuverlässigkeit kaum je hinter das 18. Jahrhundert zurück. Eine wichtige Ergänzung bilden mündliche Traditionen, die freilich ebenfalls erst seit dem 19. Jahrhundert von Europäern gesammelt wurden und für ältere Zeiten immer unpräziser und unzuverlässiger werden. Zumal für die Frühzeit gewinnen deshalb Archäologie und Sprachwissenschaft große Bedeutung. Doch sie vermögen schriftliche Quellen nicht voll zu ersetzen.

Die voreuropäische Geschichte ist demnach zumindest vorläufig nicht wirklich rekonstruierbar. Statt der Geschichte selber sollen deswegen nur deren Rahmenbedingungen angegeben werden, also der Spielraum oder der Möglichkeitsrahmen, innerhalb dessen sich die Geschichte abgespielt hat. Bei einer solchen Darstellungsform kommen keine Abläufe, sondern Zustände und Verhältnisse zur Sprache. Dabei ist wichtig zu sehen, daß es sich nicht um die Beschreibung eines starren Systems handelt, sondern lediglich um die Angabe von Koordinaten, innerhalb derer mit Sicherheit Veränderungen erfolgten, nur daß wir nicht angeben können, wann und wie. Aus der statischen Beschreibung folgt nicht, daß die Verhältnisse statisch waren. In vieler Hinsicht war die südafrikanische Geschichte wesentlich flexibler und reicher an Veränderungen als etwa die europäische. Während man die Verteilung der europäischen Völker und Sprachgebiete während der letzten Jahrhunderte als weitgehend fest beschreiben kann, haben sich in Südafrika häufige und umfassende Veränderungen abgespielt, haben sich bestehende Völker aufgelöst und neue gebildet, während andere ihre Wohnsitze über große Strecken verlegt und wieder andere ihre alte Sprache freiwillig oder unter Druck aufgegeben und eine neue angenommen haben. Das hängt mit der Unsicherheit der Lebensgrundlagen zusammen und zeigt zugleich die Anpassungsfähigkeit der südafrikanischen Gesellschaften und die Dynamik ihrer Geschichte. Diese Dynamik, die heute gern gegen frühere Behauptungen einer grundsätzlichen Statik, ja Geschichtslosigkeit gestellt wird, sollte allerdings auch nicht über die zentralen statischen Elemente hinwegtäuschen. Die Rahmenbedingungen waren, wie in allen vormodernen Gesellschaften, eng und gar nicht oder nur wenig verrückbar, viel weniger noch als im vormodernen Europa. Technische Neuerungen, die eine grundlegende Änderung in der Lebensweise erlaubt hätten, gab es ebensowenig wie umfassende Umschichtungen in den sozialen Verhältnissen.

Nguni und Sotho-Tswana

Im Lauf des zweiten Jahrtausends bildete sich eine grobe Zweiteilung der schwarzen Südafrikaner nach Sprachgruppen heraus. Alle Angehörigen einer Gruppe verstanden sich untereinander mehr oder weniger, auch wenn sie stark voneinander abweichende Dialekte sprachen, aus denen im 19. Jahrhundert sogar unterschiedliche Schriftsprachen wurden. Dabei erfolgte die Einteilung nachträglich und von außen; die Selbstdefinitionen von Völkern und Gruppen und damit die Einheiten, denen man sich zugehörig fühlte, waren wesentlich enger. Die Verteilung sowohl der beiden Hauptgruppen als auch der einzelnen, sie bildenden Völker hat sich immer wieder verändert, in besonders einschneidender Weise nochmals unmittelbar vor dem Auftreten der Europäer, im frühen 19. Jahrhundert. Die folgenden Angaben beziehen sich vor allem auf das spätere 19. Jahrhundert und dürfen nur beschränkt zurückprojiziert werden.

Den Küstenstreifen von Transkei bis Swaziland nahmen die Nguni ein. Man unterscheidet zwischen nördlichen und südlichen Nguni. Im Norden waren die wichtigsten Völker die Swazi und die Zulu. Die Zulu hatten sich erst seit dem späten 18. Jahrhundert durch politische Vorgänge überhaupt als ein Volk herausgebildet. Im Süden schloß sich eine größere Zahl von kleineren Völkern an, von denen nur einige genannt seien: die Thembu, Mpondomise, Mpondo und, im äußersten Süden, die Xhosa, die als erste mit den Europäern zusammenstießen.

Im Randgebirge und auf der Hochfläche lebten die Sotho-Tswana, die wieder in drei Gruppen aufgeteilt werden. Im Süden, vor allem im heutigen Lesotho, die eigentlichen Sotho oder Süd-Sotho, im Norden die Nord-Sotho mit den Pedi und Lobedu als wichtigsten Völkern und im Westen die Tswana.

Neben diesen beiden Hauptgruppen finden sich noch kleinere, nicht damit verwandte Völker im äußersten Norden und Osten, insbesondere die Venda und die Tsonga.

Wirtschaft und Lebensweise

Das zentrale Merkmal, das die schwarzafrikanischen Gesellschaften von den Khoisan unterschied, war der Ackerbau. Daneben standen jedoch überall in größerem oder geringerem Ausmaß auch Viehzucht, Jagd und Sammeltätigkeit. Das relative Gewicht der einzelnen Aktivitäten konnte sehr stark schwanken, je nach Bodenbeschaffenheit, Klima, Bevölkerungsdichte usw. Der Ackerbau ermöglichte eine zumindest im Prinzip seßhafte Lebensweise. Er bot eine wesentlich sicherere Lebensgrundlage als die Viehzucht. Insofern war er ein deutlicher Fortschritt. Die Nahrung bestand in der Regel wohl zum größeren Teil aus Ackerbauprodukten. Am wichtigsten war das Getreide, zunächst Sorghum und Hirse, beides seit dem 17. Jahrhundert mehr und mehr ersetzt durch Mais und teilweise Weizen. Daneben baute man Gemüse und Hülsenfrüchte an.

Der wirtschaftlichen und existentiellen Bedeutung des Ackerbaus entsprach aber nicht seine soziale Wertschätzung. Während die von den Männern betriebene Jagd sicher eine willkommene Abwechslung war und eine wichtige Rolle für die Fleisch- und Rohstoffversorgung spielte, wurde die Viehzucht als das eigentliche Zentrum des Lebens betrachtet, schon dadurch symbolisiert, daß die Hütten um den Kraal (die Einzäunung, in der das Vieh nachts untergebracht wurde) herum angeordnet waren. Im Gegensatz zu den Khoikhoi war der Umgang mit dem Vieh streng den Männern vorbehalten. Vermutlich wurde der Ackerbau weniger als Fortschritt denn als ein von der größeren Besiedlungsdichte und den Risiken der Viehzucht erzwungenes notwendiges Übel zur Sicherung des Überlebens betrachtet. Das braucht angesichts der Mühen, mit denen er verbunden war, nicht zu überraschen. Er war fast ausschließlich Angelegenheit der Frauen. Einzig die Rodung fiel den Männern zu, die sonst nur gelegentlich bei besonders dringlichen und anstrengenden Arbeiten mithalfen. Bei der Rodung wurde die Vegetation verbrannt. Die Asche diente als Dünger. War der Boden nach einigen Jahren erschöpft, so rodete man neue Felder. Die Erde wurde mit Hilfe einfacher Hacken umgebrochen oder mehr nur aufgekratzt; bei den Nguni war Eisen so selten, daß meist nur hölzerne Grabstöcke zur Verfügung standen. Die Einführung des Pfluges seit dem 19. Jahrhundert brachte nicht nur wirtschaftliche, sondern auch soziale Umwälzungen. Die Zugtiere mußten von den Männern betreut werden, die dadurch in weit stärkerem Maße an der Feldarbeit beteiligt waren als früher. Andererseits verstärkte sich dadurch die wirtschaftliche Bedeutung des Viehbesitzes: Ackerbau wurde nun von diesem abhängig.

Angesichts der Vorliebe für die Viehzucht überrascht es, daß wenig getan wurde, um diese effizienter zu gestalten. In den trockeneren Gebieten war nahrhaftes Gras im Winter so knapp, daß die Kühe kaum Milch gaben. Trotzdem wurde nirgends Heu als Winterfutter eingebracht. Ebensowenig erfolgte eine systematische Zucht. Tiere wurden nur sporadisch zu Opferzwecken und anläßlich von Festen geschlachtet. Das Vieh bot also keine zureichende Existenzgrundlage, wobei es in den wasserreichen Küstengegenden bessere Erträge lieferte als im Landesinnern. Im ganzen spielte denn auch die Viehzucht bei den Nguni eine wichtigere Rolle als bei den Sotho-Tswana.

Bei den Sotho-Tswana war auch das Handwerk entwickelter als bei den Nguni. Doch entstand nirgends eine wirkliche Spezialisierung in dem Sinne, daß bestimmte Leute sich ausschließlich einem Handwerk gewidmet hätten. Alle betrieben auch noch Landwirtschaft. Die einzige Ausnahme bildete die Gewinnung von Metallen. Eine ausgeprägte Arbeitsteilung bestand sonst nur zwischen den Geschlechtern. Im Prinzip stellte jeder Haushalt alles, was er benötigte, selber her: die Frauen übernahmen die Töpferei, die Männer bearbeiteten Holz, Leder und Metall, und beide Geschlechter flochten Matten, Körbe usw. und beteiligten sich mit unterschiedlichen Tätigkeiten am Hausbau. Erz fand sich hauptsächlich im Norden, in Transvaal. Es wurde in der Regel im Tagebau gewonnen, zuweilen aber auch bergmännisch, mit Schächten von bis zu 25 Metern Tiefe. Weitaus am wichtigsten war das Eisen, das für Werkzeuge und Waffen benötigt wurde. Daneben standen Kupfer und Zinn, die fast nur für Schmuck Verwendung fanden. Gold wurde wenig gewonnen und scheint meistens nach andern Gegenden verkauft worden zu sein. Während bei den Sotho-Tswana Eisen dank den reichen Erzvorkommen einigermaßen verbreitet war, war es bei den Nguni sehr selten und teuer.

Da jeder Haushalt fast alles, was er benötigte, selber erzeugte, entstand kein bedeutender Handel; weder regelmäßige noch sporadische Märkte bildeten sich irgendwo heraus. Trotzdem kannten auch diese Gesellschaften durchaus einen gewissen Austausch. Manche waren geschicktere Handwerker als andere und verkauften einen Teil ihrer Produktion gegen Vieh oder Getreide an Nachbarn. Insbesondere Metall konnte nicht überall gewonnen werden. Bei Dürren, Mißernten und Viehseuchen versuchte man, bei weniger betroffenen Gemeinschaften Ersatz zu finden. Neben diesem internen stand ein gewisses Ausmaß an Fernhandel, zunächst wohl auf die Küste von Moçambique hin orientiert, wo arabische und später portugiesische Händler sich für Gold und ganz besonders für Elfenbein interessierten und dafür Glasperlen, Keramik, Tabak und vor allem Metalle lieferten. In diesem Zusammenhang kam es bereits im 11./12. Jahrhundert zu einer größeren Reichsbildung im Tal des Limpopo, mit der Hauptstadt Mapungubwe. Das Reich verschob sich später nach Norden, auf die Hochfläche von Zimbabwe.

Seit dem 18. Jahrhundert wurde der Handel mit der Kapkolonie immer wichtiger. Sowohl in diese Richtung als auch nach dem Osten nahm er seit dem späten 18. Jahrhundert solche Ausmaße an, daß er vermutlich bedeutende Auswirkungen auf die afrikanischen Gesellschaften hatte, indem er die Bildung größerer Reiche begünstigte. Ein einheitliches Geld gab es nicht. Der Handel war im Prinzip Tauschhandel, auch wenn Vieh sowie Glasperlen und andere Gegenstände teilweise Geldfunktion hatten.

Politische Systeme

Die politische Organisation der schwarzafrikanischen Gesellschaft hing eng mit ihrer Sozialorganisation zusammen. Diese bildete die Grundlage, über die jene dann hinausführte und die sie teilweise veränderte.

Der Kern der sozialen Organisation bestand aus Abstammungsgemeinschaften. Grundeinheit war die Familie, gebildet aus Eltern, Kindern und unverheirateten Geschwistern des Mannes. Dazu kamen häufig Dienstboten oder sonstige Abhängige. Mehrere Familien, die in männlicher Linie vom gleichen Vorfahren abstammten, bildeten ein Geschlecht oder eine Sippe *(lineage)*[2]. Das Geschlecht war wiederum Bestandteil einer noch größeren Einheit, des Clans, bestehend aus mehreren hundert bis mehreren tausend Personen, die ebenfalls von einem gemeinsamen Ahnen abzustammen beanspruchten, in der Regel aber ihr genaues Verwandtschaftsverhältnis nicht mehr kannten. Der Clan spielte bei den Nguni eine bedeutendere Rolle als bei den Sotho-Tswana. Bei diesen waren Heiraten unter Verwandten, vor allem zwischen Cousins und Cousinen, erlaubt und sogar erwünscht, während bei den Nguni außerhalb des Clans geheiratet werden mußte. Die Oberhäupter aller Abstammungsgemeinschaften hatten wichtige rituelle Funktionen, vor allem bei der Durchführung des Ahnenkults.

Während die Familie in der Regel einen geschlossenen Haushalt bildete, nahmen Geschlechter und Clans meistens keinen bestimmten Raum allein ein, sondern wohnten mehr oder weniger in Gemengelage mit anderen Geschlechtern und Clans. Grundeinheit der politischen Organisation war nun aber das Territorium. Die Abstammungsgemeinschaften waren deshalb in aller Regel nicht identisch mit den politischen Einheiten, die

---

[2] Die Bezeichnung dieser Einheiten ist natürlich einigermaßen beliebig. Es geht hier nicht um den Namen, sondern um die Sache. Im Englischen wird am häufigsten die Dreiteilung *family – lineage – clan* verwendet. Grundsätzliche Kritik an diesen Konzepten bei A. KUPER, Kap. 4, dem zufolge die Abstammungsgemeinschaften nur für die Führungsschichten eine wichtige Rolle spielten. Vgl. auch HAMMOND-TOOKE, Descent groups.

alle Bewohner eines bestimmten Gebietes umfaßten und wichtiger als jene waren.

Die Größe der politischen Einheiten konnte von einigen hundert bis zu mehreren zehntausend Personen reichen und hing von vielfältigen politischen, wirtschaftlichen und ökologischen Faktoren ab. Ihr Eckpfeiler war die zumindest theoretisch absolute Stellung eines Herrschers, die dem Oberhaupt des mächtigsten und angesehensten Clans bzw. Geschlechts zukam. Sie war erblich, und der Clan des Herrschers hatte insgesamt eine hervorgehobene Stellung: er bildete eine Art Adel. In kleinen Gemeinwesen kontrollierte der Herrscher unmittelbar das gesamte Gebiet. Größere Staatswesen hatten einen komplizierteren Aufbau, mit einer über mehrere Stufen reichenden Verwaltungs- und Befehlshierarchie. Das Gebiet war aufgeteilt in Distrikte oder Provinzen, an deren Spitze ein Angehöriger des Adels, in der Regel ein Bruder oder Halbbruder des Herrschers stand. Er war seinerseits Herr über eine Reihe von Unterbezirken, die meist von Oberhäuptern lokaler Clans oder Geschlechter kontrolliert wurden. Die unterste administrative Einheit bildete in der Regel, und zumal bei den Nguni, nicht der einzelne, aus einer Familie bestehende Haushalt, sondern die mehrere Haushalte umfassende Hofstatt *(homestead)*, deren Chef das reichste Familienoberhaupt war und die vor allem als Grundeinheit der Produktion diente[3]. Denn Ackerbau, Viehzucht und Jagd erforderten ausgeprägte Kooperation.

Die Macht des Herrschers (und entsprechend der Unterführer, deren Stellung auf ihrer Ebene analog war) beruhte zunächst auf der Kontrolle über das Land. Dieses war grundsätzlich Gemeineigentum. Jedes Familienoberhaupt hatte Anrecht auf eine Parzelle Ackerland, während das Weideland für das Vieh Kollektivbesitz blieb. Land war nicht veräußerbar, und solange es bebaut wurde, konnte der Herrscher es auch nicht zurückfordern. Andererseits war die Landverteilung keineswegs völlig gleichmäßig. So verschaffte das Recht zur Vergabe beträchtliche Einflußmöglichkeiten, etwa zur Belohnung der eigenen Anhängerschaft. Der Herrscher war überdies oberster Richter, an den von den unteren Ebenen her appelliert werden konnte. Er allein durfte Todesurteile verhängen. Er war befugt, Gerichtsgebühren zu erheben, und konnte einen Teil der Ge-

---

[3] Nähere Angaben bei J. Lewis 4–6. Eine britische Zählung von 1848 ergab pro Hofstatt durchschnittlich fünf Haushalte.

richtsbußen (man kannte neben der Todesstrafe nur Körperstrafen und materielle Leistungen) für sich behalten. Weitere bedeutende Finanzquellen waren Steuern und Abgaben, etwa auf dem Handel, auf Eheschließungen und Todesfällen, oder in Form der Abgabe eines Teils der Jagdbeute, z.B. eines der beiden Stoßzähne eines Elefanten. Dazu hatten die Untergebenen bestimmte Arbeitsleistungen zu erbringen. Der Herrscher war auch oberster Kriegsherr und religiöses Oberhaupt. Manche Zeremonien und Rituale hatte er selber zu vollziehen, während andere spezialisierten Magiern, Zauberern, Medizinmännern und Regenmachern beiderlei Geschlechts oblagen, aber stets unter seiner Oberaufsicht.

All dies deutet auf eine beträchtliche Machtfülle. Sie wurde durch andere Faktoren deutlich eingeschränkt. Bis um 1800 bestand nirgends ein stehendes Heer. Wenn mobilisiert wurde, brachten die Unterführer ihre eigenen Kontingente mit. Erschienen sie nicht, so konnte der Herrscher nur die Bewaffneten seines eigenen Distrikts aufbieten. Dies zeigt die starke Stellung der Unterführer, die keine Beamten waren, sondern eine eigene Machtgrundlage hatten. Der Herrscher konnte sie in der Regel nicht absetzen, sondern höchstens zu schwächen versuchen. Er hatte nur wenige von ihm unmittelbar abhängige, nicht dem Adel angehörende Beamte.

Daß die Unterführer und letztlich selbst die einzelnen Hofstatt- und Haushaltsvorstände sich eine relativ ausgeprägte Freiheit sichern konnten, hing in erster Linie mit der Möglichkeit zusammen, sich dem jeweiligen übergeordneten Herrn durch Wegzug zu entziehen. Das erfolgte auf verschiedene Weise. Einzelne Familien oder Geschlechter, die sich schlecht behandelt fühlten oder sich etwas hatten zuschulden kommen lassen, unterstellten sich einem andern Herrn. Die Nachfolge des Herrschers war zwar theoretisch klar geregelt. In der Praxis aber entstanden unter seinen meist zahlreichen Söhnen häufig Nachfolgekämpfe. Der Unterlegene zog mit seinem Anhang von dannen und gründete ein eigenes Gemeinwesen oder schloß sich einem andern an. Solche Abspaltungen hatten ihre Ursache freilich nicht immer nur in Machtkämpfen. Nahm die Bevölkerung eines Gebiets zu, so reichte das vorhandene Land nicht mehr aus, und ein Teil der Bewohner zog, unter Führung eines Bruders des Herrschers, aus, um neues Land zu suchen. Das war ein völlig normaler und friedlicher Vorgang.

Dies trug dazu bei, daß der Herrscher in der Praxis meistens alles andere als ein selbstherrlicher Despot war. Sonst verlor er bald einmal seine Untergebenen. Ihm stand ein größtenteils aus Angehörigen des Adels bestehender Rat zur Seite, ohne dessen Konsultation kaum eine Entscheidung durchgesetzt werden konnte. Bei besonders wichtigen Fragen wurde der Rat erweitert, bis hin zu einer Art Volksversammlung aller erwachsenen Männer, die allerdings nur beratende, nicht beschließende Funktion hatte. Man darf sich keine idealdemokratischen Verhältnisse vorstellen. Die Macht blieb im wesentlichen durchaus an der Spitze, im Adel konzentriert. Aber für die Basis bestanden Möglichkeiten, sich entweder Gehör zu verschaffen oder sich zu entziehen.

Die genannten Volksversammlungen spielten bei den Sotho-Tswana unter dem Namen *pitso* eine wesentlich wichtigere Rolle als bei den Nguni. Das hängt mit Wirtschaftsweise und Siedlungsstruktur zusammen. Die Nguni siedelten größtenteils in einzelnen Hofstätten. Diese waren weitgehend autark; ihr Land befand sich in der Nähe. Andererseits war es schwierig, hier alle Männer zusammenzurufen. Der Herrscher stützte seine Macht in erster Linie auf seine Finanzquellen. Bei den nördlichen und südlichen Sotho überwog die Siedlung in Dörfern, die im Süden höchstens einige hundert, im Norden bis zu 5000 Bewohner hatten. Die Tswana siedelten sogar in förmlichen Städten mit bis zu 20000 Einwohnern, die allerdings von der Bauweise her lediglich sehr große Dörfer waren, wenngleich manche mit Steinwällen umgeben waren. Über die Ursachen für diese Siedlungsstruktur herrscht Ungewißheit. Manche vermuten, die Städte seien eine Folge stärkeren Handels und stärkerer sozialer Differenzierung gewesen[4], andere geben eher ökologische Ursachen an: da die Tswana in trockenen Gebieten siedelten, in denen der Regen sehr unregelmäßig fiel, waren sie darauf angewiesen, ein möglichst großes Gebiet zu kontrollieren, um so Weide- und Ackerland den wechselnden Verhältnissen entsprechend aufteilen zu können[5]. Jedenfalls erforderten solche Städte, die jeweils zusammen mit einer Reihe umliegender Dörfer ein Staatswesen bildeten, angesichts der größeren gegenseitigen Abhängigkeit eine ausgefeiltere Organisation, um jedem sein Ackerland und seine Weiden zuzuteilen, als bei der Streusiedlung der Nguni. Deshalb war es auch besonders wichtig, daß

[4] Z.B. M. WILSON, in Oxford History 1, 154f; 179f.
[5] Z.B. SANSOM, in HAMMOND-TOOKE 138–149.

alle Beteiligten konsultiert wurden, zumal die Zwangsmittel des Herrschers gering waren. Außerdem ließ sich die Bevölkerung in den Städten leichter zusammenrufen.

Das geschilderte System, mit seinen immer neuen Abspaltungen von Gruppen, die freies Land suchten und eigene Gemeinwesen bildeten, erforderte, solange die Bevölkerung wuchs, die dauernde Verfügbarkeit von Land. Da Land nirgends unbegrenzt ist und in Südafrika allein schon das Klima klare Grenzen zog, mußte auch das System irgendwann auf seine Grenzen stoßen. Das jeweils beste Land war natürlich schon immer knapp und umkämpft gewesen. Grundsätzlich aber war lange Zeit noch reichlich für die gegebene Lebensweise geeignetes Land vorhanden. Das scheint sich im 18. Jahrhundert in vielen Gebieten allmählich geändert zu haben. Land wurde knapper. Man konnte nicht mehr einfach in »freie« Gebiete ziehen, aus denen man ungünstigstenfalls einige San-Gruppen verdrängen mußte. Ansätze zu einer grundlegenden Veränderung der Wirtschaftsweise, die es ermöglicht hätten, auf gleicher Fläche mehr Personen zu ernähren, scheint es kaum gegeben zu haben. Die Spannungen mußten zunehmen. Im Ganzen ging die Tendenz zur Schaffung größerer und stärkerer, zentralisierterer Staatswesen. Die Macht des Herrschers nahm zu, weil er weniger Rücksicht auf die Möglichkeit des Wegzugs seiner Untergebenen nehmen mußte. Manchenorts trugen auch erhöhte Einnahmen aus dem intensivierten Fernhandel dazu bei. Gleichzeitig verschärften sich die Auseinandersetzungen zwischen diesen größer gewordenen politischen Einheiten.

In dieser Situation waren die Staatswesen der Nguni gegenüber denen der Sotho und insbesondere der Tswana im Vorteil. Ein Tswana-Gemeinwesen ließ sich kaum ausweiten: die Verbindung mehrerer Städte wäre organisatorisch-administrativ schwer zu bewältigen gewesen. Bei den Nguni hingegen, bei denen die Organisation dank der Eigenständigkeit der Höfe viel leichter war, bereitete es geringere Mühe, bestehende Einheiten zu größeren Gemeinwesen zusammenzufassen.

Soziale Verhältnisse

Die sozialen Verhältnisse in den schwarzafrikanischen Staatswesen lassen sich zu guten Teilen aus dem Zusammenspiel zweier Produktionsfaktoren erklären, die je für sich höchst unterschiedliche Funktionen und Auswirkungen hatten. Das Land bildete ein relativ egalitäres, das Vieh ein stark differenzierendes Element.

Jedes Familienoberhaupt erhielt ein eigenes Stück Land, das so lange unverlierbar war, wie es bebaut wurde. Das war wohl in erster Linie eine Folge der zunächst fast unbeschränkten Verfügbarkeit von Land, dank der dessen Wert gering blieb. Dennoch deutet vieles darauf hin, daß die einigermaßen gleichmäßige Verteilung auch durchaus gewollt war. Z.B. konnten Reiche in der Zeit von Aussaat und Ernte nicht beliebig viele Arbeitskräfte anwerben, um so ihre Produktion stark zu steigern und andere von sich abhängig zu machen. Jede Familie sollte vielmehr in erster Linie ihren Eigenbedarf decken[6]. Sie erhielt umgekehrt nicht viel mehr Land, als der Zahl ihrer Angehörigen angemessen schien. Dadurch entstand keine abhängige Schicht von Landlosen.

Im Gegensatz zum Land war Vieh Privatbesitz, dessen Verteilung frei war. Keine Familie konnte landlos sein – jede konnte viehlos sein. Die Bedeutung des Viehs lag nun nicht in erster Linie in dem, was damit produziert wurde, sondern im sozialen und politischen Bereich, indem sein Besitz Macht und Stellung in der Gesellschaft regelte. Reichtum bemaß sich fast ausschließlich nach dem Viehbesitz, und er ging mit der politischen Macht Hand in Hand. Der Herrscher und die Unterführer hatten auch die größten Herden. Versuchte ein gemeiner Mann, es ihnen gleichzutun, so riskierte er eine Anklage wegen Zauberei, die zumindest mit der Beschlagnahmung des Besitzes, unter Umständen aber auch mit seinem Tode endete.

Angelpunkt des Systems war die Funktion des Viehs bei der Eheschließung. Wie bei den Khoikhoi setzte eine rechtsgültige Ehe die Übertragung von Vieh von der Familie des Bräutigams auf die der Braut voraus. Das verschaffte dem Mann das unbedingte Recht auf die Kinder der Frau. Die Höhe des Brautgeldes *(lobola)* hing von der sozialen Stellung der Familie der Braut ab. Die Auswirkungen des Systems wurden durch die Polygamie noch verschärft: mehrere Frauen zu haben, war nicht nur erlaubt, sondern jede zusätzliche Frau verlieh mehr Prestige, Macht und Reichtum, u.a. auch dadurch, daß der Mann eine zusätzliche Arbeitskraft für Feldarbeit gewann. Die soziale Stellung eines Mannes bemaß sich vorzüglich nach der Zahl

[6] Sansom, in Hammond-Tooke 153–157.

seiner Frauen, weshalb denn auch der Herrscher die meisten Ehefrauen haben mußte. Sekhukhune, Herrscher der Pedi (1861–1879), soll deren 56 gehabt haben[7]. Ein Vorteil für die Frauen war, daß jede dank dem Brautgeld eine gesicherte Stellung gewann. Der Mann, der zusätzliches Land für eine Frau erhielt, mußte ihr dafür einen eigenen (Teil-) Haushalt einrichten, und sie bekam unveräußerlichen Besitz für ihre Kinder, obwohl ihre Rechtsstellung sonst sehr schlecht war, indem sie grundsätzlich als Mündel zuerst ihres Vaters und dann ihres Gatten betrachtet wurde. Zwischen den verschiedenen Frauen eines Mannes bestand eine streng geregelte Hierarchie.

Die Tendenz des Systems ging also auf eine Konzentration der Frauen bei den reichen Männern. Das hatte jedoch Grenzen. Bei einer britischen Zählung in einem größeren Gebiet 1848 hatten 47,3 Prozent der Männer eine Frau und 32,4 Prozent keine, während 15,5 Prozent zwei und nur 4,8 Prozent drei und mehr Frauen hatten[8]. Der dauernde Ausschluß der ärmeren und meistens jüngeren Männer von der Ehe hätte sicher Konflikte erzeugt. Grundsätzlich hatten alle Männer das Recht, eine Ehe einzugehen. Für die Beschaffung des erforderlichen Viehs war die Familie zuständig. War sie zu arm, so konnte sich der betreffende Mann die Tiere von einem Reichen vorschießen lassen, oder er mußte sie sich vorher verdienen. Dies wurde durch eine auch sonst in Afrika verbreitete Institution ermöglicht, die Ausleihe von Vieh. Ein reicher Viehbesitzer – in erster Linie der Herrscher oder die Unterführer, die die größten Herden hatten – gab einem Mann einige Tiere zur Besorgung. Das diente auch der Streuung der Verlustrisiken durch räumliche Verteilung und verschaffte den Viehbesitzern Gefolgsleute. Die Milch und ein Teil des Nachwuchses gehörte dem Mieter, der auf diese Weise im Lauf der Zeit selber zu Vieh kommen konnte. Das bedeutete, daß solche Abhängigkeitsverhältnisse in der Regel nur befristet waren, daß keine eigentliche Klasse von Abhängigen entstand, zumal ja immer alle auch noch eigenes Land hatten, sei es als Familienoberhäupter oder innerhalb der Familie, in der sie als noch Unverheiratete lebten.

Im Ganzen benachteiligte das System dennoch die Ärmeren und Jüngeren, die länger warten mußten, bis sie heiraten konnten, gegenüber den Älteren und Reicheren, die bessere Chancen

[7] DELIUS 56.
[8] J. LEWIS 5.

für die Gewinnung mehrerer Frauen hatten. Die Abhängigkeit der Unverheirateten wurde noch dadurch verschärft, daß nur Familienoberhäupter eigenes Land erhielten, während die Jungverheirateten den Älteren gegenüber oft infolge des vorgeschossenen Viehs verschuldet waren.

Die Viehausleihe bildete auch ein Instrument zur allmählichen Integration von Unterworfenen oder besitzlosen Flüchtlingen, denen so die Gewinnung von Vieh und damit der soziale Aufstieg ermöglicht wurde.

Auf diese Weise entstand eine Art fluktuierendes Gleichgewicht zwischen Elementen der Gleichheit, deren Grundlage das Land bildete, und Elementen der Ungleichheit, die sich in Viehbesitz ausdrückte. Die Reichtumsunterschiede waren beträchtlich, nicht nur zwischen Adel und Volk, sondern selbst innerhalb der einzelnen Hofstatt von Familie zu Familie. Wenn das Land knapper wurde, verschärften sie sich noch. Das galt besonders im 19. Jahrhundert angesichts des weißen Vormarsches und der Bevölkerungsvermehrung[9]. Dennoch hatte die Gesellschaft dank der relativ gleichmäßigen Landverteilung und der Unveräußerbarkeit des Landes eine starke egalitäre Grundlage, die verhinderte, daß extreme, dauerhafte Abhängigkeitsverhältnisse oder gar Sklaverei in größerem Umfang aufkamen[10]. Aufschlußreich ist der Vergleich mit den Khoikhoi, die keinen Akkerbau betrieben, bei denen das Land also nicht die gleiche Funktion haben konnte. Das Vieh hingegen spielte bei ihnen eine ähnliche Rolle wie bei den Schwarzen. Wer es verlor – und das war beim Vieh im Gegensatz zum Land ohne weiteres möglich –, der verlor alles und fiel zurück auf den Status des Jägers und Sammlers, sofern er nicht in die Dienste eines andern treten konnte.

---

[9] Vgl. etwa J. Lewis 6 ff.
[10] Am ausgeprägtesten war die untergeordnete Stellung größerer Gruppen bei den Tswana, wo sogar von sklavenähnlicher Stellung gesprochen wird. Peires, in Cameron/Spies 48.

Kapitel 4
Die Kolonie der Kompanie, 1652–1795

Das Kap am Seeweg nach Indien

Die Umschiffung des Kaps der Guten Hoffnung in grauer Vorzeit ist ein beliebter Gegenstand historischer Spekulation. Schlüssige Beweise fehlen bislang. Systematisch und regelmäßig ließ sich die Fahrt erst mit Hilfe der Verbesserungen der Schifffahrtstechnik durchführen, welche die Westeuropäer und besonders die Portugiesen im Spätmittelalter entwickelten. Die Portugiesen drangen im Laufe des 15. Jahrhunderts immer weiter entlang der afrikanischen Küste nach Süden vor. 1488 umrundete Bartolomeu Dias erstmals das Kap, und zehn Jahre später erreichte Vasco da Gama über Ostafrika Indien.

Bis 1515 errichteten oder eroberten die Portugiesen in Afrika und Asien, im Atlantik und im Indischen Ozean ein Netz von Stützpunkten. Angesichts der immer wieder betonten außergewöhnlichen strategischen Bedeutung des Kaps überrascht es, daß sie sich dort nie niederließen und daß es erst 164 Jahre nach Bartolomeu Dias von Europäern in Besitz genommen wurde.

Strategische Bedeutung erhält das Kap erst, wenn es von mehreren Interessenten umkämpft wird. Bis zum Ende des 16. Jahrhunderts hatten die Portugiesen auf dem Weg nach Indien keine ernsthaften Konkurrenten. Die wirtschaftliche Bedeutung des Kaps war gering. Sein einziger Vorteil war, daß man von den Khoikhoi Vieh eintauschen konnte für die Verpflegung der Schiffsmannschaften. Und selbst dazu waren die Khoikhoi nicht immer bereit. Das konnte bei aggressivem Auftreten zu Zusammenstößen führen. Bei einem solchen erlitt der portugiesische Vizekönig Almeida 1510 auf der Rückreise von Indien nach Europa zusammen mit einer großen Zahl von Gefährten den Tod[1]. Das mußte Pläne für eine Niederlassung vollends unterbinden. Das Gefecht war das blutigste zwischen Europäern und Khoisan bis zu den 1770er Jahren, und für die Europäer für alle Zukunft das verlustreichste überhaupt.

Das Kap hatte zudem den Nachteil eines höchst unsicheren

[1] Die portugiesischen Quellen machen unterschiedliche Angaben über die Zahl der Opfer, die um die 50 gelegen haben dürfte. Vgl. RAVEN-HART 9–11.

und gefährlichen Hafens. Die Winterstürme vernichteten in späterer Zeit immer wieder vor Anker liegende Schiffe. Die berühmte Umbenennung des von Dias so benannten ›Kaps der Stürme‹ in ›Kap der Guten Hoffnung‹ durch den portugiesischen König vermochte daran nichts zu ändern[2].

Für die Funktionen, die das Kap erfüllen konnte, standen den Portugiesen günstigere Plätze zur Verfügung: Inseln im Atlantik wie Madeira und St. Helena sowie die Ostspitze Brasiliens. Nach der Umrundung des Kaps fuhren die Schiffe ohnehin erst der Küste entlang bis Moçambique oder gar bis zum heutigen Tansania und Kenia. Hier fanden sie Häfen, in denen alles zu haben war, und erst von hier aus setzten sie nach Indien über.

Die Lage änderte sich, als den Portugiesen seit 1595 ernstzunehmende Konkurrenten erwuchsen, zuerst die Holländer, dann die Engländer. Diese mußten entweder portugiesische Stützpunkte erobern oder sich neue schaffen. 1611 gelang es außerdem einem niederländischen Kapitän erstmals, direkt vom Kap nach Indonesien zu segeln statt auf der traditionellen Route entlang der ostafrikanischen Küste. Damit wurde das Kap in ganz anderer Weise als bisher zum Mittelpunkt zwischen Europa und Asien. Doch sein schlechter Ruf stand ihm noch lange im Wege. 1620 nahm es ein englischer Kapitän für sein Land in Besitz. Die Regierung wollte davon aber nichts wissen. Erst als 1647/48 die Besatzung eines gestrandeten niederländischen Schiffes fast ein Jahr am Kap verbringen mußte, zeigten sich die Vorteile des Klimas. Man entschloß sich zu einer förmlichen Niederlassung, die am 6. April 1652 unter der Leitung von Jan van Riebeeck gegründet wurde. Etwa 90 Männer, Frauen und Kinder gingen an Land.

Die ersten Siedler

Diese Niederlassung wurde zum Kern einer europäischen Siedlungskolonie. Der Vergleich mit Amerika und Australien liegt nahe. Von der ursprünglichen Zielsetzung her überwogen allerdings die Unterschiede, die auch für das künftige Schicksal Südafrikas von Bedeutung wurden. Nach Amerika und nach Australien kamen die Kolonialmächte mit geradezu unbegrenzten

---

[2] Nach anderen portugiesischen Quellen zog bereits Dias selber die optimistische Variante vor.

54

Ansprüchen, die sich jeweils auf alle Gebiete von Ozean zu Ozean erstreckten. Die Spanier sprachen sich selber sogar ausdrücklich alle entdeckten und noch zu entdeckenden Gebiete zu. Der ganze Kontinent galt von vornherein als Aktionsraum für die Europäer und als deren rechtmäßiger Besitz. Wo immer sich ein Europäer niederließ – zumindest in der Theorie begleitete ihn der Anspruch eines europäischen Staates auf das betreffende Gebiet.

Von einer solchen Haltung waren die Holländer am Kap weit entfernt. Auftraggeber van Riebeecks war nicht ein landhungriger Staat, sondern eine gewinnorientierte Aktiengesellschaft, die Niederländische Ostindische Kompanie. Sie konnte zwar wie ein Staat operieren und tat es auch. Aber ihr eigentliches Ziel war nicht Gebietsherrschaft, sondern Handel. Daß das Kap wirtschaftlich gesehen uninteressant war, zumal im Vergleich mit den reichen asiatischen Handelsstädten, stand 1652 längst fest. Also konnte es nur darum gehen, mit möglichst geringen Kosten einen Stützpunkt zu errichten für die Verpflegung der Mannschaften und die Ausbesserung der Schiffe. Die sechs- bis achtmonatigen Fahrten zwischen Europa und Asien führten zu Mangelkrankheiten und häufigen Todesfällen. Eine Versorgung mit Frischprodukten auf halbem Wege konnte die Sterblichkeit erheblich senken.

Die beschränkten Ziele der Kompanie waren in der Anfangszeit besonders deutlich. Van Riebeeck errichtete um die erste Niederlassung herum einen Zaun, um den Kontakt mit den Khoikhoi möglichst unter Kontrolle zu halten. Ein Inspektor aus Holland forderte, die Kaphalbinsel durch einen Kanal abzutrennen, und mit dessen Ausführung wurde sogar begonnen. Bis zum späten 19. Jahrhundert blieb es mit wenigen Ausnahmen bei dieser zurückhaltenden Einstellung der jeweiligen europäischen Regierung. Da trotzdem weiße Siedler da waren, entwickelten sich gleichwohl ähnliche dynamische Kräfte wie in Amerika und Australien. Die Konflikte zwischen Regierung und Siedlern überlagerten diejenigen zwischen Europäern und Afrikanern und trugen viel zur Komplizierung der Verhältnisse bei.

Diese Widersprüchlichkeiten zeigten sich schon unter van Riebeeck. Seine Expeditionsteilnehmer waren nicht eigentlich als Siedler gedacht. Sie gehörten zum normalen Personal der Kompanie und sollten lediglich die Voraussetzungen für die Versorgung der Schiffe schaffen. Dazu gehörte der Viehhandel mit den Khoikhoi. Andere Nahrungsmittel aber ließen sich von diesen nicht eintauschen. Die Kompanie mußte sie selber erzeugen. Van Riebeeck legte dazu einige Felder an. Doch die Produktion war sehr teuer. Die Soldaten und Beamten der Kompanie waren nicht für landwirtschaftliche Arbeiten angeworben worden, und viele von ihnen verstanden auch wenig davon. Die Arbeitsmoral war schlecht; manche desertierten sogar zu den Khoikhoi. Van Riebeeck forderte deshalb die Kompanie auf, Siedler auszusenden, die auf eigene Rechnung arbeiten könnten. Er erhielt lediglich die Erlaubnis, neun seiner Leute freizustellen. So entstand 1657 neben den Bediensteten der Kompanie eine zweite Kategorie von Weißen am Kap, die der Freibürger. Van Riebeeck stellte ihnen ein Stück Land zur Verfügung und gab ihnen Saatgut und Arbeitsgeräte auf Kredit. Das Experiment bewährte sich, die Produktion nahm zu. Das veranlaßte die Kompanie, nun auch in den Niederlanden Siedler anzuwerben, die neben Land und Anfangskredit freie Überfahrt erhielten, sofern sie sich für eine bestimmte Zeit verpflichteten. Doch weder war die Werbekampagne aufwendig noch der Zuspruch besonders lebhaft. Die Kompanie wollte keine große Kolonie gründen, sondern lediglich die Produktion von Lebensmitteln für die anlegenden Schiffe sichern. Nur einmal erfolgte eine organisierte Einwanderung in etwas größerem Maßstab: 1687/88 trafen ca. 225 Hugenotten ein. Sie hatten Frankreich nach der Aufhebung des Edikts von Nantes 1685 verlassen. Obwohl insgesamt etwa 80 000 Hugenotten nach den Niederlanden kamen, war es gar nicht so leicht, diese 225 zu finden. Auf eine erste, kleinere Werbekampagne meldeten sich nur ganz wenige[3]. Das zeigt, daß das Kap nicht nur kein Einwanderungs-, sondern daß Holland auch kein Auswanderungsland war. Die Wirtschaftslage war hier vergleichsweise gut, und auch religiöse Verfolgung trieb die Leute nicht nach Übersee.

Bis 1705/06 wurden noch vereinzelt Siedler in Europa angeworben. Danach hörte diese Form der Einwanderung so gut wie ganz auf. Hingegen ließen sich nun vermehrt ehemalige mittlere und kleinere Bedienstete der Kompanie nach Ablauf ihrer Vertragszeit in Asien am Kap nieder. Viele von ihnen waren Deutsche, die insgesamt unter den Einwanderern des 17. und 18. Jahrhunderts einen annähernd gleich großen Anteil stellten wie die Holländer[4].

[3] Vgl. BOTHA, FISCH und COERTZEN.
[4] Nach J. A. HEESE, Herkoms 36 f. machte der Anteil der Holländer an den

Das Kap wurde also nicht zu einem klassischen Einwanderungsland. Die Zunahme der Bevölkerung erfolgte seit dem 18. Jahrhundert hauptsächlich durch eine sehr starke natürliche Vermehrung. Da aber die Ausgangsbasis schmal war, blieben die absoluten Zahlen niedrig. Die Zahl der Freibürger stieg von 130 im Jahre 1660 über 573 für 1687, 1265 für 1701 und 5419 für 1753 auf 13 830 für 1793[5]. Dazu kamen noch die Bediensteten der Kompanie, die 1662 120 Personen ausmachten, 1732: 1695 und 1794: 2039[6]. Die USA hatten in den 1790er Jahren bereits etwa 3 Millionen weiße Einwohner.

Da Hugenotten und Deutsche rasch assimiliert waren, entstand bald eine ausgesprochen homogene Bevölkerung. Seit etwa 1700 waren die meisten Weißen am Kap geboren, das sie auch als ihre Heimat betrachteten. Die Verbindungen nach Europa waren locker, lockerer wahrscheinlich als die der englischen und französischen Kolonisten in Nordamerika. Das galt besonders für die Deutschen und die Hugenotten, die allein schon durch die Aufgabe ihrer Sprache zugunsten des Niederländischen bald gänzlich von ihren Herkunftsländern abgeschnitten waren. So ist es kein Wunder, daß bereits 1706 zum ersten Mal die Selbstbezeichnung ›Afrikaner‹ nachgewiesen ist[7].

Die Wirtschaft

Die Erklärung für die langsame Entwicklung der Siedlungskolonie ist hauptsächlich im wirtschaftlichen Bereich zu suchen. Die Ostindische Kompanie war eine auf drei Kontinenten tätige Aktiengesellschaft, die das Ziel verfolgte, alljährlich hohe Dividenden auszuschütten. Die einzelnen Aktionsgebiete und deren Bewohner wurden strikt unter dem Gesichtspunkt der Rentabilität behandelt. In dieser Hinsicht bestand etwa zwischen asiatischen Gewürzproduzenten auf den Molukken und europäischen Siedlern am Kap kein Unterschied.

Für die Kapkolonie bestanden im Rahmen des Systems der

Stammvätern der Buren bis 1807 36,8 Prozent aus, gegenüber 35 Prozent für die Deutschen, 14,6 Prozent für die Franzosen und 7,2 Prozent für Nichtweiße. 1867 betrugen die Prozentsätze 34,8 für Holländer, 33,7 für Deutsche, 13,2 für Franzosen, 5,2 für Briten und 6,9 für Nichtweiße. Ebd 54.

[5] WORDEN 11; 53.
[6] KATZEN, in Oxford History 1, 217.
[7] ELPHICK, Khoikhoi 227; nach MCCRONE, Frontier 24 erst 1707.

Kompanie zwei Möglichkeiten: Man konnte sie zu einem eigenständigen Produktionsgebiet für Erzeugnisse machen, die auf dem Weltmarkt absetzbar waren, oder aber man beschränkte sie auf die Rolle der bloßen Zwischenstation zwischen Europa und Asien. Die Kompanie tendierte von Anfang an zur zweiten Lösung. So hoch sie die strategische Bedeutung des Kaps einschätzte, so niedrig veranschlagte sie dessen wirtschaftliches Potential. Und darin sollte sie bis zum 19. Jahrhundert Recht behalten. Die klassischen tropischen Exportprodukte wie Gewürze, Zucker, Tabak, Kaffee und Baumwolle gediehen nicht. Ebensowenig fanden sich Bodenschätze, und noch weniger gab es einheimische Handwerks- und Manufakturerzeugnisse wie in Asien. Der größte Teil des Hinterlandes war unwirtlich und wenig fruchtbar. Andere landwirtschaftliche Produkte wie Getreide, Wein, Gemüse und Obst wuchsen zwar durchaus. Dazu kam ein großes Potential für die Fleischerzeugung. Aber da all dies meist nur begrenzt haltbar war und einen niedrigen Wert pro Gewichtseinheit hatte, eignete es sich kaum für den Export.

Ob ein dritter Weg gangbar gewesen wäre, wird sich nie mit Sicherheit entscheiden lassen. Denn die Kompanie schloß ihn von vornherein aus. Man hätte eine nicht primär exportorientierte, sondern auf Eigenentwicklung ausgerichtete größere Siedlungskolonie aufbauen können, die hauptsächlich für ihren eigenen Bedarf produziert und dadurch mit der Zeit auch eine differenziertere Wirtschaftsstruktur entwickelt hätte. Die Bedingungen dafür wären angesichts der begrenzten Fruchtbarkeit des Landes nicht ideal gewesen. Immerhin bot das Kapland dafür zumindest eine hervorragende Ausgangsbedingung: Das Klima war Europäern erträglich wie sonst nur in wenigen außereuropäischen Gebieten.

Doch dies hätte einen großen Aufwand erfordert und für absehbare Zeit nicht nur keinen Gewinn abgeworfen, sondern Zuschüsse verlangt: man hätte Siedlern in beträchtlicher Zahl die Überfahrt bezahlen und Startkapital vorschießen müssen[8]. Die Kompanie war an solchen Perspektiven nicht interessiert, und noch weniger war sie bereit, eine nicht von ihr kontrollierte Entwicklung zuzulassen. Paradoxerweise löste sie gerade durch dieses Desinteresse die Bewegung aus, die zur großen Ausdehnung des weißen Siedlungsgebiets in Südafrika führen sollte.

Die Bauern am Kap bekamen die Unterordnung unter die

---

[8] Überlegungen dazu vor allem bei GUELKE, in ELPHICK/GILIOMEE 47 ff.

Politik der Kompanie von Anfang an zu spüren. Diese versuchte, die Gewinne mit Hilfe von Monopolen zu erhöhen. Dabei schreckte sie in Asien nicht einmal vor der physischen Vernichtung der Konkurrenten zurück. Am Kap war das weder nötig noch – gegen eigene Siedler – möglich. Die Kompanie war, wenn nicht der einzig mögliche, so doch der wichtigste Abnehmer der Produkte der Bauern. Sie legte sehr niedrige Preise fest und verbot den Bauern während der ersten Jahrzehnte auch meistens den Viehtausch mit den Khoikhoi. Die Monopolbestimmungen wurden zwar soweit wie möglich umgangen: Viehtausch fand trotzdem statt, und die Bauern versuchten, zumindest ausländische Schiffe direkt zu beliefern. Doch die Kontrollen waren scharf, und der Schmuggel bot keinen vollwertigen Ersatz für legalen Handel.

Die Klagen der Freibürger gegen die Wirtschafts- und Monopolpolitik der Kompanie begannen schon 1657 und rissen bis 1795 nie ab. Im späten 17. und im frühen 18. Jahrhundert entstand den Freibürgern zusätzliche Konkurrenz durch landwirtschaftliche Unternehmungen von Angestellten der Kompanie. Nach scharfem Protest der Bauern und heftigen Gegenmaßnahmen des Gouverneurs van der Stel stellte sich das Direktorium der Kompanie 1706/07 schließlich auf die Seite der Siedler und verbot solche Praktiken. Aber jede Form von weiterreichender wirtschaftlicher Aktivität blieb den Bürgern untersagt.

Zu Beginn des 18. Jahrhunderts hatte die Kompanie ihr Ziel erreicht. Hatte sie bislang hin und wieder noch Getreide importieren müssen, so konnte die Kolonie jetzt sich selber und die Schiffe versorgen. Zum Hauptproblem wurde im 18. Jahrhundert eher die Über- als die Unterproduktion, vor allem von Getreide und Wein. Neuere Forschungen haben allerdings gezeigt, daß die Klagen der Bauern übertrieben waren. Während des 18. Jahrhunderts nahm die Produktion nicht nur von Fleisch, sondern auch von Getreide und Wein mehr oder weniger kontinuierlich zu, woraus geschlossen werden muß, daß sich in der Regel doch ein Markt fand, teilweise sogar im Export nach Indonesien oder Europa. Der Reichtum der Kolonie nahm jedenfalls deutlich zu[9]. Andererseits setzte die Kompanie keineswegs auf rasche Expansion. Deswegen hörte jetzt auch die organisierte Einwanderung auf, wobei freilich mittlerweile die Siedler zu deren Hauptgegnern geworden waren. Die Kompa-

[9] van Duin/Ross 3 ff.; 88 f.

nie hatte am Kap nicht nur wirtschaftliche, sondern auch strategische Interessen. Der Unterhalt einer Garnison war teuer. Zur Entlastung wurde schon 1672 die Wehrpflicht für Freibürger im Alter von 16–60 Jahren eingeführt. Die von ihnen gebildete Bürgermiliz sollte vor allem die Verteidigung nach der Landseite übernehmen, während die Soldaten der Kompanie zur Abwehr von Angriffen von der Seeseite her zuständig waren. Nicht zuletzt mit dem Hintergedanken, Soldaten einsparen zu können, fragte die Kompanie im 18. Jahrhundert wiederholt an, ob nicht weitere Einwanderer erwünscht seien. Die Regierung am Kap, unterstützt von den Freibürgern, lehnte dies regelmäßig ab. Man fürchtete die weiße Konkurrenz mehr, als daß man Unterstützung nach außen nötig zu haben glaubte.

Indirekt war für diese negative Antwort der Kolonie dennoch die Kompanie verantwortlich. Hinter dem Angebot, die Einwanderung zu fördern, stand nicht die Absicht, die wirtschaftliche Zwecksetzung der Kolonie zu ändern. Die Kompanie war nicht bereit, eine eigenständige Entwicklung zuzulassen und damit Betätigungsmöglichkeiten für Einwanderer zu schaffen. Darin lag die Hauptursache für viele Schwierigkeiten des 18. Jahrhunderts. Zu dessen Beginn hatte die Kapkolonie die für die Zwecke der Kompanie ideale Größe erreicht. Doch allein schon die natürliche Bevölkerungsvermehrung schloß den Übergang von der Dynamik zur Statik aus. Man konnte die Kolonie schlecht einfach in einem bestimmten Zustand einfrieren. Da die Kompanie es dennoch versuchte, nahm die Entwicklung andere, schwerer kontrollierbare Wege.

Die ablehnende Haltung der Kolonie gegenüber neuer Einwanderung hatte noch einen weiteren und wohl wichtigeren Grund. Die Unwilligkeit seiner Bediensteten, in der Landwirtschaft mitzuarbeiten, veranlaßte van Riebeeck, neben der Anwerbung von Siedlern, zu einer zweiten Maßnahme. Er ließ 1658 eine größere Zahl von Sklaven einführen. Sie wurden teils von der Kompanie direkt verwendet, teils an die Freibürger ausgeliehen. Viele Bürger waren mit ihren neuen Arbeitskräften nicht zufrieden und gaben sie teilweise sogar wieder zurück[10]. Trotzdem gab die Kompanie nicht auf. Sie und nicht die Bürgerschaft war also zunächst die treibende Kraft bei der Einführung der Sklaverei. Das Klima erlaubte es ja durchaus, daß jegliche Art von Feldarbeit von Weißen übernommen wurde. Aber

[10] WORDEN 6.

die Arbeit von Sklaven war billiger, und das bedeutete, daß die Kompanie niedrigere Preise für die von ihr benötigten Produkte festlegen konnte. Man versuchte es mit weiteren Sklaven aus andern Herkunftsgebieten. Diesmal mit mehr Erfolg. Die reicheren Bauern verwendeten nun bald zum größten Teil Sklaven für ihre Feldarbeit. Weiße Arbeiter waren teurer. So ist es verständlich, daß zumal die wohlhabenden und einflußreichen Bauern schließlich neue Einwanderer mit größerer Entschiedenheit ablehnten als die Kompanie: sie wollten keine Konkurrenz, sondern mehr Arbeitskräfte.

Zu den unmittelbaren materiellen Auswirkungen der Sklaverei kamen psychologische, die wiederum wirtschaftliche Folgen hatten. Schon im frühen 18. Jahrhundert wurde die manuelle Arbeit zum größten Teil von Sklaven verrichtet, und zwar nicht nur in der Landwirtschaft, sondern auch in der Stadt, wo die Sklaven u. a. als Handwerker etwa beim Bau von Häusern oder in der Möbelherstellung eingesetzt wurden. Ein Freier konnte kaum mit Sklaven auf dem Arbeitsmarkt konkurrieren – es sei denn, er hätte sich mit einem Los zufriedengegeben, das nicht besser als das eines Sklaven war. Dazu war er verständlicherweise nur im Notfall bereit. Psychologisch schlug sich dies in der Auffassung nieder, bestimmte Arbeiten seien eines Freien nicht würdig, seien typische Sklavenarbeiten, zumal dann, wenn sie nicht in eigener Regie, sondern für einen Meister ausgeführt wurden. Wer sie als Freier trotzdem verrichtete, wurde verachtet. Es gehörte sich nicht für einen Weißen, nicht sein eigener Herr zu sein. Damit war eine Einstellung zur Arbeit entstanden, die Südafrika nachhaltig beeinflussen sollte. Sie verbaute den Weißen im 18. Jahrhundert vielfältige Beschäftigungsmöglichkeiten. In der Stadt wurde man statt zum Handwerker zum Geschäftemacher oder Spekulanten, auf dem Land statt zum Landarbeiter zum Aufseher über die Sklaven. Daneben stand noch immer eine beträchtliche Zahl von Männern, die weder ein solches Auskommen fanden noch einen eigenen Bauernhof hatten. Der Ausweg, der für sie gefunden wurde, die Besetzung eines riesigen Gebietes durch eine sehr geringe Bevölkerung, sollte Südafrika so tief prägen wie kaum ein anderer Vorgang in seiner Geschichte.

Die ersten Freibürger erhielten 1657 etwa 11 Hektar Land gegen geringe Abgaben zu festem Eigentum zugesprochen. Später im 17. Jahrhundert wurde die Landzuteilung großzügiger. Sie erreichte 32–64 Hektar. Dieses Land war für Ackerbau vorgesehen. Man baute hauptsächlich Getreide und Wein an, dazu kamen Oliven, Gemüse und Obst. Da die Zahl der Siedler gering war, beließ man allerdings zwischen den einzelnen Grundstücken große freie Flächen, auf denen die Bauern Schaf- und Rinderherden hielten. Zwischen 1657 und 1717 wurden auf diese Weise 192,9 km² Land vergeben – verteilt aber auf eine Gesamtfläche von 6500 km²[11].

Als im frühen 18. Jahrhundert der Markt gesättigt schien, vergab die Kompanie keine Grundstücke mehr. Hingegen bestand weiterhin eine erhebliche Nachfrage nach Fleisch. So wuchsen die Herden. Die Bauern ließen sie nun schon außerhalb der bisher genutzten Gebiete weiden. Die Kompanie gab dafür Erlaubnisscheine aus. Seit etwa 1717 schlossen sich schließlich die Bauern dem Vieh an. Manche ließen sich ganz außerhalb des bisherigen Siedlungsgebiets nieder und betrieben nur noch oder wenigstens fast ausschließlich Viehzucht. An einer solchen Existenz waren vor allem solche Leute interessiert, die keinen oder wenig eigenen Besitz hatten und weder in der Stadt noch auf einem Bauernhof eine Arbeit fanden, die einem Freien angemessen schien. Für einen Ackerbaubetrieb war viel Kapital erforderlich. Die Kompanie war nicht mehr bereit, dafür Kredit zu gewähren, weil ihr die Produktion hoch genug schien. Eine Viehzucht hingegen konnte man mit geringem Anfangskapital beginnen. Die Kompanie vergab entsprechende Erlaubnisscheine bereitwillig. Dabei ging sie geradezu verschwenderisch mit dem Land um. Zwar benötigte man für die Viehzucht in der Tat sehr viel größere Flächen als für den Ackerbau, zumal die Bauern nun auch oft in Gegenden kamen, die trockener waren als das eigentliche Kapland. Als Standardgröße galten ca. 2400 Hektar. Doch man erhielt, auf Antrag, auch ohne Schwierigkeiten ein Mehrfaches dieser Fläche. Viele taten dies, um vorsichtshalber auch schon für ihre Söhne ausreichend Land zu sichern. Außerdem wurde das Land nicht zuerst vermessen und danach aufgeteilt. Vielmehr vergab die Kompanie die Grundstücke an

---

[11] Guelke, in Elphick/Giliomee 45–49.

teilweise weit auseinanderliegenden Orten, so daß das dazwischenliegende Land zunächst kaum genutzt wurde. Jeder versuchte, ein möglichst günstiges Gebiet zu finden, mit vielen Wasserlöchern und gutem Gras; damit ließ er sich dann belehnen. Die einzige Regel, die sich dabei herausbildete, war, daß der Abstand zwischen den Mittelpunkten zweier Höfe mindestens eine Wegstunde betragen mußte[12].

Die Regierung vergab das Land nicht in Eigentum, sondern nur zur Pacht, die alljährlich erneuert werden mußte. Doch diese Erneuerung wurde schnell zur bloßen Formsache; faktisch wurde das Land sogar erblich. Der an die Kompanie zu entrichtende Pachtzins war niedrig. Aber selbst diese niedrige Summe wurde häufig genug nicht entrichtet. Pro Hof von 2400 Hektar mußten 24 Reichstaler bezahlt werden – die einschlägigen Schulden betrugen 1792 376360 Reichstaler. Im Schnitt befand sich jeder Hof etwa sieben Jahre im Rückstand[13].

Das sichtbarste Resultat war eine ungeheure Ausdehnung der Kolonie mit einem extrem niedrigen personellen Aufwand. Die Grenze rückte im Verlauf des 18. Jahrhunderts um ungefähr 400 km nach Norden und um 800 km nach Osten vor. Danach war sie für einige Zeit nahezu stabil, aber nicht etwa, weil der Landhunger der Siedler befriedigt gewesen wäre, sondern weil sie auf Hindernisse stießen. Die Landnahme selber war so geartet, daß sie, solange die Bevölkerung auch nur um ein Geringes zunahm, erst an Hindernissen ein Ende finden würde, sei es am Ozean, an Wüsten, an Gebirgen oder an Konkurrenten. Die Ausdehnung war der Weg des geringsten Widerstands.

In dem riesigen Gebiet befanden sich im Jahre 1793 gerade 1959 Höfe, und auch 1817 waren es erst 2291[14]. Ein besonders fruchtbarer und dichtbesiedelter Abschnitt an der Südküste mit etwa 11 500 km^2 zählte um die Mitte des Jahrhunderts 142 Höfe. Das bedeutete, daß auf eine Person etwa 10 km^2 kamen – anderswo waren es noch mehr[15]. Daraus läßt sich auch ableiten, daß die Jagd eine nicht zu unterschätzende, in manchen Gebieten wohl sogar während längerer Zeit eine entscheidende Rolle für den Lebensunterhalt spielte.

[12] Die beste Darstellung des Systems ist bei Van der Merwe, Trekboer 67 ff.; außerdem auch für die spätere Zeit, Christopher, European concept und ders., South Africa 77–82.

[13] Van der Walt, Ausdehnung 61. Van der Merwe, Trekboer 113. Geyer 60.

[14] Van der Merwe, Trekboer 113; 122. Geyer 60.

[15] Guelke, in Elphick/Giliomee 59.

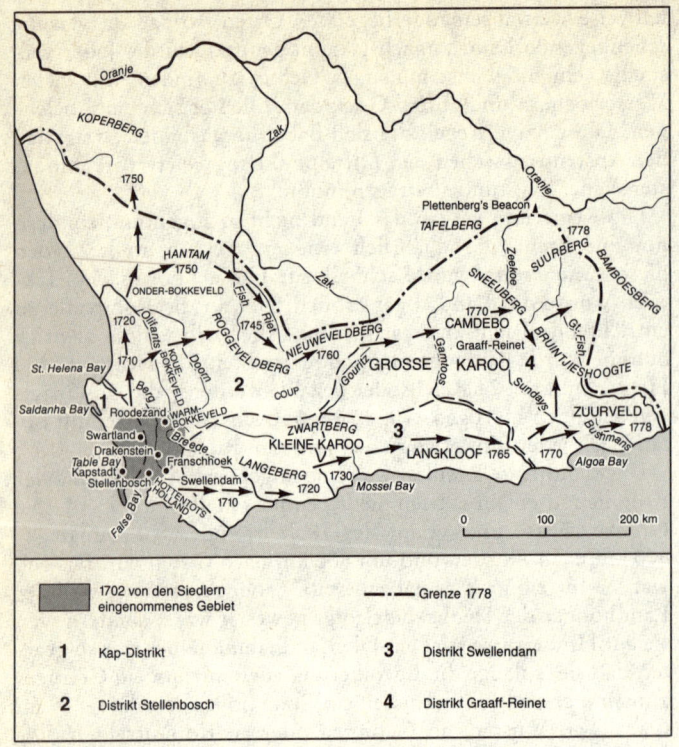

Die Ausbreitung der Kapkolonie bis 1778

Daß dieser Weg des geringsten Widerstands beschritten wurde, ergab sich aus verschiedenen Gründen. Bis in die 1770er Jahre trafen die Viehzüchter auf keine Gegner von militärischem Gewicht. Mindestens so sehr aber trug die Politik der Kompanie zur Ausdehnung bei. Die Sklaverei trieb die besitzlosen Freibürger aus der etablierten Kolonie, da sie keine ihnen gemäße Arbeit finden konnten. Statt neue, kleinere Ackerbauarmen zu vergeben, vergab die Kompanie Weidegebiete, weil dies billiger war. Und dabei ging sie schließlich so großzügig vor, daß es für die Viehzüchter in aller Regel billiger war oder zumindest schien, wann immer ihre Weiden erschöpft waren, nicht etwa für deren Verbesserung zu sorgen, z.B. Brunnen zu graben, kleine Staudämme zu bauen oder gar Felder einzuzäunen, sondern einfach weiterzuziehen. Der verschwenderische Umgang mit dem Boden führte vielfach zu dessen Verschlechterung.

Die neue Lebensweise erzeugte einen neuen Menschentyp. Man sprach von Trekburen, von Bauern also, die an die Grenze und darüber hinaus zogen (*trekken* = ziehen). Sie wurden zu einer Art Halbnomaden, denn vor allem in Gebieten mit wenig und unregelmäßigem Regen mußten sie ihre Weideplätze oft wechseln. Ihr Reichtum bestand im wesentlichen aus Vieh. Akkerbau betrieben sie, nicht zuletzt wegen ihrer unsteten Lebensweise, entweder gar nicht oder nur in geringem Maße. Fleisch war ihr Hauptnahrungsmittel, das oft reichlicher vorhanden war als Brot. Ihre Häuser und ihr Hausrat waren höchst einfach, ja primitiv, denn je weiter sie sich von Kapstadt entfernten, um so schwieriger und teurer wurde es, europäische Gegenstände zu erwerben. Die Fahrt mit dem Ochsenwagen nach Kapstadt konnte Wochen oder gar Monate dauern und war kostspielig und gefährlich. Trotzdem blieben die Trekburen wenigstens auf einen minimalen Austausch angewiesen. Sie wurden nicht völlig autark und wollten es auch nicht werden. Manche Gegenstände, die sie nicht selber herzustellen vermochten, waren für sie überlebensnotwendig. Zuallererst natürlich Feuerwaffen und Munition, die sie für die Jagd und für die Auseinandersetzungen mit den Khoisan und Xhosa benötigten. Dazu kamen Werkzeuge und Ausrüstungsgegenstände, z.B. Pflüge und Ochsenwagen, Textilien und, wenn das Geld reichte, etwas Zucker, Kaffee und Tabak. Verkaufen konnten die Trekburen hauptsächlich Vieh, daneben eingesalzene Butter, Fett, Seife, Häute und Jagdprodukte. In den entfernteren Gebieten tauchten im Lauf des 18. Jahrhunderts auch fahrende Händler auf. Hingegen entstand kein größeres Handelszentrum. Wer einen echten Markt für seine Produkte wollte, mußte nach Kapstadt ziehen.

Das Hauptmerkmal der Expansion der Trekburen war, daß eine außerordentlich geringe Zahl von Kolonisten ein gewaltiges Gebiet in Besitz nahm. Dieses Gebiet war zwar nur dünn besiedelt, aber keineswegs menschenleer. Angesichts ihrer geringen eigenen Zahl waren die Trekburen nicht daran interessiert, die angetroffene Bevölkerung zu vertreiben. Vielmehr versuchten sie, sie als Arbeitskräfte in Dienst zu nehmen, was in der Regel auch gelang.

Wäre eine andere Entwicklung möglich gewesen? Hätten die

Trekburen zu einer langsameren und dafür intensiveren Okkupation des Bodens gebracht werden können, mit größerer weißer Besiedlungsdichte, die dann auch zu besserer Infrastruktur
und intensiverem Handel und damit wieder zu vermehrter Produktion geführt hätte? Die Frage ist bis heute umstritten, und
eine eindeutige Antwort ist nicht möglich. Der Kompanie war
es ziemlich gleichgültig, was die Trekburen taten, solange sie
die Pacht zahlten und das stets begehrte Fleisch lieferten. Sie
stellte immer neue Weideerlaubnisse aus. Wäre die Pacht höher
gewesen, hätte das Land intensiver genutzt werden müssen. Die
Bauern wären dann nicht so leicht wieder weggezogen. Mehr
Kapital wäre zur Gründung eines Hofes erforderlich gewesen.
Also hätten sich weniger junge Leute selbständig gemacht, und
mehr hätten bei andern Bauern gearbeitet. Aber hätte die Kompanie die Siedler daran zu hindern vermocht, neues Land in
Besitz zu nehmen, solange es weitgehend offen dalag? Sie hatte
durchaus Druckmittel. Das wichtigste war der Verkauf von
Waffen und Munition. Ohne diese war ein Trekbur hilflos. Die
Unterbindung des Handels aber hätte ein System der Kontrolle
erfordert, das die Kompanie nur als überflüssige Ausgabe betrachtet hätte und das selbst bei größter Anstrengung wohl auch
nie wirklich wirksam geworden wäre. Jedenfalls wurden im
19. Jahrhundert Verbote für den Verkauf von Waffen an
Schwarze stets umgangen.

In dieser Situation war Land der billigste Produktionsfaktor.
Die Trekburen verhielten sich insofern durchaus rational. Es
war für den Einzelnen jeweils einfacher weiterzuziehen, als Kapital und Arbeit in sein Land zu stecken. Die Folgekosten waren sehr hoch, von den Transportkosten bis zu späteren Rassen-
problemen. Aber daran dachte man zunächst nicht.

Die Siedlergesellschaft am Kap bestand somit zu Ende des
18. Jahrhunderts aus drei deutlich voneinander unterschiedenen
Gruppen. Das Zentrum bildete Kapstadt. Hier dominierten die
Bediensteten der Kompanie, und zwar im politischen wie im
wirtschaftlichen Leben. Wegen der Monopolpolitik konnte keine bedeutende einheimische Händlerschaft aufkommen. Die
höheren Beamten verstanden sich als Europäer und kehrten
nach Beendigung ihrer Dienstzeit meistens in die Niederlande
zurück. Die Freibürger betrieben kleinere Geschäfte, Herber-
gen, Gastwirtschaften, vereinzelt Handwerksbetriebe. Dazu
kam eine sehr stark fluktuierende Bevölkerung von Seeleuten
und Soldaten, die mit den anlegenden Schiffen kamen und gin-

gen. Pro Jahr erschienen im Schnitt mehrere Dutzend Schiffe und damit viele tausend Mann, oft weit über zehntausend.

Im weiteren Umland von Kapstadt betrieb eine Gruppe mittlerer und größerer Bauern relativ intensive Landwirtschaft. Hier wurden die Lebensmittel für die Kapstädter und für die Schiffsbesatzungen erzeugt. Es war eine viel fester gefügte Gesellschaft als in Kapstadt. Die soziale Stufung war deutlich. Sie reichte vom reichen Großbauern bis zum – allerdings seltenen – armen Landarbeiter. Häufiger waren weiße Vorarbeiter und Aufseher über die Sklaven. Die Siedlungsdichte war ausreichend, um regelmäßigen Besuch von Schule und Kirche zu ermöglichen. Der Lebensstil zumindest der wohlhabenderen Bauern war weitgehend europäisch.

Daran schloß sich das Gebiet der Trekburen an: extrem dünn besiedelt und mit viel geringeren sozialen Unterschieden in der weißen Bevölkerung. Zwar hatten die einen Bauern mehr, die andern weniger Vieh. Manche hatten keinen eigenen Hof, sondern ließen sich auf dem Boden eines andern nieder. Sie halfen im Betrieb mit, hatten aber auch eigenen Viehbesitz. Dadurch blieb die Lebensweise ähnlich, was das Aufkommen hoher sozialer Schranken verhinderte.

Was fast völlig fehlte, war eine weiße Unterschicht von Tagelöhnern, Landarbeitern und Hausbediensteten. Selbst Handwerker waren selten. Das war eine Folge einerseits der Sklaverei, andererseits der freien Verfügbarkeit von Land an der Grenze. Hätten verarmte oder arme Weiße nicht an die Grenze ziehen können, so hätten sie in Konkurrenz zu den Sklaven treten müssen. Aus der Sicht der Weißen hatte dies den Vorteil, daß ihre Gesellschaft wesentlich homogener war als in Europa. Was dort der Konflikt zwischen Unter- und Oberschichten war, wurde hier zum Gegensatz zwischen Freien und Unfreien und damit immer stärker auch zwischen Weißen und Nichtweißen. Klassen- und Rassengegensatz überlagerten sich zunehmend und verstärkten sich dadurch gegenseitig.

Die Sklaven

Seit etwa 1710 waren die Sklaven in der Kapkolonie stets etwas zahlreicher als die Freien. Das größte Übergewicht erreichten sie 1733, mit 4709 Personen gegenüber 3074 Freibürgern[16].

[16] WORDEN 11. ARMSTRONG, in ELPHICK/GILIOMEE 91.

1798, nach dem Ende der Herrschaft der Kompanie, standen 25 754 Sklaven 21 746 Freien gegenüber[17].

Die Einfuhr der Sklaven erfolgte im Rahmen des damaligen, Afrika und Amerika erfassenden Sklavenhandelssystems. Die Mehrheit stammte aus Ostafrika und insbesondere aus Madagaskar. Europäische Händler kauften sie dort von lokalen Herrschern und Sklavenjägern auf. Oft verkauften sie am Kap nur einen Teil ihrer Fracht, um für die lange Weiterfahrt nach Amerika ein allzu dichtes Zusammendrängen und dadurch eine hohe Sterblichkeit zu vermeiden. Ein beträchtlicher Teil der Sklaven waren Asiaten, besonders aus Indien, Ceylon und Indonesien, den Gebieten also, in denen die Kompanie den umfangreichsten Handel trieb. Ihre Einfuhr erfolgte nur selten im Rahmen des weitgespannten europäischen Sklavenhandels. Meistens brachten teils einzelne Bedienstete der Kompanie, teils die Kompanie selber Sklaven, die sie bereits in Asien als Arbeitskräfte zur Verwendung an Ort und Stelle erworben hatten, nach Südafrika.

Zwischen diesen beiden Sklavengruppen bestanden beträchtliche Unterschiede. Die Asiaten stammten vielfach aus entwickelten städtischen Gesellschaften. Sie wurden vor allem als Haussklaven und als Handwerker aller Art eingesetzt, während die Afrikaner zum größten Teil in der Landwirtschaft verwendet wurden. Asiatische Sklaven fanden sich demzufolge besonders in Kapstadt. Vor allem die Handwerker unter ihnen wurden von ihren Besitzern öfter ausgeliehen. Obwohl sie strenggenommen gar nicht eigentumsfähig waren, erhielten sie in der Regel einen Teil des Lohnes, wodurch manche von ihnen sich später freikaufen konnten. Auch die Kompanie hielt in Kapstadt mehrere hundert Sklaven für manuelle Arbeiten.

Kerngebiet der Sklaverei war das unmittelbare Umland von Kapstadt mit seiner intensiven Landwirtschaft, in der der Arbeitskräftebedarf besonders groß war. Dennoch entstand keine Plantagenwirtschaft im amerikanischen Sinne, in der ein Besitzer Dutzende oder gar Hunderte von Sklaven besaß. 1750 hatten lediglich 4,7 Prozent der Besitzer mehr als 25 Sklaven, wobei der reichste auf 94 kam, während andererseits jeder zweite Haushalt der gesamten Kolonie mindestens einen Sklaven besaß[18]. Diese Verteilung widerspiegelte die zwar deutlichen, aber

---

[17] Armstrong, in Elphick/Giliomee 75.
[18] Ebd. 96–98.

nicht extremen sozialen Unterschiede innerhalb der freien Bevölkerung. Sie hing auch damit zusammen, daß am Kap kein ausgesprochenes Exportprodukt erzeugt wurde wie etwa Zukker oder Baumwolle.

Die wenigsten Sklaven besaßen die Trekburen in den Grenzgebieten. Hier waren die Risiken besonders groß. Man benötigte hauptsächlich Viehhirten, die in der Weite des dünn besiedelten Raumes leicht fliehen konnten. Vor allem aber waren Sklaven für den durchschnittlichen Trekburen zu teuer. Sein Geldeinkommen war in der Regel gering. Infolgedessen verwendete er meistens Khoikhoi als Arbeitskräfte. Sie waren zur Besorgung des Viehs geschickter, und zu ihrer Einstellung war keine Kaufsumme erforderlich.

Angesichts der relativ weiten Streuung des Sklavenbesitzes, des Fehlens eigentlicher Plantagen und des im Vergleich zu den Tropen angenehmen Klimas ist die Sklaverei am Kap häufig als relativ mild bezeichnet worden, als eine paternalistische Institution, in der zwar harte Arbeit verlangt, aber auch eine gewisse Fürsorge geboten wurde. Dieser Auffassung ist in letzter Zeit widersprochen worden: die Sklaverei am Kap sei demnach eine der härtesten Ausprägungen moderner Sklaverei überhaupt gewesen. Man verweist dazu auf die drakonischen Strafen, auf die hohe Desertionsrate und auf die große Seltenheit von Freilassungen.

Ein sicheres Urteil ist beim heutigen Stand des Wissens nicht möglich. In rechtlicher Hinsicht bestand kein wesentlicher Unterschied zu andern Kolonien. Sklaven waren keine Personen, sondern Sachbesitz und entsprechend frei veräußerbar. Sie konnten keine Ehen schließen. Rechtlich gesehen gab es also keine Sklavenfamilien, was dazu führte, daß faktisch bestehende Familien immer wieder durch Verkäufe auseinandergerissen wurden. Der Sklave war der Strafgewalt des Herrn unterworfen, allerdings mit gewissen Einschränkungen. Für bestimmte Vergehen durfte nur der Staat bestrafen.

Schwerer fällt die Bestimmung der faktischen Lage. Dabei spielen die Rahmenbedingungen eine wichtige Rolle. Die Sklaven waren zwar nur wenig zahlreicher als die Freien, aber sie hatten eine andere demographische Zusammensetzung. Bei den Freien machten Kinder etwa 50 Prozent der Bevölkerung aus; seit dem späten 17. Jahrhundert waren bei den Erwachsenen wegen der geringen Einwanderung Männer nur wenig zahlreicher als Frauen. Sklaven wurden hauptsächlich für harte körperliche Arbeiten gebraucht. Man führte deshalb zum größten Teil Männer ein. Die Zahl der Frauen und damit auch der Kinder war so gering, daß sich die Sklavenbevölkerung auf natürliche Weise verminderte und immer wieder durch Einfuhren ergänzt werden mußte, zumal die Sterblichkeit wegen der harten Arbeit und der schlechten Arbeitsbedingungen höher war als bei den Freien. Dadurch waren bei den Sklaven die Männer drei- bis fünfmal zahlreicher als bei den Freien[19]. Die Folge war eine zumindest unterschwellig stets vorhandene Angst der Freien vor Rebellionen. Das Bewußtsein, als herrschende Gruppe zugleich eine gefährdete Minderheit zu sein, gehört also praktisch seit Anbeginn zum Lebensgefühl der Weißen am Kap. Objektiv gesehen bestand freilich wenig Anlaß zu Befürchtungen, man könnte ins Meer geworfen werden. Die Sklaven waren relativ gleichmäßig über ein weites Gebiet und auf viele Besitzer verteilt. Das mußte die für gemeinsames Handeln erforderliche Organisation außerordentlich erschweren. Außerdem bildeten sie eine so heterogene Bevölkerung, daß sie sich oft untereinander kaum oder gar nicht verständigen konnten. Unterschiede zwischen Afrikanern und Asiaten, aber auch zwischen Handwerkern, Haussklaven und Landarbeitern waren so groß, daß eine wirksame Aktionseinheit kaum zustande kommen konnte. Es ist denn auch nie zu einer ernstzunehmenden Sklavenrevolte am Kap gekommen.

Nichtsdestoweniger wurde natürlich versucht, schon den Anfängen zu wehren. Jeglicher Übergriff eines Sklaven gegen seinen Herrn wurde mit äußerster Strenge geahndet. Man versuchte mit allen Mitteln zu verhindern, daß Sklaven in den Besitz von Feuerwaffen gelangten. Viel häufiger als Übergriffe waren Desertionen. Die Erfolgschancen waren dabei aber nicht sehr groß. Die Bürger unternahmen großangelegte Einfangaktionen. Selbst wenn sich ein Sklave über die Grenze der Kolonie hinaus durchgeschlagen hatte, so war er noch keineswegs sicher. Sowohl holländische Prämien als auch eigene Feindschaft veranlaßten die Khoikhoi, viele Flüchtlinge zu ergreifen und auszuliefern, lebend oder tot. Trotzdem bildeten sich in manchen Gebieten kleine Gemeinschaften von geflohenen Sklaven, die über Jahre hinweg bestanden. Auf der andern Seite fanden sich auch viele loyale Sklaven, die ihre Herren selbst in Notsituationen unterstützten.

[19] ELPHICK/SHELL, in ELPHICK/GILIOMEE 128–132. WORDEN 53.

Die Möglichkeiten für die Sklaven, ihr Los zu verbessern, waren sehr begrenzt. Und sie bestanden vor allem für diejenigen unter ihnen, die ohnehin schon relativ besser gestellt waren, für die Asiaten.

Am wichtigsten war die Freilassung. Zwischen 1715 und 1791 wurden 1075 Sklaven freigelassen. Das war allerdings eine sehr niedrige Quote. Auf ein Jahr bezogen erlangte nur einer von 600 Sklaven die Freiheit[20]. Dabei wurden Asiaten gegenüber Afrikanern deutlich bevorzugt. Wahrscheinlich weniger aus rassischen Gründen als vielmehr, weil Asiaten eher in wichtigen Positionen, vor allem auch in Vertrauensstellungen verwendet wurden. Das zeigt sich außerdem darin, daß bei den Freilassungen der Anteil der am Kap geborenen Sklaven besonders hoch war. Sie waren bereits stärker in die neue Gesellschaft integriert. Auch sie stammten ursprünglich überwiegend aus Asien, und nicht wenige von ihnen hatten weiße Väter.

Aus der niedrigen Freilassungsquote läßt sich nur bedingt auf eine größere Härte der Sklaverei als anderswo schließen. Die Kompanie erlaubte Freilassungen nur, wenn der Herr dem Sklaven ausreichende Mittel für eine gesicherte Stellung gab, damit der befreite Sklave nicht der Kompanie zur Last fiel[21]. So wurde zugleich verhindert, daß Freilassungen in wirtschaftlichen Notzeiten erfolgten, wenn es an Arbeit mangelte und man überflüssige Esser loswerden wollte. Im Gegensatz zu manchen amerikanischen Gebieten entfiel auch die Furcht vor einer ständig wachsenden Übermacht der Sklaven als Motiv für Freilassungen.

Die freigelassenen Sklaven bildeten eine eigene Kategorie der Bevölkerung, die *Freischwarzen*. In der Frühzeit waren sie den Freibürgern weitgehend gleichgestellt. Im Lauf des 18. Jahrhunderts hingegen verschlechterte sich ihr Status. Die Gesellschaft wurde sowohl rassen- als auch klassenbewußter – wie ihr Name besagt, waren die Freigelassenen meistens von dunklerer Hautfarbe, freilich mit stärker asiatischem als afrikanischem Einschlag. Ihre Kinder, die *Freigeborenen*, waren hingegen den Freibürgern weitgehend gleichgestellt. Vor allem konnten sie relativ leicht formell unter diese aufgenommen werden, was für Freischwarze nur sehr selten möglich war[22]. Eine zweite Mög-

---

[20] ELPHICK/SHELL, in ELPHICK/GILIOMEE 134–136. In Brasilien und Peru soll die Freilassungsquote etwa sechsmal höher gewesen sein.

[21] Einzelheiten bei HATTINGH 24 ff.

[22] H. F. HEESE 3; 22.

lichkeit zur Verbesserung des Loses bestand zumal für Frauen darin, eine Verbindung oder möglichst eine Ehe mit einem Freien einzugehen.

Eine viel geringere Rolle als früher zuweilen angenommen spielte eine dritte Möglichkeit. Die Bekehrung zum Christentum oder, genauer, zur Reformierten Staatskirche verschaffte einem Sklaven keineswegs automatisch die Freiheit – keine Sklavenhaltergesellschaft kann dies auf Dauer zulassen. Die Kompanie ließ alle Kinder, die von ihren Sklavinnen zur Welt gebracht wurden, taufen und ihnen sogar etwas christliche Unterweisung zuteil werden. Aber sie blieben Sklaven. Unter Umständen konnte die Bekehrung die Geneigtheit eines Herrn, seinen Sklaven freizulassen, etwas verstärken. Doch viele Freigelassene waren keine Christen, bzw. sie ließen sich erst nach ihrer Freilassung taufen. 1770 setzte die Kirche einen Erlaß durch, wonach Herren ihre Sklaven christlich zu erziehen hatten. Sklaven, die Christen geworden waren, durften nicht mehr verkauft werden. Die Folge war, daß kaum noch Sklaven getauft wurden, so daß die Vorschrift, auf Drängen der Kirche, 1800 wieder aufgehoben wurde[23]. Man konnte zwar kein anerkanntes Mitglied der Freibürgergesellschaft werden, ohne Christ zu sein. Aber es reichte nicht aus, Christ zu sein, um in diese Gesellschaft aufgenommen zu werden.

Die Khoisan

Als 1652 die Holländer am Kap eintrafen, bestand für die Khoikhoi kein Anlaß zu besonderer Besorgnis. Seit 1488 waren immer wieder Weiße gelandet, um Tauschhandel zu treiben und dann nach einiger Zeit weiterzusegeln. Sofern sie ausreichend Vieh hatten, tauschten die Khoikhoi es gerne gegen europäische Waren. Als sie merkten, daß die Fremden diesmal auf Dauer, oder jedenfalls für längere Zeit bleiben würden, war es zu spät. Die Holländer hatten sich bereits etabliert. Selbst die vereinte Macht aller Khoikhoi-Stämme hätte sie kaum noch ins Meer zu treiben vermocht. Gegen Feuerwaffen und Schiffsartillerie ließ sich mit Speeren, Pfeilen und Bogen wenig ausrichten. An einem solchen Versuch war den Khoikhoi auch gar nicht gelegen. Die Furcht vor den Folgen einer dauernden Ansiedlung wurde

[23] ELPHICK/SHELL, in ELPHICK/GILIOMEE 122. WORDEN 97.

aufgewogen von der Hoffnung, durch Handel Gewinn aus ihr ziehen zu können. Beide Elemente spielten während der kommenden Jahrzehnte eine Rolle. Hätten sie einen einheitlichen Staat gebildet, so hätten die Khoikhoi vielleicht zu einer gemeinsamen Politik gegenüber den Holländern finden können. Angesichts der Aufsplitterung in eine Vielzahl voneinander unabhängiger politischer Einheiten aber waren die Interessen auch objektiv gesehen höchst unterschiedlich. Wenn man die Zersplitterung als gegeben voraussetzt, dann verhielten sich die verschiedenen Stämme durchaus rational, wenn sie einmal mit den Holländern zusammenarbeiteten und sie dann wieder bekämpften. Nur wenn man ein allgemeines Bewußtsein davon unterstellt, daß die Holländer zur überragenden Gefahr für alle Khoikhoi werden würden, kann man ihr Vorgehen kritisieren. Ein solches Bewußtsein aber konnte sich, zumal bei den weiter entfernt lebenden Gruppen, mangels Erfahrung jedenfalls zunächst nicht bilden. Und als es sich gebildet hatte, erforderte der bloße Überlebensinstinkt vielfach doch wieder ein Zusammengehen mit den Holländern.

Der früheste ernsthafte Konflikt war eher atypisch. 1657 gab die Kompanie erstmals Land zur dauernden Bearbeitung an Freibürger ab. Die beanspruchte Fläche war gering. Aber die Bewegung der Herden der in der Nachbarschaft lebenden Khoikhoi wurde beeinträchtigt. Diese griffen 1659 an, trieben die Siedler in die Festung zurück und zerstörten die Ernte. Nur mit Hilfe der Soldaten konnten die Bürger zurückkehren, und erst 1660 hatte die Kompanie die Lage wieder unter Kontrolle. Die beidseitigen Verluste blieben gering. Die Khoikhoi hatten keinerlei Erfolgsaussichten, weil sie von ihren Nachbarn nicht unterstützt wurden. Für diese waren Landfragen kein Problem. Weideland war reichlich vorhanden. Das Besitztum, auf dem die ganze Wirtschafts- und Sozialordnung ruhte, war nicht das Land, sondern das Vieh. Darum drehten sich denn auch die Auseinandersetzungen mit den Holländern in aller Regel. Die der europäischen Niederlassung am nächsten wohnenden Khoikhoi versuchten, den Handel so weit wie möglich zu monopolisieren. Sie ließen ihre Nachbarn, die auch von dem neuen Markt profitieren wollten, nicht durch ihr Gebiet ziehen, sondern übernahmen den Zwischenhandel, der ihnen beträchtliche Gewinne sicherte. Das ermöglichte es den Holländern, Gruppen mit unterschiedlichen Interessen gegeneinander auszuspielen.

Die Niederlage der Khoikhoi am Kap 1659/60 konnte also

von entfernter lebenden Khoikhoi auch als Chance zur direkten Teilnahme am Handel mit den Holländern gesehen werden: ihre geschwächten Nachbarn konnten sie nun nicht mehr daran hindern. Und dies wiederholte sich jeweils in noch weiter entfernten Gebieten. Es zeigte sich bei den nächsten größeren Auseinandersetzungen. Im zweiten Khoikhoi-Krieg von 1673 bis 1677 griff die Kompanie gegenüber Stämmen, die den Handel einschränken wollten, zu den Waffen. Sie verbündete sich mit andern Stämmen und unternahm Raubexpeditionen, denen schließlich der größte Teil des Viehs ihrer Gegner zum Opfer fiel. Die Holländer nahmen den Löwenteil an sich, gaben aber auch ihren Verbündeten einiges von der Beute ab. Der Krieg war vergleichsweise unblutig, weil das Ziel nicht darin bestand, möglichst viele Menschen zu töten oder gefangenzunehmen, sondern möglichst viel Vieh zu erbeuten. Das war im Grunde die traditionelle vorkoloniale Form der Kriege zwischen den Khoikhoi.

Unter den Holländern aber erhielten die Auseinandersetzungen eine neue Dimension. Der Fleischbedarf der Kolonie war außerordentlich hoch, und er wuchs während der ersten Jahrzehnte sehr schnell. Nicht nur nahm die Bevölkerung zu und legten immer mehr Schiffe an, auch der Pro-Kopf-Verbrauch stieg deutlich. Die von den Freibürgern aufgebaute Landwirtschaft war nicht imstande, den Bedarf zu decken. Man war auf Versorgung durch die Khoikhoi angewiesen. Dabei wurde gleich zu Beginn eine wichtige Grundsatzentscheidung getroffen. Es fehlte nicht an Stimmen, welche die gewaltsame Unterwerfung und Versklavung der Khoikhoi forderten. Man hätte dann auch über ihr Vieh verfügt. Selbst van Riebeeck setzte sich dafür ein. Die Direktoren der Kompanie wiesen solche Pläne mit Entschiedenheit zurück. Die Khoikhoi wurden zu freien Bewohnern ihres Landes erklärt, die nicht versklavt werden durften. Das war im großen und ganzen die Politik aller Kolonialmächte jener Zeit. Im Gegensatz zur Einfuhr von anderswo gekauften Sklaven führte die Versklavung der eingesessenen Bevölkerung leicht zu Unruhen, und deren Flucht war viel einfacher. Vor allem aber hätte man am Kap den lebenswichtigen Viehhandel endgültig zerstört, ohne daß die Kompanie imstande gewesen wäre, das gesamte Hinterland zu kontrollieren.

Verlief der Viehhandel anfänglich zu gegenseitiger Zufriedenheit, so beklagten sich die Holländer bald über mangelnde Lieferbereitschaft der Khoikhoi. Die Kompanie zahlte schlechte

Preise, denn sie hatte das Abnahmemonopol. Wichtiger aber war wohl die Ungleichartigkeit der getauschten Gegenstände. Die Khoikhoi forderten und erhielten für ihr Vieh hauptsächlich Kupfer, Glasperlen und Tabak. Der Verkauf von Alkohol war verboten und erreichte erst größere Ausmaße, als die Kolonisten den Handel, trotz anfänglicher Verbote der Kompanie, immer stärker an sich zogen. Vor 1652 hatte Eisen im Handel eine wichtige Rolle gespielt. Danach verbot die Kompanie dessen Verkauf, aus Furcht, die Khoikhoi könnten sich sonst bessere Waffen anfertigen[24]. Was den Holländern zu verkaufen blieb, waren unproduktive Waren, für die der Bedarf nicht unbegrenzt war. Vor allem aber wußten die Khoikhoi sehr wohl, daß ihre Herden ihr eigentlicher Besitz und Reichtum waren. Infolgedessen verkauften sie nur überzählige und möglichst alte und kranke Tiere. Die Holländer beschwerten sich und sandten zudem Expeditionen ins Hinterland, um größere Viehherden zu erwerben. Der Bedarf wuchs dauernd. Von 1652 bis 1699 kaufte die Kompanie offiziell 15 999 Rinder und 36 636 Schafe[25]. In Wirklichkeit wechselten wohl noch wesentlich mehr Tiere die Hand, vor allem in (verbotenen) privaten Geschäften. Die angestammten Methoden reichten nicht mehr aus. Seit dem Ende des zweiten Krieges (1677) war die politisch-militärische Überlegenheit der Holländer etabliert. Sie nutzten sie mehr und mehr dazu aus, um den Handel einseitig zu gestalten, als Zwangshandel und Tributleistung. Aus Handelsexpeditionen wurden Raubzüge. Selbst wenn die Tiere bezahlt wurden, waren die Folgen schlimm: die Khoikhoi verarmten. Die europäischen Waren vermochten sie davor nicht zu schützen. Wenn sie kein Vieh mehr hatten, brach auch ihre Sozialorganisation auseinander. Sie konnten nicht mehr in größeren Gemeinschaften leben. Solches Auseinanderbrechen war an sich nichts Neues. Kriege, Dürren und sonstige Naturkatastrophen hatten immer wieder dafür gesorgt. Neu war der Umfang des Prozesses und seine Unumkehrbarkeit. Das Land wurde dauerhaft von den Siedlern besetzt; es konnte nicht mehr zur Grundlage für einen Wiederaufschwung werden.

Ebenfalls traditionell boten sich solchen verarmten Khoikhoi verschiedene Überlebensstrategien. Sie konnten sich in kleinere

---

[24] ELPHICK, in ELPHICK/GILIOMEE 9. An anderer Stelle meint derselbe Autor allerdings, die Khoikhoi hätten seit 1610 kein Eisen mehr akzeptiert, weil der Markt gesättigt gewesen sei: ELPHICK, Khoikhoi 76 f.
[25] ELPHICK, in ELPHICK/GILIOMEE 20.

Gruppen aufspalten und zur Lebensweise der Jäger und Sammler übergehen. Oder sie konnten sich unter den Schutz anderer, noch viehbesitzender Gruppen stellen und in deren Dienst treten. Schließlich konnten sie versuchen, durch Diebstahl in den Besitz von Vieh zu gelangen.

Die zweite Möglichkeit wurde nun um eine Variante ergänzt. Viele traten in den Dienst von Siedlern, als Landarbeiter oder Viehhirten. Häufig waren die Bedingungen vergleichsweise attraktiv. Da die Siedler mehr Land besaßen, als sie nutzen konnten, erhielten die Khoikhoi die Erlaubnis, selber Vieh zu halten. Als Entgelt mußten sie einen Teil der Zeit für den Bauern arbeiten. Dienst bei Weißen gewährte außerdem einen gewissen Schutz vor Überfällen durch Viehdiebe und sicherte die Versorgung mit europäischen Waren. Manche Khoikhoi traten infolgedessen, auch ohne durch unmittelbare Not dazu gezwungen zu sein, in den Dienst der Weißen. Zumal in den Grenzgebieten konnte kein Bauer seine Khoikhoi-Viehhirten an der Flucht hindern, so daß er sie schon deswegen halbwegs anständig behandeln mußte.

Auf diese Weise hatte sich bereits gegen Ende des 17. Jahrhunderts im weiteren Umland des Kaps die traditionelle Khoikhoi-Viehzüchtergesellschaft weitgehend aufgelöst, wobei der eigentliche auslösende Faktor der politische und wirtschaftliche Druck der Kolonie war, dem die Khoikhoi nur relativ schwachen Widerstand entgegengesetzt hatten. Die Auflösung der Gesellschaft bedeutete aber nicht die Vernichtung der Individuen. Die Khoikhoi sind in dieser Zeit nicht, wie später zuweilen behauptet wurde, ausgerottet worden. Vielmehr wurden sie in andere Lebenszusammenhänge integriert.

1713 kam jedoch der Todesstoß in Form einer Pockenepidemie, die unter Europäern und Sklaven viele Opfer forderte, unter den Khoikhoi aber, die keine Abwehrkräfte dagegen hatten, ganz besonders wütete und im weiteren Umkreis des Kaps sicher weit über die Hälfte von ihnen dahinraffte. Neue Epidemien in den Jahren 1755 und 1767 setzten das Vernichtungswerk fort.

Damit war den Trekburen des 18. Jahrhunderts endgültig der Weg geebnet. Das ohnehin schon dünn besiedelte Gebiet war fast menschenleer geworden. Widerstandsfähige, viehreiche Gemeinschaften fanden sich kaum noch. Sie wichen meist nach geringem Widerstand aus, während vor allem ärmere Khoikhoi in größerer Zahl in die Dienste der Trekburen traten.

Das änderte sich um 1770 im Nordosten. Hier lebten seit alters Jäger und Sammler (San). Sie erhielten nun Zuzug von verarmten Khoikhoi, die die Lebensweise der San übernehmen mußten. Diese Khoisan gerieten, von den Buren weiter zurückgedrängt, in dichter besiedelte Gebiete mit besser organisierter, weitgehend seßhafter schwarzer Bevölkerung. Sie drohten zwischen Hammer und Amboß zu geraten. Und nun leisteten sie den Trekburen in vorher unbekanntem Ausmaß Widerstand. Beide Seiten führten mit aller Härte und Grausamkeit einen Vernichtungskrieg, den die Buren trotz ihrer waffentechnischen Überlegenheit und trotz Khoikhoi-Hilfstruppen erst nach dreißig Jahren endgültig für sich entscheiden konnten. Sie waren zahlenmäßig unterlegen, und ihre Gegner kannten das Gelände sehr viel besser.

Es ging um das Land. Die Trekburen kamen bis um 1800 nicht mehr voran. Die Khoisan konzentrierten sich auf den Viehraub. Tiere, die sie nicht mitführen konnten, töteten sie. Sie zeigten damit, daß sie den Trekburen die Lebensgrundlagen entziehen, sie vertreiben wollten. Viehhirten der Buren, meistens Khoikhoi, wurden vielfach umgebracht. Die Buren reagierten – mit dem Segen der Kompanie – mit einer nicht auf das Vieh, sondern auf die Menschen bezogenen Vernichtungsstrategie. Die Verteidigung nach innen wurde im 18. Jahrhundert von der Kompanie mehr und mehr an die Freibürger delegiert. Die Kompanie organisierte die Unternehmungen nur noch. Die Bürger, seit 1739 auch in den Grenzgebieten der Wehrpflicht unterworfen, bildeten sogenannte Kommandos, die nun Jagd auf die Khoisan machten. Sie versuchten, Dörfer zu umzingeln. Gelang dies, so wurden die Männer vielfach ausnahmslos niedergemacht und selbst Frauen und Kinder nicht immer verschont, obwohl man nach Möglichkeit versuchte, sie gefangen zunehmen und als Arbeitskräfte zu verwenden. Im Lauf der Jahrzehnte wurden mehrere tausend Menschen getötet. So wurden z.B. von 1786 bis 1795 nachweislich 2480 Menschen umgebracht und 654 gefangengenommen – in Wirklichkeit waren die Zahlen wohl wesentlich höher. Die Khoisan ihrerseits töteten z.B. von Mitte 1786 bis Ende 1788 107 Viehhirten und stahlen 99 Pferde, 6290 Rinder und 17970 Stück Kleinvieh[26]. Der Vernichtungskrieg erreichte solche Ausmaße, daß die Kompanie 1792 Prämien für gefangene Khoisan aussetzte, um so zu errei-

---

[26] Van der Merwe, Noordwaartse beweging 53; 16.

chen, daß die Gegner gefangengenommen und nicht niedergemacht wurden[27]. Das Verhalten der Trekburen zeigt den existentiellen Charakter, den die Kämpfe in ihren Augen hatten. Ihr Interesse gebot ihnen, so viele Menschen wie möglich zu fangen, da sie Arbeitskräfte benötigten. Das Ausmaß des Widerstands aber ließ dies unmöglich erscheinen, obwohl die Vernichtungsstrategie den Widerstand wieder verschärfte. Andererseits konnten die Buren sich dennoch auf loyale Khoikhoi verlassen: ein Kommando von 1774 z.B. bestand aus 1000 Weißen und 1500 Khoikhoi und Mischlingen[28]. Das zeigt zugleich das Ausmaß der Kämpfe.

Erst seit den 1790er Jahren ließ der Widerstand nach, traten die verzweifelten Khoisan vermehrt in burische Dienste. Nun änderten auch die Buren ihre Strategie, indem sie ihren Gegnern kleine Herden zur Verfügung stellten, um sie so von Raubzügen abzuhalten. Seit 1797 verbesserten sich die Beziehungen rasch. Der Weg nach Nordosten war um 1800 wieder frei.

In der Zwischenzeit hatte sich die Besiedlungsdichte in der Grenzgegend erhöht, auch wenn sie noch immer äußerst gering war. Das hatte Folgen für Khoikhoi im Dienste der Weißen. Rechtlich gesehen waren die Positionen sehr ungleich. Der Trekbur war zwar nur Pächter, de facto aber doch Besitzer des Bodens. Der Khoikhoi hatte kein Eigentum am Boden. Solange Boden überreichlich vorhanden war, spielte die Eigentumsfrage eine geringe Rolle. Das änderte sich mit zunehmender Knappheit: nun wurde der Besitzer mehr und mehr zum Herrn, der Khoikhoi zum abhängigen Arbeiter. Es war dafür gesorgt, daß diese Entwicklung alle Khoikhoi erfassen würde. Sie waren zwar frei, doch die Kompanie übernahm die Gerichtsbarkeit über sie nur sehr zögernd. Und sie konnten Land weder besitzen noch es von der Regierung pachten. Sie waren zwar bisher die Herren des Landes gewesen, hatten es aber nicht im Sinne des europäischen Eigentumsbegriffs besessen. Dann hatten sie die Kontrolle an die Europäer verloren und waren zugleich von der Möglichkeit ausgeschlossen worden, das Land nach europäischen Vorstellungen zu besitzen.

Die Khoikhoi waren somit von dem Moment an, in dem sich ihre eigenständigen Gemeinschaften auflösten, zum landlosen Proletariat verdammt, dessen Lage sich in dem Maße ver-

[27] Ebd. 44–46.
[28] Ebd. 29f.

schlechtern mußte, in dem der Boden knapper wurde. Und da die Kompanie sich nicht um die Rechtsprechung über sie kümmerte, war die Gestaltung des Verhältnisses auf den Höfen weitgehend eine Privatangelegenheit zwischen ihnen und den Bauern. Je ärmer sie im Vergleich zum Bauern wurden, um so abhängiger und rechtloser wurden sie, und um so eher drohte ihnen schlechte Behandlung. Sie behielten die Freiheit, aber sie verloren die materiellen Grundlagen, die dieser Freiheit erst wirkliche Bedeutung zu verleihen vermochten. Dieser Vorgang sollte sich bei andern Bevölkerungsgruppen wiederholen, teilweise auch bei Gruppen von Weißen.

Gruppenbeziehungen

In der Kolonie lebten also nach Herkunft und Rechtsstellung deutlich voneinander unterschiedene Bevölkerungsgruppen, die trotzdem eine einzige Gesellschaft bildeten. In welchem Verhältnis standen sie zueinander?

Rassentrennung ist in der gesellschaftlichen Praxis mehr eine Frage des Seins als des Bewußtseins. Keine Rassenideologie wird eine unter akutem Frauenmangel leidende Einwanderergruppe vom Versuch abhalten, einheimische Frauen zu gewinnen, und keine noch so liberale Doktrin wird eine in sich geschlossene, homogene Gesellschaft mit ausgeglichenem Geschlechterverhältnis dazu bringen, sich in größerem Maße mit der umliegenden Bevölkerung zu vermischen. In der Kapkolonie bestanden in dieser Hinsicht große Unterschiede zwischen den drei Siedlungsgebieten.

In Kapstadt waren von Anfang an und während der gesamten Kompaniezeit Verbindungen zwischen Europäern und Sklavinnen verbreitet. Bei den Weißen bestand ein deutlicher Männerüberschuß. Die Bediensteten der Kompanie brachten ihre Familie nur selten mit. Häufig war eine große Zahl von Seeleuten an Land. Das Sklavenhaus der Kompanie galt als größtes Bordell Kapstadts. Sofern sie nicht selber eine Liaison mit ihren Sklavinnen hatten, hatten auch private Besitzer wenig gegen solchen Verkehr einzuwenden. Denn die Kinder folgten von ihrer Rechtsstellung her der Mutter, wurden also Sklaven und damit Eigentum des Besitzers, sofern ihr Vater sie nicht freikaufte. Das war selten der Fall – am ehesten noch dann, wenn ein Mann längere Zeit mit der gleichen Sklavin verkehrte und mehrere Kinder von ihr hatte. Daraus konnte sich ebenso die zweite und für die Sklavin attraktivere Form der Beziehung ergeben, die Ehe. Solche Heiraten erfolgten zwar nicht häufig, aber doch regelmäßig. Die Behörden sahen sie nicht immer gern, ohne sie jedoch zu verbieten, während das Konkubinat mit Sklavinnen immer wieder verboten wurde, ohne daß dies etwas gefruchtet hätte. Da nur freie Christinnen ehefähig waren, mußten die Sklavinnen zuvor freigelassen und getauft werden. Die Kinder wurden unbeschadet ihrer Hautfarbe in die Gesellschaft der Freien aufgenommen – ausschlaggebend waren Rechtsstellung, Religion und legitime Geburt, nicht die Hautfarbe.

Im Umland von Kapstadt, im Ackerbaugebiet, waren hingegen Verhältnisse von Weißen mit Sklavinnen sehr viel seltener; Ehen wurden gar nicht geschlossen, obwohl der Anteil der Sklaven an der Bevölkerung besonders hoch war. Hier wohnte eine stabile, seßhafte freie Bevölkerung, keine fluktuierende Masse von Seeleuten und Soldaten. Die Geschlechterverhältnisse waren seit dem späten 17. Jahrhundert nahezu ausgeglichen. So bildeten sich strenge Verhaltensnormen, deren Bruch von der Gesellschaft geahndet wurde. Ein Seitensprung eines jungen Mannes mit einer Sklavin mochte noch durchgehen, kaum aber ein solcher eines Familienvaters. Wer gar eine Sklavin geheiratet hätte, wäre geächtet worden. Eine zentrale Rolle kam dabei den Frauen zu, die sich aus wohlverstandenem Eigeninteresse gegen die Konkurrenz auf dem Heiratsmarkt wehrten.

Weniger gefestigt waren die sozialen Verhältnisse wieder in den dünn besiedelten Weiten der Trekburen, besonders in Grenznähe. Hier herrschte ein beträchtlicher Mangel an weißen Frauen. Da aber auch Sklaven und besonders Sklavinnen sehr selten waren, spielten entsprechende Verbindungen keine bedeutende Rolle.

Dafür waren in diesen Gegenden, zumal an der Grenze, Beziehungen zwischen Kolonisten und Khoikhoi-Frauen relativ häufig. Förmliche Ehen scheinen nicht geschlossen worden zu sein. Das hätte wohl selbst einen Trekburen gesellschaftlich unmöglich gemacht. Da aber die Mütter frei waren, waren es die Kinder auch ohne Ehe. Manche von ihnen schafften den Sprung in die weiße Gesellschaft. Er wurde erleichtert durch Aussehen, Taufe und Bildung. Die große Mehrheit dieser Kinder allerdings blieb ausgeschlossen. Aus ihnen entstand mit der Zeit eine gesonderte Mischlingsgruppe, die *Bastards*, denen sich auch

Khoikhoi anschlossen und die im 19. Jahrhundert eine eigenständige Rolle spielen sollten.

Im Ackerbaugebiet waren Khoikhoi selten, während sie in Kapstadt wieder häufiger waren. In beiden Regionen gingen Weiße von Anfang an nur sehr selten Verbindungen mit Khoikhoi-Frauen ein, selbst als diese noch in der unmittelbaren Nachbarschaft wohnten. Nur eine einzige Ehe wurde geschlossen, im Jahre 1664.

Frauenmangel war sicher der Hauptgrund für die häufigen Verbindungen zwischen Weißen und Sklavinnen. Nun war aber bei den Sklaven das Übergewicht der Männer noch sehr viel ausgeprägter als bei den Freien. Diese nutzten also ihre überlegene Stellung aus und halfen dadurch sicher mit, Unzufriedenheit und Rachsucht bei den Sklaven zu schüren. Vereinzelt taten sich auch Sklaven mit weißen Frauen zusammen. Doch das wurde streng bestraft und sozial geächtet und war entsprechend selten. So blieb den Sklaven nur der Weg zu den Khoikhoi-Frauen offen. Aber die Beziehungen zwischen Sklaven und Khoikhoi waren, zumal in der Anfangszeit, alles andere als gut. Die Khoikhoi legten Wert darauf, daß sie Freie waren. Geflüchtete Sklaven überfielen nicht selten ihre Dörfer und provozierten damit heftige Reaktionen. Die Khoikhoi halfen vielfach bei der Jagd auf die Flüchtigen mit. Im Lauf des 18. Jahrhunderts aber geschah es immer häufiger, daß Angehörige beider Gruppen unter gleichen Bedingungen zusammenlebten: als Arbeitskräfte auf Bauernhöfen von Weißen. Dadurch wurde die Gegnerschaft etwas abgebaut, und nun entstand auch in diesem Bereich eine Mischbevölkerung. Ihre Angehörigen wurden ebenso wie die Kinder von Weißen und Khoikhoi-Frauen, die nicht in die weiße Gesellschaft aufgenommen wurden, ›Bastards‹ genannt. Dabei ergab sich eine Schwierigkeit. Da die Rechtsstellung der Mutter den Ausschlag gab, waren die Kinder von Sklaven dank ihrer freien Khoikhoi-Mutter frei. Die Besitzer der Sklaven fühlten sich dadurch geschädigt. Sie argumentierten, sie hätten die Kosten für die Aufzucht der Kinder, könnten nachher aber nicht über deren Arbeitskraft verfügen. Sie verlangten schon 1721 eine Regelung, welche die Kinder gezwungen hätte, bis zum 25. Lebensjahr bei ihnen zu arbeiten. Das wurde jedoch erst 1775 mit Einschränkungen gewährt[29]. Damit war eine Form der befristeten Leibeigenschaft entstan-

---

[29] ELPHICK, in ELPHICK/GILIOMEE 29; H. F. HEESE 37.

den, die im 19. Jahrhundert ebenso bedeutsam wie umstritten werden sollte.

Leidtragende der Verbindungen zwischen Sklaven und Khoikhoi-Frauen waren die Khoikhoi-Männer, die sich an keiner andern Gruppe schadlos halten konnten. Das trug nicht zur Verbesserung ihrer Beziehungen mit den Sklaven bei.

Bis zum späten 18. Jahrhundert entstand somit eine vielfältige und zahlreiche Mischbevölkerung, an deren Herausbildung alle Gruppen beteiligt waren. War die Kapgesellschaft auf dem Weg zu einer Homogenisierung, zur Bildung einer einheitlichen Bevölkerung? Dazu war das Ausmaß der Vermischung zu gering, und es war im Lauf des 18. Jahrhunderts auch rückläufig. Die Hauptgruppen blieben infolgedessen bestehen. Nur wenige Mischlinge wurden in die weiße Gesellschaft aufgenommen. Man hat berechnet, daß in der ersten Hälfte des 19. Jahrhunderts etwa 7 Prozent der Vorfahren der afrikaanssprachigen Weißen nichteuropäischer Herkunft waren[30].

Andererseits ist die dennoch auf allen Ebenen in größerem oder geringerem Maße erfolgte Vermischung der deutlichste Hinweis darauf, daß die Kapgesellschaft keine rigide Rassengesellschaft war. Sie war es im 17. und 18. Jahrhundert sogar in geringerem Maße als andere Sklavenhaltergesellschaften, vor allem in Amerika. Ausschlaggebend war zunächst die Rechtsstellung, die nicht durch die Hautfarbe bestimmt wurde. In der Praxis aber fielen Rechtsstellung und Hautfarbe meistens zusammen. Das konnte leicht zu ihrer Gleichsetzung führen, die durch weitere Faktoren begünstigt wurde. Unter den Sklavinnen, die von Weißen geheiratet wurden, waren so gut wie gar keine Schwarzen, sondern fast ausschließlich Asiatinnen und Frauen, die bereits einen europäischen Vater und eine asiatische Mutter hatten. Ähnliches galt für außereheliche Verbindungen. Ob bei dieser Bevorzugung der Asiatinnen die Hautfarbe eine Rolle gespielt hat, läßt sich schwer feststellen. Wichtiger waren vermutlich soziale und kulturelle Faktoren. Der kulturelle Abstand zwischen Europäern und Asiaten war geringer als der zwischen Europäern und Afrikanern. Asiatische Sklaven verrichteten in der Regel qualifiziertere Arbeiten, hatten in der sozialen Hierarchie eine höhere Stellung als afrikanische. Unter den Weißen blieben die Mischehen größtenteils auf die Unter- und allenfalls Mittelschicht beschränkt. Angehörige der Ober-

---

[30] J. A. HEESE, Herkoms 54.

schicht heirateten keine Sklavinnen, und dies weniger aus Rassismus, sondern weil die besten Partien natürlich freie weiße Frauen waren. Mischehen waren bei Deutschen häufiger als bei Holländern[31] – sicher nicht, weil die Holländer rassistischer waren, sondern weil die deutschen Einwanderer im Durchschnitt von niedrigerer Herkunft waren als die niederländischen.

Die Rolle der kulturellen Faktoren wird noch deutlicher bei den Khoikhoi. Der Widerwille der Weißen gegenüber den Khoikhoi ist vielfach bezeugt. Zentral war dabei nicht die Hautfarbe, sondern die völlig andere Lebensweise, bis hin zu unterschiedlichen ästhetischen Maßstäben. Asiatinnen waren ja rassisch genauso verschieden von den Europäern wie Khoikhoi-Frauen. Die zu überwindenden Schwierigkeiten zeigten sich besonders deutlich an der einzigen zustandegekommenen Ehe. Van Riebeeck nahm das Khoikhoi-Mädchen Eva in seinen Haushalt auf. Sie wurde Dolmetscherin und heiratete 1664 einen ausgewanderten dänischen Arzt. Er starb kurz danach. Eva verfiel dem Alkohol und starb 1674, von Siedlern und Khoikhoi gleichermaßen verachtet und verstoßen[32]. Freilich darf bei der größeren Seltenheit der Verbindungen mit Khoikhoi-Frauen nicht übersehen werden, daß die Siedler gegenüber Sklavinnen ganz andere Mittel hatten, ihren Willen durchzusetzen als gegenüber freien Khoikhoi-Frauen.

Auf diese Weise verstärkten sich Rassen- und Klassenunterschiede in der Gesellschaft gegenseitig. Die Weißen konzentrierten von Anfang an den Reichtum in ihrer Hand und bildeten die Oberschicht. Sklaven und Khoikhoi hatten eine andere Hautfarbe. Die Vermischung erfolgte vor allem an den Rändern der sozialen Gruppen, die im großen und ganzen zugleich Rassengruppen waren. Das zeigte sich bei den freien Mischlingen am deutlichsten. Innerhalb der Gruppe der Freibürger waren Besitz und Einkommen im Durchschnitt um so niedriger, je höher der Anteil an nichtweißen Vorfahren war[33]. Wer arm war, heiratete eher eine Sklavin, da seine Aussichten auf dem Heiratsmarkt begrenzt waren, und diese Heirat brachte ihn materiell wiederum nicht weiter.

Gegen Ende des 18. Jahrhunderts verschärfte sich nun die Haltung der weißen Gesellschaft gegenüber Mischlingen. Selbst

[31] H. F. HEESE 7.
[32] ELPHICK, Khoikhoi 106–108; 201–203.
[33] H. F. HEESE 24.

legitime Kinder aus Mischehen wurden nicht mehr ohne weiteres als gleichberechtigt anerkannt. Stärker noch nahm die Diskriminierung der Freischwarzen zu, die verschiedene Rechte verloren. Die weiße Gesellschaft zeigte eine Tendenz zur Abschottung. Dennoch kann man dabei nicht ohne weiteres von einer Welle des Rassismus sprechen. Es war zunächst einfach eine stärkere klassenmäßige Hierarchisierung der Gesellschaft. Die Durchlässigkeit zwischen den verschiedenen Klassen wurde geringer. Hauptursache war sicher die Konsolidierung der Siedlergesellschaft und die im Verhältnis immer geringer werdende Zahl von Neueinwanderern. Die neuen Tendenzen zeigten sich denn auch zuerst und am stärksten im Ackerbaugebiet um Kapstadt, wo die Gesellschaft sich am frühesten verfestigte. Nach wie vor entschied die Rechtsstellung und nicht die Hautfarbe. Aber im täglichen Leben fiel eben beides meist zusammen, verband sich ›schwarz‹ mit ›unfrei‹ und ›weiß‹ mit ›frei‹. Dadurch mußten mit der Zeit auch die Rassenvorurteile verstärkt werden. Ein Weißer war nun eher geneigt, gegenüber einem Nichtweißen nicht aufgrund bestimmter Fähigkeiten oder aufgrund seines Besitzes, sondern aufgrund seiner Hautfarbe eine höhere Stellung zu beanspruchen.

Regierung und Verwaltung

Die Kapkolonie war im System der Niederländischen Ostindischen Kompanie eine Anomalie. Man war darauf eingestellt, Handelsniederlassungen zu verwalten und, falls es nötig wurde, über einheimische Bevölkerungen zu herrschen. Im ersten Fall war die Verwaltung gewissermaßen eine firmeninterne Angelegenheit. Man mußte nur mit eigenen Beamten und Soldaten umgehen. Im zweiten Fall handelte es sich um Herrschaft über eine außereuropäische Bevölkerung. Keines der beiden Systeme war für europäische Kolonisten gedacht. In der Theorie paßte man sich diesem Sonderfall kaum an; in der Praxis kam ein System heraus, das sich vor allem durch Nichtfunktion auszeichnete.

An der Spitze der Niederlassung stand ein Kommandant, seit 1691 ein Gouverneur mit weitgehend autokratischen Vollmachten. Ihm war ein Rat zur Seite gegeben, der aber kein wirkliches Gegengewicht bildete. Zunächst war die Kolonie der Hauptstadt aller asiatischen Besitzungen der Holländer unterstellt, dem auf Java gelegenen Batavia. Seit 1732 unterstand sie unmittelbar dem Direktorium im Mutterland, das schon vorher öfter direkt eingegriffen hatte. Gouverneur und Rat hatten umfassende gesetzgebende, ausführende und richterliche Befugnisse. Die Freibürger wurden, wiederholten Bitten zum Trotz, nie daran beteiligt. Von eigentlicher Selbstverwaltung konnte keine Rede sein. Auf der praktischen, alltäglichen Ebene allerdings spielten die Bürger dennoch bald eine wichtige Rolle. Die Kompanie wollte Kosten sparen und bürdete den Bürgern so viele Lasten wie möglich auf, vom Militärwesen bis zur Feuerwehr und zur Sozialfürsorge. In den untergeordneten Gremien und Gerichtshöfen aller Art saßen deswegen auch Bürger, die man angesichts der geringen Staatsmacht sonst nur schwer zur Einhaltung der Vorschriften hätte veranlassen können. Die Wirksamkeit der Verwaltung wurde weiter eingeschränkt durch eine allgegenwärtige Korruption[34].

Noch ausgeprägter waren diese Tendenzen in den Außengebieten. Die Kompanie dehnte ihre Verwaltung hier nur widerwillig und nur mit einem Minimum an Kosten aus. Bis 1745 bestand außerhalb des Kaplandes nur ein einziger Distrikt, Stellenbosch. In diesem Jahr kam Swellendam hinzu, und erst 1786 wurde der weiteren Ausdehnung durch die Gründung von Graaff-Reinet Rechnung getragen. An der Spitze des Distrikts stand der von der Kompanie ernannte und bezahlte Landdrost. Ihm stand ein Gremium von unbezahlten, nebenamtlichen Heemraden zur Seite, die demzufolge Freibürger waren. Die Polizei- und Militärmacht der Kompanie beschränkte sich auf einige Mann pro Distrikt. Das bedeutete, daß die Kompanie zwar viel Geld sparte, aber wenig gegen den Willen der Bürger durchsetzen konnte, zumal deren Kommandosystem im Lauf der Zeit sehr effizient wurde. Das hatte direkte finanzielle Folgen. Die Steuermoral war äußerst schlecht. Zunächst wurde der Besitz regelmäßig höchst unvollständig deklariert. Und danach wurden die fälligen Pachten und Steuern häufig genug nicht bezahlt. So betrug der durchschnittliche Pachtrückstand für die Weidefarmen 1793 sieben Jahre[35].

Auf diese Weise entstand ein eigentümliches System, autokratisch im Prinzip, schwach in der Wirklichkeit und ausgesprochen korrupt, das den Bürgern wenig Schutz verlieh, sie dafür

---

[34] Detailliert (und eher übertrieben) dargestellt bei GEYER 10 ff.
[35] Siehe Anm. 13.

aber auch weitgehend in Ruhe ließ. Das war in einem weiteren Bereich von großer Bedeutung. Noch weniger als um die Trekburen kümmerte sich die Kompanie um die Khoikhoi. Das Verhältnis zu ihnen, besonders zu den Arbeitskräften auf den Höfen, war im großen und ganzen eine Privatangelegenheit der Beteiligten. Der Bauer hatte seinen Abhängigen gegenüber fast unbeschränkte Freiheit. In einer andern Hinsicht hingegen setzte die Kompanie höchst wichtige Rahmenbedingungen für die Siedler: durch ihre Monopolpolitik, die alle wirtschaftlichen Aktivitäten schwer beeinträchtigte und zu häufigen Klagen und gelegentlichem Widerstand führte. Besonders seit den 1780er Jahren nahmen die Beschwerden der Siedler wieder zu, nun schon unter Berufung auf in den Niederlanden zirkulierende aufklärerische Gedanken und Forderungen. Die Siedler hätten statt vielfältiger Verbote für alle möglichen wirtschaftlichen Aktivitäten tatkräftige Unterstützung besonders beim Aufbau einer Infrastruktur benötigt.

Kirche und Schule

Die Kompanie war verpflichtet, für die kirchliche Betreuung der Mitglieder der Niederländischen Reformierten Kirche zu sorgen. Sie ernannte und besoldete die Pfarrer. Auch in dieser Hinsicht zeigte sie gegenüber den Außenbezirken wenig Eifer. 1779 bestanden nur fünf Kirchengemeinden[36]. Die Zahl der Pfarrer lag bis 1795 stets unter zehn. Daß dabei von Mission keine Rede sein konnte, versteht sich von selbst. Bis zum späten 18. Jahrhundert war der Missionseifer im Protestantismus ohnehin gering, und bei der Kompanie kamen finanzielle Überlegungen hinzu. Die Pfarrer hielten gelegentlich Gottesdienste auf Außenposten ab, und umgekehrt kamen die Bauern hin und wieder über große Distanzen zur Kirche, vor allem für wichtige Ereignisse wie Taufe, Konfirmation und Eheschließung.

Zu jeder Kirche gehörte eine Schule, in der die Kinder der Freien und vereinzelt auch Sklavenkinder unterrichtet wurden. Für die Kinder von entlegenen Höfen waren die Schulwege viel zu weit. Sie hatten nur die Möglichkeit, sich hin und wieder für einige Zeit von einem – meist nur sehr wenig qualifizierten – Wanderlehrer etwas unterweisen zu lassen. Daß die Trekburen

---

[36] VAN DER WALT, Ausdehnung 97f.

nicht völlig dem Analphabetismus verfielen, der ja ihrer Lebensweise durchaus keinen Abbruch getan hätte, verdankten sie wesentlich ihrer Religion. Jede Familie hatte ihre Bibel, und der Fähigkeit, darin lesen zu können, wurde große Bedeutung beigemessen.

In späterer Zeit ist die tiefe, traditionelle, wesentlich auf das Alte Testament gegründete Frömmigkeit der Trekburen oft betont worden. In der Bibel hätten sie die Rechtfertigung für die Ungleichbehandlung der Rassen im Fluch Noahs über Ham gefunden (Genesis 9, 18–27), und die intensive Beschäftigung mit dem Alten Testament habe zur Gleichsetzung des eigenen Schicksals mit dem des Volkes Israel geführt; die Buren hätten sich als Auserwähltes Volk im Gelobten Land gesehen.

Die zeitgenössischen Quellen wissen nichts von solchen Auffassungen, schon gar nicht bei den Trekburen, die vielmehr als ungebildet und roh dargestellt werden, und von denen man fürchtete, sie würden bald alle christlichen und europäischen Charakterzüge verlieren und wie die Khoikhoi werden. Die genannten Auffassungen gehörten auch nicht zur Doktrin der Kirche. Sie sind erst seit der Mitte des 19. Jahrhunderts aufgebracht worden, zuerst von den Gegnern der Buren in feindseliger Absicht, bis sie von den burischen Nationalisten aufgegriffen und positiv gewendet wurden – nur um schließlich von den Apartheid-Gegnern wieder gegen die Buren gedreht zu werden[37].

Auch Kapstadt selber war kein intellektuelles Zentrum. Zwar wurde hier schon 1658 die erste Schule gegründet, und 1779 bestanden acht Elementarschulen mit 686 Schülern (auf eine Bevölkerung von etwa 4000 Freibürgern)[38]. Eine Lateinschule aber, die 1714 eröffnet worden war, wurde 1742 mangels Interesse wieder geschlossen[39]. Damit bestanden keine weiterführenden Bildungsmöglichkeiten mehr. Ebensowenig fand eine Druckerpresse ihren Weg ans Kap, so daß weder Zeitungen noch Zeitschriften erscheinen konnten. Das war letztlich die Folge der Politik der Kompanie, die bewußt kein wirkliches städtisches Zentrum hatte gründen wollen. Dadurch war die Kolonisierung im wesentlichen zu einer ländlichen geworden. Kapstadt war noch im späten 18. Jahrhundert nicht viel mehr als

---

[37] Dies die These von Du Toit, No chosen people; ders., Puritans in Africa? und ders., Nationalist paradigma. Vgl. auch Elphick/Giliomee 363 f.

[38] Malherbe 1, 28; 45.

[39] Katzen, in Oxford History 1, 230.

ein großes Dorf. Im Hinterland hatten selbst kleinste Dörfer Seltenheitswert. Die weitgehende Unterbindung der Einwanderung führte dazu, daß kaum gebildete Europäer ans Kap kamen und daß die europäischen geistigen Strömungen nur mit Verspätung und in stark abgeschwächter Form ihren Weg dorthin fanden – ganz im Gegensatz etwa zu den Neuenglandstaaten in Nordamerika.

Das Kap in der Weltpolitik und die Besitzwechsel 1795-1814

Am Schnittpunkt von Verbindungslinien zwischen allen Kontinenten liegend, kam (und kommt) dem Kap eine außergewöhnliche strategische Bedeutung zu. Gleichzeitig aber war (und ist) es weit entfernt von den Zentren der Weltpolitik. So wurde es nur in außergewöhnlichen Zeiten direkt in diese hineingezogen. Im Normalfall erlaubte ihm seine Lage eine Existenz im Windschatten der großen Politik.

Im 17. Jahrhundert waren die Niederlande die stärkste Seemacht. Ihr Besitz des Kaps war ungefährdet. Im 18. Jahrhundert wurde der britisch-französische Gegensatz vorherrschend. Hätte eine dieser Mächte versucht, den Holländern das Kap abzunehmen, so wäre die andere auf den Plan gerufen worden. Dadurch konnten die Niederlande weiterhin mit einem ungestörten Besitz rechnen. Das änderte sich mit der Verschärfung der Auseinandersetzungen in Europa seit der Französischen Revolution. 1794/95 eroberte Frankreich die Niederlande, aus denen es im Januar 1795 die von ihm kontrollierte Batavische Republik bildete. Das mußte Großbritannien alarmieren, denn über seinen Vasallenstaat konnte sich Frankreich leicht die Kontrolle über die niederländischen Kolonien verschaffen. Die Briten wurden in ihren Eingriffsabsichten vom bisherigen Herrscher, der nach England geflohen war, unterstützt. Gegen die britische Zusage, die Niederlande würden bei ihrer Wiederherstellung auch sämtliche Kolonien zurückerhalten, forderte Wilhelm V. die Überseegebiete auf, sich den Briten zu ergeben, um so zu verhindern, daß sie eine Beute der Franzosen würden.

Mit entsprechenden Briefen ausgerüstet, erschien im Juni 1795 ein britisches Geschwader am Kap. Dort war die Stimmung geteilt. Die höheren Offiziere und Beamten sympathisierten mit England, die mittleren und unteren mit den Ideen der Französischen Revolution. Der Zwist lähmte die Verteidigungsanstrengungen. Der Widerstand blieb eher symbolisch, und am 16. September 1795 hißten die Briten ihre Flagge in Kapstadt. Das war freilich nur eine militärische Besetzung, kein völkerrechtlicher Gebietserwerb. Im Frieden von Amiens, den

Großbritannien am 25. März 1802 mit Frankreich schloß, verpflichtete es sich zur Rückgabe des Kaps an die Batavische Republik, die ihren Besitz am 21. Februar 1803 antrat. Die Ostindische Kompanie war mittlerweile aufgelöst worden. Sie hatte im späten 18. Jahrhundert einen gewaltigen Schuldenberg aufgetürmt, der 1799, zusammen mit ihrem Besitz, vom Staat übernommen worden war. Die neue Regierung nahm mit großem Elan Reformen nach den Prinzipien der Französischen Revolution in Angriff, gelangte damit aber kaum über das Stadium der Planung hinaus.

1805 brach in Europa der Krieg zwischen Frankreich und Großbritannien erneut aus. London sandte wiederum eine Flotte nach dem Kap, die sich nach wenigen Gefechten am 19. Januar 1806 durchsetzte. Diesmal waren die Briten entschlossen, den wichtigsten Stützpunkt auf dem Seeweg nach Indien nicht mehr aus der Hand zu geben, zumal sie einen Angriff Napoleons auf Indien befürchteten. Als sie 1814 den Niederlanden ihren Kolonialbesitz zurückgaben, wurde das Kap (ähnlich wie Ceylon) davon ausdrücklich ausgenommen[1]. Es wurde nun britische Kronkolonie.

1814 regten sich britische Stimmen, die die Vorteile des Kaps als Exportmarkt und als Auswanderungsland priesen. Dennoch steht außer Zweifel, daß nicht der wirtschaftliche, sondern der strategisch-politische Wert der Kolonie für die Annexion den Ausschlag gab. Großbritannien wollte das Kap und mußte die Kapkolonie mit in Kauf nehmen. Deren totale Abhängigkeit von der Hauptstadt zeigte sich in dieser Periode besonders deutlich: war jeweils das Schicksal Kapstadts entschieden, so fiel auch der Rest des Landes in die Hände des Eroberers. Auf eine mehr scheinbare Ausnahme wird zurückzukommen sein.

Die größte Hypothek, die die Briten mit der Annexion des strategisch wichtigen Punktes in Kauf nehmen mußten, war aber nicht das Gebiet, sondern die Bevölkerung. Die Lage war ähnlich wie in Kanada, wo Großbritannien 1763 ein französisch besiedeltes Gebiet erworben hatte. Am Kap wohnte inzwischen eine zwar kleine, aber sehr homogene und niederländisch geprägte weiße Bevölkerung von gut 20000 Personen, für die das neue Regiment eine Fremdherrschaft war. Die Briten taten alles, um diesen Charakter abzumildern, indem sie zumindest bis 1814 die bestehenden Einrichtungen weitgehend beließen. Der

[1] 13. 8. 1814. EYBERS 19–23.

fundamentale Gegensatz war damit jedoch nicht aus der Welt geschafft, und er hat die Geschichte Südafrikas in weit stärkerem Maße geprägt, als das für den englisch-französischen Gegensatz in Kanada gilt.

Die Xhosa und die Ostgrenze

Während sich am Kap die Konstellation für die künftige Konfrontation zwischen zwei weißen Bevölkerungsgruppen vorbereitete, wurden im Osten die Grundlagen für den Konflikt zwischen Schwarzen und Weißen gelegt.

Als die Trekburen im Verlauf des 18. Jahrhunderts rasch entlang der Südküste nach Osten vorgedrungen waren, hatte sich von Osten her das Volk der Xhosa genähert, langsamer zwar, dafür aber wesentlich zahlreicher. Die ersten Leidtragenden waren die Khoikhoi, die zwischen zwei Feuer gerieten. Es wurde immer schwieriger für sie, in mehr oder weniger menschenleere Gebiete auszuweichen. Ihnen blieb fast nur noch die Wahl, in die Dienste der Weißen oder der Xhosa zu treten. Dienst bei den Weißen war zunächst attraktiver. Die Siedler waren wenige, und Land war reichlich vorhanden. So konnten die Khoikhoi eigene Herden behalten und auf dem Land ihres Herrn weiden. Dafür mußten sie Arbeitsleistungen erbringen. 1798 besaß im Distrikt Graaff-Reinet jeder Khoikhoi im Schnitt fünf Rinder und 23 Schafe[2]. Bei den Xhosa war solcher Besitz nicht grundsätzlich ausgeschlossen, in der Praxis aber wegen der dichteren Siedlung seltener. Auf die Dauer waren die Aussichten auf beiden Seiten gerade umgekehrt. Die Khoikhoi erhielten bei den Weißen kein eigenes Land, waren also für das Halten von Vieh auf das Wohlwollen ihres Herrn angewiesen. Im Maße wie die weiße Bevölkerung zunahm, wurde das Land knapper; die Khoikhoi wurden von ihrem Weideland verdrängt und verarmten. Auch sozial hatten sie kaum Aufstiegsmöglichkeiten. Zwar vermischten sich die Siedler an der Grenze weiterhin mit Khoikhoi-Frauen. Doch eine Heirat war ausgeschlossen, und die Kinder wurden in aller Regel nicht in die weiße Gesellschaft aufgenommen, sondern als Mischlinge mehr oder weniger auf die Ebene der Khoikhoi relegiert. Die Xhosa kannten keine solche scharfe Trennung. Sozialer Aufstieg war

---

[2] GILIOMEE, in ELPHICK/GILIOMEE 300.

durchaus möglich, vor allem durch Einheirat; in der zweiten oder dritten Generation waren die früheren Untergebenen meist in der Xhosa-Gesellschaft aufgegangen[3]. Doch solche längerfristigen Perspektiven konnten natürlich für den ursprünglichen Entschluß, sich der einen oder der andern Seite anzuschließen, kaum Bedeutung gewinnen. Andererseits waren die Unterschiede in den Lebensbedingungen jedenfalls nicht so, daß später eine größere Abwanderung zu den Xhosa erfolgt wäre. Das Leben auf dem Hof eines Weißen bot zumindest die Existenzsicherung und dazu die Möglichkeit, in einem gewissen Umfang an europäische Güter zu gelangen. Die Khoikhoi dienten sogar in den Grenzkriegen regelmäßig als loyale Hilfstruppen gegen die Xhosa; nur in einem noch zu schildernden Falle rebellierten sie.

Die Unterschiede zwischen Siedlern und Xhosa trugen in gleicher Weise wie die Gemeinsamkeiten dazu bei, daß aus dem Aufeinandertreffen einer der schärfsten und langwierigsten Konflikte der südafrikanischen Geschichte wurde. Die Xhosa betrieben mehr Ackerbau als die Buren. Fleisch spielte in ihrer Ernährung eine deutlich geringere Rolle. Aber auch sie waren vor allem Viehzüchter. Ihre ganze Lebensweise und ihre Sozialorganisation wurden durch den Viehbesitz geprägt. Bevölkerungsvermehrung erzeugte bei ihnen ebenso Expansionsdruck wie bei den Trekburen, nur daß die Expansion anders erfolgte: Eine Untergruppe eines Stammes spaltete sich ab und zog auf der Suche nach neuem Land fort. Beide Völker, Xhosa und Buren, suchten dasselbe: möglichst viel zur Viehzucht möglichst geeignetes Land.

War unter solchen Umständen ein Konflikt überhaupt vermeidbar? Wirklich verhindern lassen hätte er sich wohl nur, wenn seine eigentliche Ursache hätte beseitigt werden können: die Tatsache, daß beide Gesellschaften – bei vorausgesetztem Bevölkerungswachstum – für ein reibungsloses Funktionieren auf fortgesetzte Expansion, auf die Inbesitznahme immer neuen Landes angewiesen waren. Das hätte den Übergang von extensiver Viehzucht zu intensiver Landwirtschaft mit mehr Ackerbau und generell mehr Arbeits- und Kapitaleinsatz erfordert. Daß die Xhosa dazu freiwillig bereit sein würden, war unwahrscheinlich. Ihre seit Jahrhunderten geläufige Lebensweise hätte verändert werden müssen; die Machtgrundlage der führenden

---

[3] Peires, House of Phalo 23.

Gruppen, der Viehbesitz, wäre ins Wanken gekommen. Die Trekburen hingegen kamen aus einer Gegend, in der äußerst intensive Landwirtschaft seit langem die Regel war, nämlich aus Nordwesteuropa. Das galt teilweise selbst noch für das Kap. Sie selber aber verdankten ihre Freiheit und ihre besondere Stellung gerade der neuen Lebens- und Wirtschaftsweise: Das reichlich vorhandene Land hatte es ermöglicht, fast ohne Kapital selbständig zu wirtschaften. Und sie waren nicht bereit, freiwillig auf die ihnen daraus erwachsenen Vorteile zu verzichten.

Der Interessengegensatz ließ sich also nicht beheben. Bestand wenigstens die Möglichkeit eines halbwegs friedlichen Ausgleichs? Die Xhosa hatten dafür eine bereits erwähnte Methode entwickelt. Sie akzeptierten Angehörige anderer Völker und erlaubten ihnen die Einheirat, so daß mit der Zeit eine Assimilation erfolgen konnte. Sie gingen zunächst davon aus, daß dieses Verfahren auch gegenüber den Weißen möglich sei und waren erstaunt, als sie keine Gegenliebe fanden. Dabei lag das Problem nicht nur in den kulturellen Unterschieden begründet, sondern auch darin, daß die Methode von den Xhosa als Mittel zur Ausdehnung ihrer Herrschaft verstanden wurde, also letztlich eine Unterwerfung voraussetzte. In diesem Herrschaftsanspruch unterschieden sie sich nicht von den Buren. Wohl aber in der Bereitschaft zur Integration der Unterworfenen. Die Xhosa konnten bei den Buren nur zu dauerhaft untergeordneten Bedingungen Aufnahme finden, als Arbeitskräfte. Sie hatten noch geringere Aussichten als die Khoikhoi, in die weiße Gesellschaft einheiraten zu können.

Nicht als auslösendes, wohl aber als verschärfendes Element wirkten sich unterschiedliche Eigentumsformen am Boden aus. Die Xhosa kannten nur Gemeineigentum. Das Oberhaupt eines Gemeinwesens verteilte das Land zur Nutzung an die einzelnen Familien. So entstanden keine festverankerten Eigentumsrechte. Das System war der halbnomadischen Wirtschaftsweise angepaßt, und es erlaubte es, Einzelne, deren Land vorübergehend unbewohnbar geworden war, relativ leicht zu versorgen, ohne daß daraus ein fester Anspruch auf ein Stück Land erwuchs. Bei Bevölkerungsvermehrung blieb freilich Expansion unausweichlich, und sie erfolgte deshalb auch kollektiv, in Form der Abspaltung eines Teils der Gemeinschaft. Die Buren hatten demgegenüber aus Europa die Institution des festen individuellen Landbesitzes mitgebracht, die den südafrikanischen Verhältnissen weniger angemessen war. Sie trug mit zur besonders raschen Expansion bei. Man mußte sich im Anfangsstadium ausreichend Land sichern, möglichst soviel sogar, daß es auch noch für eine zahlreiche Nachkommenschaft reichte. Nach der anfänglichen Inbesitznahme gab es nichts mehr zu verteilen. Die Xhosa nahmen demgegenüber nur soviel Land in Besitz, wie es ihren aktuellen Bedürfnissen entsprach, wodurch dann auch das Weiterziehen erleichtert wurde.

Besondere Probleme ergaben sich beim Kontakt der beiden Gruppen. Wenn die Xhosa notleidenden Weißen Land gegen eine Entschädigung zur Verfügung stellten, so verstanden sie dies als vorübergehende Hilfe, während die Buren dazu neigten, es als förmlichen Verkauf zu sehen. Umgekehrt setzten sich öfter Xhosa-Gruppen auf Land fest, das Weiße für sich beanspruchten, in der Annahme, zumindest die Nutzung stehe ihnen frei. Beides führte leicht zu Streitigkeiten.

Hauptursache für den größeren Landbedarf der Buren im Vergleich zu den Xhosa war freilich nicht der Anspruch auf Individualeigentum. Die Buren hatten zwar eine ähnliche Wirtschaftsweise, aber andere Bedürfnisse, die durch europäische Waren befriedigt wurden. Um diese kaufen zu können, mußten sie mehr produzieren, was konkret heißt, daß sie größere Herden und damit mehr Land benötigten. Dabei dienten die europäischen Gegenstände weniger dem Luxus als dem Überleben. Das erklärt sich aus den eigentümlichen Kräfteverhältnissen. Sie mußten den Konflikt fast notwendig verlängern und verschärfen. Auch wenn keine genauen Angaben möglich sind, so steht doch fest, daß die Xhosa sehr viel zahlreicher waren als die Buren[4]. Anders als die Khoikhoi verstanden sie sich auch durchaus in größeren Gruppen militärisch schlagkräftig zu organisieren. Was die Buren vor hoffnungsloser Unterlegenheit bewahrte, war ihr technischer Vorsprung, der sich besonders in Feuerwaffen, Pferden und Ochsenwagen zeigte. Gerade weil sie weniger zahlreich waren, brauchten die Buren also im Verhältnis mehr Land als die Xhosa, um diesen gegenüber trotzdem bestehen zu können. Die Xhosa vermochten sich zwar mit der Zeit ebenfalls Feuerwaffen und Pferde zu beschaffen. Aber weder hatten sie davon eine ausreichende Zahl, noch vermochten sie wirksam damit umzugehen. Viel wichtiger war eine andere Form der Anpassung: sie gingen rasch von der offenen Feld-

---

[4] PEIRES, House of Phalo 3 schätzt die Bevölkerung um 1800 auf 40000 bis 100000 (!), um 1850 auf über 100000. Das sind kaum mehr als Vermutungen.

schlacht, in der die Feuerwaffen der Weißen verheerende Auswirkungen haben konnten, zur Guerillakriegführung über.

Mindestens so sehr wie von ihrer eigenen technischen Überlegenheit profitierten die Weißen davon, daß die Xhosa kein wirklich geschlossenes, einheitliches Staatswesen bildeten. Immer wieder waren Gruppen untereinander zerstritten, die man gegeneinander ausspielen konnte. So entstand ein ungefähres Machtgleichgewicht zwischen den beiden Seiten, das aber ausgesprochen labil war. In der Defensive waren die Buren nahezu unbesiegbar. In der Offensive hingegen konnten sie leicht zu Opfern der Guerillataktik werden. Wichtiger war ein anderer Faktor. Die Buren kämpften in Kommandos. Waren sie ausreichend organisiert und ausgerüstet, so waren sie den Xhosa meist überlegen. Doch sie konnten nur kurze Zeit im Felde stehen; die Bauern mußten wieder auf ihre Höfe zurück. Sie waren dann so weit verstreut, daß sie Angriffen der Xhosa fast schutzlos ausgeliefert waren. Militärische Siege brachten also wenig, solange nicht ein umfassendes, aufwendiges System der Grenzsicherung aufgebaut werden konnte. Ja, jeder Sieg und jede gelungene Vertreibung von Xhosa aus einem Gebiet mußte den Gegendruck noch verstärken. Bei unveränderter Wirtschaftsweise und gleicher Bevölkerungszahl, aber verkleinertem Gebiet, wurden die Expansionstendenzen nur um so größer. Je umfassender ein militärischer Sieg war, um so größer wurde die Gefahr eines Rückschlages. Das galt freilich auch in umgekehrter Richtung: je länger der Vormarsch der Buren gestoppt wurde, um so größer wurde auf ihrer Seite der Expansionsdruck. Dennoch blieb bei ihnen die Besiedlungsdichte gering, wodurch eine ausreichende Grenzsicherung unmöglich gemacht wurde. Diese Tatsache führte die Buren in ein Dilemma. Sie wollten in allererster Linie das Land. Das bedeutete, daß die bisherigen Besitzer enteignet werden mußten, ließ aber die Frage offen, wie mit ihnen sonst verfahren werden sollte. Wäre es nur um das Land gegangen, so hätte eine vollständige Vertreibung oder gar Vernichtung naheliegen müssen. Da sie so wenige waren, wollten und brauchten die Buren Arbeitskräfte. Auch bei den Xhosa waren nicht alle gleich. Aber die untergeordneten Funktionen wurden nicht, oder zumindest nicht überwiegend, von Fremden verrichtet, während die Buren insgesamt versuchten, als eine Oberschicht zu leben. Also mußten sie daran interessiert sein, daß zumindest ein Teil der Xhosa-Bevölkerung auf dem Land blieb, während man andere loszuwerden trachtete.

Das war in der Praxis höchst schwierig – die Politik wurde schwankend und inkonsequent, und dadurch mehrten sich wiederum die Auseinandersetzungen. So entstand ein säkularer Konflikt. Er wird hier auch deswegen etwas eingehender geschildert, weil viele seiner Merkmale sich in andern Konflikten des 19. Jahrhunderts zwischen Schwarzen und Weißen wiederfinden.

Dennoch wäre es falsch, das Aufeinandertreffen der Xhosa und der Buren nur als großen Kampf zu sehen. Der Alltag war vielmehr dominiert von unterschiedlichen Formen des friedlichen Nebeneinanders. Xhosa arbeiteten freiwillig bei Weißen (obwohl die Regierung es zur Vermeidung von Konflikten verbot), man half sich gegenseitig mit Viehweiden aus und trieb Handel. Vor allem in der ersten Zeit, bis etwa zu Beginn des 19. Jahrhunderts, siedelten die beiden Bevölkerungsgruppen zeitweise auch durcheinander. Das Resultat freilich war, infolge der Kriege, eine deutlich untergeordnete Stellung der Xhosa.

Daß die Weißen den Kampf schließlich weitgehend (wenn auch nicht vollständig) zu ihren Gunsten entscheiden konnten, wird erst verständlich, wenn noch ein dritter Akteur berücksichtigt wird: der Staat, bzw. die Regierung in Kapstadt, die vor allem die Interessen der Hauptstadt und der Händler und Bauern in deren Umgebung vertrat. Daraus ergab sich ein Konflikt mit der weißen Grenzbevölkerung. Diese hatte ein System entwickelt, das auf dauernde Expansion angewiesen war. Für die Regierung waren die Grenzgebiete wirtschaftlich wenig interessant. Sie wünschte daher in erster Linie Ruhe. Ausdehnung konnte zu Kriegen führen, die viel kosteten und nichts einbrachten. Während die Siedler vordrängten, wollte die Regierung Zurückhaltung. In dieser Hinsicht unterschieden sich Kompanie und Briten nicht voneinander. Beide versuchten immer wieder, die Expansion zu stoppen, und erließen Verbote für Kontakte zwischen Siedlern und Khoisan bzw. Xhosa, ohne daß dergleichen angesichts der fast inexistenten staatlichen Präsenz durchsetzbar gewesen wäre. Hier bestand ein potentieller Konflikt, der spätestens dann zum Ausbruch kommen mußte, wenn die Expansion nicht mehr problemlos vonstatten ging. Die Machtverhältnisse waren allerdings klar. Die Siedler waren in der Hand der Regierung, weil sie auf die Zufuhr von Waren vom Kap angewiesen waren. Ohne Waffen und Munition waren die Trekburen nicht überlebensfähig. Politisch gesehen aber waren die Gewichte nicht so einseitig verteilt. Man konnte zwar von Kapstadt aus die Buren zum Einlenken zwingen. Aber man konnte kein Interesse daran haben, sie wirklich dauerhaft zu schwächen. Denn sie trugen die Grenzverteidigung. Brach diese zusammen, so war auch Kapstadt gefährdet. Man saß zuletzt doch im gleichen Boot. Kam es zu Kriegen an der Grenze, so bestand naturgemäß Solidarität zwischen Regierung und Siedlern. Das hinderte freilich nicht, daß, sobald die akute Gefahr nicht mehr bestand, wieder heftige Auseinandersetzungen zwischen den Weißen stattfanden. Sie wurden seit der britischen Eroberung noch verschärft durch sprachliche und ethnische Unterschiede.

Damit war eine doppelte Konfliktstruktur vorgegeben, die Südafrika in mancher Hinsicht bis heute prägt. Der fundamentale Gegensatz war der zwischen Schwarz und Weiß. Ihm untergeordnet ist der zwischen weißen Gruppen mit unterschiedlichen Interessen. Dabei bedeutet die Unterordnung keineswegs eine geringere Intensität: der bisher blutigste und grausamste in Südafrika geführte Krieg war ein Krieg zwischen Weißen, der Burenkrieg. Auf der andern Seite ist die Vorstellung einer schwarzen Einheit ebenso verfehlt. Das gilt schon für den Konflikt mit den Xhosa. Die Weißen vermochten sich wesentlich häufiger mit einem Teil der Xhosa gegen einen andern zu verbünden, als daß die Xhosa es verstanden, unterschiedliche Gruppen von Weißen gegeneinander auszuspielen. Das sollte nicht mit moralisierendem Unterton durch ein unterschiedliches Ausmaß an Loyalität zur eigenen Gemeinschaft erklärt werden. Es war vielmehr eine Folge des unterschiedlichen politischen Organisationsgrades: das weiße Staatswesen war straffer zentralisiert als die schwarzen Gemeinschaften.

Die Konflikte an der Ostgrenze markieren aus weißer Sicht einen Wendepunkt in der südafrikanischen Geschichte. Der Widerstand der Khoisan im Nordosten 1770–1800 war zwar hartnäckig gewesen. Aber er wurde schließlich doch gebrochen, und die Khoisan wurden in die Kolonialgesellschaft eingefügt. Das war gegenüber den Xhosa nicht mehr möglich. Die Weißen mußten sich darauf einstellen, neben und mit einem afrikanischen Volk zu leben, das zwar schließlich unterworfen wurde, aber als Volk bestehen blieb, und zwar bis zum heutigen Tage. An die Stelle der bislang noch durchgehaltenen Bildung einer einheitlichen, wenngleich sehr stark differenzierten und ungleichen Kolonialgesellschaft trat ein Nebeneinander unterschiedlicher Völker.

Seit dem frühen 18. Jahrhundert waren sich Buren und Xhosa gelegentlich begegnet. Doch blieben solche Berührungen folgenlos, denn noch trennte ein weiter Raum die beiden Völker. Das hatte sich 1778 geändert. Um Zusammenstöße zu verhindern, versuchte die Regierung, eine feste Grenze einzurichten. Das mußte äußerst schwierig sein, zogen doch beide Seiten jeweils dorthin, wo sie die besten Weiden fanden, ohne sich weiter um die Lage des Gebiets zu kümmern. Gouverneur van Plettenberg trug daher durch seine Grenzziehung von 1778 eher zur Verschärfung der Lage bei, zumal er Regionen, die hauptsächlich von Xhosa bewohnt waren, den Besitzungen der Kompanie zuschlug.

Im folgenden Jahr brach ein bewaffneter Konflikt aus. Die verstreuten Siedler waren dem Angriff der Xhosa nicht gewachsen. Erst 1781 war man auf weißer Seite so weit, daß ein größeres Kommando die Xhosa aus dem ganzen beanspruchten Gebiet vertreiben konnte, insbesondere aus dem später lange umstrittenen Zuurveld, einem Gebiet mit überwiegend sauren Gräserarten, das sich als Sommerweide besonders eignete. Grenze sollte nun der Fischfluß sein.

Der erste in einer langen Reihe von »Kaffernkriegen« war beendigt. Der Ausdruck ›Kaffer‹ stammte aus dem Portugiesischen. Darin wieder war er eine Übernahme aus dem Arabischen, in dem er Ungläubige bezeichnete und vor allem für Schwarzafrikaner verwendet wurde. Er blieb im 19. Jahrhundert in Südafrika die geläufigste Bezeichnung für die Schwarzen, erhielt aber im 20. einen zunehmend negativen Beigeschmack, so daß er heute nur noch als Schimpfwort gebraucht wird. Zugleich ist er ein Zeugnis für die lange, nicht erst von den Europäern gebildete Tradition abschätziger Bezeichnungen für die Schwarzafrikaner.

In der Praxis konnte von einer festen Grenze nicht die Rede sein. Beide Völker zogen hinüber und herüber. Meistens friedlich und in gutem Einvernehmen; gelegentlich aber auch zum Zwecke des Viehdiebstahls. Und generell kehrten die Xhosa in wachsender Zahl in das Zuurveld zurück. Ein weiterer Krieg brachte 1793 keine Entscheidung. Er zeigte, daß die Siedler mit ihren Kommandos gegen die Xhosa wenig ausrichten konnten. Dazu benötigten sie die Hilfe der Regierung, die sie nicht erhielten. Sie mußten sich damit abfinden, daß die Expansion im

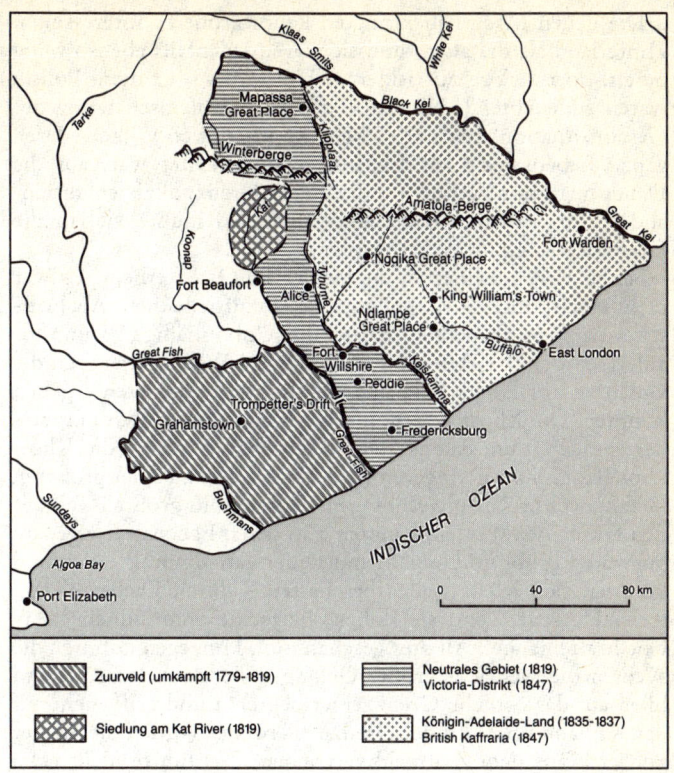

Die Ostgrenze 1779–1848

Osten erst einmal zu Ende war. Die Enttäuschung über mangelnde Unterstützung aus Kapstadt wurde zur Verärgerung, als die Regierung sich zwar stärker einmischte, sich aber wirtschaftlich immer weiter zurückzog und zugleich höhere Steuern forderte. Der Ärger schuf sich 1795 in einer Rebellion Luft. Die beiden östlichen Distrikte Swellendam und Graaff-Reinet erklärten sich von der Kompanie unabhängig, während sie den (freilich weit entfernten) Niederlanden gegenüber loyal blieben. Das war kurz vor der britischen Eroberung. Swellendam unterwarf sich den neuen Herren rasch, während Graaff-Reinet unbeugsam blieb. Die Briten schnitten den Rebellen die Munitionszufuhr ab. Erst im August 1796 gaben die Unzufriedenen auf.

Die neuen Machthaber zeigten kaum größeres Interesse am Hinterland als die alten, und sie waren jedenfalls ebensowenig bereit, dort Kriege zu riskieren. Die Motive für diese Politik waren einleuchtend. Nur lag ihnen eine Fehleinschätzung der Gesamtsituation zugrunde. Man konnte zwei Völker, deren ganze Lebensweise auf Expansion ausgerichtet war, auf die Dauer nicht mit Verboten und einigen Grenzpolizisten auseinanderhalten. Wollte man Ruhe haben, so mußte viel in die Grenzsicherung investiert werden.

Schon 1799 rebellierten die Siedler im Osten erneut. Es war mehr eine spontane Aufwallung der Unzufriedenheit. Als britische Truppen anrückten, gaben die Unbotmäßigen kampflos auf. Trotzdem führten die Ereignisse den Weißen drastisch die Gefahren vor Augen, die sich aus ihren Streitigkeiten ergeben konnten. Die Xhosa waren unruhiger als sonst. Und nun rebellierten auch, zum ersten Male in ernsthafter Weise, die Khoikhoi. Trotz ihrer geringeren Zahl konnten sie zu einer größeren Gefahr werden als die Xhosa. Sie lebten zum größten Teil auf den Höfen der Weißen, kannten also deren Lebensweise genau. Sie waren geübt im Umgang mit Feuerwaffen und Pferden und konnten sich leicht beides beschaffen – durch Diebstahl von ihren Herren. Wenn sie flohen, herrschte empfindlicher Arbeitskräftemangel. All dies geschah nun. Hingegen konnten die Weißen die vielleicht größte Gefahr abwenden: der Aufstand blieb auf das östliche Grenzgebiet begrenzt und griff nicht auf das Kapland über. An der Grenze allerdings wurden die Siedler zunächst aus dem Zuurveld vertrieben. Das führte nicht etwa zu mehr Einigkeit zwischen ihnen und der Regierung, sondern 1801 zu einer weiteren Rebellion gegen die Distriktsautoritäten, die des zu milden Vorgehens gegen die Khoikhoi beschuldigt wurden. Die Tatsache, daß sich die Weißen solche Auseinandersetzungen leisten konnten, zeigt, daß ihre Stellung trotz Niederlagen nicht wirklich gefährdet war. Während der folgenden vier Jahre kämpften Siedler und Regierung gemeinsam gegen Khoikhoi und Xhosa, die sich zeitweise zusammentaten. Doch deren Koordination war mangelhaft, und Teile der Xhosa verbündeten sich zuweilen mit den Weißen. 1803 gaben die letzten Khoikhoi gegen die Zusicherung besserer Behandlung auf den Farmen auf. Unzufriedenheit mit einem Los, das oft wenig besser war als das von Sklaven, war die Hauptursache für den Aufstand gewesen, der die Abschüttelung der weißen Herrschaft überhaupt, nicht einfach eine mildere Herrschaft bringen sollte.

Auch mit den Xhosa wurde Frieden geschlossen. Doch die Situation blieb offen wie eh und je. Gegenseitige Übergriffe und Viehdiebstahl gehörten zur Tagesordnung. 1811 entschloß sich deshalb die britische Regierung zu einer Änderung ihrer Politik. Sie setzte ihre militärische Macht in größerem Umfang ein. Wichtigster Streitpunkt war nach wie vor das Zuurveld, das nun von den britischen Truppen 1811/12 zum ersten Mal einigermaßen effektiv erobert wurde. Sie trieben etwa 20 000 Xhosa über den Fischfluß und bauten danach ein relativ starkes System der Grenzsicherung auf. Das war sehr nötig, denn die Vertriebenen bildeten nun ein Unruhepotential jenseits des Flusses, da für sie nicht ausreichend Land vorhanden war. Der Versuch, die Grenze hermetisch abzuriegeln, scheiterte am Gelände, an der geringen Zahl der dauernd stationierten Truppen und schließlich auch an den Siedlern, die am Austausch mit den Xhosa interessiert waren. Die Folge war ein weiterer Krieg im Jahre 1819. Die britischen Truppen trieben die Xhosa bis über den Keiskamma. Das Gebiet zwischen diesem und dem Fischfluß wurde zur neutralen Zone deklariert. Es sollte unbesiedelt bleiben – eine Lösung, die ohne sehr großen personellen Aufwand von vornherein unpraktikabel war; ein hervorragendes Weidegebiet, das leer stand, mußte auf beide Seiten wie ein Magnet wirken.

Aus weißer Sicht blieb das Hauptproblem, daß die Gebiete zu dünn besiedelt waren. Ein großes stehendes Heer zum Schutz einer Handvoll Siedler war zu teuer. Eine Zunahme der Besiedlungsdichte aber war angesichts der Wirtschaftsweise der Buren solange nicht zu erwarten, als ausreichend Land zur Expansion zur Verfügung stand.

1820 unternahm die Regierung einen Versuch, dieses Dilemma aufzulösen. In einer Zeit wirtschaftlicher Depression und hoher Arbeitslosigkeit wurden in Großbritannien etwa 5000 Kolonisten für Südafrika angeworben. Die Auswanderer wurden im Zuurveld angesiedelt. Sie sollten dort eine Art Sperriegel gegen die Xhosa bilden. Um dies zu ermöglichen, mußte eine viel größere Bevölkerungsdichte erreicht werden, als es bei den Trekburen üblich war. Die Landzuteilung wurde deshalb bewußt eingeschränkt, damit die Siedler gezwungen waren, intensive Landwirtschaft und möglichst Ackerbau zu betreiben. Pro Familie wurden nur etwa 40 Hektar ausgegeben. Das war fast lächerlich wenig im Vergleich zu den ca. 2400 Hektar der normalen Burenfarmen. Zudem wurde den neuen Siedlern das Halten von Sklaven untersagt.

Das Experiment mißlang. Es war von vornherein schlecht konzipiert. Das Zuurveld bot hervorragende Weiden. Aber es war für Ackerbau nicht geeignet. Die meisten Siedler hatten nicht genügend Kapital, um die ersten Jahre durchzustehen, die zudem noch durch schlechte Witterung erschwert wurden. Es mußte für die Kolonisten auch wenig einleuchtend sein, weshalb sie sich mit so kleinen Grundstücken zufrieden geben sollten, während die Buren gewaltige Ländereien besaßen. Damit verkehrte sich die Hoffnung, die Grenze mit mehr Siedlern beruhigen zu können, in ihr Gegenteil. Der Expansionsdruck von seiten der Weißen nahm weiter zu, da nun noch mehr Anwärter auf große Farmen vorhanden waren. Allerdings galt dies nur für vergleichsweise wenige der neuen Siedler. Ihre Mehrheit zog in die Städte und Dörfer, wobei man nur bei Kapstadt von einer Stadt sprechen konnte[5]. Nur wenige hatten vor ihrer Auswanderung etwas von Landwirtschaft verstanden, was mit ein Grund für ihr Scheitern war. Viele hingegen hatten ein Handwerk gelernt, auf das sie nun zurückgriffen. Die meisten hatten damit Erfolg. Das zeigte, daß die Kolonie mittlerweile durchaus weiße Arbeitskräfte absorbieren konnte, daß also eine Bevölkerungsvermehrung möglich war, ohne daß die Kolonie gleichzeitig expandierte. Dieser Bedarf an weißen Arbeitskräften bestand vor allem seit dem Verbot des Sklavenhandels 1808. Wenn die Buren im Grenzgebiet trotzdem auf Expansion beharrten, dann nur, weil sie an ihrer Lebensweise festhielten und andererseits auch, weil sie nichts anderes gelernt hatten. Man machte aus der Not eine Tugend, indem nach wie vor die Arbeit für andere als eines freien Mannes unwürdig galt. Das primitive Leben auf dem Lande war keine angemessene Vorbereitung für eine stärker arbeitsteilige Gesellschaft.

Die Ansiedlung von 1820 war der erste größere organisierte Kolonisationsversuch in Südafrika. Sein Scheitern führte dazu, daß er nicht wiederholt wurde. Die großen europäischen Auswandererströme des 19. Jahrhunderts gingen nicht nach Südafrika, sondern nach Amerika, besonders nach den Vereinigten

[5] Kapstadt hatte 1798 etwa 15500 Einwohner, davon 5500 Weiße. Stellenbosch, der zweitgrößte Ort, zählte etwa 70 Häuser, während von den beiden andern Distriktshauptorten Swellendam um die 30 Häuser hatte, Graaff-Reinet sogar nur 12. GILIOMEE, Eerste Britse bewind 16. Nach 1820 avancierte Grahamstown als Zentrum der neuen britischen Siedler rasch zur zweiten Stadt in der Kolonie. 1824 hatte Kapstadt 18668 Einwohner. SAUNDERS, Liberated Africans 227. Die Landbevölkerung wuchs viel schneller: siehe die Tabelle S. 103.

Staaten, in geringerem Maße nach Australien und Neuseeland. Zwischen 1821 und den 1840er Jahren trafen im Schnitt jährlich 219 englische Siedler am Kap ein. Von den insgesamt 93501 Auswanderern, die Großbritannien 1845 verließen, ließen sich weniger als 500 am Kap nieder[6]. Die weiße Bevölkerung Südafrikas vermehrte sich hauptsächlich auf natürliche Weise, und zwar sehr rasch, wie die folgende Tabelle zeigt:

Bevölkerung der Kapkolonie 1798–1834[7]

Jahr	Gesamt-bevölkerung	davon Sklaven	Prozentualer Anteil der Sklaven
1798	61947	25754	42
1806	77055	29861	39
1815	85739	29607	35
1824	116271	31744	27
1834	153027	36169	24

Dadurch blieb das burische Element überwiegend. Andererseits waren 1820 doch so viele Briten ins Land gekommen, daß sie nun einen ernstzunehmenden Teil der weißen Bevölkerung ausmachten. Da sie größtenteils in die Städte und Dörfer zogen und nichtlandwirtschaftlichen Tätigkeiten nachgingen, bestand fortan nicht nur eine sprachliche Schranke zwischen den beiden Bevölkerungsgruppen, sondern auch eine solche der Lebensweise, die letztlich größere Bedeutung gewann. Englischsprachige, die Landwirtschaft betrieben, hatten ähnliche Interessen wie die Buren. Im ganzen aber war nun die ländliche Bevölkerung überwiegend burisch-niederländisch, die städtische oder jedenfalls nicht landwirtschaftlich tätige hauptsächlich britisch. Da man 1820 zum größten Teil ganze Familien angeworben hatte, hielt sich zunächst auch die Vermischung zwischen den beiden weißen Gruppen in Grenzen.

Auch das zweite Element der neuen Grenzpolitik, die neutrale Zone zwischen Fischfluß und Keiskamma, wurde statt zum Element der Befriedung zum Streitobjekt. Die vertriebenen Xhosa drängten zurück, während weiße Siedler (nun neben Buren auch Briten) versuchten, sich Farmen zu sichern. Dennoch ließ sich eine größere Auseinandersetzung relativ lange vermeiden. 1834 aber brach der sechste Grenzkrieg aus. Wie meistens läßt sich der Anlaß für den Ausbruch schwer ermitteln, liegen

[6] Duly 189.
[7] Van Zyl 7.

gegenseitige Schuldzuweisungen vor. Die tiefere Ursache aber war nach wie vor der Kampf um das Land zwischen zwei expandierenden Völkern, wobei die Xhosa inzwischen freilich längst in die Defensive gedrängt waren. Sie konnten Anfangserfolge für sich verbuchen, wurden dann aber 1835 entscheidend geschlagen. Die Kapregierung nutzte ihren Erfolg aus und annektierte einen weiteren, etwa 100 km tiefen Gebietsstreifen zwischen dem Keiskamma und dem Großen Kei. Sie nannte das Gebiet Königin-Adelaide-Land. Von einer Vertreibung der Bevölkerung konnte hier keine Rede mehr sein. Das wäre über die Kräfte auch der Kolonialtruppen gegangen. Weitere Kämpfe und Aufstände mußten fast unvermeidlich sein. Doch die Londoner Regierung machte Kapstadt einen Strich durch die Rechnung. Der Minister für die Kolonien akzeptierte die Annexion nicht und verfügte den Rückzug hinter den Keiskamma. Das war ein Entschluß, der die Lage an der Ostgrenze entspannte, dafür aber die Siedler in Wut versetzte.

Das Resultat von mehr als einem halben Jahrhundert an Auseinandersetzungen war 1835 eine nach wie vor instabile Grenze. Die Ostexpansion der Trekburen war nahezu zum Erliegen gekommen. Entsprechend hatte sich der Bevölkerungsdruck verschärft. Hatten im Distrikt Graaff-Reinet 1798 noch 26 Prozent der Haushaltsvorstände bzw. 39 Prozent der verheirateten Paare einen eigenen Hof, so waren es 1812 nur noch 18 bzw. 25 Prozent[8]. Und der Anteil ging danach weiter zurück.

Die Nordgrenze und die Griqua

Solange die Trekburen noch nicht auf den Sperriegel der Xhosa gestoßen waren, war die Expansion entlang der Südküste wesentlich attraktiver als in Richtung Norden und Nordosten, wo das Klima rauher und der Boden weniger fruchtbar war.

Diese geringere Attraktivität ermöglichte es nun aber Gruppen, die sonst davon ausgeschlossen waren, an der Expansion teilzunehmen. Das betraf Mischlinge, freigelassene und geflohene Sklaven sowie Khoisan. Im Norden konnten sich manche von ihnen eigenes Land sichern. Teilweise brachten sie es zu beträchtlichem Wohlstand. Größere Gemeinschaften bildeten sich, zu denen kaum Weiße gehörten. Sie wurden nach den

---

[8] VAN DER MERWE, Trek 55.

Mischlingen ›Bastards‹ genannt. Sie verstanden sich grundsätzlich als der Kompanie und später der britischen Regierung unterstehend, denn auch sie benötigten aus Kapstadt Nachschub an europäischen Waren. In der Praxis aber war ihre Loyalität nicht viel mehr als ein Lippenbekenntnis; sie waren weitgehend selbständig. Bereits um 1730 waren sie nach Norden bis zum Oranje vorgedrungen. Nun zogen sie talaufwärts nach Osten, in einer Art Umgehungsbewegung um die weißen Kolonisten, die noch nicht so weit nach Nordosten gelangt waren. Sie wurden von den Weißen nicht als ihresgleichen anerkannt, obwohl ihr Gesellschaftsaufbau durchaus dem der frühen Trekburen glich. Aber die Weißen versuchten auch nicht, sie zu unterwerfen. Mit der Zeit bildeten sich gewisse staatliche Strukturen heraus. Die lebenswichtige diplomatische Verbindung nach Kapstadt wurde seit der Jahrhundertwende meistens von Missionaren aufrechterhalten, die sonst allerdings nur begrenzten Einfluß auf die Gemeinschaften hatten. Ein Missionar war es auch, der den Bastards 1815 ihren neuen Namen gab: *Griqua*, eine Bezeichnung, die er vom Namen eines Khoikhoistammes ableitete[9]. Seit dieser Zeit konnte man durchaus von einem eigenständigen Staatswesen unter lockerer britischer Oberhoheit sprechen. 1822 zählte es etwa 4000 Personen[10]. Bald brach es jedoch in mehrere rivalisierende Einheiten auseinander.

Nachdem die Trekburen gegen Ende des 18. Jahrhunderts den Widerstand der San gebrochen hatten, gelangten auch sie allmählich in das Gebiet des oberen Oranje. Es kam zu Reibereien, aber zunächst zu keinen größeren Konflikten. Die Griqua verkauften oder verpachteten einen Teil ihres Landes an Trekburen, und zwischen den beiden Gemeinschaften war ein leidliches Zusammenleben durchaus möglich. Die Kolonialgesellschaft, zumal in den Grenzregionen, war noch nicht exklusiv nach rassischen Kriterien aufgebaut. Noch bestand ein Platz für freie Nichtweiße mit eigenem Grundbesitz – zumindest dann, wenn sie sich in der Lebensweise den Weißen angeglichen hatten[11]. Für die Griqua waren Feuerwaffen und Pferde ebenso unverzichtbar wie für die Weißen – dank ihnen konnten sie sich gegenüber ihren afrikanischen Gegnern durchsetzen. Sie spra-

---

[9] LEGASSICK, in ELPHICK/GILIOMEE 286. R. ROSS, Adam Kok 12.

[10] MACMILLAN, in Cambridge History of the British Empire 298.

[11] Auch die Kapstädter Gesellschaft war noch keineswegs rassisch völlig exklusiv. Von den 3012 Ehen, die 1830–1836 in der Reformierten Kirche Kapstadts geschlossen wurden, waren immerhin 15,9 Prozent gemischt. BRADLOW 29.

chen Niederländisch bzw. Afrikaans und waren größtenteils Christen.

Sklaven, Khoikhoi, Mischlinge und Missionare

Infolge der europäischen Kriege gelangten sei den 1790er Jahren nur noch wenige Schiffe mit Sklaven an das Kap[12]. In Großbritannien verstärkte sich die Antisklavereibewegung, die 1807 mit dem Verbot des Sklavenhandels im Britischen Reich ihren ersten großen Erfolg verbuchte. Davon war ab 1808 auch das Kap betroffen. Während der folgenden Jahre kamen, als eine Art unzureichender Ersatz, nur noch gelegentlich Personen ins Land, die von britischen Schiffen beim Aufbringen von Sklavenschiffen befreit worden waren. Sie wurden zuerst für bis zu 14 Jahre bei weißen Herren verdingt, »in die Lehre gegeben«, wie der beschönigende Ausdruck hieß; erst danach konnten sie sich ihren Arbeitsplatz frei wählen[13]. Da sich die Sklaven nach wie vor wesentlich langsamer vermehrten als die Freien, ging ihr Anteil an der Gesamtbevölkerung deutlich zurück, obwohl die weiße Einwanderung, von 1820 abgesehen, gering war[14].

Die Antisklavereibewegung blieb auch nach 1808 aktiv. Sie erreichte einige kleinere Erfolge in Form von staatlichen Auflagen für die Sklavenhalter. So wurde die Arbeitszeit geregelt und der freie Sonntag eingeführt, und Familien durften nicht mehr durch Verkauf auseinandergerissen werden. Die Vorteile, die die Sklaven aus solchen Vorschriften zogen, dürften allerdings mangels ausreichender Überwachung vergleichsweise gering gewesen sein. Ihren endgültigen Sieg erreichten die Gegner der Sklaverei 1833, als zum 1. Dezember 1834 die Sklaverei im Britischen Reich abgeschafft wurde. Den Besitzern wurde die Maßnahme dadurch schmackhafter gemacht, daß sie eine Entschädigung erhielten und daß die ehemaligen Sklaven noch für vier Jahre an ihren Herrn gebunden blieben, wenn nun auch als Lohnarbeiter. Die eigentliche Befreiung fand also erst Ende 1838 statt. Die Entschädigung wurde nur in London ausbezahlt. Das hatte zumal für die kleineren Besitzer, die am Kap

---

[12] Nach anderen Angaben sind allerdings während der ersten britischen Okkupation mehr Sklaven eingeführt worden als jemals vorher oder nachher. VAN ZYL 14.

[13] Dazu SAUNDERS, Liberated Africans.

[14] Siehe die Tabelle auf S. 103.

dominierten, nachteilige Folgen. Sie mußten ihre Ansprüche auf andere übertragen oder Agenten beauftragen, wodurch sie in jedem Falle Verluste erlitten. Die zunächst veranlagte Entschädigungssumme betrug 2 824 224 Pfund – tatsächlich ausbezahlt wurden aber nur 1 247 401[15]. In die Hände der Besitzer gelangte auch von dieser Summe nur ein Teil. Hauptverlierer waren die kleineren Bauern, die nur wenige Sklaven besessen hatten. Die großen Besitzer wußten sich eher zu helfen. Das förderte die Unzufriedenheit mit der Regierung, allerdings eher im Kapland als im Grenzgebiet, denn hier besaßen viele Bauern gar keine Sklaven.

Die Sklaven hatten damit ab 1834 bzw. 1838 eine bessere Rechtsstellung, die der der Khoikhoi und Mischlinge entsprach. An ihrer sozialen und wirtschaftlichen Stellung änderte sich zunächst wenig: sie blieben Arbeitskräfte in der Landwirtschaft und vereinzelt im städtischen Handwerk.

Welche Stellung hatten bis zu dieser Zeit die freien Nichtweißen, die *free persons of colour*, wie sie genannt wurden, die Gruppe zwischen den Sklaven und den freien Weißen?

Der deutliche Rückgang des Anteils der Sklaven an der Gesamtbevölkerung führte zu Arbeitskräftemangel. Auf einem freien Arbeitsmarkt hätte das eine Verbesserung der Stellung der Arbeitnehmer und eine ungünstigere Stellung der Arbeitgeber bedeutet; diese hätten die Löhne erhöhen und die Arbeitsbedingungen verbessern müssen. Die Arbeitgeber jedoch setzten alles daran, um das zu verhindern. Wichtigstes Mittel dazu war, die Arbeitskräfte zu immobilisieren, ihnen die Möglichkeit zu nehmen, ihren Herrn frei wählen und dadurch die Arbeitgeber gegeneinander ausspielen zu können. Die Siedler waren darauf angewiesen, daß die Regierung mitmachte, indem sie sich entweder gar nicht um die Sache kümmerte, den Herren also freie Hand gegenüber ihren Dienstboten ließ, wie es bei der Kompanie weitgehend der Fall gewesen war, oder aber entsprechende Gesetze erließ, wozu die Briten neigten. In einem zentralen Punkt nun deckten sich die Interessen der Siedler und der Regierung: im Wunsch nach einer ausreichenden Versorgung mit billigen Arbeitskräften. Höhere Löhne bedeuteten eine Belastung der Wirtschaft der Kolonie, die Gefährdung der Konkurrenzfähigkeit von Exportprodukten und den möglichen Ruin vieler Siedler. Eine unrentable Kolonie hätte Zuschüsse aus

---

[15] WALKER, History 174. MACMILLAN, Cape colour question 80.

der britischen Staatskasse erfordert; eine Kolonie, der Arbeitskräfte fehlten, konnte sogar die Überlebensfähigkeit verlieren. Eine Politik, die dies verhinderte, konnte deshalb auch mit Unterstützung aus London rechnen. In einer andern Hinsicht hingegen bestand zwischen Siedlern und Regierung ein Interessenkonflikt. Die Arbeitgeber betrachteten das Verhältnis zu ihren Arbeitskräften als reine Privatangelegenheit – das ging bis zu eigenmächtigen Bestrafungen, etwa in Form von Auspeitschungen –, während die Regierung sich die Kontrolle über alle ihre Untertanen sichern und damit auch die Arbeitsbeziehungen überwachen wollte. Im Zweifelsfall aber hatte die Beschaffung und Sicherung billiger Arbeitskräfte den Vorrang vor der guten Behandlung.

Das Ergebnis war eine zunehmende Immobilisierung der Arbeitskräfte bei gleichzeitiger verschärfter staatlicher Überwachung. 1787 wurde der Paßzwang eingeführt, der in wechselnder Form und Schärfe das Leben eines großen Teils der südafrikanischen Bevölkerung bis zur Gegenwart bestimmt hat. Wer sich von seinem Wohn- und Arbeitsplatz entfernen wollte, durfte dies nur mit schriftlicher Zustimmung seines Herrn oder der Behörden tun. Zuwiderhandelnde konnten als Vagabunden ergriffen, bestraft und einer »nützlichen Arbeit« zugeführt werden. Wenn sie sich auf Aufforderung hin nicht stellten, durfte sogar auf sie geschossen werden. Auf solche Weise sollte die »Zivilisierung« der einstmals freien Bewohner des Landes erreicht werden. Die Absicht war klar: man wollte verhindern, daß sie ihren Herrn einfach verließen und eine besser bezahlte Tätigkeit suchten. Andererseits sorgten staatliche Auflagen dafür, daß sie nicht einfach zu einer Art Sklaven wurden. Der Abschluß von Arbeitsverträgen wurde vorgeschrieben. Sie hatten befristet zu sein. Der Wechsel der Arbeitsstelle blieb grundsätzlich möglich. In vielen Fällen wurden die Khoikhoi und Mischlinge hingegen durch eine andere, bereits erwähnte Regelung daran gehindert: Seit dem späten 18. Jahrhundert gestattete der Staat den Bauern zunehmend, die Kinder ihrer Arbeitskräfte bis zum 18., später Frauen bis zum 21. und Männer bis zum 25. Lebensjahr, für sich arbeiten zu lassen (»in die Lehre zu nehmen«), mit der Begründung, auf die Weise erhielten sie die Unkosten erstattet, die ihnen das Aufwachsen der Kinder auf dem Hof verursacht habe. Wollten die Eltern ihre Kinder nicht verlieren, so mußten auch sie auf dem betreffenden Hofe bleiben. Die Wahrscheinlichkeit war groß, daß bis zum Zeitpunkt, zu dem das letzte Kind seine Bewegungsfreiheit erhielt, seine älteren Geschwister ihrerseits wieder Kinder hatten, so daß das Spiel von vorn begann und die ganze Sippe festgebunden blieb.

Dieser Zustand einer weitgehend unfreien Stellung der Arbeitskräfte bei gleichzeitiger staatlicher Überwachung und Regelung erhielt seine umfassende Ausgestaltung in einem Erlaß von 1809[16]. Das Datum ist kein Zufall. Es galt, den Schaden zu begrenzen, den die Unterbindung des Sklavenhandels den Arbeitgebern verursachen konnte. 1812 und 1819 folgten Präzisierungen.

Daß es nicht bei diesem Zustand blieb, ist wesentlich auf eine dritte Interessengruppe neben Arbeitgebern und Regierung zurückzuführen, auf die Missionare. Im 17. und 18. Jahrhundert hatte die Mission am Kap praktisch keine Rolle gespielt. Dies weniger aus einer grundsätzlichen Abneigung der Regierung oder der Siedler als weil damals dem Protestantismus praktisch jeder missionarische Antrieb fehlte, im Gegensatz zum Katholizismus, der jedoch von den calvinistischen Niederlanden in der Kolonie nicht geduldet wurde. Nur 1737 versuchte der Herrnhuter Pietist Georg Schmidt einmal eine Mission unter den Khoikhoi. Er verließ das Land 1744 wieder, nachdem ihm seine niederländischen calvinistischen Amtsbrüder das Recht zu taufen verweigert hatten.

Das änderte sich im späten 18. Jahrhundert, als die vielfältigen Reformbewegungen im Protestantismus zu einem missionarischen Aufbruch führten, ganz besonders in Großbritannien. 1792 kamen die Herrnhuter zurück, also noch unter der Kompanie. Die liberalere britische Zulassungspolitik erleichterte dann eine rasche Ausbreitung. Seit 1799 schickten immer mehr Missionsgesellschaften ihre Abgesandten ans Kap. Sie wirkten zuerst vor allem unter den Khoikhoi und den Mischlingen. Später zogen sie auch weiter gegen Osten und Norden, in das von Schwarzen bewohnte Gebiet.

Oberstes Ziel der Missionare war die Bekehrung zum Christentum. Ihre Bedeutung innerhalb der Kapgesellschaft ergab sich vor allem aus der Art und Weise, wie sie dieses Ziel zu erreichen suchten. Mittelpunkt ihrer Arbeit war in der Regel die Missionsstation mit eigenem, von der Regierung zur Verfügung gestelltem oder von den Missionaren gekauftem Land, auf der sie Bekehrte und zu Bekehrende zusammenleben ließen. Bekehrung bedeutete für sie nicht nur Christianisierung, in einem rein

---

[16] 1. 11. 1809. EYBERS 17 f.

geistlichen Sinne, sie bedeutete zugleich eine Europäisierung der Lebensweise oder, wie man es im 19. Jahrhundert eher formulierte, eine Zivilisierung. Dahinter steckte nicht einfach Überheblichkeit oder Verachtung afrikanischer Tradition, obwohl beides durchaus verbreitet war, sondern vor allem die Einsicht, daß ein Eindringen des Christentums in die afrikanischen Gesellschaften bei unveränderter Lebensweise so gut wie ausgeschlossen war: weder der Missionar noch seine Lehre hatten darin einen Platz. Auch die Missionare wollten also die Afrikaner keineswegs sich selber überlassen. Sie versuchten, mit unterschiedlichem Erfolg, ihnen auf den Stationen europäische Arbeits- und Lebensweise sowie westliche Bildung zu vermitteln. Das reichte von der Einführung verbesserter Methoden in der Landwirtschaft und der Produktion für den Markt über Ausbildung im Handwerk, Alphabetisierung und die Auflage, sich »anständig«, also europäisch zu kleiden, bis zur Bekämpfung von Sitten, die als barbarisch, ungerecht oder jedenfalls unchristlich galten, insbesondere die Polygamie und der Brautpreis, aber auch etwa bestimmte Initiationsriten oder die Arbeitsteilung zwischen den Geschlechtern, die die Feldarbeit den Frauen überließ. Das erklärt auch den höchst unterschiedlichen Erfolg, den die Missionare hatten. Eine Gesellschaft im Vollbesitz ihrer Macht, in der sich die traditionellen Sitten und Einrichtungen bewährten, konnte wenig Veranlassung zur Bekehrung sehen. Hier hatten die Missionare in der Regel nur bei ausgesprochenen Randfiguren Erfolg. Anders da, wo die traditionelle Gesellschaft ihren Zusammenhalt verloren hatte, sei es durch Niederlagen gegen die Weißen oder gegen andere Schwarze, durch Flucht oder Vernichtung der Herden. Hier waren die Erfolge der Missionare meistens größer. Das gilt ganz besonders für die Khoikhoi und die Mischlinge, die ja ohnehin schon weitgehend in die Kolonialgesellschaft integriert waren.

Khoikhoi und Mischlinge waren also sowohl für die Siedler als auch für die Missionare besonders interessante »Objekte«, wenngleich in unterschiedlicher Perspektive und mit unterschiedlicher Zielsetzung. Daraus entstand eine Auseinandersetzung, die bis zur Gegenwart nachwirkt und eine Urteilsbildung erschwert. Man kann sie sowohl unter dem Gesichtspunkt konkreter Interessen als auch unter mehr ideologischen und moralischen Aspekten betrachten.

Zunächst wurden die Missionare insofern zu unmittelbaren Konkurrenten der Siedler, als sie auf ihren Stationen potentielle

Arbeitskräfte banden. Daraus resultierte einiger Ärger der Siedler. Doch hätte dies für eine große Auseinandersetzung kaum ausgereicht. Es gab wenige Stationen, und ihr Landbesitz war bescheiden. Also war ihr Aufnahmevermögen begrenzt, und viele Stationsbewohner mußten ganz oder teilweise auf umliegenden Höfen von Weißen arbeiten. Wichtiger waren weniger direkt faßbare, aber langfristig um so gravierendere Punkte. Die Europäisierung, die die Missionare anstrebten, mußte zur Folge haben, daß die Betroffenen sich zu günstigeren Bedingungen in die Kolonialgesellschaft einordnen konnten, nicht mehr nur als praktisch rechtlose unqualifizierte Arbeitskräfte. Das Verhältnis zwischen Herren und Untergebenen drohte gestört zu werden. Zumindest ein Teil der Missionare, vor allem solche aus England, die politisch gesehen weniger leicht angreifbar waren als Ausländer, wurde denn auch offensiv. Sie klagten die Siedler der schlechten Behandlung ihrer Untergebenen an und verlangten einen wirksamen Schutz der Rechte der freien Nichtweißen. Sie hatten damit bemerkenswerten Erfolg. Das erstaunt, stand doch auch die Kapregierung im großen und ganzen auf seiten der Siedler. Die Missionare nutzten ihre Verbindungen zum Mutterland aus, wo sie die öffentliche Meinung und über sie Parlament und Regierung zu beeinflussen vermochten. Hauptanliegen war eine bessere Behandlung sowie die Sicherung der persönlichen Freiheit. 1811/12 konnten die Missionare und ihre Anhänger durchsetzen, daß die Gerichte Klagen von Arbeitskräften gegen ihre weißen Herren wegen schlechter Behandlung untersuchten. Es zeigte sich, daß sie zu gutgläubig gewesen waren. Viele Beschuldigungen ließen sich nicht beweisen, wobei freilich die Herren gegenüber ihren Untergebenen vor Gericht deutlich im Vorteil waren. Dennoch kam es in manchen Fällen zu Verurteilungen von Siedlern. Die Empörung über dieses *Black Circuit* genannte Gericht war groß. Es ging nicht so sehr um die Urteile als um das Prinzip, daß das Verhältnis zwischen Herrn und Knecht nicht mehr Privatsache war. Hier lief das Kontrollinteresse des Staates parallel zu dem der Missionare; deshalb der relativ schnelle Erfolg. Die Siedler waren dauerhaft verstimmt. 1815 hatte eine solche Situation noch gravierendere Folgen. Frederik Bezuidenhout, ein Grenzbur, weigerte sich, wegen angeblicher Mißhandlung eines Khoikhoi vor Gericht zu erscheinen. Er leistete einer Gruppe von bewaffneten Khoikhoi-Polizisten, die ihn verhaften sollte, Widerstand und wurde dabei getötet. Darauf erhob sich eine Gruppe

Gleichgesinnter. Diese Rebellion von Slagtersnek, die nur mäßige Unterstützung fand, wurde rasch unterdrückt; fünf Rädelsführer wurden hingerichtet. Die Episode und die Opfer wurden später zu Symbolen des Widerstandes der freiheitsliebenden Buren gegen die Briten stilisiert.

Trotz diesem Widerstand drängten die Missionare weiter. Vor allem unter dem streitbaren John Philip (1777–1851, seit 1819 in Südafrika) intensivierten sie ihre Kampagne. 1828 konnten sie einen großen Sieg verbuchen. Im Erlaß Nr. 50 erhielten die Khoikhoi und Mischlinge Freiheitsrechte, die nahezu denen der Weißen entsprachen[17]. Paßzwang und »Lehrlingssystem« wurden abgeschafft, sogar Grundbesitz wurde gestattet. Der Abschluß der Arbeitsverträge sollte von den Behörden überwacht werden, die keine Vorwände mehr akzeptieren sollten, unter denen die Bewegungsfreiheit eingeschränkt würde[18].

Der Erlaß traf die Bauern in den Grenzgebieten viel stärker als die Sklavenbefreiung sechs Jahre später, denn sie waren hauptsächlich auf Khoikhoi-Dienstboten angewiesen. Entsprechend groß war der Unwille unter ihnen.

Man kann den Erlaß als Sieg philantropischer Missionare über inhumane und ausbeuterische Siedler betrachten oder als Sieg der Missionare in der Auseinandersetzung darüber, wer letztlich den größten Einfluß auf die Khoikhoi und die Mischlinge würde ausüben können – für die Betroffenen handelte es sich in jedem Falle um eine echte und bedeutende Verbesserung in rechtlicher Hinsicht. Hier lagen aber auch die Grenzen. Erlaß Nr. 50 wurde nicht zum Ausgangspunkt für eine materielle oder soziale Gleichstellung. Die Mischlingsbevölkerung, die sich im 19. Jahrhundert aus Khoikhoi und Sklaven (diese fielen nach der Befreiung ebenfalls unter den Erlaß) bildete, wurde zum land- und besitzlosen Proletariat, von dem nur wenige den Aufstieg schafften. Die Entwicklung des 17. und 18. Jahrhunderts, die den Khoikhoi die materiellen Grundlagen entzogen hatte, wurde nicht rückgängig gemacht. Hier zeigten sich die Grenzen nicht nur des Könnens, sondern auch des Wollens der Missionare. Ihr Ziel war es, die Bekehrten zu »nützlicher Arbeit« anzuleiten und sie zu nützlichen Gliedern der Gemeinschaft zu machen, bei Gleichberechtigung zwar, aber ohne besondere Maßnahmen, die auch eine gewisse Chancengleichheit

---

[17] Volle Gleichstellung erhielten sie 1842. MACMILLAN, Cape colour question 256.
[18] 17. 7. 1828. EYBERS 26–28.

sicherstellten. Selbst wenn sie dies gewollt hätten, so hätten sie es doch kaum erreichen können. Ihr Erfolg im Mutterland beruhte auf der Verbindung philanthropischer mit materiellen Interessen. Europäisierte Bekehrte wurden zugleich zu Abnehmern für europäische Produkte. Innerhalb dieses Rahmens ließen sich geistliche Interessen der Missionare vereinbaren mit weltlichen von Geldgebern, die den Handel mit Afrika auszuweiten trachteten. So entsprach die Unterstützung der Mission durch die englischen Mittelschichten nicht nur dem Willen Gottes; sie konnte sich zumindest langfristig auch lohnen.

Es wäre trotzdem verfehlt, hier nur das – unleugbare – Scheitern sehen zu wollen. Daß der Erlaß von 1828 innerhalb seines Rahmens ein Erfolg war, äußerte sich auf verschiedene Weise. Viele Dienstboten verließen nun tatsächlich ihre Herren, zogen durch das Land und arbeiteten nur noch kurzfristig, nach Maßgabe ihrer Bedürfnisse und für wechselnde Herren. Zuweilen stahlen sie ihren Bedarf auch, oder sie unternahmen Überfälle. Das Land wurde unsicherer. So zeigte sich zugleich der Mangel der Regelung, daß in materieller Hinsicht keinerlei Vorsorge getroffen wurde. Die Reaktion der Siedler war anders, und die Kapregierung machte mit. 1834 setzten sie eine neue Regelung des Verhältnisses zwischen Herren und Dienstboten durch, die praktisch eine Rückkehr hinter 1828 bedeutete. Doch die Londoner Regierung verweigerte ihre Zustimmung. Dem verdankten es die Weißen wohl, daß die Khoikhoi im Grenzkrieg von 1834/35 loyal blieben. Den Besitzlosen blieb freilich auf die Dauer doch nichts anders übrig, als wieder in den Dienst der Weißen zu treten, zu nur unwesentlich verbesserten Bedingungen. Gleichwohl konnte sich am Kap im 19. Jahrhundert eine liberale Tradition der grundsätzlichen Rechtsgleichheit aller Rassengruppen herausbilden, die in deutlichem Gegensatz stand zu den gesetzlichen Rassenschranken in andern Teilen Südafrikas. Sie hielt sich auch im 20. Jahrhundert, und erst die verschärfte Apartheidpolitik hat sie außer Kraft gesetzt, während der liberalere Geist selbst danach nicht völlig verschwunden ist.

Regierung und Verwaltung

Die britische Eroberung des Kaps im Jahre 1795 war eine militärische Besetzung, kein völkerrechtlich wirksamer Gebietserwerb. Der Besatzer war verpflichtet, die bestehende Verwaltung zu übernehmen. Die Briten taten dies nicht nur aus Achtung vor dem Völkerrecht. Sie wollten versuchen, die Bevölkerung möglichst für sich zu gewinnen. Die meisten niederländischen Beamten wurden übernommen, und auch Neueinstellungen erfolgten größtenteils aus der eingesessenen Bevölkerung. Am alltäglichen Verhältnis der Bürger zur Obrigkeit änderte sich zunächst wenig. Das galt selbst noch nach der endgültigen Abtretung 1814.

Aus einer anderen Perspektive gesehen hingegen brachte schon das Jahr 1795 eine entscheidende Veränderung. Gerade weil er größtenteils fremde Beamte unter sich hatte, erhielt der britische Gouverneur zwecks Kontrolle eine sehr viel größere Machtfülle, als sie die Gouverneure der Kompanie jemals gehabt hatten. Die Bürger verloren ihre wenigen Mitspracherechte. Das neue Regiment mußte ihnen als eine Fremdherrschaft erscheinen. Dieser Aspekt verstärkte sich nach 1814 und besonders nach 1820. Der Beweggrund für die Ansiedlung von 5000 Einwanderern in diesem Jahre war zwar in erster Linie militärisch. Man dachte weniger an eine Anglisierungsmaßnahme. Eine solche Wirkung ließ sich aber gar nicht vermeiden. Waren bislang aus Großbritannien fast nur Händler, Beamte und Militärs an das Kap gekommen, von denen sich nur wenige auf Dauer niederließen, so bestand jetzt eine bedeutende englischsprachige Minderheit. Sie war durch Beziehungen im bzw. zum Mutterland einflußreicher als die ältere Siedlerbevölkerung. Schon dadurch mußte der Gedanke aufkommen, die Kolonie durch Anglisierung mit der Zeit enger an das Mutterland zu binden. 1822 wurde Englisch zur Amtssprache neben dem Niederländischen, schon 1825 zur einzigen Amtssprache und 1828 zur Gerichtssprache. Die Praxis gegenüber den Niederländischsprachigen blieb aber relativ großzügig. Die Proteste hielten sich in Grenzen. Die zentralen Loyalitäten liefen nicht über die Sprache und noch weniger über die Volkszugehörigkeit, sondern in erster Linie über die Religion bzw. die Kirche, die sich nun aber immer stärker mit der Sprache verband. Als in den Niederlanden keine reformierten Pfarrer zu finden waren, rekrutierten die Briten sie in Schottland. Diese Geistlichen breiteten nicht etwa das Englische aus, sondern sprachen nach kurzer Zeit niederländisch bzw. afrikaans. Die Regierung führte gebührenfreie staatliche Schulen ein, die ausschließlich in Englisch unterrichteten. Das Schulwesen war bislang Sache der Kirche gewesen. Die Buren empfanden das neue System als Bedrohung, wohl mehr aus religiösen als aus sprachlichen Gründen. Sie gründeten vermehrt auf eigene Kosten niederländische kirchliche Schulen, so daß die Pläne der Regierung geringen Erfolg hatten, wodurch auch die Ausbreitung des Englischen verlangsamt wurde. Dennoch erfolgte im Lauf des 19. Jahrhunderts ein gewisses Maß an Anglisierung unter den Buren. Doch sie beschränkte sich auf die schmalen wohlhabenderen Schichten vor allem in den Städten. Die große Masse der Buren sprach weiterhin afrikaans und schrieb niederländisch.

Die Verwaltung wurde unter den Briten zweifellos effizienter. Dank großzügiger Erhöhung der Beamtengehälter (1797) verschwand die unter der Kompanie notorische Korruption weitgehend. Eine Justizreform beseitigte 1827/28 die Personalunion von Justiz und Exekutive; nur noch ausgebildete Juristen konnten zu Richtern ernannt werden. Andererseits wurde das bisher geltende römisch-holländische Recht zu großen Teilen beibehalten – es bildet noch heute die Grundlage des südafrikanischen Rechtssystems. Es galt sogar für britische Einwanderer.

Die größere Effizienz der Verwaltung war auch für viele Buren ein Vorteil, vor allem für die Bewohner von Kapstadt und von dessen Hinterland. Eine wahrscheinlich noch bedeutendere Zahl, und vor allem die Bevölkerung in den Grenzregionen aber empfand die größere Effizienz in erster Linie als größere Belästigung oder gar Beeinträchtigung. Sie mußten die Steuern regelmäßig bezahlen. Die Verbote, über die Grenze hinaus zu trekken und Handel mit den Schwarzen zu treiben, wurden zwar noch immer nicht wirklich erzwungen; ihre Übertretung konnte aber doch mehr Ärger als früher bringen. Am wichtigsten waren vielleicht die Vorschriften über die Behandlung von Sklaven und Dienstboten, die den Herren als unzulässige Einmischung erschienen. Andererseits waren auch die Briten nicht imstande, an der Grenze wirklich für Frieden zu sorgen. Das war zwar wesentlich eine Folge des Expansionsdrangs der Trekburen – aber diese sahen die Ursache natürlich nicht bei sich selber. Nimmt man noch den Verlust der Mitspracherechte hinzu, so mußte das neue Regiment für viele in erster Linie als eine fordernde und sich überall einmischende Fremdherrschaft erscheinen. Seine Unpopularität zeigte sich nicht zuletzt in den verschiedenen Rebellionen.

Die britische Eroberung veränderte die wirtschaftlichen Rahmenbedingungen für das Kap. Es wurde aus einem Anhängsel des schrumpfenden, korrupten und von Monopolen eingeengten niederländischen Kolonialreiches zu einer Provinz des mächtigen britischen Imperiums mit seinem großen und aufstrebenden Binnenmarkt. Das Monopol der Kompanie wurde abgeschafft. Nur der wenig bedeutende Handel mit Asien wurde für die Englische Ostindische Kompanie reserviert. Auch die Handelshemmnisse innerhalb der Kolonie entfielen.

Nicht verändern ließen sich die ungünstigen natürlichen Voraussetzungen. Zunächst ergaben sich allerdings für die Kolonie durch andere Faktoren Vorteile. Die europäischen Kriege von 1795 bis 1815 führten vor allem seit 1806 zur Anwesenheit größerer Garnisonen und zum häufigen Anlegen von Flotten. Der Nahrungsmittelbedarf nahm sehr stark zu, die Landwirtschaft blühte, und erst recht erlebte Kapstadt selber einen Boom. Die Konjunktur hielt auch von 1815 bis 1821 noch an, wenngleich in abgeschwächtem Maße, als die Briten vom Kap aus Napoleon auf St. Helena bewachten und versorgten. Die Weizenproduktion stieg von 1798 bis 1820 um 50 Prozent[19]. Danach war die Kolonie wieder auf sich selber gestellt; die Einbindung in die Weltpolitik und die daraus resultierende Sonderkonjunktur waren vorbei. Die Landwirtschaft geriet in die Krise. Immerhin hatte sich in der Zwischenzeit die Bevölkerung so stark vermehrt, daß nun auch das Kap selber einen gewissen Markt darstellte, nicht zuletzt dank den Siedlern von 1820, die in die Städte zogen.

Zum Exportschlager wurde zunächst der Wein. Die Briten gewährten dem Kapwein Vorzugszölle. Von 1795 bis 1804 wurde die Produktion verdoppelt, und sie stieg auch danach. Doch die Weinbauern ruhten sich auf den Lorbeeren aus und verpaßten die Chance, ihre Sorten zu veredeln. Als 1825/26 und 1831 die Zölle im Mutterland wieder erhöht wurden, fiel der Export als Folge der Konkurrenz aus andern Ländern auf einen Bruchteil zurück.

Dauerhafter war der Erfolg des zweiten Produkts. Im 18. Jahrhundert waren Schafe fast ausschließlich zur Fleisch- und Fetterzeugung gezüchtet worden. Nach 1814 stellten man-

[19] ELPHICK/GILIOMEE 378.

che Bauern auf die wolltragenden Merinoschafe um, die sehr gut gediehen. Der Wollexport nahm einen spektakulären Aufschwung. Schafe wurden vor allem im Ostteil der Kolonie gezüchtet, so daß sich auch der wirtschaftliche Schwerpunkt allmählich dorthin verschob, zumal die Briten die Küstenschifffahrt freigegeben hatten. Algoa Bay, das spätere Port Elizabeth, wurde zum wichtigsten Hafen.

So sicherte die Wolle der Kolonie ein leidliches Auskommen. Im weiteren Rahmen gesehen aber blieb das Kap ein armes, unterentwickeltes, für Einwanderer wenig attraktives Gebiet, dem vor allem ein wirklich marktgängiges Exportprodukt fehlte. Die Einnahmen reichten für eine größere Kapitalbildung und damit für einen Ausbau der Infrastruktur nicht aus. Das Kap blieb das Aschenbrödel der Siedlungskolonien. Die Ursachen waren komplex. Ungünstige Lage und trockenes Klima verbanden sich mit den Folgen der Trekbewegung: Viel zu wenige Leute beanspruchten viel zu viel Land, das zu wenig intensiv bewirtschaftet wurde, so daß sich ein Ausbau nicht lohnte.

Theoretisch bot die Beseitigung der Kompanie-Monopole den Buren die Möglichkeit, am lukrativen Überseehandel und am Großhandel in der Kolonie teilzunehmen. Doch sie hatten keine Chancen gegenüber kapitalkräftigen britischen Handelshäusern, die diese zentralen Bereiche der Wirtschaft mehr oder weniger vollständig an sich brachten. Insofern hatte der Herrschaftswechsel für die Buren nur beschränkte Vorteile. Eine Aufgliederung begann sich auszubilden, die später immer ausgeprägter wurde. Die Briten kontrollierten die städtische Wirtschaft, den Handel, das Handwerk und später die Industrie, während die Buren überwiegend in der Landwirtschaft tätig waren. Solange diese das Rückgrat der Wirtschaft bildete, ließ sich aus ihrer Sicht mit einer solchen Arbeitsteilung leben Sobald sich jedoch größere Strukturverschiebungen zuungunsten der Landwirtschaft ergaben – und das war mit der Entdeckung der Bodenschätze und der Industrialisierung der Fall –, mußte sich die Stellung der Buren verschlechtern.

Im Jahre 1834 war die Kapkolonie noch immer ein äußerst dünn besiedeltes Gebiet. Sie zählte auf über 300 000 km² ca. 153 000 Einwohner, davon etwa 65 000 Weiße, also immerhin fast 45 Prozent[1]. Die wichtigste Zukunftsfrage schien, wie sich das Verhältnis zwischen den beiden annähernd gleich großen Gruppen der Weißen und der Nichtweißen, also der Khoikhoi, Mischlinge und Schwarzen gestalten würde, wobei abzusehen war, daß aus der zweiten Gruppe mehr und mehr eine einheitliche Bevölkerung werden würde. Im Hinblick auf diese Frage waren 1828 und 1834 wichtige Weichenstellungen erfolgt. Mit der Verleihung gleicher Rechte zunächst an freie Nichtweiße und danach mit der Befreiung der Sklaven war, bis auf geringe Einschränkungen, allgemeine Rechtsgleichheit erreicht worden. Offen blieb, ob und in welchem Umfang diese Gleichstellung auch in wirtschaftlicher und sozialer Hinsicht erreicht würde, oder ob die nichtweißen Gruppen weiterhin nur eine land- und besitzlose Unterschicht bilden würden.

Die Zahl der Schwarzen südafrikanischer Herkunft war in der Kolonie noch sehr gering. Sie fanden sich vor allem im Osten: manche Xhosa waren, aus Not oder weil es ihnen attraktiv schien, in den Dienst weißer Bauern getreten. Die Regierung sah das ungern und erließ zuweilen auch Verbote, deren Befolgung freilich nicht erzwungen werden konnte. Man fürchtete, die Aufhebung der klaren Trennung an der Grenze würde nur zu neuen Konflikten führen. Das Verbot wurde 1828 aufgehoben, als Maßnahme gegen den Arbeitskräftemangel, den die Verbesserung der Rechtsstellung der Khoikhoi und Mischlinge nach 1828 bewirkte. Wichtiger wurde 1835, nach dem sechsten Grenzkrieg, die Ansiedlung von etwa 16 000 Flüchtlingen aus dem Gebiet der Xhosa im Grenzland, gedacht als Bollwerk gegen die Xhosa[2]. Dennoch deutete alles darauf hin, daß die Auseinandersetzung zwischen Schwarz und Weiß für die Kapkolonie, und damit für die Weißen überhaupt, zu einem außen-

---

[1] Van Zyl 14. Vgl. Walker, Great Trek 16 und ders., History 240.
[2] Bundy, Rise and fall 32. Nach Maylam History 98 waren es etwa 17000.

politischen, nicht zu einem innenpolitischen Vorgang werden würde, in Form von Grenzkriegen und nicht von Minderheits- oder gar Mehrheitsproblemen innerhalb der Kolonie.

Innerhalb weniger Jahre erfolgte eine solche Umwandlung des äußeren Problems zu einem inneren, zwar nicht speziell für die Kapkolonie, wohl aber für die Weißen in Südafrika insgesamt. Ursache dafür waren die Buren, von denen ein Teil im Großen Trek die Kolonie verließ und riesige Gebiete eroberte. Verlauf und Erfolg dieses Unternehmens aber wurden wesentlich beeinflußt durch Umwälzungen, die sich, unabhängig von den Weißen, während der vorangegangenen Jahre in jenen Gebieten abgespielt hatten.

Die Mfecane

In der zweiten Hälfte des 18. Jahrhunderts setzte bei den nördlichen Nguni, im Gebiet des heutigen Natal und Zululand, die Bildung größerer, stärker zentralisierter und vor allem militärisch schlagkräftigerer Staatswesen ein. Das erfolgte nicht durch freiwilligen Zusammenschluß kleiner Einheiten, sondern es war das Werk von Eroberern. In der Regel wurden die Unterworfenen zunächst in traditioneller Weise in das Staatswesen des Siegers aufgenommen, wenn auch in untergeordneter Stellung, aus der heraus sie sich im Lauf der Zeit, vor allem durch Heirat, zu weitgehend gleichberechtigten Angehörigen der neuen Gemeinschaft aufschwingen konnten.

Die neuen Staaten bildeten aber nicht einfach eine Vergrößerung der traditionellen politischen Einheiten – mit deren lockerem Aufbau wären sie wahrscheinlich bald wieder auseinandergefallen. Zwei organisatorische Neuerungen waren zentral. Das Heer war bislang aus Einheiten zusammengesetzt gewesen, die von den einzelnen Unterführern in ihren Distrikten rekrutiert wurden. Das verlieh den Distriktsoberhäuptern bedeutenden Einfluß. Waren sie mit der eingeschlagenen Politik nicht zufrieden, so konnten sie sich von einer militärischen Expedition zurückziehen. An die Stelle dieser Einteilung trat nun die in Altersregimenter (*amabutho*). Sie fand sich in rudimentärer Form schon lange bei den Sotho und Tswana, wurde aber erst jetzt bei den Nguni konsequent ausgebaut. Die wehrfähigen Männer wurden in Altersklassen eingeteilt, die jeweils mehrere Jahrgänge umfaßten. Jede Klasse bildete ein Regiment, das nun also aus Angehörigen verschiedener Distrikte und damit erst recht verschiedenster Clans zusammengesetzt war – Verwandtschaft und Herkunft verloren ihre Bedeutung. Der Befehlshaber des Regiments wurde vom Herrscher eingesetzt und unterstand ihm direkt.

Die stärkere militärische Stellung des Herrschers verlieh ihm eine entsprechende politische Position. War er früher in allen wichtigen Angelegenheiten von der Zustimmung des Adels abhängig gewesen, so konnte er sich jetzt leichter über diesen hinwegsetzen. Er ernannte Beamte (*induna*), die nicht der traditionellen Führungsschicht angehörten und dadurch viel abhängiger von ihm waren, denn er konnte sie fast nach Belieben wieder absetzen. Die einzige Gruppe, von der er in stärkerem Maße abhängig war, waren die Regimentsführer.

Solche größeren Reichsbildungen waren in Afrika zu ganz unterschiedlichen Zeiten relativ häufig, auch wenn sie nicht immer auf die genau gleiche Weise erfolgten. In Europa kann man von einem vergleichbaren Vorgang am ehesten beim Übergang vom Feudalstaat zum absolutistischen Staat sprechen, als der Herrscher die Macht der Feudalherren mit Hilfe direkt eingesetzter Offiziere und Beamten brach. Allerdings waren die dadurch gebildeten Staaten in Südafrika nie so groß wie im neuzeitlichen Europa, da ihnen eine vergleichbare wirtschaftliche Grundlage ebenso wie die Schrift für eine umfassende Verwaltung fehlte und die Verkehrsverbindungen viel schlechter waren.

Umstritten sind die Ursachen für den beschriebenen Vorgang[3]. Weitgehend Einigkeit herrscht heute darüber, daß die Anwesenheit oder der Einfluß der Weißen keine nennenswerte Rolle gespielt hat. Die Veränderungen erfolgten nicht bei den Xhosa, sondern weit entfernt von den Grenzen der Kapkolonie. In den betreffenden Gebieten hielten sich kaum Weiße auf, schon gar nicht in der Frühzeit, was ein wichtiger Grund dafür ist, daß unsere Kenntnisse von den Vorgängen äußerst lückenhaft sind, da schriftliche Quellen fehlen. Schließlich griffen die geradezu revolutionären Veränderungen, die später noch erfolgten, nicht auf europäische Technik zurück – das sollte diese Staatswesen schließlich die Unabhängigkeit kosten. Es war eine innerafrikanische, keine von Europa verursachte Modernisierung.

[3] Vgl. die Diskussion bei Maylam, History 30 ff. und Thompson, in Oxford History 1, 337 ff.

Eine Erklärung beruft sich auf den Handel der Portugiesen in Lourenço Marques, dem heutigen Maputo, mit dessen Hinterland, der im 18. Jahrhundert bedeutende Ausmaße erreichte, wobei Elfenbein im Mittelpunkt stand. Solcher Handel konnte zu einem Ansporn zur Reichsbildung werden. Wer die Handelswege kontrollierte, konnte bedeutende Abgaben fordern und hatte dadurch auch wieder die Mittel zur Kontrolle eines größeren Gebiets. Viele andere afrikanische Reiche bildeten sich nachweislich mehr oder weniger in Verbindung mit wichtigen Handelsrouten heraus. Ob das auch in Südafrika der Fall war, läßt sich hingegen nicht mit Sicherheit ausmachen.

Dieser Faktor schließt einen andern nicht aus, der möglicherweise eine noch wichtigere Rolle gespielt hat: ökologische und demographische Veränderungen. Die schwarzen Völker in Südafrika hatten zwar stabile Sitten, Rechtsformen und politische Einrichtungen geschaffen. Die wirtschaftliche Grundlage dafür aber blieb äußerst prekär: ein Gemeinwesen war, wenn es blühen sollte, zur Versorgung der wachsenden Bevölkerung auf dauernde Expansion angewiesen. Dieser verschwenderische Umgang mit dem Land führte leicht zu Konflikten mit den Nachbarn, ganz besonders, wenn sich zusätzlich auch noch das Klima kurz- oder mittelfristig verschlechterte. Jahresringe von Bäumen deuten darauf hin, daß sich die Niederschlagsmenge in der zweiten Hälfte des 18. Jahrhunderts verringerte. Vermutlich nahm die Bevölkerung zu, so daß sich der Kampf um das Land verschärfte. Wer eine größere militärische Macht organisieren, ein stärkeres Staatswesen aufbauen konnte, hatte die besseren Überlebenschancen.

All dies mag zusammengewirkt haben bei der erwähnten Staatenbildung, von der zwar nicht der Vorgang, wohl aber das Ergebnis bekannt ist. Um die Wende zum 19. Jahrhundert bestanden mehrere größere Staaten, die, nachdem sie ihre kleineren Nachbarn besiegt und absorbiert hatten, nun auch selbst aneinandergerieten. Im Zentralgebiet, dem fruchtbaren Hügelland zwischen der Hochebene und dem Meer, kämpften schließlich noch zwei Reiche um die Vorherrschaft: das der Mthethwa unter Dingiswayo und das der Ndwandwe unter Zwide. Die übrigen Konkurrenten hatten sich bereits in weniger attraktive Gebiete zurückziehen müssen. 1817 oder 1818 errang Zwide einen entscheidenden Sieg über Dingiswayo, der getötet wurde. Von da an sind wir dank Berichten von Händlern und Missionaren genauer informiert. Der Untergang Dingiswayos war die Stunde für einen seiner Unterfeldherrn, Shaka, der, um 1783 geboren, aus dem kleinen und unbedeutenden Volk der Zulu kam und damit keinerlei Anwartschaft auf die Herrscherwürde hatte. Er wurde zum obersten Heerführer der Mthethwa, besiegte Zwide und konnte sich dadurch zum Nachfolger Dingiswayos aufschwingen. Er führte die militärischen Neuerungen seiner Vorgänger und Konkurrenten weiter, bis hin zu einem totalen Militärstaat, der in Afrika, ganz besonders in Südafrika, einmalig ist und zu dem sich auch im weltweiten Vergleich nur wenige Parallelen finden. Im Rahmen der Einteilung in Altersregimenter führte Shaka die allgemeine Wehrpflicht für Männer von 16 bis 40 ein. Später wurden auch die Frauen für Hilfsdienste erfaßt. Die Wehrpflicht war nicht nur sporadisch, sondern die Männer hatten die ganze Zeit unter den Waffen zu bleiben. Damit sich das durchsetzen ließ, wurde ihnen die Heirat vor dem 40. Lebensjahr verboten, möglicherweise auch zwecks Kontrolle des Bevölkerungswachstums. Sie lebten außerhalb ihrer Dörfer in einer Art Kasernen, wobei sie freilich nicht nur militärische Übungen, sondern auch Landwirtschaft betrieben. Dadurch gewann der König die direkte Kontrolle über einen bedeutenden Teil der Produktion.

Mit Hilfe dieses gewaltigen, gut ausgebildeten und disziplinierten stehenden Heeres ließen sich neue Waffen und Kampfestechniken einführen, die Shakas Truppen die Überlegenheit sicherten. Hatte man bisher vornehmlich auf Distanz mit Wurfspeeren gekämpft, so ging Shaka zu einem schwertähnlichen Kurzspeer über. Der Abwehr der feindlichen Wurfspeere diente ein großer Schild. Hatte der Gegner seine Speere verschossen, so hatten Shakas Truppen im Nahkampf leichtes Spiel. Sie griffen die feindlichen Schlachthaufen in einer halbmondförmigen Aufstellung an, die Umfassungsoperationen begünstigte.

Auf diese Weise errang Shaka Sieg über Sieg. Dabei veränderten sich die Schlachten ebenso wie ihre Folgen. Die Kriegführung wurde viel blutiger und verlustreicher. Die Unterworfenen wurden lange nicht mehr in allen Fällen vom Sieger mehr oder weniger in seinen Staat integriert. Vielmehr wurden sie teils getötet, teils vertrieben – Shaka wollte in erster Linie mehr Besitz, nicht mehr Untertanen. Auch dies könnte ein Hinweis darauf sein, daß Bevölkerungsdruck eine wichtige Rolle spielte. Shaka stieg zur Vorherrschaft im Südosten Afrikas auf. Er wurde immer willkürlicher und unberechenbarer auch für seine eigenen Leute. Die Heere zogen alljährlich aus, nicht mehr, um das Reich zu vergrößern – ein größeres Territorium ließ sich mit den gegebenen Mitteln kaum noch zusammenhalten –, sondern um Beute zu machen. Shakas Herrschaft wurde mehr und mehr zur Terrorherrschaft, bis er schließlich 1828 von zweien seiner Halbbrüder ermordet wurde, deren einer, Dingane, sich zum Nachfolger aufschwingen konnte. Die Exzesse Shakas waren damit beendet, gleichzeitig aber war auch die Fortdauer und Konsolidierung des Zulustaates gesichert, womit sich zeigte, daß dieser Staat keineswegs nur ein Produkt Shakas gewesen war, sondern das Resultat einer umfassenderen Entwicklung. Aus dem kleinen Stamm innerhalb des Mthethwa-Reiches war ein großes Volk geworden. Nicht durch Vermehrung, sondern durch zunächst erzwungene Unterwerfung anderer Gruppen, die allmählich Sitten, Sprache und Auffassungen der Zulu übernahmen. Nicht nur die Staats-, sondern auch die Nationbildung beruhte also wesentlich auf politischen Vorgängen, und sie konnte auffallend schnell vor sich gehen, selbst ohne gemeinsame Sprache oder Geschichte. Dabei hat diese rasche und erzwungene Nationbildung erstaunliche Dauerhaftigkeit entwickelt, obwohl der Zulustaat schon Ende der 1830er Jahre entscheidend geschwächt, 1879 zerschlagen und 1887 aufgelöst wurde: Die Zulu sind im heutigen Südafrika die größte Volksgruppe, die wohl den stärksten Zusammenhalt zeigt.

Trotz aller spektakulären militärischen Erfolge wurde das Zulureich nicht zu einem Großreich. Es ist unmöglich, seine Fläche genau zu bestimmen, allein schon, weil das Ausmaß der Kontrolle durch den Herrscher nicht überall gleich groß war; ob etwa eine tributpflichtiges Gebiet noch zum Reich zu rechnen ist, ist Ermessenssache. Die Angaben über die Zahl der Bewaffneten schwanken stark und liegen zwischen 14 000 und 100 000; die letztere Zahl dürfte wohl stark übertrieben sein[4].

Der Aufstieg des Zulureiches wirkte wie eine Explosion, deren Druckwellen sich über weite Teile Afrikas ausbreiteten. Nachdem die Militärmaschinerie einmal aufgebaut war, mußte sie auch in Gang gehalten werden. Unter Shaka zogen alljährlich Heere in die nähere und weitere Nachbarschaft. Die Bevölkerung floh in möglichst weit entfernte unwegsame Gebiete.

---

[4] COLENBRANDER, in DUMINY/BALLARD 85. THOMPSON, in Oxford History 1, 344. SCHAPERA, in Cambridge History of the British Empire 38. OMER-COOPER, Zulu aftermath, die detaillierteste Untersuchung der Mfecane, macht keine Angaben, was die Schwierigkeiten, zu verläßlichen Zahlen zu gelangen, andeutet.

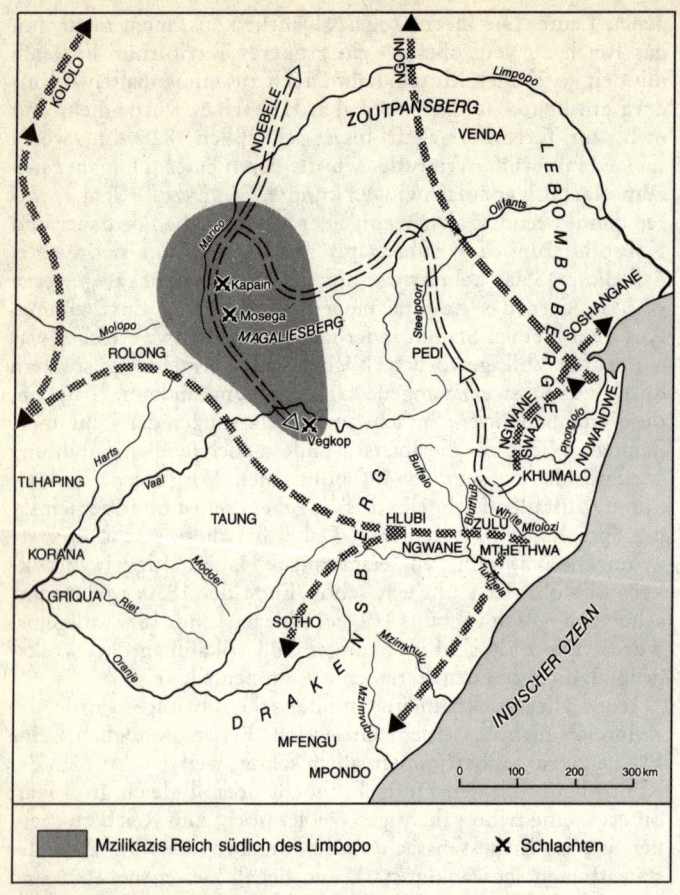

Die Mfecane in den 1820er und 1830er Jahren

Wurde der Entschluß früh genug gefaßt, so konnte ein Volk
noch insgesamt fliehen. Wartete man bis nach dem Angriff, so
wurde daraus eher eine Flucht kleiner und kleinster Gruppen.
Zuweilen fielen auch Bundesgenossen bzw. Unterbefehlshaber
ab.

Indem die Flüchtlinge sich in Sicherheit brachten, verbreiteten sie, zumal wenn sie in größeren Verbänden zusammenblie-
ben, ihrerseits Unsicherheit in einem bisher verschonten Ge-

biet. Sie hatten die neue Militärtechnik der Zulu kennengelernt und teilweise übernommen, wobei dies ganz besonders für die abgefallenen Heerführer galt. Sie unterwarfen oder vertrieben die Bevölkerung, die damit die Bewegung, die Zerstörung und die Unsicherheit noch weiter trug. Die Folgen waren bis zu den zentralafrikanischen Seen bemerkbar.

Aus dem Chaos und der Zerstörung heraus entstanden aber mit der Zeit auch wieder neue, stabilere Einheiten, die sogar, weil sie in größerem oder geringerem Maße die Errungenschaften der Zulu-Revolution übernahmen, meistens größer und militärisch schlagkräftiger waren als die früheren Staatswesen. Der Preis dafür war freilich hoch. Die primäre Erfahrung war die einer destruktiven Bewegung. Das hat sich auch in der Bezeichnung niedergeschlagen. Bei den Nguni spricht man von *Mfecane*, was in etwa »zermalmen« bedeutet, bei den Sotho-Völkern, die die hauptsächlichsten Opfer waren, von *Difaqane*, das mit »Vertreibung« übersetzt werden kann[5].

Nach Norden setzte sich schon vor Shakas Sieg das Volk der Ngwane ab, das sich im Berggebiet von Swaziland staatlich konsolidieren konnte. Andere Gruppen zogen noch weiter, schlugen die Portugiesen in Moçambique und machten die Gegenden bis Zentralafrika unsicher.

Für die weitere südafrikanische Geschichte wurden Bewegungen nach Nordwesten, Westen und Süden wichtiger. Zwischen 1822 und 1825 zogen verschiedene Nguni-Gruppen über die Drakensberge in die Gegend des heutigen Lesotho und des Oranje-Freistaats. Sie schlugen die dortigen Bewohner in die Flucht. Im Berggebiet aber konnte sich ein Sotho-Führer, Moshoeshoe, halten. Er wurde zu einem der bedeutendsten südafrikanischen Staatsmänner des 19. Jahrhunderts, der sich gleich geschickt als Heerführer wie als Diplomat betätigte. Er zog sich ins Berggebiet zurück und machte einen so gut wie unzugänglichen Tafelberg, Thaba Bosiu, mit einer Oberfläche von ca. 1,5 km², zu seinem Hauptquartier. Bei Gefahr verschanzte er sich darauf, während sonst seine Leute im umliegenden Gelände ihre Herden weideten. Militärischen Konfrontationen entzog er sich so weit wie möglich. Er lud versprengte Gruppen ein, sich seinem Staatswesen anzuschließen. Er stellte ihnen Herden und Land zur Verfügung; sie mußten dafür Kriegs- und

[5] OMER-COOPER, Zulu aftermath 5. DERS., History 52f. Die Bezeichnungen sind allerdings erst nachträglich gebildet worden. COBBING 487; 490.

Arbeitsdienste leisten. Auf diese Weise überlebte Moshoeshoe nicht nur die ersten Nguni-Invasionen. Er konnte sich auch in einer jahrzehntelangen Auseinandersetzung gegen das Volk der Tlokwa unter seinem Rivalen Sekonyela durchsetzen, den er 1852 endgültig besiegte. Und schließlich schaffte er es sogar, wie noch zu zeigen sein wird, den Weißen die Stirn zu bieten. So entstand in einem früher nur sehr dünn besiedelten und politisch kaum organisierten Gebiet ein zusehends gefestigtes Staatswesen, das 1840 etwa 40 000 und 1850 gegen 80 000 Bewohner zählte[6].

Schlimmer war die Mfecane für die jenseits der Berge gelegenen Hochlandgebiete zwischen Oranje, Vaal und Limpopo. 1821 kündigte der Heerführer Mzilikazi Shaka die Gefolgschaft. Er entwich mit seinen Ndebele nach Norden ins südliche Transvaal und von da 1825/26 weiter nach Westen. Die Tswana waren eine leichte Beute für die Ndebele, ebenso wie für andere Invasoren. Sie waren militärisch wenig organisiert und wohnten zudem in besonders großen Siedlungen, auf die sich mangels Befestigungen Angriffe verheerender auswirken mußten als auf verstreute kleine Dörfer und Einzelhöfe. Der Schrecken, den Mzilikazi um sich verbreitete, wurde sprichwörtlich; das Land entvölkerte sich rasch. Viele flohen in die Kapkolonie. Mzilikazis weiterer Vormarsch nach Westen wurde dann allerdings gestoppt, von sehr kleinen, aber mit Pferden und Feuerwaffen ausgerüsteten Gruppen von Mischlingen und Khoikhoi aus dem Gebiet der Griquastaaten. Hier zeigte sich, daß Shakas militärische Revolution im Vorfeld der modernen europäischen Technik stehengeblieben war. Mzilikazi wurde denn auch endgültig besiegt von den Buren, 1836/37, als diese auf dem Großen Trek ihm als erstem mächtigen afrikanischen Herrscher begegneten. Die Ndebele flohen nach Norden, wo sie im Gebiet des heutigen Zimbabwe ein neues Reich gründeten. Als Volk haben sie überlebt: sie bilden heute in Zimbabwe neben dem Mehrheitsvolk der Shona die wichtigste Minderheitengruppe.

Nach Süden hin führte die Mfecane zur weitgehenden und von Shaka mit Blick auf eine Sicherheitszone durchaus gewollten Entvölkerung des unmittelbar an das Zulureich angrenzenden fruchtbaren Natal. Kriegszüge Shakas weiter nach Süden, nach Pondoland, scheiterten 1828 nicht zuletzt an britischem

---

[6] Maylam 58; 112.

Widerstand: die Briten hatten Truppen über die Xhosagebiete hinaus gesandt. Shaka und seine Nachfolger verstanden die Zeichen. Sie hielten sich fortan in dieser Richtung zurück. Hingegen strömten in größerer Zahl Flüchtlinge zu den Xhosa. Sie wurden von ihnen zwar aufgenommen, aber zu ungünstigen Bedingungen, als Arbeitskräfte mit minderem Rechtsstatus. Land konnten sie kaum erhalten – so erhielten sie auch ihren Namen: *Mfengu* (Landlose). Das war mit eine Folge der Grenzkriege, durch die die Xhosa ja bereits Land eingebüßt und erst recht jede Expansionsmöglichkeit verloren hatten. Die Mfengu verstärkten den Druck auf die Ostgrenze noch und trugen dadurch indirekt zum Ausbruch des Grenzkrieges von 1834/35 bei. Andererseits machten die Konflikte mit den Xhosa sie zu potentiellen Bundesgenossen der Briten bzw. der weißen Siedler. Viele schlossen sich denn auch den Weißen an, und zum Dank wurden etwa 16000–17000 von ihnen im ehemaligen neutralen Streifen zwischen dem Großen Fischfluß und dem Keiskamma, besonders am Katfluß, angesiedelt, mit der Absicht, sie zu einem Sperriegel gegen die Xhosa zu machen, wodurch sie bei diesen natürlich nur um so verhaßter wurden.

Das Gesamtergebnis der Mfecane um 1835 war Zerstörung, Flucht, Entvölkerung, Elend und Hunger in vielen Gebieten des südlichen Afrika. Aber die Bewegung hatte gleichzeitig neue, vergleichsweise stabile Staatenbildungen gebracht, neben dem Zulu-Reich selber das der Sotho unter Moshoeshoe in Basutoland, dazu Swaziland und das Reich der Pedi im östlichen, bergigen Transvaal, das Mzilikazi nicht zu unterwerfen vermochte und das schon vor der Mfecane bestanden hatte. Ebenso hatten sich südlich von Natal die Mpondo, die Thembu und die Xhosa halten können. Gemeinsam war diesen neuen oder gefestigten Staatswesen die Lage in bergigen, schwer zugänglichen Gebieten. Die flacheren, offenen Gebiete im Hochland sowie Natal hingegen waren weitgehend zerstört und zu einem politischen Vakuum geworden. Das bedeutet nicht, daß niemand mehr in ihnen wohnte (wenngleich viele geflohen waren). Nur hatte sich, wer zurückgeblieben war, so gut wie möglich versteckt; die Bevölkerung lebte in kleinen, weitgehend voneinander isolierten Gruppen und nicht in größeren Reichen.

Damit war die Ausgangslage für das Eindringen der Weißen gegeben: die zerstörten, offenen Gebiete boten praktisch keinen Widerstand. Manchenorts war die zerstreute und eingeschüchterte Bevölkerung sogar froh über das Eintreffen von Einwanderern, die wieder eine gewisse Sicherheit und Stabilität zu verbürgen schienen. Die politisch gefestigten Staatswesen in den Berggebieten hingegen waren jetzt ernsthaftere Gegner, als man vor 1820 in diesen Landstrichen hätte finden können. So hat die Mfecane die Voraussetzungen für die Landverteilung geschaffen, wie sie im späteren 19. Jahrhundert erfolgte und Südafrika bis heute prägt.

Instruktiv ist die Mfecane schließlich für den Vorgang der Nationbildung, wie dies bereits bei den Zulu sichtbar geworden ist. Mehrere der größten schwarzen Völker Südafrikas sind ein Produkt der Mfecane, also relativ jungen Datums. Die Staatsbildung führte zur Volkbildung. Unterworfene und Untergebene übernahmen Sitten, Gebräuche und Sprache der Sieger, zuerst wohl meistens mehr oder weniger gezwungen, später auch freiwillig, als Mittel zum Aufstieg. Die Nationbildung war also nichts Abgeschlossenes und Unveränderliches. Sie war stark von der politischen Lage abhängig, und bei entsprechenden Veränderungen konnten erstaunlich rasch Um- und Neubildungen erfolgen[7].

Der Große Trek

1835, nach dem Abschluß des sechsten Grenzkrieges, herrschte bei den Siedlern im Osten denkbar schlechte Stimmung. Viele von ihnen hatten große Teile ihrer Herden und die Farmgebäude verloren. Der Staat leistete nur geringe Entschädigungen, die auch noch sehr schleppend ausgezahlt wurden. Der Erlaß Nr. 50 von 1828 hatte den Abhängigen mehr Rechte gebracht,

---

[7] Nach Abschluß des Manuskripts ist eine radikale Neuinterpretation der in diesem Abschnitt geschilderten Ereignisse vorgetragen worden. COBBING hält die Mfecane – von deren Tatsache bislang die Vertreter aller ideologischen Richtungen in der einen oder andern Form ausgegangen sind – für einen Mythos, eine Erfindung weißer Historiker, die die Quellen nicht aufmerksam genug gelesen haben und zumindest ursprünglich auch die Weißen entlasten wollten. Ihm zufolge haben die Zulu nur eine untergeordnete Rolle gespielt. Die entscheidenden Vorgänge waren vielmehr im Osten die Ausweitung des Sklavenhandels durch die Portugiesen in Moçambique nach 1815 und im Westen die Expansion der Kapkolonie, die zu vielerlei Raubzügen zwecks Gewinnung von Arbeitskräften führte. Erst dadurch kam es auch bei den Schwarzen zu Fluchtbewegungen und Kämpfen. Der Osten litt an Bevölkerungsverlusten, nicht an Übervölkerung. Weitere Forschung wird zeigen müssen, wie tragfähig diese Thesen sind, die den Weißen nicht erst seit dem Großen Trek, sondern praktisch vom Anfang der Bewegungen an die eigentliche Verursacherrolle zuschreiben.

viele zum Quittieren des Dienstes veranlaßt und dadurch die Arbeitskräfte verteuert. Diebstähle und Übergriffe von seiten herumziehender Khoikhoi und Mischlinge hatten zugenommen. Die Sklavenbefreiung verärgerte die wohlhabenderen Bauern, die sich hatten Sklaven leisten können. Die zunehmende Anglisierung der Verwaltung erschwerte den Verkehr mit der Obrigkeit. Der Eindruck herrschte vor, in einem Staat zu leben, der seinen Bürgern keine Mitsprache gewährte, sie unzureichend schützte, sich trotzdem überall einmischte und erst noch die Selbsthilfe unterband. Besonders wichtig war, daß die Grenze seit bald 60 Jahren kaum noch vorangekommen war, obwohl das Bedürfnis nach neuem Land immer dringender wurde. Der Ausgang des Krieges hatte auch den Optimisten gezeigt, daß an der Ostgrenze auf absehbare Zeit wenig Aussicht auf Expansion bestand: die Siedler mit ihren Kommandos waren den Xhosa allein nicht gewachsen; die britische Regierung war nicht bereit, ihren ganzen Militärapparat nur zur Beschaffung von Weideflächen für die Siedler einzusetzen. Durch die Rückgabe von Königin-Adelaide-Land an die Xhosa waren die Hoffnungen auf neues Land vollends zunichte geworden.

Das waren die Faktoren, die die Buren aus der Kolonie zu treiben geeignet waren. Es mußte naheliegen, das Hindernis, das die Xhosa bildeten, nördlich zu umgehen. 1834 sandten die Kolonisten drei Erkundungsexpeditionen aus, die eine nach Norden, nach Transvaal, die andere nach Natal, die dritte nach Nordwesten, Richtung Namibia. Letztere kam mit abschreckenden Nachrichten aus den Wüstengebieten zurück; die beiden ersten hingegen berichteten von fruchtbaren und fast menschenleeren Ländereien, besonders in Natal. Das führte seit Ende 1835 und verstärkt seit 1836 zum Auszug von Gruppen von Buren aus der Kolonie. Sie brachten ihre Habe im Ochsenwagen unter und führten ihre Herden mit sich; was nicht im Wagen Platz hatte, wurde verkauft. Die Größe der Gruppen reichte von einzelnen Familien bis zu mehreren hundert Personen. Noch größere Treks waren wegen der Schwierigkeiten der Nahrungsbeschaffung für die Herden kaum möglich.

Die Tatsache des Trekkens war nicht neu. Die Trekburen waren seit dem späten 17. Jahrhundert immer wieder weiter nach Osten und Norden gezogen, um neues Land in Besitz zu nehmen. Neu waren die politische Absicht und die politische

Motivation und, als Folge davon, die größeren Distanzen. Die Trekburen hatten lediglich die bestehende Kolonie ausweiten wollen. Zwar versuchten sie, so unabhängig wie möglich zu leben, den Staat an jeder Einmischung zu hindern. Aber letztlich waren sie doch am Schutz durch diesen Staat interessiert, weil sie wußten, daß sie darauf angewiesen waren, nicht zuletzt, um Nachschub an Waffen und Munition zu erhalten. Selbst die Rebellionen zwischen 1795 und 1815 hatten diesen Rahmen noch nicht gesprengt.

Die *Voortrekker* hingegen, wie sie im Unterschied zu den Trekburen später genannt wurden (zunächst sprach man von Emigranten), wollten nicht einfach bis zur nächsten guten Weide ziehen, sondern sie wollten so weit ziehen, bis sie sich ihr Leben unabhängig von der britischen Herrschaft einrichten konnten. Sie wollten die Freiheit, wie sie sie verstanden. Der Trek war mehr eine rückwärts- als eine vorwärtsgewandte Bewegung. Die Buren fühlten sich durch Veränderungen in ihrer Umgebung, über die sie keine Kontrolle hatten, verunsichert und bedroht, nicht zuletzt durch die neuen Auffassungen über das Verhältnis der Rassen zueinander – die Vorstellung einer möglichen Gleichberechtigung widersprach ihren bisherigen Gewohnheiten völlig. Der Trek war eine Rebellion gegen die Kolonialmacht, deren Herrschaft man sich zu entziehen trachtete, aber er war keine Revolution, sondern eine zutiefst konservative Bewegung.

Bei den einzelnen Teilnehmern überwogen unterschiedliche Motive. Besonders wichtig waren Landlose, die, wie früher die Trekburen, zu einem eigenen Hof zu kommen hofften. Doch neben ihnen standen durchaus auch reiche Bauern, die sehr viel aufgeben mußten, die eine sichere Existenz gegen die großen Risiken eines nomadisierenden Daseins in unbekannter Gegend vertauschten. Vereinzelt mag bei ihnen Abenteuerlust im Spiel gewesen sein. Wichtiger war der politische Antrieb, der Wunsch nach Abschüttelung der britischen Herrschaft. Vor allem aus solchen Männern erwuchsen die Führer.

Wie stichhaltig die Gründe auch gewesen sein mögen, die die Voortrekker zum Auszug bewegten, die Emigranten blieben eine Minderheit. Bis 1840 verließen etwa 6000 Weiße die Kolonie, begleitet von einer beträchtlichen Zahl nichtweißer Dienstboten. Sie stammten ganz überwiegend aus den Gebieten an der Ostgrenze und machten etwa 20 Prozent der dort lebenden Weißen aus; auf die ganze Kolonie bezogen, wanderten sogar

nur etwa 9 Prozent aus[8]. 1840–1845 folgten vielleicht nochmals
ca. 10000 Weiße, nun schon nicht mehr in wohlorganisierten
Zügen, sondern mehr oder weniger individuell[9]. Die große
Mehrheit der Buren verblieb also weiterhin in der Kapkolonie,
wo sie denn auch nach wie vor die Mehrheit der Weißen stellten[10]. Natürlich darf man daraus nicht schließen, daß alle übrigen Siedler in der Kapkolonie gegen den Trek waren – der
Entschluß, alles zu verlassen und ein, wie sich nachher bestätig-
te, äußerst risikoreiches Unternehmen zu beginnen, war gewiß
nicht jedermanns Sache. Dennoch fehlte Opposition von burischer Seite nicht. Am prominentesten war die Stimme der Reformierten Kirche, die den Trek als Flucht aus der Zivilisation
verurteilte, wohl auch deshalb, weil sie fürchtete, ihre Stellung
in der Kolonie könnte durch die Unterstützung der Rebellen
gefährdet werden. Erst 1848 fand sie sich bereit, den Ausgewanderten Pfarrer zur Verfügung zu stellen. Eine bis heute reichende Spätfolge dieses Streits war, daß die Reformierte Kirche sich
in drei rivalisierende Kirchen aufspaltete.

Der Große Trek hatte mannigfaltige Hindernisse zu überwinden. Nur von seiten der Regierung erfolgten kaum ernsthafte
Versuche, ihn zu verhindern. Das ist ihr später öfter zum Vorwurf gemacht worden. Sie besaß aber in den Grenzgebieten
einfach nicht die Macht, die Voortrekker zurückzuhalten. Hätte sie es versucht, so hätte sie durch das Mißlingen nur Prestige
verloren. Sie konnte die Grenze nicht mit Mauer und Stachel-
draht abriegeln. Eine wirkliche Kontrolle der Bewegung wäre
nur bei radikaler Änderung der Politik möglich gewesen. Großbritannien hätte dann, wie in Australien, und wie alle Kolonialmächte in Amerika, von vornherein und ohne Einschränkungen
das gesamte überhaupt besetzbare Gebiet für sich beanspruchen
müssen. Auf diese Weise hätten die Voortrekker das britische
Gebiet gar nicht verlassen können, wie weit sie auch gezogen
wären. Derart umfassende imperiale Ansprüche aber lagen den
Briten fast ebenso fern wie früher der Kompanie. Denn die

[8] C. F. J. MULLER, Oorsprong 13. Dabei handelt es sich allerdings nur um
Schätzungen; die Angaben gehen weit auseinander und reichen bis 15000, vgl.
etwa DAVENPORT, History 50.
[9] DU TOIT/GILIOMEE 19.
[10] Offenbar ist es aber auf den Trek zurückzuführen, daß die Zunahme der
weißen Bevölkerung in der Kapkolonie zwischen 1837 und 1845 mit 2,3 Prozent
pro Jahr niedriger war als irgendwann sonst zwischen 1806 und 1904: SCHU-
MANN 38.

Einlösung des Anspruchs hätte bedeutet, daß in allen von den Trekkern berührten Gebieten eine effektive Verwaltung hätte aufgebaut werden müssen. Das wäre äußerst kostspielig gewesen und hätte in diesem Falle auch in Auseinandersetzung mit den Trekkern erfolgen müssen. Um dennoch nicht völlig untätig zu bleiben, beschloß die Regierung 1836, ihre Rechtsprechung über britische Untertanen, die die Trekker ja waren, bis zum 25. südlichen Breitengrad auszudehnen. Das war aber ein lediglich theoretischer Anspruch, solange in dem Gebiet jenseits der Kapkolonie weder britische Polizei noch britische Richter waren. Nur wenn ein Voortrekker in die Kapkolonie zurückkehrte, konnte ihm der Prozeß gemacht werden. So trug die Maßnahme lediglich dazu bei, einen Teil der Trekker noch weiter nach Norden zu treiben, um sich der britischen Sphäre ganz zu entziehen. Im Zusammenhang des Treks wurden die Briten nur dann wirklich aktiv, wenn sie Rückwirkungen auf Stellung und Sicherheit der Kapkolonie befürchteten – oberster Zweck der Kolonie war noch immer der Besitz des strategisch wichtigen Kaps. Im übrigen sah man es wohl gar nicht so ungern, wenn ein Teil der unruhigsten Elemente die Kolonie verließ und dadurch auch der Bevölkerungsdruck an der Ostgrenze etwas nachließ, die Kriegsgefahr also vermindert wurde.

Seit Ende 1835 und in größerer Zahl seit 1836 zogen nun also die Voortrekker nach Norden, über den Oranje. Diese Route empfahl sich sowohl aus geographischen Gründen, wegen der relativ leichten Passierbarkeit für Ochsenwagen, als auch, weil jenseits des Oranje eines der von der Mfecane besonders stark entvölkerten Gebiete lag. Die ersten ernsthaften Gegner waren die Ndebele unter Mzilikazi, die, nach verschiedenen Gefechten mit unterschiedlichem Ausgang, 1837 entscheidend geschlagen wurden.

Damit stand der Weg nach zwei Richtungen offen: ohne große geographische Hindernisse nach Norden in das Hochland von Transvaal, in dem bis zum Soutpansberg keine stärkere politische Einheit überlebt hatte, sowie der schwierigere Weg nach Osten über die Berge nach Natal, das viel attraktiver war von seinem Klima und seiner Fruchtbarkeit her. Der größere Teil der Trekker zog nach Natal. Freies Land zu finden war kein Problem. Aber die Trekker wurden nun zu unmittelbaren Nachbarn des Zulureiches unter Dingane, der die Neuankömmlinge mißtrauisch beobachtete. Sie hatten zwar seinen schärfsten Rivalen, Mzilikazi, geschlagen, aber mit solchem Er-

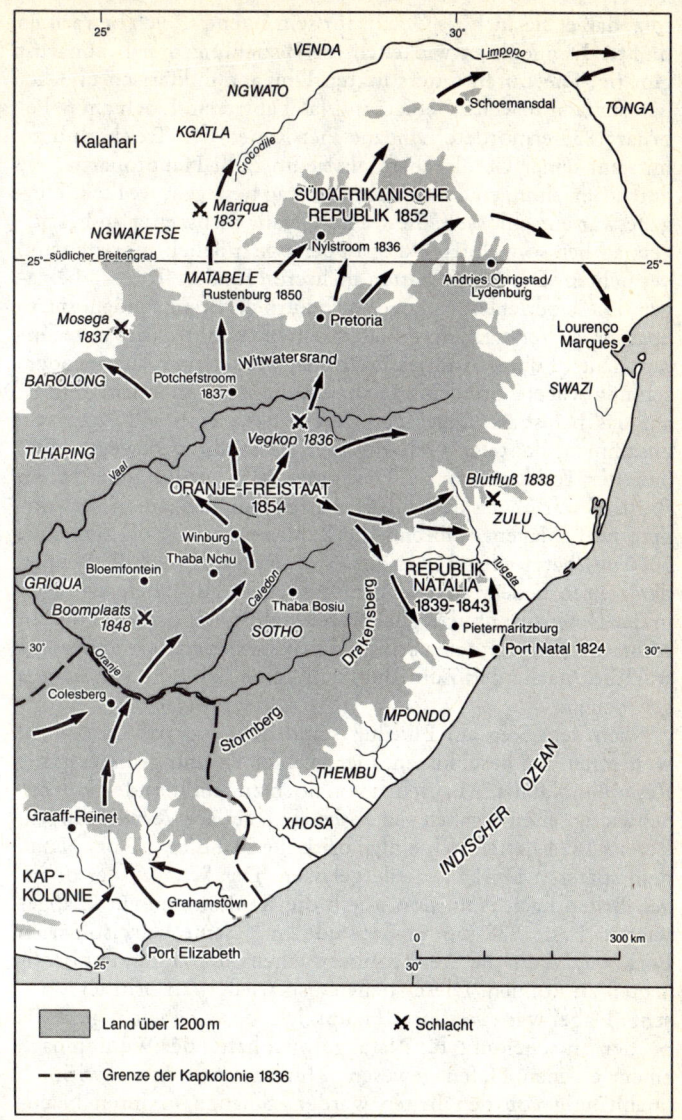

Der große Trek 1836–1854

folg, daß er sie auch als Gefahr für sein eigenes Reich betrachten mußte. Dennoch entwickelten die Beziehungen sich zunächst günstig. Die Buren unterstützten Dingane militärisch und ließen sich dafür weite Gebiete in Natal abtreten. Doch am 6. Februar 1838 ermordete Dingane Piet Retief, den Trekkerführer, mitsamt seiner Gefolgschaft, als sie im Zulu-Hauptquartier die guten Beziehungen durch einen Vertrag besiegeln wollten. Dingane war entschlossen, die weiße Gefahr rechtzeitig zu beseitigen. Er ließ so viele Trekkergruppen wie möglich angreifen und vernichten. Die Buren hatten mehrere Hundert Tote zu beklagen. Die Überlebenden zogen sich zurück. Erst nachdem sie im Spätherbst Verstärkung erhalten hatten, konnten sie, unter ihrem neuen Führer Andries Pretorius, wieder eine Auseinandersetzung wagen. Pretorius gelang es, die Zulu zu einem Angriff auf das befestigte Lager der Buren, das aus einem Ring von zusammengeketteten Ochsenwagen bestand, zu bewegen. Der Sieg der Trekker vom 16. Dezember 1838 in der Schlacht am Blutfluß war überwältigend. Sie hatten lediglich einige Verwundete zu beklagen, während die Zahl der toten Zulu auf etwa 3000 geschätzt wird. Hier zeigte sich endgültig, daß die Weißen dank ihren Feuerwaffen und mit ausreichenden Befestigungen in der Defensive unbesiegbar waren, selbst von der mächtigsten Militärmacht, die damals in Südafrika existierte. Andererseits war die Macht der Zulu durch die eine Schlacht keineswegs gebrochen.

Nach dem Sieg am Blutfluß stand den Voortrekkern Natal weit offen. Sie beschlossen, hier zu bleiben und gründeten die Republik Natalia. Abgesehen von noch zu schildernden inneren Schwierigkeiten ergaben sich rasch auch äußere Verwicklungen. Bereits 1824 hatten sich einige britische Händler in Port Natal, dem späteren Durban, niedergelassen. Der Wunsch der dortigen Briten nach Annexion durch die Kapkolonie wurde abgewiesen. Erst 1838 sandte Kapstadt eine kleine Garnison nach Port Natal – um die Trekker überwachen oder zumindest beobachten zu können. Diese stießen also wieder auf britische Präsenz. Dabei war eines ihrer Hauptziele, das eine wichtige Rolle bei der Entscheidung für Natal gespielt hatte, der Wunsch nach einem eigenen Hafen gewesen. Nur so konnten sie wirklich unabhängig von den Briten werden. Solange sie ihren Nachschub an Waffen, Munition und Ausrüstung über Kapstadt beziehen mußten, blieben sie erpreßbar. Genau diese Abhängigkeit aufrechtzuerhalten war das britische Ziel. Die Briten hatten die Unabhängigkeit der Trekker nicht anerkannt; sie betrachteten diese vielmehr weiterhin als rebellierende Untertanen. Immerhin zogen die britischen Truppen Ende 1839 wieder ab. Die Buren hatten ihre Stellung nach der Schlacht am Blutfluß gefestigt, und die Briten wollten sie nicht provozieren. Als die Buren 1841 Anstalten machten, einen Teil der Schwarzen, die nach der Konsolidierung der Verhältnisse rasch in großer Zahl nach Natal zurückgeströmt waren, in Richtung Süden zu vertreiben, war man jedoch in Kapstadt alarmiert. Man fürchtete, dadurch könne der Bevölkerungsdruck an der Ostgrenze verstärkt werden. Die Briten legten 1842 erneut eine – diesmal größere – Garnison nach Port Natal. Sie wurde von den Buren erfolglos belagert. Die Voortrekker unterwarfen sich den britischen Bedingungen, und 1845 annektierte Großbritannien Natal als Teil der Kapkolonie.

Der Traum von einem unabhängigen Burenstaat war ausgeträumt. Die Briten suchten die Buren nicht zu vertreiben und ließen ihnen auch reichlich Land. Trotzdem zog mindestens die Hälfte von ihnen über die Berge zurück in das Gebiet zwischen Oranje und Vaal. Noch stand der Weg nach Norden offen. Hier waren andere bereits vorangegangen.

Eine größere Gruppe von Voortrekkern unter Hendrik Potgieter war 1837 nicht nach Natal mitgezogen. Sie hatten im November Mzilikazi endgültig besiegt. Die Ndebele zogen sich nach Norden, in das Gebiet des heutigen Zimbabwe zurück. Damit stand den Buren das klimatisch rauhere, aber fruchtbare Hochfeld offen. Auch hier drängten sie darüber hinaus zum Meer. Potgieter scheiterte in dieser Hinsicht ebenso wie Pretorius, freilich nicht an den Briten, sondern zunächst am Widerstand der Völker in den Berggebieten Nord- und Osttransvaals. Soweit einzelne Gruppen doch ins Tiefland vorstießen, wurden ihre Pferde und Rinder Opfer der Tsetsefliege und sie selber der Malaria. Unter solchen Umständen konnte von einem Gebietserwerb bis zur Küste schlecht die Rede sein.

Je nachdem, welches Ziel als das wichtigste erschien, war der Trek aus der Sicht der Buren höchst erfolgreich oder gescheitert. Der Erfolg lag darin, daß die Trekker binnen weniger Jahre riesige Gebiete erworben hatten, und zwar nicht nur im Sinne der Hoheitsrechte, sondern, zumindest nach eigener Auffassung, auch im Sinne der privatrechtlichen Verfügungsgewalt. Selbst wenn man einen enormen Landhunger unterstellte, schien er auf absehbare Zeit befriedigt. Die raschen Siege der ersten Jahre blieben entscheidend. Zwar verschärfte sich der schwarze Widerstand während der folgenden Jahrzehnte beträchtlich, und die Buren gerieten oft in schwierige Situationen, mußten sich teilweise sogar zurückziehen. Aber sowohl Schwarze als auch Briten hatten keine Chance mehr, die Buren aus den 1836-1841 eroberten Kerngebieten zu vertreiben. Insofern stand der grundlegende Erfolg einer alles andere als umfassend organisierten und koordinierten Bewegung doch erstaunlich schnell fest. Freilich darf man Eroberung nicht mit umfassender Kontrolle und effektiver Herrschaft über alle Bewohner des betreffenden Gebiets gleichsetzen. Die Buren wurden zur politisch dominierenden Gruppe, ohne daß sie die übrige Bevölkerung voll und ganz ihrem Willen zu unterwerfen vermochten.

Gescheitert waren die Buren mit ihrem Versuch, die Grundlagen für ein wirklich unabhängiges, und das hieß vor allem: von den Briten unabhängiges Staatswesen zu schaffen. Der Zugang zum Meer blieb ihnen verwehrt. Daran änderte sich auch während der kommenden Jahrzehnte nichts. Entsprechende Vorstöße der Buren wurden von den Briten immer wieder abgeblockt. Lediglich gegen Ende des Jahrhunderts vermochten sich die Buren insofern etwas aus der britischen Umklammerung zu lösen, als sie, zumal nach dem Bau einer Eisenbahnlinie (1894), intensiveren Handel mit dem portugiesischen Hafen von Lourenço Marques trieben. Doch auch das war kein voller Ersatz für einen eigenen Hafen.

Der Große Trek bildete in vieler Hinsicht eine zentrale Weichenstellung für das moderne Südafrika. Nach ihm waren die verschiedenen Rassengruppen auf Gedeih und Verderb aneinandergekettet. Für die Kapkolonie wäre noch ein räumliches Nebeneinander zwischen einem mehrheitlich von Weißen bewohnten und den schwarzen Staatswesen denkbar gewesen. Nun brachte eine kleine Zahl von Weißen innerhalb weniger Jahre ein Gebiet unter ihre Kontrolle, das fast so groß war wie die Kapkolonie und wesentlich größere fruchtbare Flächen enthielt, aber auch von einer sehr viel größeren Zahl von Schwarzen bewohnt war. Der Landhunger der Buren vergrößerte damit die Rassenprobleme: weil sie mehr Land beanspruchten, als sie wirklich einnehmen und erst recht bearbeiten konnten, brachten sie sich selber in eine sehr viel ausgeprägtere Minderheitensituation, als sie am Kap jemals bestanden hatte.

Der Große Trek verschärfte aber nicht nur die Rassenprobleme. Er verhärtete auch die burisch-britische Auseinandersetzung. Der Gegensatz, der in der Kapkolonie von Anfang an geschwelt hatte, wenn auch mit unterschiedlicher Intensität, wurde nicht gelöst, sondern in einen größeren Raum projiziert. Aus dem innenpolitischen war ein außenpolitischer Konflikt zwischen Burenrepubliken und britischen Kolonien geworden, noch dadurch erschwert, daß die Mehrheit der weißen Bevölkerung in der Kapkolonie burisch blieb. Die äußeren Auseinandersetzungen steigerten sich, bis sie im Burenkrieg auf höchst blutige Weise ihr Ende fanden – doch nur, um danach als innenpolitische Auseinandersetzungen im Rahmen der Union fortgeführt zu werden. Man war 1902, am Ende des Burenkrieges, wieder da angelangt, wo man 1836 aufgehört hatte, nur daß der burisch-britische Gegensatz in der Zwischenzeit unendlich viel bitterer geworden war.

Besonders von britischer bzw. englischsprachiger Seite ist oft betont worden, der Trek habe einen Rückzug ins 18. Jahrhundert, hinter die Aufklärung dargestellt. Die konservativen Buren hätten sich von den fortschrittlicheren und liberaleren Zeitströmungen isoliert und seien so noch konservativer geworden. In diesem Vorwurf steckt mindestens so viel Polemik wie Wahrheit. Die Isolation der Buren vom Rest der Welt war das Werk der Briten, nicht der Buren: wenn man es schon nicht schaffte, die Buren direkt zu kontrollieren, dann schnitt man ihnen wenigstens den Weg zur Außenwelt, zum Meer ab, den sie durchaus suchten. So trugen die Briten wesentlich zur oft beklagten Rückständigkeit der Buren bei. Zweitens erklärt sich die Einstellung der Buren, wie gleich zu zeigen ist, weniger aus einer konservativen Geisteshaltung als aus ihren Lebensbedingungen. Hätte man wirklich etwas ändern wollen, dann hätte man aus den Jägern und Viehzüchtern Städter und Händler, oder wenigstens Ackerbauern machen müssen. Durch die bloße Tatsache, daß ihr Vieh auf britischem Hoheitsgebiet weidete, hätte sich an ihrer Geisteshaltung wenig verändert. Englischsprachige Bauern unterschieden sich in dieser Hinsicht kaum von den afrikaanssprachigen.

Wäre der Große Trek auch ohne vorausgegangene Mfecane möglich gewesen? Sicher ist er durch die Zerstörungen, die allgemeine Unsicherheit und die teilweise Entvölkerung, die jene Bewegung in viele Gebiete Südafrikas brachte, wesentlich erleichtert worden. Man wird aber schlecht sagen können, die machtmäßigen Voraussetzungen für den Erfolg der Buren seien erst durch die Mfecane geschaffen worden. Vor den Unruhen bestanden im betreffenden Gebiet weder besonders große und noch viel weniger militärisch besonders starke Staatswesen. Das zeigte sich gerade in deren raschem Zusammenbruch unter dem ersten Ansturm der Mfecane. Große, schlagkräftige Heere waren sogar erst ein Produkt der Mfecane. Die Buren stießen durchaus auf diese Heere und schlugen die stärksten und erfolgreichsten von ihnen, nämlich die der Ndebele und der Zulu, entscheidend. Rein militärisch gesehen wurde der Große Trek durch die Mfecane also eher erschwert. Das galt auch noch in der Folgezeit, als den Buren der stärkste Widerstand durch Reiche geleistet wurde, die erst aus den Umwälzungen hervorgegangen oder jedenfalls in ihnen mächtig geworden waren, vor allem die der Sotho und der Pedi. So mag also die Mfecane die Buren auf das Hochfeld und nach Natal gelockt haben, weil sie weite Gebiete als entvölkert erscheinen ließ – möglich gewesen wäre der Trek auch ohne sie, und vieles spricht dafür, daß er auch erfolgt wäre. Nur wären die Buren dann vielleicht nicht in so kurzer Zeit so weit gekommen.

Als Eroberungszug hatte der Große Trek einen Charakter, der ihn deutlich von vergleichbaren Vorgängen in der Kolonialgeschichte unterschied. Er war keine staatliche Unternehmung, sondern er bestand aus einer Reihe mehr oder weniger gut koordinierter Züge mit zunächst weitgehend privatem Charakter. Die Staatsbildung folgte erst später. Die Buren wollten das Land im privatrechtlichen Sinne; daß sie es auch ihrer politischen Oberhoheit unterwarfen, war mehr eine Nebenfolge. Ihr Besitz des Landes war also früher und ging tiefer als die Ansprüche des Staates, in dem sie später lebten. Sie hatten das Land nicht vom Staat, sondern der Staat hatte es von ihnen[11]. Das hatte im übrigen auch schon für die Trekburen gegolten, nur daß das von ihnen besetzte Land an den bestehenden und nicht an einen erst noch zu gründenden Staat fiel. Früher, etwa in Amerika oder in Indien, hatte der (europäische) Staat jeweils

[11] Das gilt freilich nur der Sache nach, nicht formal. Die Trekkergemeinschaft, also der sich allmählich herausbildende Staat, verteilte das Land an die Einzelnen, die demzufolge keine ursprünglichen, sondern abgeleitete Besitztitel hatten. Denn selbstverständlich hatte nicht jeder Landbesitzer sein Stück Land eigenhändig erobert. Aber er hatte am Trek wesentlich teilgenommen, um Land zu erwerben. Und erst aufgrund der Eroberung entstand der Staat, der vorher mangels Territorium gar nicht existieren konnte.

zuerst ein Gebiet erobert oder doch zumindest beansprucht, und manchenorts folgten darauf Siedler. Auch die europäische Eroberung Afrikas im späten 19. Jahrhundert zielte zuerst auf die Gewinnung der Hoheitsrechte ab; nur in wenigen Gebieten wurde später teilweise auch Land in größerem Maße an Siedler ausgegeben, etwa in Algerien, Kenia, Angola und Südrhodesien (Zimbabwe). Die Kolonialmacht, der europäische Staat also, behielt die Macht in seiner Hand. Als die Entkolonisierung anstand, hatte infolgedessen wesentlich die Übertragung der Hoheitsrechte vom europäischen auf den neuen afrikanischen Staat zu erfolgen. Die Siedler versuchten, dies zu verhindern – aber sie hatten letztlich ihr Land von Gnaden der Kolonialregierung. In Südafrika hingegen war der Staat ihr Staat, waren Hoheitsrechte und Landbesitz miteinander verbunden. Von einer Entkolonisierung im Sinne des Rückzugs eines europäischen Staates konnte nicht die Rede sein, denn die Siedler hatten sich in eigenständiger Weise in Südafrika verankert und dabei schon selber seit langem die Verbindung zu Europa gekappt.

Wäre es nicht zum Großen Trek gekommen, dann wäre das von den Trekkern eroberte Gebiet freilich trotzdem unter europäische Herrschaft geraten. Nichts spricht dafür, daß bei der imperialistischen Aufteilung Afrikas im späten 19. Jahrhundert gerade dieses Gebiet ausgeklammert geblieben wäre, noch wäre es bei einer bloßen Annexion auf dem Papier durch eine europäische Kolonialmacht geblieben. Spätestens nach den Goldfunden am Witwatersrand seit 1886 wären europäische Einwanderer und europäisches Kapital in großem Maße eingeströmt. Aber die Europäer hätten sich dann, wie anderswo in Afrika, auf die Bodenschätze konzentriert und keinen Anspruch auf den privatrechtlichen Besitz des ganzen Gebietes erhoben. Dazu wäre dieses von Europa aus kontrolliert worden. Die Voortrekker hingegen eroberten und erwarben das Land in einer viel umfassenderen Form und vor aller von Europa aus ausgeübten Herrschaft.

Entstehung und Konsolidierung der Burenrepubliken

Die Trekker hatten politisch ein negatives und wirtschaftlich ein positives Ziel: sie wollten sich der britischen Herrschaft entziehen, und sie wollten Land für ihre aufwendige Viehzucht. Von einem positiven politischen Ziel, daß sie ein neues Staatswesen nach eigenen Vorstellungen und Idealen aufbauen wollten, kann man nur in Ansätzen sprechen. Da sie von Anfang an auf Widerstand und auf schwierige natürliche Verhältnisse stießen, war ein Mindestmaß an Organisation überlebensnotwendig. Doch die Trekker taten sich schwer damit; interne Streitigkeiten waren fast ebenso häufig wie Auseinandersetzungen mit äußeren Feinden. Die Staatswesen, die allmählich entstanden, waren eher Gebilde der Not als der Planung. Freilich war dies mindestens so sehr eine Folge der Lebensbedingungen als der Mentalität. Eine kleine Zahl von Menschen zerstreute sich über ein riesiges Gebiet praktisch ohne Verkehrswege. Sofern man sich überhaupt fest niederließ und sich nicht auf die Jagd oder auf nomadisierende Viehzucht spezialisierte, lebte man in Einzelhöfen, nicht in Dörfern oder gar Städten. So war es verständlich, daß die politische Organisation lange Zeit nicht über ein rudimentäres Stadium hinauskam. Im Süden, im Oranje-Freistaat, wo die Besiedlung dichter, der Handel intensiver und die Verkehrswege besser waren, entstand früher ein gefestigtes Staatswesen als im abgelegenen und dünn besiedelten Transvaal.

Einen ersten, energischen Versuch bedeutete 1839 die Gründung der Republik Natalia, noch unter dem Schock der Kämpfe mit den Zulu. Doch die Briten bereiteten ihr schon 1842 und dann endgültig 1845 ein Ende.

Schwieriger und langwieriger waren die Staatsgründungsversuche jenseits des Gebirges. Diese Gebiete schlossen sich 1839 Natalia an, machten sich aber 1843 selbständig. Besonders kompliziert waren die Verhältnisse zwischen Oranje und Vaal. Nördlich des Oranje lebten im Westen die Griqua. Sie hatten sich in zwei rivalisierende Staatswesen aufgespalten. Daneben standen weitere Gruppen von Khoikhoi und Mischlingen, die Kora, und außerdem Tswana-Völker. Weiter im Osten, in den Bergen von Lesotho und in deren Vorland, hatte Moshoeshoe sein Reich gebildet. Seit etwa 1810 waren Trekburen saisonal über den Oranje gezogen, seit etwa 1825 lebten sie dauernd dort. Sie blieben der Kapregierung gegenüber loyal. Diese verschiedenen Gruppen lebten zum Teil in Gemengelage, und Auseinandersetzungen waren verbreitet. Die Voortrekker zogen an ihnen vorbei weiter nach Norden, in die Gegenden südlich des Vaal. Hier riefen sie 1843 eine Republik aus, die das gesamte Gebiet zwischen Oranje und Vaal für sich beanspruchte. Der Anspruch war weit von seiner Verwirklichung entfernt. Aber er rief die Briten auf den Plan. Sie schlossen im gleichen

Jahr mit den Griqua und Moshoeshoe eine Art Bündnisverträge. Britische Siedler, die sich ebenfalls nördlich des Oranje niedergelassen hatten, erreichten 1848, daß Großbritannien das Gebiet zwischen Oranje und Vaal annektierte. Ein Teil der Buren leistete Widerstand, wurde aber militärisch geschlagen. Das Land kam auch danach nicht zur Ruhe. Die britischen Siedler versuchten, Moshoeshoe Gebiete abzunehmen. Die Buren verhielten sich passiv bis ablehnend. 1851 kam es zum Krieg. Moshoeshoe brachte den Briten eine empfindliche Niederlage bei. Das hing auch damit zusammen, daß 1850 an der Ostgrenze ein neuer Krieg mit den Xhosa ausgebrochen war, so daß die meisten britischen Kräfte dort gebunden waren. Nun drohte ein Aufstand der Buren im Oranjegebiet, möglicherweise unterstützt durch Voortrekker aus Transvaal sowie durch Moshoeshoe.

Sicherlich hätte das britische Weltreich die Ressourcen gehabt, sich nicht nur zu behaupten, sondern alle Gegner zu besiegen. Aber es war eine Frage, wieviel man in das wirtschaftlich wenig interessante Gebiet investieren wollte. Der Regierung in London, die schon die Annexion von 1848 ungern gesehen hatte, schienen die Kosten zu hoch. Sie entschloß sich zu einer stärker defensiven Politik, zuerst gegenüber Transvaal. Dort hatte sich noch kein einheitlicher Staat herausgebildet. Verschiedene Gruppen konkurrierten miteinander oder lebten weitgehend getrennt voneinander in dem riesigen Gebiet; zeitweise bestanden mehrere Republiken nebeneinander. Sie bildeten sich aus den ersten Siedlungsschwerpunkten heraus: im Westen um Potchefstroom, im Osten um Andries-Ohrigstad und später Lydenburg, im äußersten Norden im Soutpansberg, wo eine vornehmlich aus Jägern bestehende Gemeinschaft entstanden war. 1852 schlossen die Briten mit den Voortrekkern nördlich des Vaal den Vertrag von Sand River. Gegen die Zusicherung der Neutralität in den gerade geführten und in künftigen Auseinandersetzungen anerkannte Großbritannien die Unabhängigkeit der Trekker, obwohl diese noch gar keinen wirklichen Staat hatten. Es verpflichtete sich außerdem, sie mit Munition zu beliefern, weder Waffen noch Munition an Nichtweiße zu verkaufen und keine Bündnisse mit Nichtweißen nördlich des Vaal zu schließen. Die Trekker entsagten der Sklaverei, die sie nach 1836 ohnehin nicht wieder eingeführt hatten[12].

---

[12] 17. 1. 1852. EYBERS 358 f.

Die neue Politik wurde zwei Jahre später in einem ähnlichen Vertrag mit den Buren des Oranjegebietes bekräftigt – Großbritannien machte also seine Annexion vom Jahre 1848 wieder rückgängig[13]. Freilich behielt es hier wesentlich mehr Einfluß, als es vor 1848 gehabt hatte. Die Zahl der Briten war beträchtlich, und sie kontrollierten die Wirtschaft und den Handel zu guten Teilen. Die Herrschaft der Weißen war gesichert – außer in Basutoland. Hier erbte der neugebildete Oranje-Freistaat den Konflikt mit Moshoeshoe, der wesentlich zum britischen Rückzug beigetragen hatte.

Die Verträge von 1852 und 1854 bildeten eine Kehrtwendung der britischen Politik. Bislang hatte man stets zumindest den theoretischen Anspruch auf Oberhoheit über die Buren aufrechterhalten und diese als Rebellen betrachtet. Nun hatte man sich dazu bequemt, auf die Wirklichkeit einzugehen. Die Briten wären außerstande gewesen, die Voortrekker zurückzuhalten oder gar zurückzuholen. Man hätte ihnen zwar die Munitionszufuhr abschneiden können, aber eine solche Maßnahme wäre bei der Weite des Raumes nicht voll wirksam gewesen. Während des ganzen 19. Jahrhunderts bestanden überall in Südafrika strenge Verbote für den Verkauf von Waffen und Munition an Nichtweiße, die nichtsdestoweniger mit erstaunlicher Geschwindigkeit in deren Besitz gelangten. Solange die Voortrekker friedlich blieben und solange Großbritannien die Zugänge zum Meer beherrschte, sprach wenig dagegen, die unwirtlichen und armen Binnengebiete sich selbst bzw. den Buren zu überlassen.

Die Wende hatte aber noch eine weiterreichende Bedeutung. Zumindest in der Theorie und teilweise auch in der Praxis hatten die Briten bislang versucht, mit den Griqua und den Schwarzen gegen die rebellischen Buren zusammenzuarbeiten. Jetzt wechselten sie die Seite, wohl auch unter dem Eindruck der Niederlage gegen Moshoeshoe, und stellten sich deutlich hinter die Buren, wie das Verbot des Waffen- und Munitionsverkaufs an Schwarze und der Bündnisse mit ihnen zeigte. Darin lag einerseits eine Anerkennung der Macht der Tatsachen, andererseits das Eingeständnis, daß die Briten durchaus am Erfolg der Voortrekker interessiert waren. Die neu erworbenen Gebiete standen schließlich auch für britische Siedler und Händler offen. Wenngleich der burisch-britische Gegensatz un-

[13] 23. 2. 1854, Konvention von Bloemfontein. EYBERS 282-285.

vermindert anhielt, so bestand seit 1852/54 im Normalfall doch wieder eine grundsätzliche Solidarität gegenüber den Schwarzen.

Zwischen Oranje und Vaal entstand nun der Oranje-Freistaat, der sich in den fünfziger Jahren konsolidierte. In Transvaal wurde 1853 eine Südafrikanische Republik ausgerufen. Der Name verkündete Ansprüche, die über Transvaal hinausreichten. Doch zunächst vermochte sich der Staat noch nicht einmal da durchzusetzen. Die drei Siedlungsschwerpunkte blieben praktisch unabhängig. Erst 1860 schlossen sie sich wirklich zusammen. Doch gleich darauf brachen bürgerkriegsähnliche Kämpfe aus, die bis 1864 dauerten. Versuche, eine umfassende Einheit der Voortrekker durch die Vereinigung von Transvaal mit dem Oranje-Freistaat zu schaffen, waren Ende der fünfziger und Anfang der sechziger Jahre gescheitert, an britischem Einspruch, vor allem aber an den Gegensätzen zwischen dem mittlerweile gefestigten Oranje-Freistaat und dem noch immer sehr dünn besiedelten Transvaal.

Die inneren Verhältnisse der Burenrepubliken

Die Staatswesen der Voortrekker waren weniger Verwirklichungen vorher gefaßter Pläne oder gar langersehnter Ideale als Produkte der Anpassung an die Umstände. Nur die Staatsform als solche stand stets fest: die Republik. Das ergab sich aus der Gegnerschaft gegen die Briten, mehr noch aber aus der Art der Voortrekkergesellschaft. Darin fehlte eine eigentliche Aristokratie; soziale und Besitzunterschiede bestanden zwar, aber sie waren, vor allem in der ersten Zeit, entschieden geringer als in Europa. Äußere Einflüsse machten sich am ehesten von den republikanischen Verfassungen in Europa und vor allem in den USA bemerkbar. Dazu kam die Erinnerung an die Kompaniezeit, die freilich zweischneidig war: einerseits an eine zumindest vom Anspruch her despotische Kompanie, andererseits an eine in der Praxis sehr lockere Verwaltung, deren Aufbau denn auch zum Vorbild diente.

Leitendes Prinzip bei der Herausbildung der Republiken war das Mißtrauen des Einzelnen gegenüber der Obrigkeit, das bis in die Kompaniezeit zurückreichte. Man versuchte es deshalb zunächst mit möglichst viel direkter Demokratie. Doch das scheiterte an den Rahmenbedingungen: die Entfernungen waren zu groß, die Verkehrswege zu schlecht, als daß alle Bürger häufiger hätten zusammentreten können. So ging die eigentliche Macht auf ein Parlament über, den Volksrat. Selbst dieses Gremium konnte nur selten tagen, so daß in beiden Republiken schließlich eine Präsidialverfassung entstand, mit einem kleinen Kabinett für die laufenden Geschäfte, aber großer Macht des Volksrates, der gegebenenfalls die Entscheidungen der Regierung noch nachträglich abändern konnte. Der Staat erfaßte und regelte nur wenige Lebensbereiche, und selbst die tatsächlich verabschiedeten Gesetze blieben häufig toter Buchstabe. Das war nicht zuletzt eine Folge des chronischen Geldmangels. Die Steuereinnahmen blieben gering, nicht nur weil die Bürger nicht bereit waren, viel zu zahlen, sondern auch, weil die Geldwirtschaft überhaupt noch wenig entwickelt war, besonders in Transvaal.

Politische Rechte hatten grundsätzlich nur weiße Männer. Zuweilen kamen noch weitere Schranken hinzu, etwa die Geburt in Afrika oder die Zugehörigkeit zur reformierten Kirche, doch war dies nicht die Regel und wurde später meistens wieder abgeschafft.

Diese Regelungen sind berühmt geworden, weil sie in gewisser Weise die Vorläufer für die heutige, strikt auf Rassenzugehörigkeit aufbauende ungleiche Verteilung politischer Rechte in Südafrika sind. Doch man sollte das heutige Urteil nicht unbesehen auf die Zeit des Großen Treks ausdehnen. Daß die Regelung so und nicht anders war, ist leicht verständlich. Erklärungsbedürftig ist viel eher, weshalb die alte Regelung im 20. Jahrhundert nicht nur beibehalten, sondern sogar noch auf ganz Südafrika ausgeweitet wurde.

Die Voortrekker waren fast überall eine kleine Minderheit innerhalb einer großen schwarzen Bevölkerung. Noch im Jahre 1870 lebten in den beiden Republiken erst etwa 45 000 Weiße gegenüber ca. 200 000 im Kap[14]. Wollten sie ihre durch die Eroberung gewonnene Stellung behalten, so blieb ihnen gar nichts anderes übrig, als die politische Macht in ihren Händen zu konzentrieren. Die Minderheitensituation führte andererseits auch dazu, daß *alle* weißen Männer das Wahlrecht erhielten – in der Hinsicht war die Regelung für damalige europäische Verhältnisse ausgesprochen fortschrittlich. In Großbritannien etwa

---

[14] THOMPSON, in Oxford History 1, 425. Für die Republiken existieren allerdings nur grobe Schätzungen.

entfielen erst nach dem Ersten Weltkrieg die letzten Einschränkungen des Wahlrechts. Freilich sollte man auch dies nicht als besonders fortschrittliche Haltung der Buren preisen, sondern als Resultat ihrer Lebensbedingungen betrachten.

Im Grunde ist selbst die Aussage, die Buren hätten den Schwarzen das Wahlrecht vorenthalten, schief. Sie waren zunächst gar nicht imstande, die Schwarzen in ihre Staatswesen zu integrieren. Wahlrechtsregelungen für Nichtweiße wären weithin bloßer Anspruch geblieben. Wichtig war freilich das Programm: auch wenn sich die Verhältnisse ändern sollten und die Buren ihre Herrschaft ausweiten konnten, so waren sie entschlossen, die Macht strikt für sich zu behalten.

In der Kapkolonie waren die Zahlenverhältnisse viel weniger dramatisch. Dazu war die Regierung von London eingesetzt; die oberste Gewalt war bei der Londoner Regierung selber. Diese betrachtete sich, zumindest in der Theorie, als für alle ihre Untertanen verantwortlich, während Siedler und deren Regierungen dazu neigen, nur ihre eigenen Interessen zu vertreten. Das gilt auch etwa für Amerika, wo die Unabhängigkeit in Nord und Süd für die Indianer im Ganzen eine Verschlechterung ihrer Stellung brachte. Zunächst konnte in der Kapkolonie von politischen Rechten ohnehin kaum die Rede sein, auch nicht bei Weißen, da keine Selbstverwaltung bestand. Als diese 1853 in begrenztem Rahmen eingeführt wurde, wurde das Wahlrecht an Besitz oder Einkommen gebunden. Dadurch erhielten die meisten Weißen und nur wenige Nichtweiße politische Rechte. Daß man es so weit kommen lassen könnte, die weiße Vorherrschaft durch ein uneingeschränktes Wahlrecht zu gefährden, war am Kap genauso wenig denkbar wie in den Burenrepubliken.

Neben der Abschüttelung der britischen Herrschaft war das wichtigste Ziel der Voortrekker die Gewinnung von neuem Land. Sie gründeten ihren Anspruch auf den Boden teils auf Eroberung von den, teils auf Abtretung durch die Schwarzen. Hin und wieder wurde Land auch gekauft. Der bekannteste und bedeutendste Fall einer Eroberung war der Sieg über Mzilikazi; die wichtigste vertragliche Abtretung war die weiter Gebiete Natals durch Dingane und seinen Nachfolger Mpande. Solche Abkommen waren oft höchst fragwürdig, und die Buren legten auch das Eroberungsrecht sehr großzügig aus, indem sie etwa Gebiete beanspruchten, in denen Mzilikazi sich nie wirklich hatte durchsetzen können. Mit strengen Rechtsmaßstäben gemessen waren ihre Titel keineswegs immer einwandfrei. Nun konnte aber zu der Zeit und in den Gebieten von der Durchsetzung strenger Maßstäbe ohnehin nicht die Rede sein. Die Mfecane hatte die meisten Besitzverhältnisse gründlich durcheinandergebracht und zu allgemeiner Unsicherheit geführt.

Man kann den Vorgang des Eindringens der Buren entweder unter ideologisch-moralischen, letztlich an der Rasse orientierten oder unter streng rechtlichen Gesichtspunkten betrachten. Vom Ergebnis her setzten sich die Voortrekker in weiten Gebieten durch, erfolgte eine Verdrängung der Schwarzen durch die Weißen, konnte eine Minderheit den Löwenanteil des Landes für sich sichern. Darin liegt zweifellos eine ausgeprägte historische Ungerechtigkeit, die jedoch nicht mit einer rechtlichen im engeren Sinne zusammenfällt. Es ist zwar richtig, wenn man sagt, der Boden habe seit undenklichen Zeiten den Schwarzen gehört – ebenso richtig wie die Aussage, Europa habe den Europäern gehört. Rechtssubjekte dieses Besitzes aber waren nicht Europäer und Afrikaner, Weiße und Schwarze, sondern Individuen, Gruppen und Völker. Schon vor der Ankunft der Voortrekker war in der Mfecane der Kampf um das Land auf das schärfste entbrannt, war allgemeine Besitzunsicherheit entstanden. Rechtlich gesehen (und in der Wirklichkeit) bildeten die Buren einfach eine zusätzliche Gruppe unter vielen, die um das Land kämpften. Nur waren sie erfolgreicher als alle andern Gruppen. In dieser Aussage liegt keine Rechtfertigung ihres Vorgehens. Eroberungen sind nicht rechtfertigungsfähig – aber die Landverteilung in der Welt ist wesentlich das Resultat von Eroberungen. Die Frage, ob die gegenwärtige Landverteilung in Südafrika, die zu guten Teilen ein Ergebnis des Großen Treks ist, historisch gesehen gerecht oder ungerecht ist, ist deshalb müßig. Einen Sinn erhält sie erst, wenn sie statt dessen auf die Gegenwart bezogen wird. Das gilt nicht nur für Südafrika. Die historischen Wissenschaften sind überfordert, wenn ihre Ergebnisse zum Ausgangspunkt für eine vermeintlich gerechte Verteilung der Welt dienen sollen. Periodische Umverteilungen des Landes wären sonst die Folge, zur Anpassung an den jeweils neuesten Stand der Forschung darüber, wer wo zuerst gesiedelt hat. Dabei sind die Ergebnisse der Forschung zumal für weit zurückliegende Zeiten stets mehr oder weniger zufällig, und noch umstrittener ist, wer als legitimer Nachfahre der angeblich ersten Besitzer zu gelten hat. Das bedeutet nicht, daß die Gerechtigkeit bei der Landverteilung nichts zu suchen hat, wohl aber, daß die

Gegenwart ihre eigenen Kriterien dafür entwickeln muß und sich nicht hinter der Geschichte verschanzen sollte.

Die Buren beanspruchten das gesamte Gebiet zwischen Oranje und Limpopo und zwischen der Kalahari und dem Randgebirge (bis zum Verlust an die Briten auch Natal). Die Verwirklichung sah anders aus. Sie setzte die politische Unterwerfung derer voraus, die das Land tatsächlich einnahmen. Am leichtesten fiel dies in den offenen, zentralen Gebieten des Hochlandes, wo kaum größere Gemeinwesen die Mfecane überlebt hatten. Hier war die Bevölkerung teilweise zunächst sogar froh, wenn neue Herrscher erschienen, die imstande waren, Ordnung und Sicherheit zu gewährleisten. Dafür war man auch bereit, Abgaben oder Arbeitsleistungen auf sich zu nehmen. Besonders in den – auch meistens schwerer zugänglichen – Randgebieten aber leisteten viele schwarze Staaten hartnäckigen und oft erfolgreichen Widerstand. Privatrechtliche Inbesitznahme des Bodens war in solchen Gebieten nicht möglich. Hingegen kauften hier manche Buren Land. Sie wurden zu Untergebenen des jeweiligen Herrschers.

Selbst nach Abzug der nicht unterworfenen Gebiete blieb den Buren noch mehr als reichlich Land, mit dem sie entsprechend großzügig umgingen. Von den ursprünglichen Teilnehmern am Trek erhielt, zumindest im Prinzip, jeder zwei Farmen von 2400 Hektar; wer später kam, hatte Anrecht auf eine Farm. Bis in die 1860er Jahre hinein konnte wohl auch jeder, der tatsächlich Land wollte, solches bekommen. Gerade weil es so leicht zu erhalten war, hatte es unter Weißen geringen Wert. Viele verkauften es wieder. Manchen schien es rentabler, selber kein Land zu besitzen. Denn dafür mußten Steuern bezahlt werden, und es band an eine bestimmte Stelle. Für Viehzüchter aber war es unter Umständen günstiger, einfach nach Bedarf dorthin weiterziehen zu können, wo sich dank ausreichendem Regen gerade die saftigsten Weiden fanden. Erst recht legten diejenigen Wert auf solche Ungebundenheit, die hauptsächlich Jagd betrieben.

Wer kein Land hatte, konnte sich auch einem Landbesitzer anschließen und von ihm Weiden gegen die Abgabe eines Teils des Nachwuchses der Herden oder gegen Mithilfe auf dem Hof erhalten. Solche Weiße wurden *Beiwohner* genannt. Hier war der Ausgangspunkt gegeben für stärkere soziale Differenzierungen. Einstweilen aber blieben die Unterschiede noch relativ gering.

Entscheidend ist zu sehen, daß die allermeisten weißen Landbesitzer zunächst weder fähig noch willens waren, alles von ihnen beanspruchte Land auch tatsächlich zu bebauen. Zumal in abgelegenen Regionen fehlten die Märkte, um eine größere Überschußproduktion aufzunehmen. Nicht im Hinblick auf den Besitz, wohl aber im Hinblick auf die Nutzung war in den meisten »weißen« Gebieten sehr viel freies Land vorhanden. Weniger begehrte, weil weniger fruchtbare Flächen blieben sogar vielfach unverteilt und dadurch im Besitz des Staates. Es war schwer, und dazu wirtschaftlich unsinnig, Landlose (das waren hauptsächlich Schwarze) von der Nutzung solcher Flächen abzuhalten.

Wären die Auseinandersetzungen zwischen Schwarzen und Weißen nur um das Land gegangen, dann hätten sich mit der Zeit relativ klare Verhältnisse herausbilden müssen, indem manche Gebiete nur von Weißen, andere nur von Schwarzen bewohnt gewesen wären. Es ging aber, anders als in weiten Gebieten Amerikas und in Australien, auch um die Arbeitskraft der Schwarzen. Die Landwirtschaft am Kap war von allem Anfang an von nichtweißen Arbeitskräften abhängig gewesen. Wer Land erwerben wollte, mußte zwar die früheren Besitzer politisch unterwerfen, aber er war nicht daran interessiert, sie zu vertreiben oder gar zu vernichten. Vielmehr wollte er sie als abhängige Arbeitskräfte auf seinem Land behalten. Meistens allerdings war ihre Zahl größer als der Bedarf, so daß die neuen Herren versuchten, einen Teil von ihnen zu vertreiben oder abzuschieben. Im Oranje-Freistaat lebten vergleichsweise wenige Schwarze (wenngleich mehr als Weiße), so daß sie praktisch vollständig unter die weißen Landbesitzer verteilt wurden. Anders in Transvaal. Hier wurde in der Theorie folgende Lösung getroffen: jeder Bauer sollte vier schwarze Familien als Arbeitskräfte erhalten. Die »überzähligen« Schwarzen sollten in kleine, örtliche Reservate eingewiesen werden, wo sie, unter weißer Oberaufsicht, eigenes Land erhalten, gleichzeitig aber nach Bedarf für die Weißen arbeiten sollten. In der Praxis kam es nur selten zu einer solch säuberlichen Trennung. Die einzelnen Bauern beanspruchten ihr Land, ohne daß sie imstande und in der Regel auch, ohne daß sie willens waren, die darauf lebenden Schwarzen, die weiterhin ihre eigene Wirtschaft betrieben, zu vertreiben. Sie versuchten statt dessen, mit unterschiedlichem Erfolg, aus ihnen Leistungen in Form von Abgaben oder Arbeit herauszuholen.

Entscheidend für die Stellung der Weißen war also das Ausmaß der Durchsetzung ihrer Ansprüche gegenüber der zurückgebliebenen (oder auch neu hinzugeströmten) schwarzen Bevölkerung. In dem Maße, in dem sich die Kontrolle durch den einzelnen Bauern und durch den Staat verschärfte, mußte sich die Stellung der Schwarzen verschlechtern.

Der Staat spielte zunächst nur eine geringe Rolle, zumal in Transvaal. Er war zu schwach; eine geregelte Verwaltung bestand kaum. Versuchen, von den Schwarzen Steuern einzutreiben, war wenig Erfolg beschieden. Doch war klar, wozu die Trekker den Staat hauptsächlich einsetzen wollten. Sie übernahmen von der Kapkolonie das Instrumentarium zur Immobilisierung der schwarzen Bevölkerung, insbesondere die Paßgesetze und die Kriminalisierung des Bruchs des Arbeitsvertrages. So ließen sich die Löhne niedrig halten. Ein Grund für den Auszug der Buren war die »Einmischung« des Staates in das Verhältnis zwischen Herren und Dienstboten gewesen. Entsprechend groß war der Spielraum, den die Trekkerrepubliken in der Hinsicht ließen. Trotzdem wurden manche Gesetze zum minimalen Schutz der Abhängigen erlassen. Doch der Staat hatte kaum die Mittel, ihre Einhaltung zu überwachen oder gar zu erzwingen. Daraus läßt sich freilich auch nicht automatisch auf eine besonders schlechte Behandlung schließen. Zumindest in den abgelegenen Grenzgebieten fiel eine Flucht relativ leicht. Wichtig ist zu sehen, daß die Lage der Schwarzen sich nur langsam änderte. Es war ein schleichender Vorgang, der erklärt, weshalb im Innern der eroberten Gebiete (im Gegensatz zu den Grenzregionen, wo afrikanische Staatswesen um ihr Überleben kämpften) vergleichsweise wenig Widerstand geleistet wurde.

Die Voortrekker haben die Sklaverei als Rechtsinstitut nicht wieder eingeführt. Trotzdem waren entsprechende Vorwürfe von britischer und vor allem von missionarischer Seite häufig. Das hing mit der Übernahme des »Lehrlingssystems« zusammen, wonach unter bestimmten Bedingungen Mädchen bis zum 21. und Knaben bis zum 25. Lebensjahr an Bauern verdingt werden konnten. Die Buren wandten es vor allem für in Kriegen gefangene Kinder und Jugendliche an. Das führte in der Tat zu sklavereiähnlichen Bedingungen. In abgelegenen Gebieten wurde nicht selten auf Kinder Jagd gemacht, die danach auch gegen Geld den Herrn wechselten. Später verkauften benachbarte schwarze Staatswesen Kinder an die Buren. Diese *inboekselings* spielten auf vielen Höfen eine wichtige Rolle als Arbeitskräfte. Häufig blieben sie auch als Erwachsene auf dem Hof ihres Herrn, teils gezwungen, teils freiwillig, da sie keine Verbindungen mehr zu ihrer Gemeinschaft hatten. Offiziell waren die Jagden ebenso wie der Handel vom Staat verboten, ohne daß viel dagegen unternommen wurde, zumal manche hohen Würdenträger selber direkt oder indirekt beteiligt waren. Erst seit den 1860er Jahren wurde das System mit zunehmendem Erfolg bekämpft[15]. Es zeigt, zusammen mit Paßgesetzen, Arbeitsvertragsbestimmungen etc. das immer wiederkehrende Dilemma der Weißen in Südafrika. Auf der einen Seite waren sie von einer großen Zahl von Schwarzen umgeben, die sie oft als Bedrohung empfanden, auf der andern Seite litten sie dauernd unter Arbeitskräftemangel, weil die Schwarzen nicht bereit waren, zu den angebotenen Bedingungen für sie zu arbeiten, zumal dann, wenn sie eigenes Land zur Verfügung hatten, von dem die Weißen sie wiederum nicht ganz zu vertreiben vermochten. Dabei wäre es nicht um eine physische Vertreibung gegangen, sondern darum, sie zu reinen Lohnarbeitern ohne eigenes Vieh und ohne eigene Äcker zu machen. Das ist erst in den 1970er Jahren voll und ganz gelungen, und nur außerhalb der Reservate.

Die Kapkolonie

So bedeutend der Große Trek für die Zukunft Südafrikas war, die Kapkolonie selber wurde davon zunächst in geringem Maße beeinflußt. Die Trekker machten nur einen kleinen Teil der weißen Bevölkerung aus, die zudem sehr rasch wuchs.

Hauptproblem der Kapkolonie war nach wie vor die Ostgrenze, wo eine stabile Regelung ebensowenig in Sicht war wie im späten 18. Jahrhundert. Die Lage wurde durch den Druck von Natal her sogar noch explosiver. 1846 brach ein neuer Krieg aus. Er führte 1847/48 zur endgültigen Annexion des Gebiets zwischen Keiskamma und Großem Kei, das nun *British Kaffraria* genannt wurde. Der Landhunger der Siedler war auch durch den Abzug der Voortrekker noch nicht gestillt. Schon 1850–1853 folgte der nächste Krieg. Zeitweise schlossen sich diesmal sogar die Khoikhoi den Xhosa an. Doch es war zu spät,

---

[15] DELIUS 136–147, DELIUS/TRAPIDO und AGAR-HAMILTON, Native policy 172–174.

die britische Herrschaft konnte nicht mehr gefährdet werden. Vielmehr war die Kraft der Xhosa nun endgültig gebrochen. Das zeigte sich wenige Jahre später. 1856/57 hatte ein Mädchen namens Nongqawuse Visionen, in denen ihr Ahnengeister versicherten, die Weißen würden ins Meer getrieben und Überfluß würde entstehen, wenn die Xhosa zuvor ihr Vieh töten, ihre Vorräte zerstören und nicht mehr säen würden. Ein Teil der Führer glaubte der Prophezeiung. Solche und ähnliche Visionen waren nichts Einmaliges, ungewöhnlich war, daß die Verantwortlichen sie aufgriffen. Das ist nur aus der Verzweiflung und Hoffnungslosigkeit heraus verständlich – ein selbstbewußtes Volk hätte sich kaum darauf eingelassen.

Der Vorschlag war aus der Sicht der objektiven Interessen der Xhosa so aberwitzig, daß die Vermutung naheliegen mußte, er sei von seiten der Weißen lanciert worden. Das ist jedoch nie bewiesen worden und auch unwahrscheinlich. Britische Beamte versuchten sogar, die Katastrophe zu verhindern. Andere, ebensowenig belegte Vermutungen zielten auf Moshoeshoe als Urheber.

Jedenfalls töteten die Xhosa zwischen Oktober 1856 und Februar 1857 etwa 400 000 Stück Vieh, etwa 85 Prozent ihres Bestandes[16]. Die Prophezeiungen erfüllten sich nicht. Dafür brach bald Hunger aus. Man schätzt, daß allein in British Kaffraria etwa 20 000 von 105 000 Xhosa starben und 30 000 sich zur Auswanderung gezwungen sahen[17]. Damit bildeten sie endgültig keine ernsthaften Gegner mehr. Freilich war dadurch das Problem der Ostgrenze noch nicht gelöst: nördlich der Xhosa wohnten andere Völker, die den Briten noch fast bis zum Ende des Jahrhunderts Widerstand leisteten. Aber es war nicht länger eine Existenzfrage der Kapkolonie.

Die Entvölkerung des Xhosa-Gebiets führte zum Versuch, eine Art weißen Schutzwall durch Einwanderung zu errichten. Neben Briten wurden dort 1857 etwa 3000–4000 Deutsche angesiedelt. Es waren Söldner aus dem Krimkrieg, die von ihren deutschen Heimatstaaten aus Rücksicht auf Rußland nicht wieder aufgenommen wurden. Allerdings ließen sich viele von ihnen 1857/58 zum Kriegsdienst im indischen Aufstand anwer-

---

[16] Peires, Central beliefs 43. Vgl. ders., Believers. Zusammenfassend jetzt ders., The dead will arise (nicht mehr berücksichtigt).
[17] M. Wilson, in Oxford History 1, 258. Nach Peires, Central beliefs 43 verhungerten insgesamt etwa 40 000 Menschen, und weitere 40 000 mußten auswandern.

ben. Dafür kamen 1858/59 etwa 2000–3000 norddeutsche Bauern, die nun in einem Gebiet um East London siedelten, das noch heute durch viele deutsche Ortsnamen auffällt[18].

Das Kap war nach wie vor eine Kolonie im strikten Sinne. Das Gebiet wurde direkt von London aus verwaltet; zumindest die obersten Behörden wurden von dort eingesetzt. Von wirklicher Mitsprache der Bevölkerung konnte keine Rede sein – der Kontrast zu den Burenrepubliken war in dieser Hinsicht ausgeprägt. Lediglich auf Gemeindeebene wurden 1837 gewählte Stadträte eingeführt. Vor allem unter der englischsprachigen Bevölkerung verstärkten sich die Forderungen nach mehr Autonomie, zumal die andern Siedlungskolonien (Kanada, Australien, Neuseeland) bereits solche Zugeständnisse erhalten hatten. In Südafrika wurde die Lage durch die zahlreiche Bevölkerung nichteuropäischen Ursprungs komplizierter. London beharrte darauf, daß alle Einwohner berücksichtigt werden müßten. 1853 wurde schließlich *representative government* gewährt: die Kolonie wählte eine gesetzgebende Versammlung, während die Regierung weiterhin von London eingesetzt wurde. Die von der Versammlung beschlossenen Gesetze mußten zwar vom Gouverneur und von London gebilligt werden, aber die Initiative war damit doch auf die Kolonie übergegangen. 1872 erfolgte der Schritt zum *responsible government*, in dem nun, nach britischem Vorbild, die Regierung dem Parlament verantwortlich, also von dessen Vertrauen abhängig war. London war von nun an nur noch durch einen für ganz Südafrika und hauptsächlich für die Außenbeziehungen zuständigen Hochkommissar in Kapstadt vertreten. Diesen zweiten Schritt zur Selbstregierung vollzogen die Südafrikaner mit mäßiger Begeisterung, weil er mit größerer finanzieller Selbstverantwortlichkeit verbunden war. Verwaltung und Armee fielen nun ganz zu Lasten des Kaps.

1853 war der wichtigste Streitpunkt die Wahlrechtsfrage. Sollte man sie nach dem Vorbild der Burenrepubliken regeln? Dafür verweigerte London die Zustimmung kategorisch. Andererseits war uneingeschränktes, allgemeines Wahlrecht für Weiße und Nichtweiße undenkbar. Selbst in Großbritannien war man damals noch weit von einer solchen Regelung entfernt, ganz abgesehen davon, daß am Kap die Weißen dadurch in die

---

[18] Für die Zahlen werden unterschiedliche Angaben gemacht. Vgl. etwa M. WILSON, in Oxford History 1, 282; SCHUMANN 441; WALKER, History 288f.

Minderheit geraten wären. So blieb nur die Einführung eines Zensuswahlrechts, in dem die Wahlberechtigung von Einkommen und Vermögen, aber nicht von der Hautfarbe abhing. Die tonangebende britische Schicht war für einen hohen Zensus. Der hätte praktisch alle Nichtweißen ausgeschlossen – aber auch viele ärmere Buren. So setzten sich diese für relativ niedrige Anforderungen ein. Sie wurden darin von den Missionaren und von Händlern, die ein gutes Verhältnis zu den wohlhabenderen Khoikhoi und Mischlingen wollten, unterstützt. Der Ausschluß aller Nichtweißen vom Wahlrecht war also auch für die Buren kein unverzichtbarer Glaubenssatz. Wahlberechtigt wurde, wer Immobilienbesitz im Werte von mindestens 25 Pfund oder ein jährliches Einkommen von mindestens 50 Pfund hatte. Letztere Schranke war relativ hoch, erstere sehr niedrig und begünstigte vor allem die ländlichen Weißen[19]. Die Regelung hatte zur Folge, daß die meisten Weißen das Wahlrecht erhielten, aber nur wenige Mischlinge und noch weniger Schwarze. Die weiße Vorherrschaft war ungefährdet, während auf der andern Seite für Mischlinge und Schwarze immerhin ein Ansporn bestand, politische Rechte zu erwerben. Die Perspektive für sie war Integration und nicht Ausschluß.

Formelle Gleichheit bei gleichzeitiger unangefochtener weißer Herrschaft blieb Londons Devise für die Kapkolonie. 1841 wurde die *Masters and Servants Act* erlassen, das Gesetz über das Verhältnis zwischen Herren und Dienstboten. Es trat an die Stelle des Erlasses Nr. 50 von 1828 und brachte eine deutliche Verschlechterung für die Arbeitnehmer. Es machte die Verletzung eines Arbeitsvertrages zu einem strafrechtlichen Delikt und betraf natürlich in erster Linie die Nichtweißen. 1856 wurde es weiter verschärft. Regierung und Parlament in London hatten nichts dagegen einzuwenden[20].

Natal und die Probleme von Segregation und Integration

Mit völlig andern Verhältnissen hatte es die britische Kolonialmacht in Natal zu tun. Nach der Annexion (1843 angekündigt und 1845 durchgeführt) zogen die meisten der ohnehin nicht

[19] Kap-Verfassung vom 3. 4. 1852, Art. 8. EYBERS 48. Vgl. MANDELBROTE, in Cambridge History of the British Empire 375 f., HAHLO/KAHN, Union 53 f. und besonders TRAPIDO, Cape franchise.
[20] MARAIS, Cape Coloured People 201–205.

zahlreichen Voortrekker wieder ab. Gleichzeitig strömten immer neue Schwarze, die vor den Zulu-Invasionen geflohen waren, in das nun sicherer gewordene Gebiet zurück. 1845 standen etwa 100 000 Schwarzen 3000 Weiße gegenüber. Die Regierung förderte die weiße Einwanderung. 1849-1851 kamen ca. 5000 Personen. Aber noch 1871 zählte die Kolonie neben etwa 250 000 Schwarzen lediglich 18 000 Weiße[21]. Daher ließ sich der weiße Besitzanspruch auf das Land zunächst nur auf dem Papier durchsetzen. Viele Buren hatten an Spekulanten verkauft; nur wenige weiße Bauern bearbeiteten tatsächlich wenigstens einen Teil ihres Bodens. So konnten die Schwarzen sich häufig weitgehend unbehelligt niederlassen und das Land für sich nutzen.

Diese hoffnungslose zahlenmäßige Unterlegenheit hatte 1841 einen Beschluß der Buren herbeigeführt, wonach alle nach ihnen nach Natal eingewanderten (bzw. zurückgekehrten) Schwarzen in einem Gebietsstreifen ganz im Süden der Republik angesiedelt werden sollten. Pro Farm waren nur fünf schwarze Familien erlaubt. Die Verwirklichung hätte sicher Gewalt erfordert und wurde nicht in Angriff genommen. Aber der Plan führte 1842 mit zum britischen Eingreifen, aus Furcht, der Druck auf die Ostgrenze des Kaps würde dadurch verstärkt. Vertreibung war also kein gangbarer Weg. Die Briten verfielen angesichts dieses Dilemmas auf einen Ausweg, der damals gewissermaßen in der Luft lag und dessen Auswirkungen Natal bis heute prägen. Es hatte sich nun schon wiederholt gezeigt, daß da, wo die verschiedenen Rassen zusammenlebten, die Weißen stets die stärkste Position gewannen. Das ergab sich aus den politisch-militärischen Machtverhältnissen, aber auch, so schien es, weil die Schwarzen für den Konkurrenzkampf mit den Weißen ungenügend ausgerüstet und ausgebildet waren. Sie mußten also, ehe sie in diesem Kampf bestehen konnten, von den Weißen getrennt die entsprechenden Fähigkeiten erwerben. Das war das Konzept der Missionsstationen, das gerade etwa von John Philip, einem der eifrigsten Verfechter der Rechte der Mischlinge und Schwarzen, propagiert wurde. Es war ein Konzept zeitlich befristeter getrennter Entwicklung. Außerhalb der Missionsstationen mußte es auf ein System von Reservaten hinauslaufen, auf Gebiete, die den Schwarzen zur exklusiven Nutzung überlassen blieben, wenngleich der Staat die oberste Ver-

[21] Thompson, in Oxford History 1, 374; 390. Vgl. Schumann 38.

fügungsgewalt behielt. Eine solche Politik wurde nun in Natal nach 1845 durchgeführt. Treibende Kraft war dabei von 1845 bis 1875 Theophilus Shepstone, als Beauftragter für die Beziehungen zu den Schwarzen. 1847 wurde eine Reihe von Reservaten eingerichtet. Die traditionelle politische und soziale Ordnung der Schwarzen wurde beibehalten; wo sich politische Strukturen während der Mfecane aufgelöst hatten, wurden sie sogar wiederhergestellt, indem die Briten neue Herrscher einsetzten. Im wesentlichen galt auch das alte Recht. Die Briten setzten allerdings ihren Oberherrschaftsanspruch durch. Der Gouverneur galt als oberster Herrscher aller Schwarzen, und in der Praxis nahm Shepstone diese Stellung ein.

Der offenkundigste Vorteil des Systems aus britischer Sicht war, daß es, trotz der gewaltigen zahlenmäßigen Unterlegenheit der Weißen, nicht nur deren Herrschaft, sondern auch den Frieden sicherte. Anders als an der Ostgrenze kam es zu keinen größeren Kriegen oder Aufständen. Trotzdem geriet Shepstone von verschiedenen Seiten unter Beschuß. Die weißen Siedler wollten die Reservate verkleinern oder ganz auflösen. Sie klagten über Arbeitskräftemangel und wollten die Schwarzen durch Entzug des Landes zur Arbeitsaufnahme zwingen. Diese Zerschlagung der Reservate konnte Shepstone verhindern. Allerdings waren sie von Anfang an so klein und zerstückelt – wobei das fruchtbarste Land größtenteils an die Weißen fiel –, daß eine wirklich eigenständige Entwicklung unmöglich und die britische Herrschaft ungefährdet war. In der Regel lebten weniger als die Hälfte der Schwarzen Natals in Reservaten. Das hing allerdings auch damit zusammen, daß die »weißen« Gebiete außerordentlich dünn besiedelt waren und reichlich Land enthielten, auf dem sich die Schwarzen niederlassen konnten. Ihre Bereitschaft zur Arbeitsaufnahme bei Weißen wurde weniger durch Landmangel als durch Steuern erzeugt. Aber auch diese Methode hatte nur beschränkten Erfolg, wie sich in den 1860er Jahren zeigte, als keine schwarzen Arbeitskräfte für den entstehenden Zuckerrohranbau aufzutreiben waren und man deswegen auf Inder zurückgriff. Viele Schwarze konnten das Geld für die Steuern durch den Verkauf landwirtschaftlicher Produkte erwerben.

Shepstone geriet auch von seiten der Missionare unter Kritik, nur aus den entgegengesetzten Gründen: er verhindere mit seinem System die Anpassung der Schwarzen an die modernen Lebensbedingungen, ihre »Zivilisierung«. Mit dem ursprünglichen Plan für die Reservate war auch die Errichtung von Schulen verbunden gewesen. Dazu kam es nicht, weil der Staat keine ausreichenden Mittel zur Verfügung stellte.

Die wirkliche »Entwicklung« der Schwarzen zu echten Partnern der Weißen hätte ganz andere Anstrengungen erfordert und außerdem die Versorgung der Weißen mit billigen Arbeitskräften gefährdet, ja ihnen statt dessen Konkurrenten erzeugt. Die vollständige Trennung der Rassen andererseits hätte die Schaffung lebensfähiger Staatswesen der Schwarzen verlangt. Daß es dazu kommen würde, war erst recht unwahrscheinlich: die Weißen hätten ohne Not auf die Früchte ihrer Siege verzichten müssen. Auch die Briten waren nicht bereit, das aufzugeben, was die Buren am Blutfluß erkämpft hatten. Innerhalb einer von den Weißen beherrschten Kolonie konnte man afrikanische Traditionen auf die Dauer nicht einfach konservieren. So brachten die Reservate lediglich eine Schonfrist für einen Teil der Schwarzen in der Auseinandersetzung um ihren Status in der künftigen Gesellschaft.

Diese Probleme einer Reservatspolitik zeigen, daß nach dem Großen Trek bei vorausgesetzter weißer Herrschaft die Rassen nicht mehr wirklich auseinanderdividiert werden konnten.

Zur gleichen Zeit, als Shepstone in Natal seine Reservatspolitik verwirklichte, versuchte es im Osten des Kaps Gouverneur Grey (1854–1859 und 1860/61) mit einer Integrationspolitik. Er wollte weiße Bauern im Gebiet der Schwarzen ansiedeln, um so den Schwarzen einen Anreiz zu geben, ihre Lebens- und Wirtschaftsweise der der Weißen anzupassen, um sie, in der Sprache der damaligen Zeit, zu »zivilisieren«. Die Erfolge waren gering. Die Startbedingungen für die Schwarzen waren viel schlechter als für die Weißen, und die Regierung war weder willens noch fähig, entsprechend großzügige Hilfe zu gewähren. Die Schwarzen wurden in der Regel nicht zu Bauern nach dem Vorbild der Weißen, sondern sie verloren mangels Geld ihr Land und mußten für Weiße arbeiten. Im Endeffekt führte die Operation zur Ausweitung des Landbesitzes der Weißen. Immerhin konnten auf diese Weise mehr Schwarze mit modernen landwirtschaftlichen Methoden in Berührung kommen als beim Reservatssystem und diese Methoden selbständig anwenden. Dabei entstanden auch innerhalb der schwarzen Gesellschaft Konflikte. Die Briten förderten das Privateigentum am Boden, um schwarze Bauern zu mehr Investitionen zu bewegen. Diese Privatisierung gefährdete die Stellung der jeweiligen Oberhäupter, deren wichtigste Funktion die Verteilung des Landes war, und rief bei ihnen Widerstand hervor.

Die Frage, ob Vereinigung oder Trennung, Integration oder Segregation der richtige Weg zur Schaffung eines friedlichen Zusammenlebens der Rassen in Südafrika sei, war weniger wichtig, als sie auf den ersten Blick erschien. Blieb weiße Vorherrschaft das Ziel (und daran war nicht zu zweifeln, es galt für alle Einwandererkolonien), dann führten beide Wege zu Konflikten und, wenn sich die Weißen durchsetzten, zur Unterwerfung der Schwarzen, nur jeweils in unterschiedlichen Formen.

Wichtiger waren in der Regel die materiellen Aspekte. Hier ist ein Vergleich zwischen Natal und Transvaal aufschlußreich. Shepstone war insofern sehr effizient, als es gelang, von den Schwarzen hohe Steuern einzuziehen, die einen bedeutenden Teil des Haushalts von Natal deckten. Das entlastete die Weißen finanziell, und gleichzeitig zwang es die Schwarzen, vermehrt bei Weißen zu arbeiten, um das Geld aufzubringen. In Transvaal war das Steueraufkommen von Schwarzen bis 1877 verschwindend gering. Der Anspruch auf umfassende Unterwerfung unter den Staat bestand also fast nur auf dem Papier. Die Lage der Schwarzen war in der Hinsicht trotz der theoretisch sehr viel härteren Politik Transvaals wesentlich günstiger als in Natal. Das galt auch für das Verhältnis zu den weißen Landbesitzern. Während sich in den übrigen Gebieten Südafrikas als Regel herausbildete, daß Schwarze, die sich auf von Weißen beanspruchtem Gebiet niederließen, etwa 90 Tage im Jahr für diese arbeiten mußten, waren es in Natal 180 Tage[22].

Natal war zunächst Teil der Kapkolonie. Die Weißen am Kap waren aber über das neue, weit entfernte Gebiet wenig begeistert, vor allem wegen der zahlreichen schwarzen Bevölkerung. So wurde Natal 1856 zu einer eigenen Kolonie. Es erhielt ebenfalls ›Representative Government‹, wenn auch in etwas eingeschränkterem Maße als das Kap 1853. Angesichts der geringen Zahl der Weißen war die Wahlrechtsfrage hier sehr viel brisanter als am Kap. Man führte gleichfalls ein Zensuswahlrecht ein. Schwarze mußten aber nicht nur Einkommen oder Vermögen nachweisen, sondern auch Christen sein; Teilhabe an Gemeinbesitz galt nicht als Vermögen im Sinne des Zensus. Die ganze Atmosphäre war jedenfalls so, daß in der Praxis keine Schwarzen das Wahlrecht erhielten. Dieser Zustand wurde 1865 durch

---

[22] De Kiewiet, History 203. F. Wilson, in Oxford History 2, 155.

ein Gesetz abgesichert, das das Wahlrecht an einen höchst kompilizierten und langwierigen Nachweis der »Europäisierung« band[23] und so gehandhabt wurde, daß zwischen 1865 und 1903 in ganz Natal lediglich zwei Schwarze wahlberechtigt wurden[24]. Unterschiede zwischen Buren und Briten betrafen also weniger die Ziele als die Mittel. Ziel war die Bewahrung der weißen Vorherrschaft. Die Buren wollten das durch ein klar rassistisches, die Briten durch die Manipulation eines in der Theorie »farbenblinden« Wahlrechts erreichen. Daß dabei im Kap relativ viele Nichtweiße das Wahlrecht erhielten, war auch eine Folge der Traditionen des 17. und 18. Jahrhunderts. Damals war eine Mischbevölkerung entstanden, die sich den Weißen in mancher Hinsicht anglich, vor allem im westlichen Kap. Die Unterschiede in Sprache, Religion und Lebensweise waren zumal zwischen der burischen Unterschicht und den Mischlingen nicht allzu groß. Im 19. Jahrhundert wurden die Kontakte zwischen Schwarzen und Weißen mehr und mehr eingeschränkt. Das galt für Briten in mindestens so ausgeprägtem Maße wie für Buren. Dementsprechend wurden die Schwarzen stärker als fremd und als potentielle Bedrohung empfunden, was ja angesichts der Zahlenverhältnisse auch nicht zu bestreiten war.

Die schwarzafrikanischen Staatswesen

Die Mfecane hatte weite Gebiete Südafrikas geschwächt, indem sie die traditionellen politischen Einheiten zerschlagen, aber keine neuen stabilen Staatswesen an ihre Stelle gesetzt hatte. Dadurch hatte sie den Großen Trek zumindest erleichtert. Sie hatte andererseits dazu geführt, daß in manchen Gebieten wesentlich größere und stärkere Staatswesen entstanden waren, als dort vorher bestanden hatten. Sie setzten dem Großen Trek Grenzen.

Am stärksten blieb, trotz der Niederlagen gegen die Voortrekker, das Reich der Zulu. Es schloß sich weitgehend von den Weißen ab. Die Grenze zu Natal war, dank guten Beziehungen zu dessen Regierung, einigermaßen stabil, während im Norden

---

[23] Gesetz vom 24. 8. 1865. EYBERS 194-197. Die Regelung wurde später immer wieder abgeändert, aber im Kern beibehalten. Vgl. WELSH, Kap. 4 und TRAPIDO, Natal.

[24] ODENDAAL 17. MARKS, Reluctant rebellion 59 spricht von ca. sechs schwarzen Wählern für 1910.

Auseinandersetzungen mit landhungrigen Buren, die aus Transvaal eindrangen, häufig waren. Obwohl man die Überlegenheit der Weißen bitter genug erfahren hatte, wurde die von Shaka entwickelte Heeresorganisation, Bewaffnung und Kampfesweise beibehalten. Feuerwaffen wurden zwar erworben. Aber sie fanden keinen richtigen Platz in der bestehenden Organisation.

Im Norden lagen die Zulu häufig im Streit mit den Swazi, die im Abwehrkampf ein größeres Reich gebildet hatten, an dem die Voortrekker ebenfalls nicht vorbeikamen. Dadurch blieb ihnen der Zugang zum Meer einmal mehr versperrt. Andererseits zeigte sich hier besonders deutlich, daß die Voortrekker zunächst einfach als ein zusätzlicher Konkurrent in das Spiel der Kräfte integriert wurden. Sie verbündeten sich mit den Swazi gegen die Zulu. Auch sonst waren Allianzen zwischen Trekkern und schwarzen Staatswesen gegen andere Schwarze durchaus geläufig. In kaum einer Expedition kämpften Trekker ohne schwarze Hilfstruppen. Von einem auf die Schwarzen insgesamt bezogenen Nationalismus, der dies als ungebührlich aufgefaßt hätte, konnte in der Zeit keine Rede sein.

Auf der andern Seite vermochten freilich auch die Schwarzen durchaus von der Zerstrittenheit der Weißen zu profitieren. Das betraf zunächst die burisch-britischen Auseinandersetzungen. Man konnte sich zeitweise mit den einen gegen die andern verbünden. Es betraf auch die Streitigkeiten zwischen den Buren, etwa zwischen dem Oranje-Freistaat und der Südafrikanischen Republik oder zwischen den verschiedenen Fraktionen in Transvaal. Hier war es in der Regel nicht möglich, eine Gruppe von Buren als Bundesgenossen gegen eine andere Gruppe zu gewinnen. Verbreitet war hingegen die Weigerung, Nachbarn im Kampf gegen die Schwarzen zu unterstützen.

Im Nordosten kamen die Buren an den Venda und den Pedi zum Stehen. Die Südafrikanische Republik beanspruchte zwar deren Gebiet, aber es war zu riskant für einzelne Bauern, sich darin niederzulassen. Dabei wurde ihre Position im Lauf der sechziger Jahre deutlich schwächer. Die Jägergemeinschaft im Soutpansberg wurde 1867 sogar von den Venda vertrieben, die danach ihre Unabhängigkeit bis in die 1890er Jahre wahren konnten.

Nach Westen unternahmen die Trekker 1852 einen Feldzug gegen die dortigen Tswana-Staaten. Einige vermochten sie zu bezwingen, andere widerstanden ihnen, insbesondere die Tlhaping im Süden und die Ngwaketse, die Kwena und die Ngwato im Norden, die freilich nie die Stärke der östlichen Staaten erreichten.

Am spektakulärsten waren in dieser Zeit die Auseinandersetzungen zwischen dem Oranje-Freistaat und den südlichen Sotho unter Moshoeshoe. Es ging um das fruchtbare Ackerland am nördlichen Rand der Drakensberge. Moshoeshoe hatte seine Anhängerschaft und sein Gebiet durch geschickte Politik immer weiter vergrößern können. Durch die Missionare war er auch über die Vorgänge bei den Weißen orientiert, und er verstand es, deren Streitigkeiten auszunutzen. Seine Truppen paßten sich in Bewaffnung und Kampfesweise, durch Feuerwaffen, Pferde und Guerillataktik, den neuen Umständen besser an als die Streitkräfte der meisten andern schwarzen Staaten. Mehrere Kriege brachten dem Freistaat geringe Erfolge. Die Buren schlugen die Sotho zwar jeweils im Feld, scheiterten dann aber an Moshoeshoes Bergfestung Thaba Bosiu. So geschah es auch 1865/66. Doch die Überlegenheit der Weißen war diesmal so, daß Moshoeshoe im April 1866 große Gebiete abtreten mußte. Er versuchte, das Land trotzdem zu halten. Ein knappes Jahr später brach der Krieg erneut aus. Die Buren waren militärisch überlegen, aber nicht imstande, ganz Basutoland wirklich zu kontrollieren. Die Briten fürchteten, vertriebene Sotho könnten Unruhe in der Kapkolonie oder in Natal auslösen, und Moshoeshoe sah seinerseits in der Unterwerfung unter die Briten die letzte Rettung. Nachdem er schon 1861 und 1865 darum gebeten hatte, annektierte Großbritannien im März 1868 Basutoland. Es wurde direkt der Krone unterstellt und nicht der Kapkolonie angegliedert. Das war für die Betroffenen stets besser, denn die weiße Regierung am Kap war in allem, was Siedlungs- und Landfragen anging, viel stärker Partei als die Londoner Regierung. Die Briten zogen auch die Grenzen neu. Basutoland erhielt einen Teil der 1866 abgetretenen Gebiete zurück; das fruchtbarste Land aber blieb fast ganz beim Oranje-Freistaat[25].

Das Schicksal der Sotho zeigt, wie eng mittlerweile der Spielraum der Schwarzen da geworden war, wo sie in den unmittelbaren Einflußbereich der Weißen gelangten (im Gegensatz zu den Randgebieten, etwa im Norden und Osten Transvaals). Die einzige Rettung für Moshoeshoe vor dem Ansturm der Buren lag darin, sich den Briten in die Arme zu werfen, was den Vorteil hatte, daß die Sotho wenigstens das Land in eigenem

[25] 12. 2. 1869 Konvention von Aliwal North. EYBERS 336–341.

Besitz behalten konnten. Die politische Selbständigkeit aber war verloren. Moshoeshoe überlebte die Demütigung nicht lange. Er starb 1870 in hohem Alter. So konnte er auch nicht mehr erleben, wie rasch sein Volk erneut eine erstaunliche Widerstandskraft entwickelte.

Im Süden war die Kraft der Xhosa seit 1857 endgültig gebrochen. Östlich von ihnen hingegen vermochten sich die Thembu und vor allem die Mpondo zu halten. Es war freilich eine prekäre Unabhängigkeit, die mehr und mehr nur noch von britischen Gnaden bestand, eingekeilt wie die beiden Staatswesen zwischen Kapkolonie und Natal waren.

Die Buren verdankten ihre ersten, entscheidenden Erfolge wesentlich der Überlegenheit ihrer Waffen, denen zumal die entfernter wohnenden schwarzen Völker nichts Vergleichbares entgegenzusetzen hatten. Begreiflicherweise versuchten sie, diesen Vorteil zu wahren, durch strenge Verbote des Verkaufs von Feuerwaffen, Munition und Pferden an und von deren Besitz durch Schwarze. Das half wenig. Feuerwaffen fanden ihren Weg überallhin[26]. Nur verstanden es nicht alle Völker gleich gut, ihre Kampfestechnik auf die neuen Waffen einzustellen. Am geschicktesten waren in der Hinsicht die Sotho. Jedenfalls verstärkte sich die Stellung der Schwarzen in den sechziger und insbesondere in den siebziger Jahren, als zumal die Buren nicht mehr an Expansion, sondern nur noch an die Sicherung ihrer Position denken konnten. Noch stand keineswegs fest, wo die weiße Expansion im Sinne der Aneignung des Landes ihre Grenzen finden würde.

Die Wirtschaft

Südafrika blieb in dieser Zeit aus europäischer Sicht ein wirtschaftlich unterentwickeltes und uninteressantes Gebiet. Das bedeutete vor allem, daß das Land keine Ressourcen besaß, die in größerem Umfang ausländisches Kapital angezogen hätten. Die ungenügende Kapitalbildung verlangsamte die Entwicklung. Das galt besonders für den Ausbau des Verkehrsnetzes. Hier waren wieder vor allem die Burenrepubliken durch ihre abgeschiedene Lage benachteiligt.

[26] Für eine detaillierte Schilderung im Bereich der Jagd, bei der die Buren ihre Helfer notgedrungen bewaffnen mußten, vgl. WAGNER, in MARKS/ATMORE 330ff.

Dennoch stagnierte die südafrikanische Wirtschaft keineswegs. Besonders der Außenhandel erfuhr eine gewaltige Steigerung. Wurden 1836-40 im Schnitt pro Jahr für 253 500 Pfund Waren ausgeführt, so stieg der Wert in der Periode 1866–70 auf 2 520 600 Pfund. Die Importe nahmen während des gleichen Zeitraums von 400 800 auf 2 334 800 Pfund zu[27].

Diese Steigerung war im wesentlichen einem einzigen Produkt zu verdanken: der Wolle, die zur weitaus wichtigsten Einnahmequelle Südafrikas wurde. Die Ausfuhr nahm von 51 000 kg im Jahre 1833 über 648 000 für 1842 und 1 449 000 für 1845 auf 2 471 000 kg im Jahre 1851 zu und stieg danach weiter an[28]. Betrugen die Einnahmen aus dem Wollexport 1846 nur 178 000 Pfund, so waren es 1866 immerhin 2 082 000. Das entsprach etwa 80 Prozent der gesamten Exporterlöse[29].

Dieser Wollboom brachte vor allem der östlichen Kapkolonie und daneben Kapstadt einen beträchtlichen Wohlstand. Er trug in vieler Hinsicht auch zur weiteren Entwicklung des Landes bei. Die Wege wurden verbessert, ein leistungsfähiges Bankensystem und etwas einheimische Industrie entstanden, die Städte wuchsen. Dennoch reichte die Kapitalbildung für ein rascheres Wachstum nicht aus. Vor allem wurde kaum ausländisches Kapital angezogen, denn die Schafzucht eignete sich dafür wenig. Die Wollproduktion erfolgte auf großen, dünn besiedelten Flächen und schuf so auch nur geringe Anreize zur Verbesserung der Infrastruktur außerhalb der Städte und Häfen. Eisenbahnbau etwa hätte sich nie gelohnt. Ebensowenig entstanden durch den Wollboom zusätzliche Arbeitsplätze für Weiße in großer Zahl. Dadurch blieb die Einwanderung weiterhin äußerst gering.

Vielleicht hätte Südafrika trotzdem während der nächsten Jahrzehnte zu einer allmählichen industriellen Entwicklung finden können mit Hilfe landwirtschaftlicher Exportprodukte. Doch das war eher unwahrscheinlich. Die in Europa und Amerika immer begehrter werdenden tropischen Produkte gediehen weiter nördlich in Afrika viel besser, und dort intensivierten die europäischen Staaten ja nun auch ihre Durchdringung. Erst unter Bedingungen des 20. Jahrhunderts und mit beträchtlichem Einsatz von im Bergbau erwirtschaftetem Kapital ist die Land-

[27] SCHUMANN 44.
[28] BUNDY, Rise and fall 60.
[29] SCHUMANN 44/47.

wirtschaft in Südafrika zu einem wirklich bedeutenden Exporteur geworden – immer abgesehen von der Wollproduktion.

Man sollte die Frage, welche Rolle Südafrika in der Weltwirtschaft spielte, nicht gleichsetzen mit der Frage nach den Lebensbedingungen insbesondere der schwarzen Bevölkerung. In dieser Hinsicht brachte die Periode wohl eher eine Verbesserung als eine Verschlechterung, während spätere Boomzeiten oft mit dem Niedergang der wirtschaftlichen Grundlagen der Schwarzen einhergingen. Nach der allgemeinen Unsicherheit und Zerstörung der Mfecane hatten der Große Trek ebenso wie die Herausbildung größerer schwarzer Staatswesen Ruhe und eine gewisse Sicherheit gebracht, wenn man von einigen Zonen absieht, in denen öfter Kriege geführt wurden, sei es unter den Schwarzen oder zwischen Schwarzen und Weißen. Am meisten gelitten hatte das Gebiet der Xhosa. In den Trekkergebieten hatte sich zwar der Status der Schwarzen verschlechtert, da sie die Besitztitel am Land verloren hatten. Aber da Land reichlich vorhanden war, konnten sie es weitgehend ungestört bebauen, gegen Abgaben, die in der Anfangsphase keineswegs ruinös waren. Ihre Lage war in mancher Hinsicht mit der der ersten Khoikhoi vergleichbar, die auf weißen Farmen Arbeit gesucht hatten.

Kapitel 7
Edelsteine, Gold und die Festigung der weißen
Herrschaft, 1867–1899

Diamanten

Bis zum Jahre 1867 war zwischen den britischen Besitzungen
und den Burenrepubliken ein gewisses, wenn auch noch labiles
Gleichgewicht entstanden. Die Briten hatten sich mit der Existenz der Republiken abgefunden, vorausgesetzt, deren Beziehungen nach außen blieben kontrollierbar. Die armen, unter-
entwickelten Gebiete besonders Transvaals waren ja nicht allzu
attraktiv. Die Buren hatten eingesehen, daß sie vom Wohlwollen der Briten abhängig waren und nichts direkt gegen deren
Interessen unternehmen konnten. Sie erkannten dies im folgenden Jahre auch an, als sie die britische Einmischung in ihren
Konflikt mit Moshoeshoe hinnahmen und sogar begrüßten.
   So schienen sich die Verhältnisse zu konsolidieren, als sich
fast schlagartig die wirtschaftlichen Rahmenbedingungen radikal veränderten, wodurch vor allem die britischen Interessen
berührt wurden.
   1867 wurden nördlich des Vaal, unweit des Zusammenflusses
mit dem Harts, im Flußsand Diamanten gefunden. Das Gebiet
wurde von der Südafrikanischen Republik beansprucht, aber
kaum effektiv verwaltet. Seine eigentlichen Herren waren
Tswana. Seit 1869 fand man südlich des Vaal, insbesondere da,
wo später Kimberley entstand, noch viel reichere Vorkommen.
Für dieses Gebiet hatte der Oranje-Freistaat den besten Titel.
   Die vielversprechenden Funde riefen die Briten auf den Plan.
Weiter westlich lag beiderseits des Vaal das Siedlungsgebiet der
Griqua, mit denen die Briten durch einen Schutzvertrag ver-
bunden waren. Zwar wohnten in den Diamantengebieten kaum
Griqua. Aber sie hatten früher schon einmal in irgendeiner
Form darauf Anspruch erhoben. Großbritannien machte diese
Ansprüche publik und unterstützte sie. Die Südafrikanische
Republik ließ sich, ihrer Sache gewiß, auf ein Schiedsverfahren
unter dem britischen Gouverneur von Natal ein, der sich im
Oktober 1871 zugunsten der Griqua und Tswana aussprach.
Die Griqua erhielten das Diamantengebiet und überließen es
darauf den Briten. Es wurde, als West-Griqualand, zunächst

Kronkolonie; 1880 wurde es der Kapkolonie übertragen. Der Oranje-Freistaat hingegen beharrte auf seinem Anspruch auf die Gebiete südlich des Vaal, und die Briten konnten sich hier nur dank massivem politischen und militärischen Druck und Agitation unter den Schatzsuchern durchsetzen. Während im Norden die Grenzen tatsächlich ungewiß waren, konnten hier kaum Zweifel an den Rechten der Republik bestehen. Die Briten gaben dies später selber indirekt zu, indem sie 1876 dem Freistaat eine Entschädigung von 90 000 Pfund für die verlorenen Gebiete zusprachen.

Damit hatten sich die Briten die neuentdeckten Reichtümer, die der wirtschaftliche und dadurch letztlich auch der politische Schlüssel zu Südafrika zu werden versprachen, gesichert. Der Preis dafür war eine erneute Verschärfung des Streites zwischen den Weißen. Die Verärgerung unter den Buren war groß, nicht nur in den Republiken, sondern auch, und vor allem, in der Kapkolonie. Zum ersten Mal entstand so etwas wie ein Nationalgefühl der Buren. Der Große Trek war noch eine mehr oder weniger isolierte Aktion Unzufriedener und Landhungriger gewesen. Jetzt begann man sich als ein einheitliches Volk mit eigener Kultur und Sprache zu verstehen, das sich in erster Linie gegen die Briten durchzusetzen hatte. Die eigene Umgangssprache, das Afrikaans, eine abgewandelte Form des Niederländischen, wurde gepflegt und vermehrt geschrieben[1].

Die Lagerstätten in der Gegend von Kimberley erwiesen sich bald als die damals weltweit reichsten. Wurden Diamanten sonst in Oberflächenvorkommen gefunden, meist an Flüssen, so lagen sie in Kimberley in einer tief in die Erde hineinreichenden Ader, die später Untertagebau erforderte. Im Maße, als dies deutlich wurde, wurde auch klar, daß die Vorräte auf Jahre, ja Jahrzehnte hinaus ausreichen würden.

Wirtschaftlich gesehen war dies die entscheidende Wende in der Geschichte Südafrikas. Das Land besaß nun ein Exportprodukt, das nicht nur hohe Einnahmen brachte, sondern auch bedeutende Entwicklungseffekte hatte. Der Wert der Diamantenausfuhr stieg rapide, von 24 000 Pfund im Jahre 1869 auf 400 000 im Jahre 1871 und 1,6 Millionen im Jahre 1872. 1878 waren es 2,2 Millionen Pfund[2]. 1886–1890 überstieg der Wert der ausgeführten Diamanten den aller landwirtschaftlichen Ex-

---

[1] Das erste Buch in Afrikaans war erst 1861 erschienen.
[2] TURRELL 10.

porte, Wolle inbegriffen[3]. Angesichts der Standortnachteile Südafrikas und besonders seines Binnenlandes waren Edelsteine geradezu ideal: dank ihrem hohen Wert pro Gewichtseinheit spielten Transportkosten keine Rolle. Für den Abbau allerdings machten sich jene Nachteile dennoch bemerkbar. Alles Gerät mußte von der Küste her über mehrere hundert Kilometer in Ochsenwagen auf schlechten Straßen herangeführt werden und wurde entsprechend teuer. Ähnliches galt für beliebige europäische Waren, und selbst Lebensmittel mußten aus weitem Umkreis in das trockene Gebiet geschafft werden, was die Lebenshaltungskosten ungemein verteuerte. An Energiequellen fand sich nur Holz in der Nähe. Doch es war knapp, zumal nach der Einführung von Dampfmaschinen im Bergbau, und mußte von immer weiter her geholt werden. Erst die Eisenbahn ermöglichte es, ab 1885 Kohle einzuführen.

Zunächst aber ließ sich der Abbau mit einfachen Werkzeugen betreiben, und die Gewinne waren rasch und groß, die Zukunft vielversprechend. So wurde Kapitalbildung in Südafrika möglich, und noch mehr Kapital kam aus dem Ausland. Erstmals in der Geschichte des Landes waren Mittel zu einer raschen Entwicklung da, und Südafrika wurde mindestens so attraktiv wie die andern britischen Siedlungskolonien. Wichtig war vor allem der Ausbau des Verkehrsnetzes. Freilich dauerte es dennoch bis 1885, bis die Eisenbahn von Kapstadt und von Port Elizabeth und East London her Kimberley erreichte. Nun aber konnte auch schweres Gerät, das für den immer aufwendiger werdenden Bergbau benötigt wurde, relativ billig und rasch beschafft werden.

Vom neuen Reichtum profitierte in erster Linie das Bergbaugebiet selber. Doch die Ausstrahlungen reichten sehr viel weiter, als sie angesichts der technischen Möglichkeiten bei der Erschließung von Bodenschätzen im 20. Jahrhundert in der Regel gehen. Der Bergbau ist heute außerordentlich kapitalintensiv und benötigt relativ wenig Arbeitskräfte. Zudem finden sich die Bodenschätze meistens in abgelegenen Gebieten. So entstehen lediglich Lager, die von weither versorgt werden und kaum eine Wirkung auf ihre Umgebung ausüben. Das war damals noch nicht möglich. Nicht nur bestand großer Bedarf an Arbeitskräften im Bergbau selber. Zumal während der ersten Jahre fanden Tausende ein Auskommen als Fuhrleute und Fuhrunter-

[3] SCHUMANN 44.

166

nehmer, danach beim Bau und Betrieb der Eisenbahnen, und schließlich gewann die Landwirtschaft in weitem Umkreise, besonders im Oranje-Freistaat und in Basutoland, enorm verbesserte Absatzmöglichkeiten. Davon profitierten schwarze Bauern mindestens so sehr wie weiße.

Wie bei allen spektakulären Funden von Gold oder Edelsteinen im 19. Jahrhundert, strömten sofort Glücksritter und Schatzsucher aus Europa, Amerika und sogar Australien an die Fundstelle. Als sich herausstellte, daß es sich nicht nur um ein Strohfeuer handelte, sondern daß mit langfristigem Abbau zu rechnen war, wurde die Einwanderung vielgestaltiger. Nun erschienen in größerer Zahl ausgebildete Bergleute und Ingenieure, Handwerker aller Art und daneben Geschäftsleute, Unternehmer und Spekulanten, Händler und Gastwirte, schließlich auch Lehrer, Anwälte und Ärzte. In Kimberley, wo noch 1869 nur offenes Feld zu sehen gewesen war, lebten 1872 bereits zwischen 28000 und 50000 Menschen[4]. Was während Jahrzehnten immer wieder mit großem Aufwand und geringem Erfolg versucht worden war, nämlich Einwanderer nach Südafrika zu bringen, geschah nun ganz von selbst und in einem bislang unbekannten Maße.

Auch in den Diamantengebieten bestand die Mehrheit der Bevölkerung freilich von allem Anfang an aus Schwarzen. Sie wurden von den Diamanten in ähnlicher Weise angelockt wie die Weißen und fanden Arbeit in allen Wirtschaftszweigen. Die meisten kamen zunächst nur für kürzere Zeit, meist für 3 bis 6 Monate, um sich Geld zum Kauf europäischer Waren zu verdienen. Besonders begehrt waren Gewehre. Vom April 1873 bis zum Juni 1874 etwa wurden in Kimberley 75000 Gewehre verkauft[5]. Das läßt erahnen, wie sich in dieser Zeit die militärischen Machtverhältnisse in vielen Gegenden Südafrikas zugunsten der Schwarzen verschoben. Die Wanderarbeiter entstammten hauptsächlich drei Völkern: allen voran den Pedi im östlichen Transvaal, dann den Tsonga in Moçambique und den Sotho in Basutoland. Nur die Sotho wohnten in der Nähe, während die übrigen große Distanzen zurücklegten, meist zu Fuß. Das zeigt, daß die Bereitschaft zur Arbeitsaufnahme stark von den Verhältnissen in den jeweiligen Heimatstaaten abhing und nicht einfach von der geographischen Nähe zum Arbeitsort. Schwar-

---

[4] TURRELL 19.
[5] TURRELL 61.

ze in der Umgebung Kimberleys profitierten eher durch Nahrungsmittelproduktion und als Fuhrleute vom Boom.

Diese Form durchaus freiwilliger Wanderarbeit war 1867 nichts Neues. Schon seit Jahrzehnten waren Schwarze aus vielen Gebieten des südlichen Afrika in die Kapkolonie gezogen, um dort vor allem in der Landwirtschaft, teilweise aber auch im Handel und in Haushalten für einige Zeit zu arbeiten. Mit ihrem Lohn kauften sie sich Vieh, Pflüge, Ochsenwagen, Kleider, Gewehre usw. Kimberleys Anziehungskraft beruhte zunächst einfach darauf, daß dort die Bezahlung weitaus am höchsten war.

Im Diamantenbergbau entstanden nun zumindest in den Grundzügen auch schon das städtische Sozialsystem und die städtische Rollenverteilung zwischen den Rassen, die Südafrika später in so starkem Maße prägen sollten. Die frühen Bergbauzentren spielten hier eine wichtigere Rolle als die Burenfarmen in den Weiten der beiden Republiken.

Infolge der Übernahme des Diamantgebiets durch die Briten bestand grundsätzlich Rechtsgleichheit zwischen den Angehörigen aller Gruppen und Rassen. Die rechtliche Gleichstellung führte aber, wie in der Kapkolonie, nicht notwendig zur sozialen und materiellen Gleichheit: die unterschiedlichen Ausgangsbedingungen blieben bestehen. Die weißen Einwanderer aus den entfernteren Gebieten der Kapkolonie und erst recht aus Übersee kamen zwar zunächst kaum je mit der Absicht nach Kimberley, dort den Rest ihres Lebens zu verbringen. Aber sie mußten sich zumindest auf einen mehrjährigen Aufenthalt einstellen angesichts der hohen Kosten der Reise. Zudem wollten sie nicht nur gerade ihre Existenz fristen können, sondern reich werden – sonst hätten sie ihre Heimat schwerlich verlassen. Viele von ihnen hatten auch eine Familie. Die Arbeit in Kimberley bildete für sie die einzige Einnahmequelle. Selbst zum bloßen Überleben brauchten sie also vergleichsweise hohe Einkünfte. Diese Gruppe hatte objektiv relativ hohe Bedürfnisse und subjektiv noch viel höhere Erwartungen. Das rechtfertigte sich in ihren Augen auch dadurch, daß die meisten mehr oder weniger qualifizierte Arbeitskräfte waren.

Ganz anders die schwarzen Wanderarbeiter. Sie kamen nicht als Schatzsucher, sondern weil sie von guten Verdienstmöglichkeiten gehört hatten. Sie kamen für 3 bis 6 Monate. Sie blieben ihrer Gemeinschaft, ihrer Familie, ihrem Clan und Staat verbunden, von denen sie häufig auch geschickt wurden. Sie waren für ihr Überleben nicht von der Arbeit in Kimberley abhängig. Dort sollten bzw. wollten sie lediglich zusätzliche Einnahmen erwirtschaften, um ein Gewehr oder andere Konsumgüter kaufen zu können. Entfielen diese Einnahmen, so war das zwar schmerzlich, rührte aber nicht an die Lebensgrundlagen. Sowohl die objektiven Bedürfnisse als auch die subjektiven Erwartungen waren wesentlich geringer als bei den weißen Einwanderern, zumal die meisten auch keinerlei spezielle Qualifikationen hatten.

Die Bevölkerung Kimberleys ließ sich aber keineswegs säuberlich in diese beiden Gruppen scheiden. Neben den aus der Ferne eingewanderten Weißen standen solche aus der näheren und weiteren Umgebung, hauptsächlich Buren, Landlose oder ärmere Bauern, die ihr Glück versuchen wollten. Ihre Kosten und Bedürfnisse waren geringer. Auf der andern Seite kamen auch Schwarze und Mischlinge nach Kimberley, um dort zu bleiben. Sie stammten hauptsächlich aus den umliegenden Gebieten, hatten selber etwas Geld und versuchten, in der einen oder andern Weise dauerhaft am Boom teilzuhaben.

Dieser Zusammensetzung der Einwanderung entsprach die sich herausbildende Arbeitsteilung und Sozialordnung. Schatzsucher konnten Konzessionen kaufen, das Recht, die Bodenschätze eines Stücks Land auszubeuten (ein Los war knapp 10 mal 10 m groß). Der größte Teil dieser Besitzer waren Weiße. Doch konnten sich durchaus auch wohlhabende Schwarze und Mischlinge Anteile sichern. Oft taten sich Gruppen zusammen und pachteten das Stück vom ursprünglichen Besitzer der Konzession.

Die Besitzer oder Pächter von Abbaurechten beschäftigten Hilfsarbeiter für den eigentlichen Abbau. Das waren von allem Anfang an größtenteils Schwarze. Sie erhielten sehr niedrige Löhne im Vergleich zu dem, was qualifizierte Arbeitskräfte verdienten, denn ihre Bedürfnisse waren gering, und Arbeit in Kimberley war für sie noch immer attraktiver als anderswo. So bildete sich aus wirtschaftlichen Rahmenbedingungen heraus eine sehr hohe Differenz zwischen Löhnen für qualifizierte und nichtqualifizierte Arbeit, wobei letztere fast nur von Schwarzen verrichtet wurde.

Die Konkurrenz um den Besitz der Konzessionen verschärfte sich begreiflicherweise rasch. Schon 1872 versuchten die weißen Schatzgräber, Nichtweiße vom Konzessionsbesitz auszuschließen, um so die Konkurrenz zu verringern. Die Regierung weigerte sich aber, dem stattzugeben. Mit der Zeit wirkte sich ein anderer Umstand gegen *alle* Konzessionsbesitzer aus. In dem Maße, in dem der Abbau des diamanthaltigen Gesteins in die Tiefe schritt, wurde es schwierig, das bisherige System beizubehalten. Man konnte auf einem kleinen Los nicht beliebig tief graben, zumal wenn der Nachbar dasselbe tat. Verbindungswege wurden unterhöhlt und stürzten ein. Immer aufwendigere Hilfsmittel und Geräte wurden erforderlich. Organisation des Abbaus in größerem Rahmen wurde nötig. So bildeten sich Gesellschaften, die die Konzessionen aufkauften, bis in den achtziger Jahren nur noch eine Handvoll Unternehmen übrigblieben, die ihrerseits bis 1891 in einer einzigen Monopolgesellschaft aufgingen, in Cecil Rhodes' De Beers Company. Mit dieser Konzentration war auch viel ausländisches Kapital ins Land geflossen, zumal mit der Aufnahme des Untertagebaus in den achtziger Jahren der Kapitalbedarf beträchtlich stieg. Die kleinen Konzessionsbesitzer und -pächter, die als Unternehmer gewirkt hatten, waren damit zu Arbeitern reduziert, die freilich relativ gut bezahlt wurden, während die fast ausschließlich schwarzen Hilfsarbeiter nach wie vor äußerst geringe Löhne erhielten.

Diese Lohndifferenz, die sich zunächst wesentlich aus wirtschaftlichen Gründen ergeben hatte, wurde nun mit andern Maßnahmen festgehalten und zementiert. Schon 1872 wurden die Paßgesetze der Kapkolonie eingeführt. Sie verschlechterten die Stellung der Schwarzen auf dem Arbeitsmarkt. Ebenso wurde die Gesetzgebung über den Bruch des Arbeitsvertrages angewandt. Sie galt im Prinzip für alle Rassen, wirkte sich aber hauptsächlich für die Nichtweißen aus.

Ein besonderes Kapitel war der Diamantendiebstahl. Die Unternehmer waren daran interessiert, möglichst alle Beschäftigten nach der Arbeit zu durchsuchen. Die qualifizierten Arbeiter und Aufseher – das waren hauptsächlich Weiße – vermochten sich dem erfolgreich zu widersetzen, nicht jedoch die Unqualifizierten. Diese waren überwiegend Wanderarbeiter, die sich infolge ihrer kurzen Vertragszeit kaum organisieren konnten, während jene ortsansässig waren und nicht zuletzt in der Regel das Wahlrecht besaßen. Einen weiteren Schritt zur Disziplinierung und Überwachung stellte 1885 die Einführung der sog. geschlossenen Compounds dar. Compounds waren schon vorher bestehende kasernenähnliche Lager, in denen die Arbeiter untergebracht wurden. Die Lebensbedingungen waren oft ausgesprochen schlecht. Und nun durften die Insassen das Lager nicht mehr frei verlassen. Man hatte das System zuvor mit Sträflingen erprobt. Der Grund für seine Einführung war nicht nur die Furcht der Unternehmer vor Diebstählen, sondern mindestens so sehr der Versuch, die Arbeiter zu disziplinieren, die angesichts der harten Arbeitsbedingungen zahlreichen Desertionen zu verhindern, zumal gerade um diese Zeit der Untertagebau eingeführt wurde, der noch härter und gefährlicher war als der Tagebau.

Die Proteste der Geschäftsleute und der Schankwirte, die ihre Kunden verloren, waren heftig, aber erfolglos. Dennoch ist wichtig zu sehen, daß die schwarzen Arbeitskräfte weiterhin freiwillig nach Kimberley strömten. Waren sie aber einmal dort, dann gerieten sie in ein System, in dem sich die Elemente des Zwangs immer mehr verschärften. Längerfristig gewannen auch die Faktoren an Gewicht, welche die Schwarzen zwangen, überhaupt Arbeit zu suchen: die Erhebung von Steuern in Geld in den von Weißen beherrschten Gebieten und die Verarmung der Schwarzen in überfüllten Reservaten.

Entscheidend war, daß sich die Grenze zwischen hochbezahlter, mehr oder weniger qualifizierter Arbeit (wobei das Element der Beaufsichtigung und Überwachung im Vergleich zur technischen Qualifikation an Bedeutung gewann) und niedrig bezahlter unqualifizierter Arbeit immer mehr verfestigte und zugleich immer mehr zu einer Grenze zwischen den Rassen wurde. Freilich waren auf der Seite der besseren Bezahlung und der höheren Einkünfte weiterhin durchaus auch Schwarze und Mischlinge anzutreffen. Kimberley bot nicht nur Arbeit im Bergbau. Die Nahrungsmittelproduktion in der Umgebung war ebenso wichtig wie das Fuhrwesen, zumal bis zur Eröffnung der Eisenbahn 1885, neben vielerlei Geschäften und Dienstleistungsbetrieben in der Stadt. Hier bestanden keine förmlichen Rassenschranken. Dennoch war die Tendenz deutlich: die Weißen suchten Mischlinge und Schwarze als Konkurrenten möglichst auszuschalten oder wenigstens einzuschränken.

Gerade die Unterscheidung von qualifizierter und nichtqualifizierter Arbeit, die den Weißen viel höhere Löhne sicherte als den meisten Schwarzen, hatte aber auch wieder für die Weißen ihre Kosten. Sie zeigte eine Ambivalenz, die bis heute besteht. Wenn sich die hohe Lohndifferenz nicht nur aus der Differenz in der Produktivität ergab, daß Weiße entsprechend mehr leisteten als Schwarze, dann mußte für Unternehmer und Arbeitgeber jeder Art der Anreiz, Schwarze anstelle von Weißen zu beschäftigen, groß sein, weil Schwarze billiger waren. Wenn ein Schwarzer die gleiche Arbeit verrichtete wie ein Weißer, aber für einen Bruchteil von dessen Lohn, dann mußte man so viele Weiße wie möglich durch Schwarze ersetzen. Wollten sich die Weißen auf Marktgesetze verlassen, dann mußten sie sinkende Löhne für sich und/oder steigende für die Schwarzen hinnehmen. Waren sie dazu nicht bereit, dann mußten sie mit politischen Mitteln ihre Arbeitsplätze sichern. Wirtschaftliche und politische Aspekte wurden dadurch für die Folgezeit eng miteinander verknüpft. Freilich war auch das nicht wirklich neu, sondern nur die Übertragung des bisherigen Systems auf und seine Anpassung an andere Wirtschaftszweige: schon bisher hatten Paßgesetze, Bestimmungen über den Bruch des Arbeitsvertrags und dergleichen die Stellung der Unterschichten, und damit vor allem der Nichtweißen, auf dem Arbeitsmarkt mit nichtwirtschaftlichen Mitteln eingeschränkt. Neu war, daß nun eine deutliche Linie zwischen qualifizierten und nichtqualifizierten Arbeiten gezogen wurde, während in der Landwirtschaft der Unterschied mehr zwischen Selbständigen und Unselbständigen gelegen hatte. In jener Linie lag auch der wichtigste Unterschied zu andern Ländern: statt einer einheitlichen Arbeiterschaft bildete sich eine scharf zweigeteilte, wobei die Grenze weitgehend mit der Rassengrenze zusammenfiel. Sicher wirkte sich hier die Rassenideologie, wirkte sich weißes Überlegenheitsgefühl aus – daß die (im 19. Jahrhundert auch anderswo weit verbreitete) rassistische Haltung aber gerade diese Auswirkungen hatte, dürfte sich in erster Linie aus den Zahlenverhältnissen ergeben haben. Wären die Weißen sehr viel zahlreicher gewesen, dann hätten sie nicht alle zu qualifizierten Arbeitern werden können. Wären sie viel weniger zahlreich gewesen, dann hätten sie die qualifizierten Arbeiten nicht alle für sich beanspruchen können. In beiden Fällen wären die Chancen für die Bildung einer einheitlichen Arbeiterschaft – trotz Rassismus – wesentlich größer gewesen. Daß der Rassismus kein unüberwindbares Hindernis war, zeigte sich, als die weißen Aufseher sich gegen Pläne wandten, sie der Durchsuchung auf gestohlene Diamanten zu unterziehen: sie drohten, eine gemeinsame Front mit den Schwarzen gegen die Unternehmer zu bilden. Die Unternehmer nahmen die Drohung offensichtlich ernst. Sie gaben nach.

Man kann in alledem nicht einfach den weißen Arbeitern

Habgier und Eigensucht unterstellen. Unter Bedingungen eines uneingeschränkten Wettbewerbs waren sie objektiv benachteiligt. Nicht nur, weil ihre Ansprüche und Erwartungen höher waren – in der Not gaben auch sie sich mit wenig zufrieden –, sondern vor allem, weil ihre Bedürfnisse tatsächlich höher waren als die der Schwarzen: sie hatten keine andern Einkünfte, waren nicht in ihrer traditionellen Gesellschaft verankert und mußten häufig eine Familie ernähren. Sie konnten auf einem freien Arbeitsmarkt kaum mit Wanderarbeitern konkurrieren. Privilegierung und Überlebensnotwendigkeit waren also im System der unterschiedlichen Löhne miteinander verknüpft. Gleicher Lohn für gleiche Arbeit war keine wirkliche Alternative, solange die Lebensbedingungen von Wanderarbeitern und seßhafter Arbeiterschaft so unterschiedlich waren.

Der Diamantenboom veränderte vor allem die britische Perspektive auf Südafrika. Wirtschaftlich gesehen kam er gerade zur rechten Zeit, als Südafrika in der tiefsten Rezession seit Menschengedenken steckte. Außerdem wurde 1869 der Suezkanal eröffnet. Die Zahl der Schiffe, die auf dem Weg nach Asien am Kap anlegten, ging zurück. Der neue Aufschwung bewahrte Kapstadt vor einer weiteren Krise. Der Verkehr in den Häfen nahm nun sogar rapide zu. An der strategischen Bedeutung des Kaps änderte sich nichts, da der Suezkanal in Kriegszeiten leicht blockiert werden konnte, was ja bis heute gilt. Zum ersten Mal konnte man aus britischer Sicht mit einigem Recht behaupten, an Südafrika sei nicht nur das Kap, sondern auch das Hinterland für sich genommen interessant. Das mußte Plänen und Versuchen Auftrieb geben, doch noch ganz Südafrika unter britische Kontrolle zu bringen. Dies war zwar keineswegs ein festes Ziel britischer Politik der folgenden Jahre; aber es wurde zumindest von einigen Politikern verfolgt. Sie konnten mit mehr Wohlwollen in London rechnen als früher, da Südafrika nun kein Faß ohne Boden mehr schien, sondern eher ein Schatzhaus zu werden versprach.

Verschärfte britische Expansion und Höhepunkt des schwarzen Widerstandes

Der Große Trek hatte den Buren innerhalb weniger Jahre die Kontrolle über riesige Gebiete gesichert, und zwar so, daß keine realistische Chance mehr bestand, sie wieder gänzlich vertreiben zu können, weder für die Briten noch für die Schwarzen. Dies bedeutete allerdings nicht, daß sie damit ihren Besitz in jeder Hinsicht konsolidiert hatten. Das hing einmal mit ihren oft maßlosen Ansprüchen zusammen, daß sie immer noch weitere Gebiete wollten, obwohl sie schon die vorhandenen Räume nicht auszufüllen vermochten. Ein weiterer Grund war, daß viele schwarze Staatswesen sich zunehmend festigten. So hatte sich bereits in den sechziger Jahren eine Versteifung des Widerstandes angedeutet. Er erreichte zwischen 1876 und 1881 seinen Höhepunkt. Er richtete sich nun freilich in erster Linie gegen die Briten, da diese, nicht zuletzt unter dem Eindruck der neuen wirtschaftlichen Möglichkeiten des Landes, ihre Expansion an vielen Stellen fast gleichzeitig zu beschleunigen begannen. Das Resultat war ein Scheitern der burischen Expansionspläne in der Hauptsache, gleichzeitig aber die endgültige Brechung des schwarzen Widerstandes, der zwar bis gegen Ende des Jahrhunderts noch gelegentlich aufflackerte, aber nie mehr zu einer wirklichen Gefahr wurde.

Es begann in Transvaal. Die Südafrikanische Republik beanspruchte das an ihrer Ostgrenze gelegene Gebiet der Pedi für sich. Doch deren Staat wurde immer stärker und kümmerte sich wenig um solche Ansprüche. Buren konnten es je länger je weniger wagen, in dem Gebiet Höfe einzurichten. 1876 rüstete die Republik eine Expedition gegen die Pedi aus. Das Kommando wurde zwar nicht geradezu geschlagen. Aber es richtete auch nichts aus. Die Ansprüche blieben papieren. Die Stimmung im Lande war gedrückt; die Autorität der Regierung sank auf ein Minimum, zumal die Staatskasse leer war. Die heroischen Zeiten des Großen Treks schienen vorbei.

In London war mit Carnarvon 1874–1878 ein ausgesprochen expansionistischer Mann Kolonialminister. Er setzte sich die Einigung Südafrikas unter britischer Herrschaft zum Ziel. Er hielt die Gelegenheit für günstig, Transvaal dem Britischen Reich einzuverleiben. Der Oranje-Freistaat wäre dann von britischen Gebieten eingekreist gewesen und hätte der Kolonialmacht auch ohne Annexion zu willen sein müssen. Ein wichtiger Grund war für die Briten die Sicherung des Nachschubs an Arbeitskräften für Kimberley. Die Pedi und Tsonga wurden bei ihrer Wanderung durch die Südafrikanische Republik immer wieder Einschränkungen und Behinderungen unterworfen.

Carnarvon übertrug die Aufgabe Shepstone, der bis 1875 für die Beziehungen zu den Schwarzen in Natal verantwortlich ge-

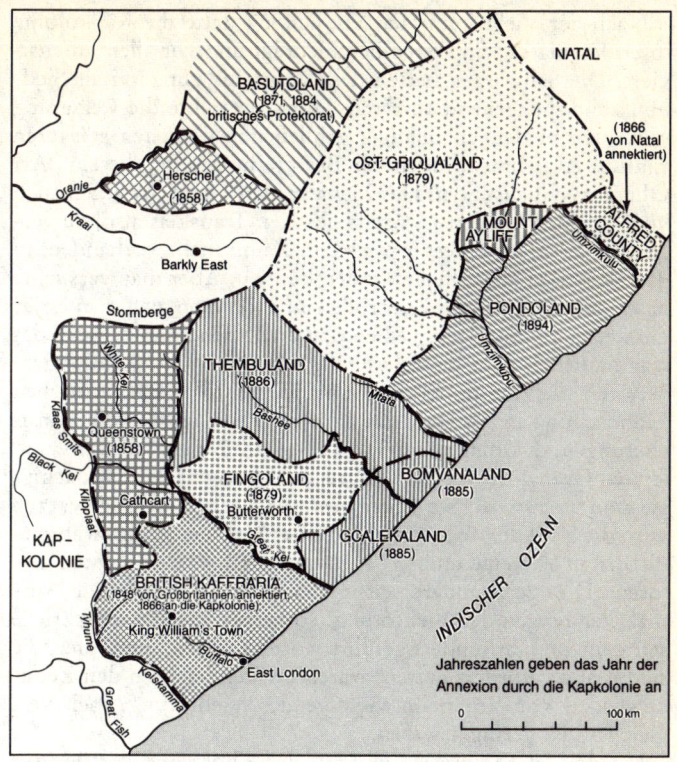

Die Ostgrenze 1848–1894

wesen war. Shepstone marschierte im Januar 1877 mit einer kleinen Streitmacht in Transvaal ein. Er kam, ohne Widerstand zu finden, bis nach Pretoria. Dort spielte er rivalisierende Gruppen so geschickt gegeneinander aus, daß er im April ohne Gefahr die britische Annexion verkünden konnte[6]. Das zeigte, wie demoralisiert die Bevölkerung und wie machtlos der Staat war.

Damit hatten sich die Briten eine neue Hypothek aufgeladen. Der Besitz sollte sich als schwieriger erweisen denn der Erwerb. Doch noch bevor dies deutlich wurde, war die Kolonialmacht an anderer Stelle gefordert.

[6] 12. 4. 1877. EYBERS 448–453.

Nach der Viehtötung der Xhosa 1857 hatte die Kapkolonie ihren Vormarsch im Osten beschleunigt und vor allem intensiviert. Die Schwarzen hatten das Gebiet bis zum Kei als Siedlungsland weitgehend verloren. Dazu versuchte die Regierung nun auch in den unabhängig gebliebenen Gebieten stärkeren Einfluß zu nehmen, indem sie Beamte hinsandte, die eine Art Oberaufsicht ausübten. Das Ziel war nicht, die Schwarzen auch noch aus den Gebieten jenseits des Kei, Transkeis also, zu vertreiben, denn unterdessen war kein Raum mehr vorhanden, in den sie hätten abgedrängt werden können. Aber man versuchte das Land so weit unter Kontrolle zu bekommen, daß man es für die stets landhungrigen weißen Bauern öffnen konnte. Auch das war natürlich eine Bedrohung für die Schwarzen. Außerdem verloren die traditionellen Autoritäten infolge der britischen Einmischung an Ansehen und Einfluß. Die allgemeine Verunsicherung und Unzufriedenheit führte 1877 zum neunten und letzten Grenzkrieg an der Ostgrenze. Es wurde der hartnäckigste und verlustreichste überhaupt. Auf seiten der Schwarzen wird die Zahl der Todesopfer auf über 3500 geschätzt, während die Briten 60 weiße und 137 verbündete schwarze Soldaten verloren[7]. Dies zeigt andererseits erst recht das verheerende Ausmaß der Folgen der Viehtötung: so verbissen die Grenzkriege seit dem 18. Jahrhundert geführt worden waren, die Opfer, die sie bislang gefordert hatten, waren im Vergleich zu den Zehntausenden von Toten im Gefolge der Viehtötung doch vergleichsweise gering gewesen.

Mit diesem Krieg war die Kraft der Xhosa und der übrigen Völker in Transkei endgültig gebrochen. Die Briten annektierten 1879 einen weiteren Gebietsstreifen, den sie 1885/86 bis zum Mtata-Fluß ausdehnten. Nur die Mpondo, alte Verbündete der Briten, konnten sich noch eine nominelle Unabhängigkeit bewahren. Doch die Briten brauchten nun keine Bundesgenossen mehr. So wurde schließlich 1894 auch noch Pondoland vereinnahmt, ohne vorangegangenen Krieg zwar, aber nach massivem politisch-militärischem Druck. Die »Lücke« zwischen Kap und Natal war geschlossen.

Immerhin hatten sich die Bedingungen der Annexion im Lauf der Jahrzehnte gewandelt, und zwar zugunsten der Schwarzen. Zu Beginn hatte die Vertreibung eines großen Teils der Schwarzen stets zu den Hauptzielen der Weißen und zumal der land-

[7] DAVENPORT, History 138.

hungrigen Grenzbauern gehört. Das hatte sich als je länger je schwieriger erwiesen. Nach 1880 erfolgten keine Vertreibungen mehr, wenngleich andererseits Landerwerb durch Weiße in der Regel nicht ausgeschlossen war und vielerorts in großem Umfang erfolgte.

Was solcher Landerwerb durch Weiße mit sich bringen konnte, erlebten zur gleichen Zeit die Griqua, die, als Mischlinge, kein Gemeineigentum am Boden kannten, sondern Privatbesitz nach europäischem Vorbild. In ihrem Siedlungsgebiet nördlich des Oranje hatten sie, seit dem Zustrom der Trekker, immer mehr Land verkauft, gegen Pflüge oder Ochsenwagen, gegen Pferde, Schnaps, Gewehre, Wolldecken, Tabak oder sonstige Waren. Als die Briten 1854 den östlichen Griquastaat unter Adam Kok dem Oranje-Freistaat überließen, wurde die Lage für die Betroffenen noch schwieriger. Die Briten boten ihnen 1861 einen Landstrich nördlich Transkeis an, der ›Niemandsland‹ genannt wurde und tatsächlich dünn besiedelt war. Die Briten waren froh, hier eine kontrollierbare Bevölkerung gegenüber den unruhigen Elementen näher am Meer ansiedeln zu können. 1861/62 zogen etwa 3000 Griqua in einem Zug, der an Abenteuerlichkeit und Wagemut dem Großen Trek nicht nachstand, über die Berge nach Ost-Griqualand, wie das Gebiet nun hieß. Doch auch hier folgten weiße Siedler, bis die Griqua wieder in Bedrängnis gerieten. 1878 erhoben sie sich, noch während des Krieges in Transkei. Der Aufstand wurde niedergeschlagen, die Griqua verloren ihr Land und jegliche Spur eines eigenständigen Staatswesens; sie wurden zu landlosen Arbeitskräften auf weißen Höfen. Ost-Griqualand wurde 1879 der Kapkolonie einverleibt[8].

Ebenfalls 1878 erhoben sich die zurückgebliebenen Griqua in West-Griqualand, das ja unterdessen zum Diamantengebiet geworden war. Sie waren vom Diamantenrausch in die Ecke gedrängt worden. In einem wirtschaftlich so wichtigen Gebiet war ihr Widerstand natürlich erst recht hoffnungslos. Sie erlitten das gleiche Schicksal wie im Osten; 1880 fiel das Gebiet ganz an die Kapkolonie. Weiter im Norden hatte sich ein Teil der Tswana den Griqua angeschlossen; sie wurden ebenfalls besiegt.

Während auf diese Weise an verschiedenen Orten bereits große Teile ihrer Truppen gebunden waren, bereitete sich eine für die Briten viel gefährlichere Auseinandersetzung in Basutoland vor. Es war 1868 von der Krone annektiert worden. London übergab es 1871 der Kapkolonie. Deren Regierung überschätzte die eigenen Möglichkeiten. Sie glaubte, Basutoland mehr oder weniger wie alle andern Gebiete verwalten zu können. Doch die Sotho hatten nach wie vor ihre eigene politische und militärische Organisation. Sie erholten sich erstaunlich schnell von den Kriegen der sechziger Jahre. Feuerwaffen wurden immer verbreiteter. Angesichts der verschiedenen Kriege 1877/78 erließ die Kapregierung ein Gesetz, das die Registrierung von Feuerwaffen vorsah und ihren Besitz einschränken oder verbieten konnte. Die Sotho weigerten sich, ihm Folge zu leisten. Die Regierung versuchte, es 1879 mit Gewalt durchzusetzen. Sie scheiterte im daraus entstandenen »Gewehr-Krieg« (*Gun War*) kläglich. Schlecht ausgebildete, schlecht geführte und wenig disziplinierte Soldaten hatten gegenüber der Guerillataktik der Sotho keine Chancen. 1880 brachen auch nochmals Aufstände in Transkei und Ost-Griqualand aus. Kapstadt bat London um Vermittlung und gleichzeitig darum, Basutoland und Transkei doch wieder direkt zu übernehmen – es war ein Eingeständnis der Unfähigkeit, diese Gebiete selber regieren zu können und zeigte die Verzweiflung, die in Kapstadt herrschte. Die Vermittlung hatte 1881 in Basutoland Erfolg, wobei die Niederlage des Kaps nur schlecht übertüncht wurde. Der Waffenbesitz der Sotho blieb unkontrolliert. Sie gelangten unter die Herrschaft der Krone und behielten beträchtliche Autonomie. Die Sonderstellung als Kronkolonie führte dazu, daß Basutoland nie der Südafrikanischen Union angeschlossen wurde und 1968 unter dem Namen Lesotho unabhängig wurde. Die langfristig wichtigste Errungenschaft der Sotho war wohl, daß auch unter britischer Herrschaft alles Land in Gemeineigentum verblieb und kein Landesfremder Boden erwerben konnte. Die Verluste an den Freistaat waren schmerzlich gewesen; nun aber war wenigstens der Rest des Landes gesichert.

Hingegen weigerte sich London, Transkei zu übernehmen. Kapstadt mußte sich wohl oder übel weiterhin selber damit befassen. Das hat dazu geführt, daß Transkei statt zu einem unabhängigen Staat zunächst zu einem Reservat und später zu einem Homeland innerhalb Südafrikas wurde.

Die britische Schwäche in Basutoland und Transkei wäre wohl nicht so ausgeprägt gewesen, hätten nicht gleichzeitig im Norden noch wichtigere Kriege stattgefunden, die das Gros der regulären Truppen banden, die in ganz Südafrika ohnehin nur etwa 3500 Mann zählten[9].

Die Zulu hatten stets gute Beziehungen zu Natal gepflegt, um sich den Rücken freizuhalten. Denn im Norden versuchten die Buren, von Transvaal her immer tiefer in das Zulugebiet einzudringen und sich dort Farmen zu sichern. Shepstone hatte die Zulu bislang gegen die Buren als die gemeinsamen Feinde unterstützt. Als er seit 1877 in Transvaal war, machte er sich plötzlich zum Verfechter des burischen Standpunkts, einmal, weil er so sein Regiment in Transvaal populärer zu machen hoffte, dann aber auch, weil er und andere Politiker die Gelegenheit gekommen sahen, die Zulu in die Zange zu nehmen und zu unterwerfen. Nun wurde systematisch ein Krieg inszeniert. Ketshwayo, der sehr vorsichtige und gemäßigte Zulu-König, wurde in einem Propagandafeldzug in Großbritannien zu einem blutrünstigen und eroberungssüchtigen Tyrannen hochstilisiert, bis alles nach der Beseitigung der erfundenen Gefahr schrie. Man trieb Ketshwayo durch eine Politik unerfüllbarer Forderungen bis zur Kriegserklärung, die im Januar 1879 erfolgte. Niemand zweifelte am Sieg der Militärmaschinerie des britischen Weltreiches über ein Heer, das noch immer an der Schlachtordnung und Kampfestechnik aus Shakas Zeiten festhielt, allerdings etwa 30000–40000 Mann mobilisieren konnte[10]. Die Siegessicherheit führte zu Leichtfertigkeit. Wenige Wochen nach Kriegsausbruch wurde ein britisches Regiment bei Isandlwana von einer Zulu-Armee aufgerieben. Die Briten verloren etwa 1600 Mann. Es war die schwerste Niederlage, die sie bis dahin nicht nur in Südafrika, sondern in Afrika überhaupt erlitten hatten. Am Kriegsausgang änderte sich trotzdem nichts. Im Juli waren die Zulu geschlagen. Die hohen Kosten des Krieges aber führten zum Entschluß, das Gebiet nicht einfach zu annektieren: man fürchtete Widerstand, ähnlich wie bei den Sotho. Statt dessen wurde das Land in einzelne Häuptlingsschaften aufgeteilt, die gegeneinander ausgespielt wurden. Diese Politik bewährte sich: endlose interne Streitigkeiten waren die Folge; die Kräfte wurden nach innen statt nach außen gelenkt. Dank dieser Schwächung wagte man dann schließlich, 1887 das Gebiet zu annektieren. Es wurde zunächst zu einer Kronkolonie; 1897 wurde es zu Natal geschlagen.

[9] WALKER, History 383.
[10] THOMPSON, in Oxford History 2, 264. COLENBRANDER, in DUMINY/BALLARD 85.

Selbst während des Zulukrieges waren beträchtliche britische Kräfte in Transvaal gebunden. Shepstones Herrschaft dort war höchst unpopulär, obwohl die Briten den Buren zumindest in einer Hinsicht einen großen Dienst erwiesen. Sie übernahmen den Kampf gegen die Pedi, gegen die sie 1878/79 einen siegreichen Feldzug führten. Diese Aktion ist besonders typisch für das britisch-burische Verhältnis. Gegenüber den Schwarzen hatte man letztlich gemeinsame Interessen, arbeitete man zusammen. Schließlich wollten auch die Briten das von ihnen annektierte Gebiet ganz beherrschen. Die Buren profitierten gerne von der britischen Stärke, ohne daß sie sich deswegen unterwerfen wollten.

Die britische Niederlage bei Isandlwana ließ auch die u. a. durch höhere Steuerforderungen verärgerten Transvaler hoffen. Der Widerstand organisierte sich allmählich, und im Dezember 1880 schlugen die Kommandos los. Sie errangen mehrere wichtige Siege, insbesondere am 27. Februar 1881 bei Majuba. Die Briten waren damit zwar noch nicht geschlagen, wohl aber demoralisiert. In London kam eine neue Regierung unter Gladstone an die Macht, die nicht mehr bereit war, die Vorherrschaft über ganz Südafrika um jeden Preis aufrechtzuerhalten. Die Kämpfe seit 1877 waren zwar für das Britische Reich als Ganzes vergleichsweise harmlos gewesen, ließen aber Südafrika doch einen unverhältnismäßigen Teil der Ressourcen verschlingen.

Im August 1881 erfolgte der Friedensschluß in Pretoria. Transvaal wurde wieder ein eigenständiger Staat unter einer nicht näher definierten britischen Oberherrschaft. Dazu behielten sich die Briten die Gestaltung der Politik gegenüber den Schwarzen vor, und Transvaal durfte keine eigenständige Außenpolitik betreiben[11]. Das waren doch beträchtliche Einschränkungen. Es war verständlich, daß die Transvaler alles daran setzten, wieder die volle Unabhängigkeit zu gewinnen. Sie hatten 1884 zu guten Teilen Erfolg, als Großbritanniens Kräfte anderswo, besonders in Ägypten, gebunden waren und es froh war, in Südafrika den Rücken frei zu bekommen. Transvaal konnte seine Souveränität in der Londoner Konvention weitgehend zurückgewinnen. Es durfte sich auch wieder ›Südafrikanische Republik‹ nennen. Die schmerzhafteste Einschränkung war das Verbot, mit andern Staaten, schwarzen und weißen,

[11] 3. 8. 1881. EYBERS 455–463.

ohne britische Zustimmung Verträge zu schließen. Nur der Verkehr mit dem Oranje-Freistaat war davon ausgenommen[12].

Die Jahre zwischen 1876 und 1881 brachten die umfangreichsten Kämpfe zwischen Schwarzen und Weißen, die bis dahin (und bis heute) in Südafrika stattgefunden hatten. Sie waren einerseits eine Folge des verschärften Druckes an allen Fronten: überall versuchten die Weißen, politisch, wirtschaftlich und meistens auch siedlungsmäßig vorzurücken und entfachten dadurch verschärften Widerstand. Andererseits hatten sich die schwarzen Staatswesen endgültig von den Erschütterungen der Mfecane erholt, und etliche von ihnen hatten ihre Bewaffnung und ihre Kampfestechnik modernisiert, so daß auch sie gegenüber den Weißen selbstbewußter auftraten.

So eindrucksvoll der Widerstand insgesamt war, er vermochte die weiße Stellung zu keinem Zeitpunkt ernsthaft zu gefährden. Es konnte höchstens darum gehen, ob einzelne Gebiete der weißen Durchdringung etwas früher oder später anheimfallen würden. Die Briten zeigten, daß sie, trotz häufig unfähiger Führung und zeitweiliger Niederlagen, imstande waren, einen Krieg an allen Fronten praktisch gleichzeitig zu führen und auch zu gewinnen, oder schlimmstenfalls eine Niederlage wenigstens einzugrenzen, wie in Basutoland. Gerade die Massierung der Auseinandersetzungen verdeutlichte die wahren Machtverhältnisse. Aus dem Höhepunkt wurde zugleich das Ende des militärischen Widerstandes der schwarzen Staatswesen. Das hieß nicht, daß von nun an überall Friede herrschte. Aber was folgte, war nur noch ein Abgesang, wenngleich es bis zur Jahrhundertwende dauerte, bis auch noch die letzten schwarzen Staaten unterworfen waren. Dabei waren die Kämpfe in Transvaal langwieriger als in den britischen Gebieten; die Südafrikanische Republik hatte größere Mühe, sich durchzusetzen, als das Britische Reich, während der Oranje-Freistaat nach der endgültigen Regelung der Grenzfrage mit den Sotho 1869 keine größeren Auseinandersetzungen mehr mit Nachbarn hatte. Für die Schwarzen begann die Zeit der äußersten Schwäche, bevor im 20. Jahrhundert der Widerstand sich neu formierte, nun aber auf einer ganz andern Grundlage und unter einer neuen Führungsgruppe. Die alten Staatswesen ließen sich nicht wieder aufrichten; nötig waren nun auf ganz Südafrika ausgerichtete Formen politischer Organisation.

[12] 27. 2. 1884. EYBERS 469–474.

Daß die Kämpfe auf seiten der Weißen hauptsächlich von den Briten getragen wurden, war kein Zufall. Spätestens nach 1867 wurden die Briten zur treibenden Kraft bei der Ausdehnung der weißen Herrschaft über ganz Südafrika. Sie bauten auf der Vorarbeit der Buren auf, auf den Ergebnissen des Großen Treks, den erst sie zu seinem konsequenten Abschluß brachten. Die Buren wären zu solch umfassenden Aktionen kaum imstande gewesen.

Die Kriege der Jahre 1876–1881 wurden zwar fast gleichzeitig geführt, aber sie waren dennoch nicht koordiniert. Auch wenn man vom Widerstand der Schwarzen gegen die Weißen spricht, war es im Grunde doch kein schwarzer Widerstand, sondern Widerstand der Pedi, der Sotho, der Zulu usw. Von einer Solidarität der Schwarzen, die sich den Weißen gegenüber als solche gefühlt hätten, konnte nicht die Rede sein. Man hatte im wesentlichen nur seine eigenen und kaum gemeinsame Ziele und verbündete sich deshalb mit jedem, der dabei behilflich sein konnte, ob er nun weiß oder schwarz war. Der schwarze Nationalismus ist erst ein Produkt des 20. Jahrhunderts. Er ergab sich wesentlich aus den ähnlichen Lebensumständen, in die die Schwarzen unter weißer Herrschaft zunehmend gerieten, nicht zuletzt aus der gemeinsamen Erfahrung der Diskriminierung. Für das 19. Jahrhundert ist die Rede von schwarzem Widerstand schief, weil sie eine nicht vorhandene schwarze Einheit unterstellt. Ebensowenig konnte von einer weißen Einheitsfront die Rede sein. Dennoch machte sich auf der weißen Seite eher eine gewisse Rassensolidarität bemerkbar. Denn sowohl Buren als auch Briten waren letztlich an der Unterwerfung (wenn auch in unterschiedlicher Weise) der Schwarzen interessiert, und die Stellung als ausgesprochene Minderheit mußte Solidarität begünstigen. Während die Weißen in Auseinandersetzungen mit Schwarzen regelmäßig schwarze Hilfstruppen und Bundesgenossen einsetzten, kam es nie in größerem Ausmaß zu Bündnissen schwarzer Staaten mit Weißen zur Bekämpfung anderer Weißer.

Auf seiten der Schwarzen wäre eine umfassende Koordination aber auch bei vorhandenem Willen dazu technisch gar nicht möglich gewesen. Die weißen Siedlungsgebiete trennten viele schwarze Staatswesen voneinander. Die Zulu konnten nur durch Natal hindurch mit den Sotho oder den Xhosa verkehren; die Pedi wußten kaum von den Thembu usw. Doch selbst angenommen, alle schwarzen Staatswesen hätten ihre Heere tatsächlich gleichzeitig und koordiniert in den Kampf geschickt, so berechtigt trotzdem nichts zu der Annahme, sie hätten damit den Briten eine entscheidende Niederlage beibringen können. Die Briten hätten wahrscheinlich etwas mehr Zugeständnisse machen müssen, und der Vormarsch hätte sich verlangsamt – mehr konnten afrikanische Heere gegen das Britische Reich schwerlich erreichen.

Andererseits war der Widerstand keineswegs völlig vergebens. Der wichtigste Unterschied zur früheren Zeit war wohl, daß, von den Griqua abgesehen, in allen Staaten, die erst nach 1876 unterworfen wurden, das Land zunächst den bisherigen Besitzern verblieb, während früher die umfassende Enteignung die Regel gewesen war. Zwar wurde den Weißen, außer in Basutoland, der Landerwerb erlaubt. Doch war dies ein langsamerer und keineswegs alles Land erfassender Vorgang, zumal in größerem oder geringerem Maße den Schwarzen vorbehaltene Reservate ausgegrenzt wurden. Diese veränderte Haltung erfordert freilich nicht nur eine politische, sondern auch eine Art physikalischer Erklärung. Die frühen Eroberungen hatten die Schwarzen in starkem Maße zurückgedrängt. Das hatte irgendwo Grenzen, die sich gerade auch in verschärftem Widerstand ankündigten. Wollte (oder konnte) man die Schwarzen nicht in ganz andere Gegenden umsiedeln oder vertreiben, so mußte man ihnen notgedrungen auch einiges Land belassen. Die Ergebnisse der Politik des späten 19. Jahrhunderts sind noch heute sichtbar im Kranz der Homelands und der kleinen unabhängigen Staaten, der sich um das Kernland der Voortrekker im Oranje-Freistaat und im südlichen Transvaal zieht.

Die Gewinne, die der Widerstand brachte, hatten freilich längerfristig auch wieder ihren Preis. Die nun unterworfenen Gebiete blieben für die Weißen am Rande; deren eigenes Siedlungsgebiet war woanders. Darauf konzentrierten sie in Zukunft die wirtschaftliche Entwicklung, den Eisenbahn- und Straßenbau, die Industrialisierung. Zum Preis für die größere Eigenständigkeit und die Verfügung über wenigstens einen Teil des Bodens wurde paradoxerweise Unterentwicklung und Armut. Wie dies im einzelnen erfolgte, wird noch zu berichten sein.

Hauptgewinner dieser kriegerischen Jahre war Transvaal. Es hatte erst mit Hilfe der Briten die Pedi in die Schranken gewiesen und danach die Briten selber vertrieben, aber auch erst, nachdem diese die Verwaltung reorganisiert und die Finanzen

saniert und dadurch den Staat leistungsfähiger und stärker gemacht hatten. Im Lichte dieses Erfolges neigten die Buren künftig dazu, die Macht des Britischen Reiches, wenn es einmal
wirklich herausgefordert war, zu unterschätzen.

Die Ereignisse von 1877 bis 1881 gaben dem burischen Nationalismus einen gewaltigen Auftrieb. Der Haß auf die Briten
nahm ebenso zu wie das eigene Zusammengehörigkeitsgefühl,
das besiegelt wurde durch den Erfolg in dem, was später der
erste Unabhängigkeits- oder Freiheitskrieg genannt wurde.
1877 erschien das erste historische Werk in Afrikaans[13], dessen
Pflege sich viele Nationalisten besonders widmeten – Sprache
und Geschichte wurden zum Vehikel der Förderung des Natio-
nalbewußtseins. Das sollte auch für das 20. Jahrhundert gelten.
Geschrieben war das Buch von einem Pfarrer, der Politiker
wurde, was die Rolle der Kirche andeutet. Und wieder war der
nationalistische Ausbruch in der Kapkolonie stärker als in den
Republiken.

Die Briten glaubten 1881, lediglich ein armes und wirtschaftlich bedeutungsloses Gebiet aufzugeben. Hätten sie gewußt,
daß es binnen weniger Jahre zum Wirtschaftszentrum Südafrikas werden würde, so hätten sie den Aufstand der Transvaler
wohl um fast jeden Preis niedergeschlagen.

Südafrika wird von der Weltpolitik erfaßt

Nach 1815 stand das Kap noch stärker im Windschatten der
Weltpolitik als vor 1795. Großbritannien beherrschte die Meere
unangefochten, und die übrigen Großmächte zeigten kaum Interesse an Afrika südlich der Sahara oder gar südlich des Äqua-
tors. Nur Portugal hatte Besitzungen in Angola und, für das
Kap wichtiger, in Moçambique. Doch es war kein Rivale Großbritanniens, sondern von ihm wirtschaftlich abhängig.

Diese Lage führte dazu, daß Großbritannien im allgemeinen
und die Kapkolonie im besonderen zwar das weitere Hinterland der Kolonie als Einflußsphäre betrachteten, aber nicht an
dessen direkte Annexion dachten. Das hätte nur Geld gekostet.
Wenn sich später herausstellen sollte, daß sich eine Besetzung
lohnte, konnte sie noch immer nachgeholt werden. Typisch für

[13] STEPHANUS JOHANNES DU TOIT: Di geskiedenis van ons land in di taal van
ons volk (Die Geschichte unseres Landes in der Sprache unseres Volkes).

diese Situation war die Haltung in Südwestafrika. Händler und manche Politiker aus der Kapkolonie und sogar deutsche Missionare versuchten hier seit den siebziger Jahren, eine britische Annexion oder wenigstens ein Protektorat durchzusetzen. Die Stimmung in Kapstadt war geteilt. London war strikt dagegen; der Kolonialminister erteilte noch 1880 und 1881 allen einschlägigen Plänen eine Absage. Lediglich der einzige gute Hafen an der Küste, die Walfischbucht, wurde 1878 vorsorglich annektiert.

1875 sah man am Kap und in London mißtrauisch auf Projekte Transvaals, eine Eisenbahn nach Lourenço Marques in Moçambique zu bauen, um so doch noch die britische Abschnürung von der See überwinden zu können. Doch der Plan wurde mangels Geld nicht verwirklicht.

Zu Beginn der achtziger Jahre änderte sich die Lage. Europa begann sich für Afrika zu interessieren. Der Wettlauf der Mächte, der zur raschen Aufteilung des ganzen Kontinents führte, setzte ein. Großbritannien wurde auch im Süden mit hineingezogen, denn viele Gebiete, die es bislang als eine Art offenes, natürliches Hinterland betrachtet hatte, drohten nun von der Konkurrenz besetzt zu werden. 1883 schloß der deutsche Kaufmann Lüderitz an der südwestafrikanischen Küste mit einheimischen Herrschern Verträge, in denen er sich beträchtliche Gebiete abtreten ließ. Großbritannien fühlte sich in seiner Interessensphäre beeinträchtigt. Aber noch konnte man sich in London gar nicht vorstellen, daß die Deutschen ernsthaft beabsichtigten, Hoheitsrechte in Südwestafrika zu erwerben. Man verpaßte die letzte Chance, das Gebiet selber zu erwerben. 1884 erklärte Deutschland ganz Südwestafrika zu seinem Schutzgebiet. In London (und erst recht natürlich in Kapstadt) war man verärgert. Das einzige, was man tun konnte aber war, daß für die Zukunft Schlimmeres verhinderte. Das führte zu einer ungeheuren Beschleunigung des Tempos der britischen Expansion. Freilich war das nun eine ganz andere Art von Expansion als zu Zeiten der Kompanie, der frühen Grenzkriege oder der Voortrekker. Es ging in erster Linie darum, Titel zu horten, damit europäische Konkurrenten ausgeschlossen waren. Von tatsächlicher Durchdringung und Verwaltung der Gebiete oder gar von Aneignung des Bodens konnte zunächst nicht die Rede sein; oft genug beschränkte sich der Gebietserwerb auf die Farbgebung der Landkarten. Die Ausdehnung war also entschieden oberflächlicher als früher. Die Bewohner waren davon weit weniger betroffen, und deshalb ließ sich der Vorgang in der Entkolonisierung auch vergleichsweise leicht rückgängig machen.

Durch den deutschen Zugriff auf Südwestafrika erhielt plötzlich einer der unwirtlichsten Landstriche des südlichen Afrika zentrale strategische Bedeutung: das Gebiet nördlich der Kapkolonie bis zur Kalahari-Wüste. Wenn sich die Transvaler nach Westen und die Deutschen nach Osten ausdehnten, mußten sie sich irgendwann treffen. Den Briten wäre dann der Weg nach Norden abgeschnitten worden. Vor allem aber hätten die Buren einen mächtigen Bundesgenossen gehabt; die bisherige Politik der konsequenten Isolierung der Burenrepubliken wäre gescheitert gewesen.

Im zuerst unmittelbar betroffenen Gebiet zwischen Oranje, Vaal und Molopo lebten hauptsächlich Tswana. Sie wurden zum Spielball fremder Interessen, konnten sich kaum wehren und verbündeten sich teils mit den Buren, teils mit den Briten. Transvaal hatte 1881 im Frieden mit Großbritannien eine feste Westgrenze akzeptieren müssen. Trotzdem zogen einzelne Buren auf der Suche nach Weideland weiter nach Westen. Sie nutzten Konflikte zwischen den Tswana aus, unterstützten die einen gegen die andern und setzten sich in den Besitz großer Ländereien. 1882 gründeten sie zwei kleine Republiken namens Gosen und Stellaland. Transvaal hoffte, diese Gebiete für sich gewinnen zu können. Doch ein entsprechender Versuch wurde 1884 von den Briten, denen dadurch der Weg nach Norden versperrt worden wäre, entschieden zurückgewiesen. Nach dem deutschen Erwerb Südwestafrikas vorsichtig geworden, annektierten sie nun ihrerseits 1885 das Gebiet bis zum Molopo, in erster Linie aus strategischen, nicht aus wirtschaftlichen Gründen. Gleichzeitig aber stießen weitere weiße Siedler nach. Die Tswana wurden in Reservate abgedrängt. Das Gebiet wurde 1895 der Kapkolonie angeschlossen, die 1897 die Tswana nach einem letzten Aufstand ganz unterwarf, wobei ihnen weiteres Land genommen wurde. Ebenfalls 1885 unterstellten die Briten das Gebiet nördlich des Molopo bis zum 22. südlichen Breitengrad ihrem Protektorat. Dieses Betschuanaland-Protektorat blieb auch nach 1895 unter direkter britischer Kontrolle; es wurde 1966 unter dem Namen Botswana unabhängig.

Vor allem am Kap entstanden nun Kräfte, die sich an der Aufteilung Afrikas in verstärktem Maße beteiligen wollten. Unter der Führung von Cecil Rhodes, der im Diamantengeschäft reich geworden war, gründeten sie 1889 die *British South Africa*

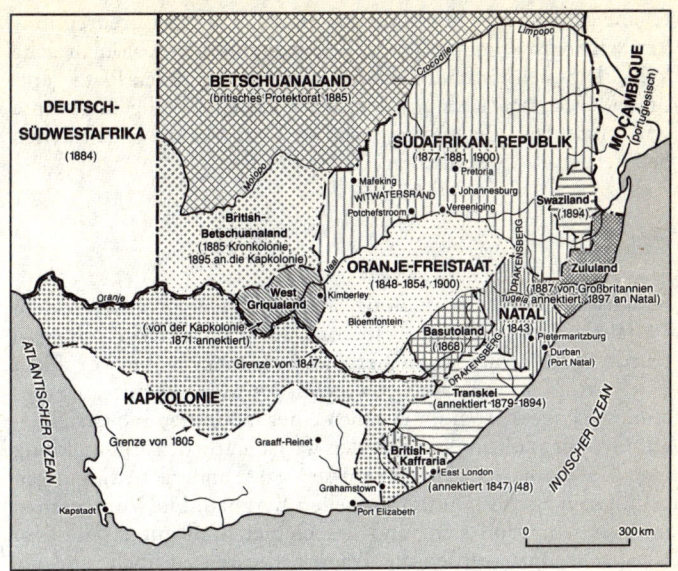

Südafrika im 19. Jahrhundert

Company. Mit deren Hilfe sollte die Abneigung der britischen
Regierung gegen eine weiträumige Expansion überwunden
werden. Die Gesellschaft, die auf Gewinne aus Bodenschätzen
hoffte, unternahm es, Gebiete in eigener Regie zu erwerben und
zu verwalten, so daß es den Staat nichts kostete. Rein wirtschaftlich gesehen tat der Staat gut daran, denn die Gesellschaft
warf bis 1923 keine Gewinne ab. Sie erwarb 1890 Rhodesien.
Auch die Südafrikanische Republik hatte ein Auge auf die Gebiete jenseits des Limpopo geworfen und sich 1887 bereits größere Teile von den dortigen Herrschern abtreten lassen. Doch
Cecil Rhodes konnte stärkere Kräfte einsetzen und sicherte so
die Gebiete schließlich für seine Gesellschaft, die bis zum Ablauf ihrer Konzession im Jahre 1923 im Besitze Rhodesiens
blieb. Danach fiel die Kolonie an Großbritannien.

Innerhalb weniger Jahre war Südafrika damit in den Strudel
der Aufteilung Afrikas hineingezogen worden. Nun waren
auch hier alle Gebiete zumindest nominell unter europäischer
bzw. im Falle der Burenrepubliken unter weißer Herrschaft.
Für die Briten hatte Südafrika durch den Erwerb riesiger Gebie-

187

te eine ganz andere Funktion gewonnen. Für die Burenrepubliken schien im Zeitalter der großen afrikanischen Kolonialreiche kein Platz mehr. Paradoxerweise verloren sie diesen Platz gerade dadurch, daß sie nun plötzlich auch eine völlig ungeahnte wirtschaftliche Bedeutung erlangten und zum eigentlichen Schwerpunkt des südlichen Afrika wurden.

Gold

Südafrikas Reichtum an Bodenschätzen ist nicht erst seit dem 19. Jahrhundert bekannt. Insbesondere im nördlichen Transvaal wurde seit Jahrhunderten Bergbau betrieben, wobei vor allem Eisen, Kupfer und Gold gewonnen wurden. Damit aber bestimmte Lagerstätten im Rahmen einer modernen industriellen, auf Großproduktion beruhenden wirtschaftlichen Entwicklung eine Rolle spielen können, müssen ganz andere Bedingungen erfüllt sein als für den traditionellen Bergbau. Die Vorkommen müssen sehr groß sein, und das Gebiet muß gut erschlossen werden – sonst werden die Transportkosten zu hoch, und die Produkte sind nicht konkurrenzfähig. Selbst in Europa war dies nur selten der Fall: wenige der alten Bergbaustandorte haben die industrielle Revolution überlebt.

In Südafrika waren die Standortbedingungen extrem ungünstig, da alle Bodenschätze im Landesinnern lagen. Um 1840 wurden in Natal große Kohlevorkommen entdeckt. Doch durch den aufwendigen Transport an die Küste wäre die Kohle teurer geworden als importierte Kohle aus Großbritannien. Auch war der Eigenbedarf des Gebiets viel zu gering.

Die Entdeckung von Goldvorkommen bildete für Südafrika in ähnlicher Weise einen Glücksfall wie die Diamantenfunde, nur in viel größerem Maßstab. Wieder konnte ein Produkt gewonnen werden, bei dem die Transportkosten nicht ins Gewicht fielen. Gold war in Transvaal seit langem immer wieder einmal gefunden worden. Nach der Jahrhundertmitte, und besonders seit etwa 1870, mehrten sich die Erfolgsmeldungen aus Flußgebieten. Schnell rückten dann die üblichen Schatzsucherkolonien heran. Doch auch wenn die Südafrikanische Republik dadurch ihre Steuereinnahmen etwas erhöhen konnte – die Vorkommen waren jeweils nach kurzer Zeit erschöpft, und die Goldwäscher zogen weiter. Da wurden 1886 am Witwatersrand, in der Gegend des späteren Johannesburg, große Massen goldhaltigen Gesteins gefunden. Zu früheren Zeitpunkten freilich wäre dieser Fund (der wohl auch nicht zum ersten Mal gemacht wurde) ziemlich wertlos gewesen. Der Goldgehalt des Gesteins war außerordentlich niedrig, niedriger als an jeder andern Abbaustätte der Welt. Dafür war die Menge des Erzes größer als irgendwo sonst. Das Gestein mußte zerkleinert werden. Das war nur maschinell möglich. Die Ausscheidung des Goldes erfolgte mit Hilfe erst in dieser Zeit entdeckter chemischer Prozesse. Anfänglich wurde dabei Quecksilber verwendet, wobei die Ausbeute nur etwa 60 Prozent betrug. Seit 1890 setzte man mehr und mehr ein 1887 entwickeltes Zyanidverfahren ein, das die Ausbeute auf ca. 90 Prozent steigerte[14].

Diese Form der Goldgewinnung erforderte sehr aufwendige Anlagen und damit viel Kapital. Die Vorkommen waren so groß, daß sich solche Investitionen zu lohnen schienen. Zunächst konnte man das Gestein im Tagebau gewinnen. Es zeigte sich, daß die Formation sich unterirdisch fortsetzte und daß dort die abbaufähige Masse um ein Vielfaches größer war. Als 1893 der Untertagebau endgültig eingerichtet war, stand fest, daß die Vorräte für Jahrzehnte reichen würden.

Der Witwatersrand befand sich in einer abgelegenen und unerschlossenen Landschaft. Der anfängliche Bau der Bergwerke fiel entsprechend schwer. Alles mußte auf Ochsenwagen herangeführt werden, zumindest aus Kimberley, wo die Bahn aufhörte. Längerfristig aber war gerade dies ein Vorteil, wie schon bei den Diamantlagern. Die abseitige Lage vergrößerte die Entwicklungseffekte. Die Küstengebiete, zumal die Häfen, profitierten ohnehin vom gesteigerten Verkehr. Zusätzlich aber erhielten nun weite Binnengebiete eine gute Infrastruktur. Schon 1892 war Johannesburg durch eine Eisenbahn mit dem Kap verbunden, 1894 und 1895 folgten Lourenço Marques und Durban. Am Witwatersrand entstand so das eigentliche Wirtschaftszentrum Südafrikas. Das ist auch bis heute so geblieben, ganz im Gegensatz zu den Bergbauexklaven in den meisten Entwicklungsländern, die nur in geringem Maße auf die übrige Wirtschaft des jeweiligen Landes ausstrahlen.

In Südafrika selber wurde der Goldbergbau zum Auslöser für eine umfassende Entwicklung des Bergbaus überhaupt. Der Energiebedarf der Goldbergwerke war sehr groß. Schon 1887 fand man reichliche Kohlevorkommen ganz in der Nähe. An

[14] KUBICEK 41–44.

der Küste hätte südafrikanische Kohle wohl kaum mit europäischer konkurrieren können – viele hundert Kilometer im Landesinnern lagen die Verhältnisse anders. Durch den Ausbau des Eisenbahnnetzes kamen auch andere Vorkommen so nahe an die Verkehrswege, daß sich der Abbau lohnte. So wurde der Bergbau im 20. Jahrhundert sukzessive ausgeweitet; Südafrika wurde zu einem der wichtigsten Bergbaugebiete der Welt überhaupt. Die Lage des Witwatersrand im Binnenland hatte den weiteren Vorteil, daß der Import europäischer Fertigwaren verteuert wurde, wodurch ein stärkerer Anreiz entstand, eine südafrikanische verarbeitende Industrie aufzubauen.

Was mit den Diamanten begonnen hatte, setzte sich nun mit dem Gold in verstärktem Maße fort. Südafrika hatte ein begehrtes und wertvolles Exportprodukt. Schon in der Periode 1891 bis 1895 überstiegen die Goldexporte diejenigen von Diamanten um 43 Prozent, und 1896–1900 machten sie gut 51 Prozent der Gesamtexporte aus[15]. Bereits 1898 entfielen auf die Südafrikanische Republik 27,5 Prozent der Weltgoldproduktion[16]. Dabei war Gold – das galt bis 1973 – kein gewöhnlicher Rohstoff, der auf dem Weltmarkt gehandelt wurde und dessen Preis entsprechend stieg oder fiel. Gold hatte einen festen Preis. Die Währungseinheiten der Staaten mit Goldwährung – und das waren die wichtigsten Industriestaaten – waren durch ein bestimmtes Goldgewicht definiert. Das englische Pfund z. B. hatte einen Gehalt von 7,988 g 22-karätigem Gold. Veränderungen des Goldpreises ergaben sich nur bei Auf- oder Abwertungen. Gold bildete das Rückgrat des Weltwährungssystems; es sicherte insbesondere den freien Fluß des Welthandels. Das Vertrauen in eine Währung hing nicht zuletzt davon ab, wie hoch die Goldreserven der Zentralbank des betreffenden Landes waren, denn theoretisch konnte stets die Deckung durch Gold verlangt werden. Das war besonders wichtig im internationalen Handel. Mit zunehmendem Welthandel stieg somit auch der Goldbedarf der Zentralbanken.

Der feste Preis des Goldes[17] brachte für die Produzenten Vor- und Nachteile. Der größte Vorteil war die Kalkulierbarkeit. Man konnte langfristig planen und dadurch mehr inve-

[15] Schumann 44.
[16] Richardson 8.
[17] Der Verkaufspreis konnte dennoch etwas schwanken, beeinflußt durch hier nicht zu behandelnde Faktoren. Doch Gold war nie vergleichbaren Preissprüngen ausgesetzt wie andere Rohstoffe.

stieren, als wenn dauernd die Gefahr eines Preiszusammenbruchs bestand. In der Tat wurde der Goldbergbau dadurch zum eigentlichen Rückgrat der südafrikanischen Wirtschaft, die insgesamt kontinuierlicher wuchs als die anderer Rohstoffproduzenten. Die konstanten Erträge ermöglichten auch eine relativ hohe Besteuerung, wodurch der Staat mit Hilfe der Gewinne des Goldbergbaus andere Wirtschaftszweige fördern bzw. erhalten konnte, insbesondere Industrie und Landwirtschaft. Ein weiterer Vorteil war die praktisch unbegrenzte Nachfrage. Südafrika konnte die Goldproduktion steigern, ohne daß es Gefahr lief, einen Teil nicht mehr verkaufen zu können. Das verringerte auch die Konkurrenz zwischen den Produzenten.

Der größte Nachteil war der tendenziell fallende Preis. Jede Inflation auf dem Weltmarkt ging zu Lasten Südafrikas. Während etwa Bergwerksausrüstungen teurer wurden, blieb der Goldpreis gleich. Das führte auf die Dauer zu enormen Verlusten. Als 1973 die Bindung des Weltwährungssystems an das Gold aufgehoben wurde, schnellte der Goldpreis von 42 auf mehrere hundert Dollar pro Unze empor. Dafür hat freilich die südafrikanische Wirtschaft seither mit starken Goldpreisschwankungen leben lernen müssen. Der tendenziell fallende Goldpreis bis 1973 bedeutete für die Bergwerke einen gewaltigen Kostendruck, denn sie konnten höhere Kosten ja nicht über Preiserhöhungen an die Verbraucher weitergeben. Das führte einerseits zu Rationalisierungen, andererseits zu extrem niedrigen Löhnen für schwarze Bergarbeiter. Denn, wie noch zu zeigen sein wird, die weißen Arbeiter waren zu gut organisiert, als daß sich ihre Löhne beliebig hätten drücken lassen. Dank den selbst für südafrikanische Verhältnisse ungewöhnlich niedrigen Löhnen ließ sich das internationale Währungssystem mit minimalen Kosten in Gang halten. Profitiert haben demzufolge nicht nur Aktionäre, Staat und weiße Arbeiter in Südafrika, sondern auch die Welthandelsländer.

Die Investitionen für die Goldbergwerke waren von Anfang an sehr hoch. Vielleicht hätten ausländische Kapitalbesitzer die Risiken gescheut, wäre nicht südafrikanisches Kapital vorausgegangen. Es hatte sich im Diamantbergbau gebildet und konnte auf diese Weise auch die Initialzündung für die Goldgewinnung geben. Danach freilich strömte ausländisches Kapital in großem Maße hinzu. 1895 waren bereits 59,2 Millionen Pfund in den Goldbergbau am Witwatersrand investiert, 1900 sogar 104,4

Millionen[18]. Das war damals die größte Kapitalkonzentration der Welt außerhalb Europas und Nordamerikas. Anders als bei den Diamanten entstand keine einzelne Monopolgesellschaft, sondern eine Reihe großer Firmen. Das war auch deswegen leichter möglich, weil die Preise vorgegeben waren, also keine Gefahr bestand, daß sie durch Konkurrenz ruiniert würden. Freilich arbeiteten die Firmen auf vielen Gebieten über eine Dachorganisation, die Bergwerkskammer (*Chamber of Mines*), zusammen. Das galt später besonders bei der Rekrutierung schwarzer Arbeitskräfte.

Die Art der Goldgewinnung schloß, im Gegensatz zu den Diamantenfeldern, individuelle Schatzsucher, die sich die Konzession für ein kleines Grundstück kauften und dann in eigener Regie Gold gewannen, von vornherein aus. Dennoch strömten auch hier in großer Zahl Leute aus ganz Südafrika und aus Übersee, Angehörige aller Rassen zusammen, ohne daß dazu Zwang erforderlich war. Die Entwicklung, die sich während der beiden vorangegangenen Jahrzehnte in Kimberley abgespielt hatte, wurde in noch rascherer Folge und weit größerem Maßstab nachvollzogen. In kürzester Zeit entstanden bedeutende Städte, insbesondere Johannesburg, das, 1886 gegründet, um die Jahrhundertwende bereits 166000 Einwohner zählte[19]. Die Rahmenbedingungen waren ähnlich wie in Kimberley. Der Bergbau erforderte relativ wenige gut ausgebildete Fachleute – Bergleute und Handwerker aller Art –, dazu Aufseher und daneben viele unqualifizierte Hilfskräfte. Erstere fanden sich in Form weißer Einwanderer, letztere als schwarze Wanderarbeiter, die zunächst durchaus freiwillig kamen. 1890 arbeiteten 14000 Schwarze im Goldbergbau, 1899 waren es bereits 97000[20]. Aus dieser Arbeitsteilung heraus und unter Mitwirkung der üblichen diskriminierenden Gesetze entwickelte und verfestigte sich die Grenze zwischen hochbezahlter qualifizierter und sehr niedrig bezahlter unqualifizierter Arbeit, die mehr und mehr mit der Rassengrenze zusammenfiel. Die Goldbergwerke übernahmen auch das System der Compounds, die allerdings nicht in gleich gefängnishafter Weise geschlossen wurden wie in Kimberley. Dagegen standen die Interessen der Händler und Wirte, und zudem bestand keine Diebstahlsgefahr, da sich kein reines Gold, sondern nur goldhaltiges Erz fand.

[18] FIELDHOUSE 355.
[19] F. WILSON, in Oxford History 2, 114.
[20] VAN DER HORST, Native labour 136.

In den neuen Städten im Bergbaugebiet lebten neben Schwarzen zunächst hauptsächlich europäische Einwanderer sowie englischsprachige weiße Südafrikaner, aber kaum Buren. Diese waren ein ländliches Volk geblieben, während sich die Briten schon vorher stärker der städtischen Wirtschaft zugewandt hatten. Da nun generell eine wirtschaftliche Gewichtsverlagerung vom Land in die Städte erfolgte, ergab sich eine Schwächung der Stellung der Buren.

Die ländlichen Gebiete

Das Ideal der Voortrekker hatte in der Aufteilung des Landes in ungefähr gleich große Höfe bestanden. Die Wirklichkeit sah von Anfang an anders aus, und sie entfernte sich im Lauf der Zeit zunehmend vom Ideal. Schon zu Beginn hatten sich die Führer größere Anteile sichern können. Danach wurde die Landverteilung immer ungleicher, insbesondere in Transvaal und in Natal. Viele Voortrekker, die gar kein Land wollten, verkauften es bald wieder, in der Regel an Spekulanten oder Landgesellschaften. Das galt auch für die aus Natal abziehenden Buren. In andern Fällen verschuldeten sich Hofbesitzer und mußten ebenfalls verkaufen. Nach den Bodenschatzfunden traten außerdem Bergbaugesellschaften auf den Plan, die Boden im Hinblick auf mögliche weitere Vorkommen erwarben. Seit den siebziger Jahren wurde es für Bauern immer schwieriger, Boden zu eigener Bewirtschaftung zu kaufen. Das römisch-holländische Erbrecht der Buren sah eine gleichmäßige Aufteilung des Besitzes unter alle Kinder vor. Viele Höfe wurden dadurch immer weiter zerstückelt, bis die Einheiten ihre Besitzer nicht mehr zu ernähren vermochten. So entstand das eigenartige Phänomen, daß nebeneinander Landmangel und riesige ungenutzte Flächen standen – indirekt eine Folge des ursprünglichen verschwenderischen Umgangs mit dem Boden, wie er für die Buren seit dem 18. Jahrhundert typisch war. In Transvaal war am Ende des 19. Jahrhunderts mindestens die Hälfte der Höfe unbesetzt, d. h. sie gehörten Spekulanten, Gesellschaften oder sonstigen abwesenden Besitzern[21].

Der stärkeren Differenzierung beim Landbesitz entsprach eine stärkere Differenzierung der Gesellschaft. Mehr und mehr

---

[21] F. Wilson, in Oxford History 2, 123.

bildete sich eine grundbesitzende Oberschicht heraus, die auch die politischen Ämter für sich behauptete und sich dadurch weitere Vorteile sichern konnte. Ihr stand eine wachsende Zahl von kleinen Bauern und landlosen Beiwohnern gegenüber. Die Lage der letzteren verschlechterte sich nach den Bodenschatzfunden 1867 und 1886. Der Markt für landwirtschaftliche Produkte weitete sich rasch aus. Hatten sich die Bauern bislang auf Viehzucht und Jagd konzentriert und Ackerbau fast nur für den Eigenbedarf betrieben, so lohnte sich nun die Bebauung größerer Flächen. Weiden wurden in Äcker umgewandelt. Dafür waren allerdings in weit größerem Umfang als bisher Kapital und Arbeitskräfte erforderlich. Da die wenigsten genügend eigenes Kapital hatten, konnten sie nicht einfach Lohnarbeiter einstellen, sondern mußten versuchen, Pächter zu gewinnen, die in eigener Regie wirtschafteten. Im Prinzip konnte man dabei sowohl auf weiße Beiwohner als auch auf Schwarze zurückgreifen. Aus verschiedenen Gründen wurden überwiegend Schwarze herangezogen. Die Beiwohner wollten nach Möglichkeit die Arbeit für einen Herrn vermeiden und suchten sich deshalb vielfach lieber schlechtere Weiden, als daß sie zu abhängigen Ackerbauern geworden wären. Dazu verstanden die meisten von ihnen wenig vom Ackerbau. Zumindest bei einem Teil der Schwarzen war das anders. Sie hatten, auf Höfen von Weißen oder auf Missionsstationen, europäische Methoden kennengelernt, sich Pflüge und Zugochsen angeschafft und für den Markt zu produzieren begonnen. Sie waren damit erfolgreicher als viele Weiße. Oft aber hatten sie nicht genügend Land, so daß sie froh waren, wenn ein weißer Besitzer ihnen solches gegen Abgaben zur Verfügung stellte. Das galt auch für Auswanderer und Flüchtlinge aus den noch unabhängigen schwarzen Staaten. Beiwohner hatten in der Regel keine eigenen Arbeitsmittel und erzielten geringere Erträge als Schwarze, von denen man deshalb höhere Abgaben verlangen konnte. Bei ihnen arbeitete die gesamte Familie auf den Feldern, insbesondere die Frauen, während Feldarbeit für weiße Frauen als ungehörig galt. Not konnte solche Vorurteile beseitigen. Aber sie konnte den Beiwohnern nicht das viel weiter verzweigte Netz von Familienbeziehungen und damit von möglichen Helfern verschaffen, über das die Schwarzen verfügten. Beiwohner mußten deshalb versuchen, auf schwarze Arbeitskräfte zurückzugreifen, was trotz der sehr niedrigen Löhne viel teurer zu stehen kam als Familienarbeit, sofern sich solche Leute überhaupt finden ließen.

Schwarze Pächter hatten für weiße Bauern den weiteren Vorteil, daß sie sich mit Hilfe der diskriminierenden Gesetzgebung leichter kontrollieren und disziplinieren ließen. Die armen Weißen wurden so zu Opfern sowohl ihrer mangelnden Ausbildung als auch ihrer privilegierten Stellung innerhalb des Staates: die Privilegierung verteuerte ihre Arbeitskraft im Vergleich zu der der Diskriminierten. Viehzucht ohne eigenes Land wurde für sie angesichts der zunehmenden Besiedlungsdichte und der Ausweitung des Ackerbaus immer schwieriger. Sie gerieten mehr und mehr in eine Randstellung und verarmten, wenn sich auch die meisten noch bis in die neunziger Jahre hinein auf dem Lande halten konnten.

Für die Schwarzen brachten diese Entwicklungen insgesamt gesehen ebenfalls Nachteile. Landmangel verschlechterte ihre Stellung, da sie außerhalb der Reservate in der Regel keine festen Besitztitel hatten, sondern auf von Weißen beanspruchtem Land lebten. Zunehmende Macht des Staates hieß für sie, daß mehr Steuern erhoben und auch tatsächlich eingetrieben und daß die Paßgesetze und sonstige sie benachteiligende Regelungen mehr und mehr durchgesetzt wurden.

Andererseits profitierten die Schwarzen ein Stück weit von der zunehmenden Ungleichheit der Landverteilung. Ihre Stellung verschlechterte sich da, wo der Besitzer tatsächlich auf seinem Hof lebte, und zwar um so mehr, je weniger Land er hatte. Er versuchte die Produktion zu steigern und möglichst viele Abgaben und Arbeitsleistungen aus den Schwarzen herauszuholen. Großbauern konnten den bei ihnen siedelnden Schwarzen eher eigene Felder und Weiden überlassen. Am günstigsten war die Lage auf dem Land abwesender Besitzer, die es keineswegs leer stehen ließen, sondern es in der Regel an Pächter ausgaben, wobei sie Schwarze aus den angegebenen Gründen bevorzugten. Dabei entwickelten sich unterschiedliche Pachtformen. Am beliebtesten war bei den Schwarzen die (in der Regel hälftige) Teilung des Ertrages zwischen dem Besitzer, der häufig das Saatgut und dem Pächter, der meistens Pflug und Ochsen stellte (*sharecropping, farming on the half*). Die Alternative bildete ein fester Pachtzins entweder in Geld oder, häufiger, in Naturalien, bei dem der Pächter das Risiko allein trug. In beiden Fällen waren die Pächter in ihrer Wirtschaftsweise weitgehend frei. Das war in geringerem Maße der Fall bei der Pacht gegen Arbeitsleistungen (*labour tenancy*). Hier mußte ein Teil der Familienmitglieder drei bis sechs Monate im Jahr für den

Landbesitzer arbeiten. Das kam naturgemäß fast nur da in Frage, wo der Besitzer auf seinem Land wohnte und einen eigenen Betrieb hatte. Ein Sonderfall waren Bergwerksgesellschaften, die ihre Pacht teilweise in Form von Arbeit in den Bergwerken erhoben.

Diese schwarzen Pächter waren in vielen Gebieten relativ erfolgreich. Sie wurden nicht nur zu Konkurrenten der Beiwohner, sondern auch der kleinen und mittleren weißen Bauern. Ihr Hauptnachteil war, daß sie das Land nur in Pacht hatten, es also jederzeit verlieren konnten. Immerhin war es ihnen außer im Oranje-Freistaat überall gestattet, Land direkt oder (in Transvaal) über weiße Mittelsmänner zu kaufen, was sie nun zunehmend, wenn auch noch in bescheidenem Maße, taten.

So entstand in weiten Teilen Südafrikas eine vormoderne, teilweise noch geradezu feudale Landwirtschaft. Die moderne Alternative hätte darin bestanden, daß die Weißen alles Land in eigener Regie bebaut und die Schwarzen nur noch als Lohnarbeiter beschäftigt hätten. Dazu fehlte ihnen nicht nur das Kapital, sondern auch die Kenntnis moderner Methoden, so daß sie, wenn sie selber wirtschafteten, kaum höhere Erträge als ihre Pächter erzielten. Die Löhne von schwarzen Landarbeitern waren infolgedessen äußerst niedrig – so niedrig, daß die Arbeiter vielfach in die Städte flohen. Gegen deren Konkurrenz und die der Bergwerke hatten die weißen Bauern auf dem Arbeitsmarkt keine Chancen. Nur mit Gewalt ließen sich Arbeiter auf die Dauer nicht halten. In einem Pachtverhältnis, das ihnen den Anbau auf eigenen Feldern ermöglichte, blieben die Schwarzen hingegen in der Regel ohne Zwang auf dem Lande.

Die Zukunft schien durchaus offen. Die Frontstellung verlief dabei nicht einfach zwischen Schwarzen und Weißen. Angesichts der raschen Ausdehnung des Besitzes von Gesellschaften und Städtern eröffnete sich die Perspektive einer im wesentlichen von schwarzen Pächtern für abwesende Besitzer betriebenen Landwirtschaft, die die Weißen allmählich vom Lande verdrängen würde. Die Alternative, daß sich weiße Bauern mit mittelgroßen, von ihnen selbst bewirtschafteten Betrieben durchsetzen und die Schwarzen zu Arbeitern und Tagelöhnern reduzieren würden, schien zunächst wenig wahrscheinlich. Erst das Eingreifen des Staates verschob das Gleichgewicht zu ihren Gunsten.

Die schwarzen Bauern erzielten ihre Erfolge hauptsächlich außerhalb der Reservate. Die Übernahme europäischer Anbaumethoden setzte die Übernahme europäischer Eigentumsvorstellungen, der freien Verfügbarkeit über den Boden, zwar nicht geradezu voraus, wurde dadurch aber erleichtert. In den Reservaten, wo die traditionellen politischen und sozialen Verhältnisse im Prinzip gewahrt blieben, war dies schwieriger. Einführung festen Landbesitzes schmälerte, ja zerstörte die Macht der Herrscher, und sie führte angesichts der Knappheit des Bodens und der wachsenden Bevölkerung überdies zur Entstehung einer Schicht von Landlosen, während beim bestehenden System jede Familie ein Stück Land erhielt. Die weißen Autoritäten waren unschlüssig. Die Einführung individuellen Eigentums am Boden konnte leicht zu Unruhen führen. Sie hatte den Vorteil, daß mehr Schwarze gezwungen wurden, außerhalb des Reservats Arbeit zu suchen, und den Nachteil, daß auch hier eine leistungsfähige schwarze Landwirtschaft entstehen konnte, die der weißen Konkurrenz machte. 1894 begann im östlichen Kap und in Transkei mit dem *Glen Grey Act* ein Experiment. Das Land wurde in unteilbare, im Vergleich zu den weißen Höfen allerdings äußerst kleine Lose von 4 Hektar aufgeteilt (Weideland blieb Gemeinbesitz). Gleichzeitig wurde für alle Männer, die kein Land hatten, eine Steuer eingeführt. Sie mußten auswärts Arbeit suchen. Widerstand kam von zwei Seiten: von den Steuerpflichtigen und von den Herrschern, die eines ihrer wichtigsten Machtmittel, die Verteilung des Landes, verloren. Jene hatten Erfolg, diese nicht: die Steuer wurde nicht eingetrieben und 1905 formell abgeschafft, während die übrigen Regelungen beibehalten und in verschiedenen Gebieten, freilich bei weitem nicht überall, durchgesetzt wurden. Außerdem wurde eine begrenzte Selbstverwaltung eingeführt, die die traditionellen Herrscher weiter schwächte[22].

Auch wenn außerhalb der Reservate in dieser Zeit viele Schwarze ihre Stellung halten und manche sie sogar verbessern konnten, so machte sich längerfristig doch die Tatsache bemerkbar, daß nicht sie, sondern die Weißen das Land und die Wirtschaft kontrollierten. Sie zogen bereits in größerer Zahl in die Städte, während sich selbst die ärmeren Buren noch auf dem Lande halten konnten, was sie um so eher taten, als sie kaum Qualifikationen für den Konkurrenzkampf in der Stadt besaßen. Gegen Ende der 1890er Jahre aber wurde auch ihre Lage immer prekärer, nicht zuletzt infolge einer Häufung von Na-

[22] Brookes, White rule 168 f.

turkatastrophen, deren Höhepunkt 1896/97 eine Rinderpest war, die in vielen Gebieten weit über die Hälfte, manchmal sogar 80 bis 90 Prozent des Viehbestands dahinraffte und die Schwarzen noch stärker traf als die Weißen.

Insgesamt blieb die südafrikanische Landwirtschaft im Weltmaßstab unterentwickelt. Nachdem die Bergbaugebiete durch Eisenbahnen mit den Häfen verbunden waren, wurde die Einfuhr von Nahrungsmitteln insbesondere aus Amerika in vielen Fällen billiger als ihre Erzeugung im Lande. Das trug mit zur Verschlechterung der Lage und zur Verschärfung der Konkurrenz zwischen Schwarzen und Weißen bei.

Der britisch-burische Gegensatz spitzt sich zu

1876 bis 1881 hatten die Briten den schwarzen Widerstand endgültig gebrochen. Gleichzeitig aber hatten sie die unmittelbare Kontrolle über die Burenrepubliken wieder verloren. Das schien akzeptabel, solange die Republiken wirtschaftlich bedeutungslos waren und keine eigenständige Außenpolitik betrieben.

Die Goldfunde veränderten diese Rahmenbedingungen radikal. Innerhalb weniger Jahre verlagerte sich das wirtschaftliche Zentrum Südafrikas von der Küste und den Diamantengebieten nach Transvaal. Das zeigte sich in einer Hinsicht in geradezu symbolischer Weise. 1885 schlug die Südafrikanische Republik dem Kap die Bildung einer Zollunion vor. Sie wäre dadurch an den reichen Zolleinnahmen, nicht zuletzt aus dem Diamantenhandel, beteiligt worden. Das Kap lehnte ab. 1886 wollte das Kap eine solche Union. Nun lehnte die Südafrikanische Republik ab, auch als der Vorschlag später wiederholt wurde. Wo aber das wirtschaftliche Übergewicht war, da lag langfristig auch der Schlüssel zur Herrschaft über ganz Südafrika. Wurden die Burenrepubliken zur stärksten Kraft, dann hatten sie es in der Hand, auch die Kapkolonie und Natal von sich abhängig zu machen, was den Verlust des Kaps der Guten Hoffnung und damit eines der wichtigsten Punkte des gesamten Weltreiches für die Briten bedeuten konnte.

Der Witwatersrand lag so eindeutig mitten in Transvaal, daß man nicht mehr zur Behauptung umstrittener Grenzverläufe Zuflucht nehmen konnte wie bei den Diamantenfeldern. Eine einfache Annexion Transvaals wäre militärisch aufwendig gewesen und hätte sich, wenige Jahre nach dem Rückzug, auch schlecht rechtfertigen lassen. So konzentrierten sich die Briten auf eine Politik der kleinen Schritte, die zumindest sicherstellen sollte, daß die Südafrikanische Republik kontrollierbar blieb.

Transvaal hatte von der britischen Besetzung in beträchtlichem Maße profitiert. Vor allem hatten die Briten die Macht der Pedi gebrochen. Dadurch konnten in anderer Weise als früher von den Schwarzen Steuern erhoben und für eine, ebenfalls dank britischer Reorganisation, effizientere Verwaltung eingesetzt werden. Aus der losen, in sich zerstrittenen Voortrekkergemeinschaft, die die Südafrikanische Republik bis 1877 gewesen war, war endlich so etwas wie ein Staat geworden, der auch imstande war, die neue Herausforderung, die der Goldboom bedeutete, einigermaßen zu bewältigen, wobei die finanzielle Lage allerdings bis zu den Goldfunden prekär blieb. Die Vorteile, die sich daraus ergaben, waren enorm. Die Staatseinnahmen stiegen in fast unermeßliche Höhe. Sie waren 1895 fünfundzwanzigmal höher als 1883[23]. Die Mittel für die Verwirklichung alter Träume waren da. Das führte aber erneut in die Konfrontation mit den Briten, die ihre Einkreisung der Burenrepubliken nicht aufgeben wollten. 1887 stießen Buren über den Limpopo hinaus vor, in das Gebiet des heutigen Zimbabwe. Damit gefährdeten sie Pläne Cecil Rhodes', weiter nach Norden vorzudringen. Krüger, der Präsident der Südafrikanischen Republik, ließ sich einen Verzicht auf weitere Expansion nach Norden abhandeln durch die Zusage freier Hand in Swaziland und, durch dieses hindurch, eines Zugangs zur See. Doch die Briten verstanden es, ihn zu täuschen. Sie überließen ihm Swaziland vollständig erst 1899, und bis dahin hatten sie den gesamten Küstenstreifen bis zur Grenze Moçambiques annektiert. Einmal mehr war der Ausbruch aus der britischen Umklammerung gescheitert.

Einen Teilerfolg konnte Krüger weiter nördlich erzielen. Nach 1886 war das erste Gebot der Anschluß des Witwatersrand an das Eisenbahnnetz. Krüger verweigerte zuerst die Konzession nach Süden und forcierte statt dessen eine Linie nach Lourenço Marques, die 1894 eröffnet wurde, nur zwei Jahre später als die – dann doch bewilligte – Strecke nach dem Kap. Damit hatte die Südafrikanische Republik wenigstens einen Ausgang zum Meer, der nicht von den Briten kontrolliert wur-

[23] De Kiewiet, History 118.

de. Das führte während der nächsten Jahre zu zahlreichen Konflikten, nicht nur mit den Briten, sondern auch mit dem Kap und Natal, denen Zölle und Transiteinnahmen entgingen. Auf diese Weise entfremdete sich die Südafrikanische Republik auch einen Teil der Buren in den britischen Gebieten.

Der Goldboom brachte der Südafrikanischen Republik zwar Reichtum. Aber er brachte ihr auch neue Probleme und Konflikte im Innern. Erschlossen und kontrolliert wurden die Bodenschätze von fremden Arbeitern und ausländischem Kapital. Die Einwanderung war massiv; die Buren waren in den neuen Städten eine Minderheit. Das führte zur Verschärfung der Einbürgerungsbestimmungen. Ursprünglich hatten Weiße in allen vier Staaten bzw. Kolonien sofort Bürgerrechte und politische Rechte erhalten. Die Anforderungen wurden nun stufenweise heraufgesetzt, bis 1890 die Verleihung voller Rechte und zumal des Wahlrechts erst nach 14 Jahren möglich war. Die Frage wäre für die meisten Ausländer (*uitlanders*) also erst ab 1900 akut geworden. Nicht allzu viele von ihnen interessierten sich dafür. Sie waren aus wirtschaftlichen, nicht aus politischen Gründen nach Südafrika gekommen. Die meisten ließen sich durch einige Zugeständnisse beschwichtigen. Die Frage wurde erst wieder brisant, als sich die britische Politik ihrer annahm. Insbesondere Cecil Rhodes, seit 1890 Premierminister der Kapkolonie, setzte alles daran, endlich ganz Südafrika unter britischer Führung zu einigen. Zumindest mit stillschweigender Duldung des Kolonialministers Chamberlain inszenierte er 1895 einen Putschversuch in Transvaal. Die *uitlanders* sollten sich erheben, während gleichzeitig eine britische Kolonne von Betschuanaland her militärische Unterstützung bringen würde. Die *uitlanders* zeigten keine Neigung zur Revolution, und der Einmarsch unter Jameson fand ein rasches Ende, als die Truppen der Republik eingriffen. Das war ein ungeheurer, zumal moralischer Erfolg der Buren. Cecil Rhodes stürzte. Kaiser Wilhelm II. sandte Krüger ein Glückwunschtelegramm, mit dem er die Briten nachhaltig verärgerte und die Furcht vor einer eigenständigen Außenpolitik der Südafrikanischen Republik schürte, während er in Transvaal Hoffnungen auf deutsche Unterstützung weckte.

Der Jameson-Raid verschärfte die Situation also nur noch. Der burische Unabhängigkeitswille wurde erst recht angefacht, und dadurch verstärkten sich wieder die britischen Befürchtungen, das Kap zu verlieren. Das aber mußte mit allen Mitteln verhindert werden. 1898 wurde zuerst die außenpolitische Seite abgesichert. In einem Geheimabkommen mit Deutschland einigte man sich auf eine eventuelle Aufteilung der portugiesischen Kolonien, und Deutschland versprach, in Südafrika nicht einzugreifen. Im gleichen Jahr kam ein neuer Hochkommissar nach Kapstadt, Alfred Milner, der entschlossen war, die britischen Ansprüche durchzusetzen. Er brachte die *uitlander*-Frage wieder hoch, obwohl sie sich ja als vergleichsweise harmlos erwiesen hatte, um der Südafrikanischen Republik dauernd neue Forderungen präsentieren zu können. Das war durch Verhandlungen kaum zu erreichen. So wurde ein Krieg zwar nicht zu seinem Ziel, aber er war zunehmend bereit, ihn in Kauf zu nehmen. Er wollte die Einheit Südafrikas unter uneingeschränkter britischer Führung. Er stellte schließlich so weitgehende Forderungen, daß die Südafrikanische Republik am 9. Oktober 1899 ein Ultimatum stellte, dessen Ablauf am 11. die Kriegserklärung bedeutete. Die Republik kam damit einem britischen Ultimatum knapp zuvor.

Daß die *uitlanders* als Gruppe wenig unternahmen, um britisch zu werden, ist unbestritten, auch wenn viele unter ihnen durchaus pro-britisch und mit der burischen Regierung unzufrieden waren. Umstrittener ist die Rolle der Bergwerksbesitzer. Ihre Interessen waren nicht mit denen des Staates identisch. Die Südafrikanische Republik war ein Burenstaat, und die Buren waren kaum direkt am neuen Goldboom beteiligt. Sie schöpften sich ihren Anteil durch hohe Steuern und Gebühren ab, durch Zölle und Monopole, die zu höheren Kosten für die Bergwerke führten. Das erzeugte zeitweise beträchtliche Verärgerung. Doch bildeten die Unternehmer keine Einheitsfront. Wer relativ kurzfristige Interessen hatte, wollte keine Risiken eingehen und zog deshalb den bestehenden Zustand vor. Wer sich auf eine längerfristige Tätigkeit einrichtete, konnte sich vom britischen Eingreifen Vorteile versprechen und war eher bereit, vorübergehende Einschränkungen auf sich zu nehmen, zumal niemand mit einem langen Kriege rechnete. Selbst solche Unternehmer bildeten aber keinesfalls eine Front von Kriegstreibern, zumal einige von ihnen mit der Unterstützung des Jameson-Raids schlechte Erfahrungen gemacht hatten. Sie verhielten sich 1899 abwartend. Dazu trug bei, daß sich mittlerweile zwischen Unternehmern und Staat ein gewisser Ausgleich herausgebildet hatte, der nach dem Kriege trotz der veränderten Bedingungen weiterentwickelt wurde und sich aus der Sicht der

Beteiligten bewährte. Der Staat wußte, daß seine Prosperität von der Prosperität des Goldbergbaus abhing. Abgaben, die diesen ruinierten, schadeten auch ihm. Auf der andern Seite wußten die Unternehmer, daß sie das Wohlwollen des Staates nötig hatten. Sie waren bereit, bis zu einem gewissen Grade Steuern und Abgaben zu bezahlen, die über die Landwirtschaft primär den Buren zugutekamen. Die eigentliche Ursache des Krieges muß vielmehr im Kampf um die Kontrolle der Goldproduktion, die letztlich über die Kontrolle Südafrikas entschied, gesehen werden: nur wer dessen wirtschaftlichen Schwerpunkt in seiner Hand hatte, konnte sich langfristig die politische Herrschaft sichern.

Die Kapkolonie

Die Kapkolonie konnte seit 1853 und vor allem seit 1872 ihre inneren Angelegenheiten weitgehend selbständig regeln. Obwohl das Wahlrecht 1853 den Buren mehr Macht gab, konnte die britische Oberschicht ihre politische Führung dank ihrer zentralen Position in Kapstadt und ihren Verbindungen zum Mutterland zunächst wahren. Die internen Auseinandersetzungen drehten sich vor allem um das relative Gewicht des Ostens und des Westens der Kolonie. Der Gegensatz zwischen Buren und Briten hatte an Bedeutung verloren. Es schien, als würden die Buren allmählich anglisiert, als würde die Einteilung der weißen Gesellschaft nicht mehr primär von sprachlichen und ethnischen, sondern von Klassenkriterien bestimmt, als seit den 1870er Jahren der burische Nationalismus erwachte. Er führte 1880 zur Gründung der ersten politischen Partei Südafrikas, des *Afrikaner Bond,* der zunächst von extremen Nationalisten kontrolliert wurde, seit 1883 aber von Gemäßigten, die nicht auf Konfrontationskurs mit den Briten gehen wollten, unter der Führung von Jan Hofmeyr. Der Bond, in dem wohlhabende Bauern dominierten, wurde zur stärksten politischen Kraft im Kap. Er gewann zwar nie die Mehrheit im Parlament, konnte aber die Interessen seiner Anhänger wirkungsvoll vertreten. Nationalismus im engeren Sinne spielte nur eine begrenzte Rolle. 1890 z. B. verbündete sich der Bond mit Rhodes, um dessen imperialistische Politik im Norden, die deutlich gegen die Republiken gerichtet war, zu unterstützen. Nach dem Jameson-Raid kam es allerdings zu wachsender Entfremdung. Dennoch blieben bis zum Burenkrieg Koalitionen von burischen und britischen Kräften am Ruder und versuchten, im britischen Konflikt mit den Republiken mäßigend zu wirken. Obwohl das Rechtssystem der Kapkolonie im Prinzip »farbenblind« war, sicherten die Gesetze zur Kontrolle der Arbeitskräfte in Verbindung mit der Wahlrechtsregelung von 1853 den Weißen die unbedingte politische Vormachtstellung. Doch der Anteil der wahlberechtigten Mischlinge und Schwarzen nahm immer weiter zu, besonders in den achtziger Jahren. In einer ganzen Reihe von Wahlkreisen konnten sie den Ausschlag geben. In den sechs Wahlkreisen im Gebiet der Ostgrenze waren 1882 1150 schwarze und 7163 weiße Wähler registriert; 1886 waren es 6045 Schwarze und 8077 Weiße[24]. Das war ein Alarmzeichen. 1887 wurde das bestehende Wahlrecht auf Transkei ausgedehnt – gleichzeitig aber wurde Teilhabe an Stammesbesitz nicht mehr als Besitz im Sinne des Zensus anerkannt. Das hatte zur Folge, daß in Transkei nur wenige Schwarze wahlberechtigt wurden, während im Kap viele ihr Wahlrecht verloren. Als die Zahl der Schwarzen trotzdem noch zu hoch schien, verdreifachte 1892 ein neues Gesetz den Mindestbesitz und verlangte außerdem den Nachweis, daß der Antragsteller schreiben konnte. Als die *Glen Grey Act* 1894 in einem Teil der Reservate privaten Landbesitz für die Schwarzen einführte, wurde ausdrücklich festgehalten, daß diese Form von Besitz nicht für das Wahlrecht qualifiziere. 1903 stellten die Weißen 114450 der 135168 Wahlberechtigten im Kap. Das waren 84,7 Prozent[25]. Immerhin machten Nichtweiße weiterhin in einer ganzen Reihe von Wahlkreisen eine beträchtliche Minderheit aus; in Thembuland waren es 1910 49,2 Prozent[26]. Eine Kommission stellte 1905 das zugrundeliegende Prinzip klar. Sie befürwortete die Verleihung politischer Rechte an die Schwarzen, »vorausgesetzt, dies ist möglich, ohne ihnen politische Macht in irgendeinem aggressiven Sinne zu übertragen, oder in irgendeiner Weise die uneingeschränkte Herrschaft und Autorität der herrschenden Rasse zu gefährden.«[27] 1909 waren etwa zwei Drittel der weißen Männer

[24] ODENDAAL 6.
[25] British Parliamentary Papers 55 (1905), 173 (Command 2359, S. 67). 1909 machten Weiße 85,2 Prozent der Wähler aus, Mischlinge und Inder 10,1 und Schwarze 4,7 Prozent. THOMPSON, Unification 110.
[26] THOMPSON, Unification 473.
[27] Bericht der Native Affairs Commission 1905. British Parliamentary Papers 55 (1905), 175 (Command 2359, S. 69, para 442).

wahlberechtigt, aber nur jeder achte Mischling und jeder sechzigste Schwarze[28].

Mission und Christentum

Die wichtigste geistige Kraft, die im 19. Jahrhundert über die Rassengrenzen hinweg wirkte, war zweifellos das Christentum, getragen zunächst hauptsächlich von Missionaren aus den verschiedensten europäischen und nordamerikanischen Kirchen und Religionsgemeinschaften. Vor allem seit den 1830er Jahren breiteten sie sich über weite Teile Südafrikas aus und gründeten ihre Stationen nicht nur in den von Weißen beherrschten Gebieten, sondern auch in vielen unabhängigen schwarzen Staatswesen, soweit sie die Erlaubnis dazu erhielten. Das war in der Regel nicht allzu schwer. Missionare waren gesucht. Freilich nicht wegen ihrer geistlichen Botschaft, sondern als Träger von vielerlei andern Fähigkeiten und Kenntnissen. Über sie ließen sich Verbindungen zu den weißen Staatswesen knüpfen, ließen sich diese möglicherweise sogar als Bundesgenossen gewinnen. Dazu brauchte man sie vor allem auch dank der Schrift, über die sie verfügten. Sie vermochten Handel ins Land zu bringen, über den man zumal an Feuerwaffen und Munition gelangen konnte; sie lehrten auf ihren Stationen Verbesserungen für die Landwirtschaft und hatten medizinische Kenntnisse, die oft da halfen, wo die traditionelle Heilkunde machtlos war.

Hingegen bestand in den schwarzen Staaten wenig Bedarf nach dem, was die Missionare eigentlich bringen wollten, nach dem Christentum. Ablehnung und Widerstand waren weit verbreitet. Das galt vor allem für die herrschenden Gruppen. Die Ausbreitung des Christentums mußte deren Stellung fast notwendig schwächen. Die Missionare wandten sich mehr oder weniger scharf gegen zentrale traditionelle Institutionen wie *lobola* (Brautgeld), Polygamie und Initiationsriten sowie gegen alles, was ihnen als Aberglaube erschien. Sie bedrohten dadurch nicht nur die Stellung der Medizinmänner, Regenmacher usw., sondern auch die der Herrscher selber. Wer Christ wurde, stellte eine Gefahr für die bestehende Ordnung dar. So ist es verständlich, daß die Bekehrungserfolge in unabhängigen Staatswesen zunächst und für lange Zeit höchst mager waren. Es ging

[28] THOMPSON, Unification 110.

dabei gar nicht um Einzelheiten. Missionare, die sich gegenüber den traditionellen Sitten tolerant verhielten, erzielten kaum größeren Erfolge als Eiferer[29]. Am ehesten bekehrten sich Fremde, die ohnehin eine schlechte Stellung hatten, Ausgestoßene und vereinzelte sucherisch veranlagte Individualisten. Ihnen konnte der mehr oder weniger vollständige Ausschluß aus ihren bisherigen sozialen Bezügen weniger anhaben, während das Leben auf der Station Schutz und Sicherheit bot. Manche Missionare schienen die Befürchtungen ihrer Gastgeber zu bestätigen, indem sie versuchten, mit Hilfe der Bekehrten und mit ihrer Station als Zentrum eine Art Staat im Staate, eine Gegenmacht gegen die traditionellen Autoritäten aufzubauen, wodurch sie teilweise heftige Reaktionen und weitere Diskriminierungen der Christen auslösten[30].

So verkörperten die Missionare für die Schwarzen sowohl die Gefährdung durch die Europäer als auch den Schlüssel zu den Grundlagen der europäischen Macht. Diese Situation, in der das, was sie eigentlich bringen wollten, nicht gefragt war, war für die Missionare wenig erfreulich. Viele unter ihnen versprachen sich je länger je mehr Vorteile von einer Unterstellung ihres Missionsgebiets unter weiße Herrschaft, während sie früher eher dessen Unabhängigkeit vorgezogen hatten. Sie wurden in aller Regel nicht zu einer Fünften Kolonne oder gar zu Verrätern. Aber sie verloren zumindest das Interesse daran, sich für die Aufrechterhaltung der Unabhängigkeit einzusetzen, wandten sich innerlich von ihren Gastgebern ab, verließen das Land bei Ausbruch von Kämpfen und kehrten dann mit den neuen weißen Herrschern zurück. Eine Minderheit von ihnen hingegen hielt an der vollen Loyalität zu ihren Gastgebern fest und akzeptierte die damit verbundenen Einschränkungen. Das berühmteste Beispiel sind die französischen evangelischen Missionare, die Moshoeshoe 1833 ins Land holen ließ, als eine Art umfassende Regierungsberater. Er verstand es, sich ihrer Hilfe in großem Umfange zu bedienen, vor allem zur Pflege von Außenbeziehungen. Sie erhielten dafür Missionsfreiheit. Doch Moshoeshoe sorgte dafür, daß auch die Bekehrten seiner Autorität voll und ganz unterworfen blieben und traditionelle Sitten nicht angetastet wurden. Im Endeffekt erfolgte hier eine mindestens so gründliche Christianisierung des Landes wie anderswo.

[29] ETHERINGTON, Social theory 35.
[30] Ein Beispiel aus Zululand bei ETHERINGTON, Preachers 74–80.

Aber es war viel Zeit dazu erforderlich, und die Missionare mußten zunächst in vielem zurückstecken.

In den weißer Herrschaft unterworfenen Gebieten waren die Bekehrungserfolge nun in der Tat meistens viel größer. Das gilt besonders für die östliche Kapkolonie und Natal. Zur Erklärung braucht man keinen Zwang und noch nicht einmal unfaire Beeinflussung zu unterstellen. Die Mission war nie staatlich, und die Burenrepubliken waren ihr gegenüber sogar sehr mißtrauisch eingestellt. Das ging auf die Erfahrungen der zwanziger Jahre zurück, als ein Teil der Missionare zugunsten der Khoikhoi gegen die Buren agitiert hatte, was übrigens auch in späteren Jahrzehnten immer wieder vorkam. Der »Hauptfeind«, die *London Missionary Society,* wurde in den Republiken gar nicht zugelassen, Angehörige anderer Gesellschaften wurden aufmerksam beobachtet.

Hauptursache für die größeren Erfolge unter weißer Herrschaft war die Schwächung oder gar der Zusammenbruch der traditionellen Autoritäten und damit das Ende des organisierten Widerstandes gegen das Christentum. Die christliche Botschaft, wie sie von den Missionaren verkündet wurde, war im Vergleich zur Lebensweise afrikanischer Gesellschaften ausgesprochen individualistisch. Individuelles Arbeitsethos wurde gepredigt; was einer verdiente, sollte ihm selber gehören, während sonst der Reichtum von der Führungsschicht kontrolliert wurde. Die Botschaft fand also zumal bei der jüngeren Generation durchaus Anklang, ermöglichte die christliche Lebensauffassung doch eine Art Befreiung von den traditionellen Autoritäten. Die Unterwerfung der schwarzen Staatswesen unter weiße Herrschaft erleichterte den Ausbruch aus jener Kontrolle für den Einzelnen. Außerdem war das Christentum die Religion der Sieger. Es hatte seine Überlegenheit auch in dieser Hinsicht unter Beweis gestellt. Das verlieh ihm zusätzliche Attraktivität.

Daß die Auflösung der traditionellen Gesellschaftsordnung und ihre Anpassung an die weiße Siedlergesellschaft die Bekehrungshäufigkeit vergrößerte, war eine alte Erfahrung. Das hatte sich schon bei den Khoikhoi gezeigt und später bei den Mfengu, den Flüchtlingen vor der Mfecane, die zuerst zu den Xhosa und später in die Kapkolonie gelangt waren.

So besehen, war die Mission also lediglich ein wichtiges Element im Prozeß der Umwandlung der afrikanischen Gesellschaften und ihrer Unterwerfung unter europäische Herrschaft. Die Missionare wollten die Schwarzen nicht vor europäischen

Einflüssen schützen, sondern sie wollten diese Einflüsse selber und anders ausüben als etwa Bauern oder Händler. Auch wenn sie vereinzelt die Widerstandskraft afrikanischer Staatswesen stärkten, so trugen sie insgesamt doch entscheidend zur europäischen Durchdringung des Landes bei.

In stärkerem Maße als die andern Kräfte entfalteten Christentum und Mission nun aber auch wieder Wirkungen, die über diesen Prozeß hinaus in die Zukunft wiesen, die die Schwarzen nicht nur unterwarfen, sondern zur Grundlage neuer, eigenständiger Bewegungen wurden.

Die Mission war im 19. Jahrhundert die wichtigste Bildungsinstitution in Südafrika. Von staatlicher Seite wurde wenig getan. Dafür bezahlte der Staat seit 1841 in der Kapkolonie die Lehrer an Missionsschulen[31]. Waren staatliche Schulen überwiegend und teilweise sogar ausschließlich für Weiße, so standen Missionsschulen Angehörigen aller Rassen offen. Da sich die Stationen meistens in Gebieten mit vornehmlich schwarzer Bevölkerung befanden, bestanden für Schwarze in abgelegeneren ländlichen Gebieten oft bessere Bildungsmöglichkeiten als für Weiße – ein Verhältnis, das sich erst im 20. Jahrhundert umfassend umkehrte. Die Missionare legten Wert auf praktische Ausbildung in Landwirtschaft und Handwerk. So wurden die Stationen zu Keimzellen von Veränderungen gerade auch in der Landwirtschaft der Schwarzen. Aus den Missionsschulen ging außerdem eine kleine Zahl höher gebildeter Schwarzer hervor, von Pfarrern, Lehrern, Ärzten, Anwälten etc. Sie wurden zur neuen Führungsgruppe, nachdem die traditionellen Eliten mit der Zerschlagung der schwarzen Staatswesen ihre Bedeutung verloren hatten. Sie verstanden sich nicht mehr nur als Zulu, Xhosa, Pedi usw., sondern auch im umfassenden Sinne als Südafrikaner. Diese Gruppe wurde später zum Kristallisationspunkt für neue Formen der politischen Aktivität und des Widerstands.

Die Missionsschulen verbreiteten die Kenntnis europäischer Sprachen. Gleichzeitig schufen die Missionare aber auch Schriftsprachen für die afrikanischen Sprachen in einer Gegend, in der bisher die Schrift völlig unbekannt gewesen war.

Die Attraktivität der Religion der Sieger ist nicht in dem Sinne zu verstehen, daß man sich durch die Bekehrung den Siegern unterwarf, sondern daß man dadurch ihrer Stärke teil-

---

[31] MALHERBE 1, 88 und 2, 538.

haftig zu werden versuchte. Auch innerhalb der Kirchen regte sich rasch Abneigung und Widerstand gegen die von den weißen Pfarrern und Missionaren beanspruchte Führungsstellung. Diese Verweigerung voller Gleichberechtigung führte seit den 1870er Jahren, in umfassendem Rahmen seit 1892, zu Selbständigkeitsbewegungen, zur Abspaltung eigenständiger afrikanischer Kirchen, als sogenannte unabhängige oder äthiopische Kirchen. Ihre Anhängerschaft nahm rasch zu, und sie spielten im 20. Jahrhundert eine zunehmend wichtige Rolle. Es waren nicht einfach Kopien europäischer Kirchen. Vielmehr nahmen sie spezifisch afrikanische Elemente auf, paßten ihre Auffassungen dem afrikanischen Hintergrund an. Das gilt besonders für die seit 1904 rasch an Bedeutung gewinnenden zionistischen Kirchen. Neue Führer traten häufig als Propheten auf. Solche Bewegungen, von den Weißen meistens als Rückfall in das Heidentum abgetan, zeigten in Wirklichkeit, daß die Schwarzen das Christentum tatsächlich aufgenommen und zu einem fruchtbaren Element ihrer eigenen Tradition gemacht hatten. Vor allem bis zum frühen 20. Jahrhundert hatten die unabhängigen Kirchen häufig dezidierte, gegen die weiße Vorherrschaft gerichtete politische Ziele, und sie wurden deswegen von den Weißen auch als Bedrohung empfunden. Unbeschadet ihrer Absichten haben die Missionare also ein Ferment nach Südafrika eingeführt, das sich der Kontrollierbarkeit durch die Weißen rasch entzog.

Waren die Missionare einfach Vorposten und Hilfstruppen des Kolonialismus und der Unterwerfung unter die weiße Herrschaft, oder bildeten sie gerade eine dagegen gerichtete Kraft? Diese Frage muß in einem weiteren Rahmen beantwortet werden.

Missionare haben in vielen Fällen und in vieler Hinsicht das Feld für Eroberung und Unterwerfung vorbereitet. Insofern tragen sie auch Verantwortung dafür. Es kann aber kein Zweifel daran bestehen, daß Südafrika auch dann unter weiße Vorherrschaft gekommen wäre, wenn kein einziger Missionar dorthin gelangt und kein einziger Schwarzer bekehrt worden wäre. Weder Trekburen noch Voortrekker hatten das geringste mit der Mission im Sinn, und die britischen Feldzüge erfolgten ebenfalls unabhängig davon. Das ist für die historische (nicht die moralische) Rolle der Mission ausschlaggebend. Die Unterwerfung wäre auch ohne Missionare erfolgt. Aber die Umstände der Unterwerfung veränderten sich durch die Mission für einen

Teil der Betroffenen, und zwar eindeutig zu deren Gunsten. Sie erwarben Fähigkeiten und Kenntnisse, die es ihnen ermöglichten, die Bedingungen, zu denen sie in die Kolonialgesellschaft integriert wurden, zu verbessern, und diese Fähigkeiten und Kenntnisse hätten sie ohne Mission entweder gar nicht oder nur in geringerem Maße erwerben können. Wer lesen und schreiben, wer einen Pflug führen konnte oder ein Handwerk gelernt hatte, hatte günstigere Startbedingungen. Das gilt teilweise selbst für das, was man den kulturellen Imperialismus der Missionare nennen kann. Er war zwar das Produkt einer intoleranten Weltsicht – auf der andern Seite aber stand fest, daß die traditionelle Gesellschaft verändert werden mußte, wenn die Schwarzen eine Chance zur Teilhabe an der Kolonialgesellschaft nicht nur in den alleruntersten Rängen haben sollten. Viele der Forderungen, die im Zusammenhang des 19. Jahrhunderts engstirnigem Eifer der Missionare entsprangen, wurden im 20. zumal für die städtischen Schwarzen notgedrungen selbstverständlich, vom Tragen europäischer Kleider bis zum Verzicht auf das Brautgeld in Form von Vieh. Die historisch bedeutsame Grenze und Beschränktheit der Missionare lag gerade darin, daß sie im Sinne einer Angleichung nicht weit genug gingen, daß sie selber nicht in vollem Umfang Ernst machten mit der Gleichberechtigung der Missionierten, sondern für sich weiterhin eine übergeordnete Stellung beanspruchten. Innerkirchlicher Widerstand und Abspaltung waren die Folge. Die objektive Rolle des Christentums aber zeigt sich darin, daß dieser Widerstand in der Regel nicht gegen das Christentum gerichtet war, also gegen das, was die Missionare letztlich hatten bringen wollen, sondern gegen dessen weiße Vertreter, zu denen eben auch die Missionare gehörten.

Veränderungen und Konflikte in den schwarzafrikanischen Gesellschaften

Die schwarzafrikanischen Staatswesen und ihre Gesellschaften waren vor dem Kontakt mit den Weißen alles andere als statisch, wie noch die Mfecane auf besonders dramatische Weise vor Augen geführt hatte. Die Veränderungen erfolgten allerdings stärker im politischen Bereich, während bei sozialen Institutionen eine größere Konstanz bestand. Hier brachten der Kontakt mit den und die Eroberung durch die Weißen naturgemäß sehr viel weiterreichende Erschütterungen. Dabei übten vor allem drei Faktoren einen starken Veränderungsdruck aus.

Vielleicht am wichtigsten war die Wanderarbeit, die Arbeit in den Städten, in den Bergwerken und auf weißen Bauernhöfen. Ihr gingen vor allem jüngere, unverheiratete Männer nach, die dadurch weit früher eigene Einkünfte und eigenen Besitz erhielten, als dies sonst der Fall gewesen wäre. Zunächst blieb die Entwicklung kontrollierbar. Die Wanderarbeiter mußten ihre Einkünfte an die Gemeinschaft abliefern, was bedeutete: der Kontrolle der Familienoberhäupter und der herrschenden Schicht unterstellen. In der Regel wurde der Arbeiter sogar von der Gemeinschaft entsandt. Es war dennoch fast unvermeidlich, daß sich seine Stellung im Lauf der Zeit verstärkte, wodurch das Gewicht der traditionellen Autoritäten abnahm. Abgeschlossen war der Prozeß, der zugleich eine zunehmende Individualisierung bedeutete, wenn solche Arbeiter ganz in die Stadt zogen. Das wurde im 20. Jahrhundert von den Behörden zunehmend erschwert, worin sich zeigt, daß der weiße Staat die Veränderungen keineswegs immer begünstigte. Da er aber die schwarze Lohnarbeit forcierte, ließ sich die Entwicklung nicht aufhalten.

Den zweiten Faktor bildete die Verfügungsgewalt über das Land, die traditionell den Herrschern zukam. Sie ging ihnen außerhalb der Reservate rasch verloren. Soweit Schwarze hier trotzdem über Land verfügten, war es in der Regel in der Form der Pacht von Weißen, vereinzelt auch durch Kauf. Die Individualisierung war also besonders ausgeprägt; die größere Gemeinschaft spielte keine Rolle mehr. Etwas anders war die Lage in den Reservaten, wo nur in wenigen Gebieten Individualbesitz eingeführt wurde. Doch die Reservate waren klein, und die Bevölkerung nahm zu. Land wurde bald einmal knapp, so daß kaum noch etwas zu verteilen war. Obwohl in der Theorie jedes Familienoberhaupt Land zur eigenen Verfügung erhielt, war die Verwirklichung je länger je schwieriger; die Zahl der Landlosen nahm zu, wodurch sich auch die sozialen Unterschiede verschärften.

Der dritte Faktor war das Christentum, zumal in der Form, in der es von den Missionaren propagiert wurde. Es geriet mit vielen traditionellen Sitten und Gebräuchen in Konflikt. Wer sich ihm anschloß, der konnte auch die bisherigen Autoritäten nicht mehr voll anerkennen. Die Folge war häufig eine mehr oder weniger tiefe Spaltung zwischen Christen und Nichtchristen, zwischen Modernisten und Traditionalisten. Die Modernisten versuchten, Bildungsmöglichkeiten zu nutzen, lebten monogam, gaben zum Teil das Brautgeld auf, zogen individuellen Landbesitz vor und wanderten besonders häufig in die Städte. Die Zukunft gehörte ihnen, weil sie sich stärker an die gesamtsüdafrikanischen Veränderungen anpaßten. Gerade dadurch gerieten sie aber auch früher in Konflikt mit dem Rassenstaat, der ihnen die volle Integration verwehrte: sie erfuhren die vielfältigen Diskriminierungen überall da, wo sie einen Platz in der modernen Gesellschaft zu gewinnen versuchten. Deshalb kam auch der Anstoß zu neuen Formen des Widerstands in weit stärkerem Maße von ihnen als von den Traditionalisten.

Die skizzierten Konfliktlinien zwischen Alten und Jungen, Herrschern und Gemeinen, Christen und Nichtchristen, Traditionalisten und Modernisten waren überall in größerem oder geringerem Maße zu finden. Im Lauf der Zeit aber ergab sich eine zunehmende Polarisierung, in Form des Gegensatzes und teilweise des Konflikts zwischen Stadt und Land. Dazu trug die offizielle Politik bei, die in den Reservaten später die traditionellen Institutionen zumindest teilweise zu erhalten suchte, während die Entwicklung in den Städten ganz in den Sog der modernen Industriegesellschaft geriet. Die personelle Verbindung zwischen den beiden Welten bildeten die Wanderarbeiter. Gerade an ihnen zeigt es sich, daß die Konflikte zunehmend in die einzelnen Familien hineinreichten. Zunächst im Sinne von Auseinandersetzungen zwischen den Generationen oder zwischen Bekehrten und Nichtbekehrten. Der Kern der Familienstruktur wurde erfaßt, als mehr und mehr auch verheiratete Männer (ohne ihre Familie) in den Städten arbeiteten. Das führte zu einer Stärkung der Stellung der Frau, die nun oft für längere Zeit zum Haushaltsvorstand wurde und neue Funktionen übernehmen mußte. Es führte aber auch zu einer Schwächung und Strapazierung der Familienbande, zu zunehmender Unsicherheit und Instabilität. Da der Staat der Ansiedlung der Familien der Wanderarbeiter in den Städten immer mehr Hindernisse in den Weg legte, waren immer mehr Menschen davon betroffen. Das war allerdings im wesentlichen erst eine Erscheinung des 20. Jahrhunderts.

Kapitel 8
Der Kampf der Weißen um die Vorherrschaft
Die Briten gewinnen den Krieg und die Buren den
Frieden, 1899–1910

Der Burenkrieg, 1899–1902

Als die Südafrikanische Republik am 11. Oktober 1899, gefolgt
vom verbündeten Oranje-Freistaat, mit ihrer Kriegserklärung
an Großbritannien den lange erwarteten Kampf auslöste, glaubten beide Seiten an einen Waffengang, der vor Weihnachten
beendet sein würde. Betrachtete man die Kriegsziele, so war die
Hoffnung auf einen kurzen Krieg reichlich optimistisch. Die
Republiken wollten endgültig zu gleichberechtigten, in jeder
Hinsicht unabhängigen Mitgliedern der Staatengemeinschaft
werden, was nicht zuletzt das Recht zu einer eigenständigen
Außenpolitik beinhaltete. Die Briten hingegen wollten die Republiken ihrem Kolonialreich einverleiben, also deren staatliche
Existenz vernichten. Das bedeutete einen Kampf auf Leben und
Tod.
   Die Buren suchten ihren Anfangsvorteil, die schnellere Mo-
bilmachung, zu nutzen und gingen in die Offensive. Doch sie
verpaßten ihre Chancen. Sie ließen sich auf langwierige Belage-
rungen britischer Garnisonen in den Grenzgebieten ein, von
Ladysmith, Kimberley und Mafeking. Sie waren dafür weder
ausgerüstet noch ausgebildet. Nur ein rascher Vorstoß tief in
die Kapkolonie hinein hätte vielleicht die dortigen Buren, die ja
die Mehrheit der Weißen ausmachten, zur direkten Unterstützung der Republiken bewegen können. So kam es lediglich Mitte 1900 zu zwei kleineren Rebellionen, die ohne Schwierigkeiten niedergeschlagen wurden. Ein weiterer Grund dafür war,
daß Großbritannien sich um Rücksicht auf seine burischen Untertanen bemühte. Im Kap und in Natal wurden nur Freiwillige
rekrutiert; die Hauptlast des Kampfes trugen Truppen aus andern Teilen des Reiches.
   Gegen Weihnachten trafen am Kap große Verstärkungen ein.
Eine britische Generaloffensive begann, schwerfällig, aber
wirksam. Am 13. März 1900 war Bloemfontein besetzt, am
24. Mai annektierte Großbritannien den Freistaat. Am 5. Juni
waren die Briten in Pretoria, am 1. September annektierten sie

Transvaal. Der Krieg schien zu Ende, als sich die Buren zu einem Verzweiflungskampf entschlossen. Sie gingen zum Guerillakrieg über. Mit äußerst beweglichen Kommandos fügten sie den Briten schwere Verluste zu und entzogen sich den überlegenen Kräften immer wieder. Die Briten entwickelten ebenso gründliche wie brutale Gegenmaßnahmen. Sie zerstörten systematisch die Bauernhöfe – insgesamt etwa 30000 – und brannten die Ernten nieder, um so den Kommandos die Versorgung abzuschneiden. Sie internierten Frauen und Kinder in Lagern, die sie selber als ›Konzentrationslager‹ (*concentration camps*) bezeichneten. Es war nicht ihre Erfindung, aber sie wandten das Mittel in bislang unbekanntem Ausmaß an. Die Lebensbedingungen in den Lagern waren äußerst schlecht. Etwa 28000 Frauen und Kinder starben. Auch die Schwarzen, die auf weißen Höfen lebten, wurden in Lager verbracht; ihre Todesopfer werden auf über 14000 geschätzt[1]. Schließlich überzogen die Briten das Land mit einem Netz von Stacheldrahtzäunen und Blockhäusern, um so die Bewegungsfreiheit der Buren einzuschränken. Ob all diese Maßnahmen den burischen Widerstand eher angestachelt oder gebrochen haben, ist umstritten. Jedenfalls zog sich der Krieg noch über fast zwei Jahre hin. Erst als die Buren kaum mehr Nahrungsmittel beschaffen konnten, als mehr und mehr arme Buren sich aus Not den Briten anschlossen und als größere Aktionen von Schwarzen in den Randgebieten drohten, akzeptierten sie am 31. Mai 1902 die britischen Friedensbedingungen.

Aus dem kurzen vorweihnachtlichen Waffengang war einer der härtesten und blutigsten Kolonialkriege der Geschichte geworden, der aufwendigste, teuerste und verlustreichste, den die Briten jemals (und auch seither) führten, der verheerendste Krieg, der bislang auf südafrikanischem Boden ausgetragen worden ist. Die Briten hatten fast 450000 Mann mobilisiert, und sie hatten 22000 Tote zu beklagen. Auf burischer Seite hatten insgesamt etwa 88000 Mann gekämpft, davon 22000 bis zum Ende; 7000 waren gefallen[2]. Die Zahlen zeigen, daß die Buren gut bewaffnet waren – sie hatten vor dem Kriege in großem Umfang moderne Waffen gekauft, besonders in Deutschland –, daß sie die bessere Kampfmoral hatten und das Land besser kannten. Die britischen Kriegskosten beliefen sich

---

[1] WARWICK 1; 4. Abweichende Zahlen bei PAKENHAM 572f.
[2] WARWICK 3.

auf 200 Millionen Pfund[3]. Die jährlichen Exporte ganz Südafrikas betrugen 1896–1900 weniger als 4 Millionen Pfund[4].

Es war ein Krieg, dessen Bedeutung sich auch symbolisch in seiner Erstreckung auf zwei Jahrhunderte äußerte. Die Wendung zum totalen Krieg, zur Mobilisierung aller Ressourcen, zur Einbeziehung der Zivilbevölkerung und zur zentralen Rolle der Guerillataktik wies voraus auf das 20. Jahrhundert. Als Kolonialkrieg aber war der Burenkrieg der letzte in einer Reihe, die bis in das 18. Jahrhundert zurückreichte. Während im 20. Jahrhundert afrikanische und asiatische Völker erfolgreiche Unabhängigkeitskriege gegen die Kolonialmächte führten, hatten im 18. und 19. Jahrhundert europäische Siedlergemeinschaften in Nord- und Südamerika ihre Unabhängigkeit vom Mutterland erkämpft. Auch bei diesem Vergleich zeigt der Burenkrieg freilich wichtige Unterschiede. Die Republiken waren bereits unabhängig gewesen, und durch den Krieg verloren sie diese Unabhängigkeit gerade. Daraus ergab sich für die Buren ein zentrales Ziel für das 20. Jahrhundert: die militärische Niederlage mit andern Mitteln doch noch in einen Sieg umzuwandeln. Sie waren darin bemerkenswert erfolgreich, vermochten sie schließlich doch das ganze von ihnen besiedelte Gebiet der Kontrolle der Kolonialmacht vollständig zu entziehen. Der hartnäckige Widerstand im Kriege, der von den Buren als zweiter Freiheits- oder Unabhängigkeitskrieg bezeichnet wird (nach dem ersten von 1880–1881 gegen die Briten in Transvaal), trug indirekt wesentlich zu diesem Erfolg bei.

Es mußte für die Buren nahe liegen, nach dem verlorenen Kriege Bundesgenossen gegen die Briten zu suchen. Dafür boten sich die Schwarzen geradezu an. Eine Allianz mit ihnen aber kam für die Buren (ebenso wie für die Briten) aus verschiedenen Gründen auf keinen Fall in Frage. Es gehört zu den Besonderheiten der südafrikanischen Geschichte, daß den Schwarzen die Eigenschaft, mögliche Bundesgenossen zu sein, wiederholt statt zum Vorteil zum Nachteil gereichte. Die ländliche Wirtschaft der Buren beruhte ebenso wie die städtische der Briten auf billigen schwarzen Arbeitskräften, die nur deshalb so billig waren, weil gegen sie vielfältige Instrumente des Zwangs und der Disziplinierung eingesetzt werden konnten. Hätte man die Schwarzen politisch als Bundesgenossen aufgewertet, dann

[3] WARWICK 1-3; PAKENHAM 572.
[4] SCHUMANN 44.

hätte sich dieses System zumindest nicht in vollem Umfang aufrechterhalten lassen. Die Kosten wären zu hoch gewesen. Der Streit zwischen den Weißen und die Niederlage der Buren führten deshalb nicht zu einer Verbesserung, sondern zu einer Verschlechterung der Lage der Schwarzen. Keine der beiden weißen Parteien wollte sich mit ihnen verbünden, aber jede fürchtete, die Gegenseite könnte es doch tun. Dadurch war es besonders wichtig, sie schwach zu halten. Wären die Weißen einig gewesen, so hätten sie die Schwarzen weniger schnell als Gefahr empfunden. Deren politischer Spielraum wäre also etwas größer gewesen.

So führte die Niederlage der Buren 1902 dazu, daß die fortdauernde, wenn nun auch mit andern Mitteln geführte burisch-britische Auseinandersetzung zugleich die Aufrechterhaltung der politischen Machtlosigkeit der Schwarzen zu einem zentralen Moment weißer Politik werden ließ. Beides gehört unauflöslich zusammen. Es ist richtig, daß gegenüber einer echten oder vermeintlichen schwarzen Gefahr die weiße Solidarität im 20. Jahrhundert genauso funktioniert wie im 19. Jahrhundert, fast instinktmäßig. Daraus läßt sich aber nicht auf die Bedeutungslosigkeit des burisch-britischen Gegensatzes schließen. Immerhin war der Burenkrieg verlustreicher als alle kriegerischen Auseinandersetzungen zwischen Schwarzen und Weißen im 19. Jahrhundert zusammengenommen.

Daß die Schwarzen nach 1902 nicht als Bundesgenossen in Frage kamen, auch nicht für die Briten gegen die Buren, hatte indessen einen noch näher liegenden Grund. Es war die eigentümliche Verbindung von realer Ohnmacht und potentieller Macht, die die Schwarzen repräsentierten. Erstere war die Folge der Kämpfe des 19. Jahrhunderts, letztere ergab sich aus den schieren Zahlenverhältnissen. Der Burenkrieg selber erwies endgültig, daß die Kämpfe des 19. Jahrhunderts die Macht der Schwarzen gebrochen hatten. Sonst hätten sich die beiden weißen Gruppen nicht in aller Ruhe mehr als zweieinhalb Jahre lang bis aufs Messer bekämpfen können, ohne daß sie darin von den Schwarzen ernsthaft gestört wurden. Diese verhielten sich zwar keineswegs völlig passiv und verstanden die Gunst der Stunde ein Stück weit zu nutzen. Sie besetzten viele verlassene Burenfarmen. Häufig vertrieben sie auch erst die Besitzer, und sie griffen in zunehmendem Maße kleinere Burenkontingente an. Beim Entschluß der Buren, den Kampf aufzugeben, spielte die Angst vor Überfällen durch die Schwarzen eine wichtige

Rolle. Doch das war noch kein Zeichen wirklicher Macht, wenn man vom heranrückenden Ende einer erschöpften Partei profitierte. Die Sieger hatten keine Probleme, die Schwarzen sofort wieder voll und ganz ihrer Ordnung zu unterwerfen.

Neben dieser Einsicht in die politisch-militärische Machtlosigkeit stand dennoch das Gefühl einer potentiellen Bedrohung der Minderheit durch die Mehrheit, das zu einer besonders bekannt gewordenen Einstellung führte: der Burenkrieg wurde als »Krieg des weißen Mannes« geführt. Beide Seiten propagierten dieses Prinzip immer wieder und bezeichneten es als zentral. Keine hielt sich voll und ganz daran. Insbesondere die Briten zogen Schwarze von Anfang an zu zahlreichen Hilfsdiensten heran, und sie bewaffneten mehr und mehr von ihnen. Gegen Kriegsende waren das immerhin mindestens 10 000 Mann[5]. Gemessen an der Gesamtzahl der britischen Truppen aber waren es wenige, und auf keiner Seite wurden Schwarze jemals als Reguläre verwendet. Die Tatsache, daß trotzdem bewaffnete Schwarze eingesetzt wurden, kann nun gerade nicht als Beweis für ihre wichtige Rolle im Burenkrieg (außer als Kanonenfutter) betrachtet werden. In Indien z. B. führten die Briten ihre Kriege stets mit einer Armee, die überwiegend aus Indern bestand. Damit zeigten sie lediglich, wie vollständig sie die Lage unter Kontrolle hatten. Niemand behauptet deswegen, die britische Eroberung Indiens sei in Wahrheit eine indische Eroberung Indiens gewesen. Wenn in Südafrika statt dessen der Krieg des weißen Mannes propagiert wurde, so war das nur vordergründig eine Folge des Rassismus, da man ja sonst auch nicht zögerte, die Schwarzen für alle möglichen Dienste einzusetzen, in Wirklichkeit aber ein Resultat der Furcht, die Situation könnte außer Kontrolle geraten, wenn man Schwarze in größerer Zahl bewaffnete oder wenn man sich nach dem Kriege mit ihnen gegen die andere weiße Gruppe verbündete.

Wie immer man die heutige Situation beurteilen mag – aus der Sicht der Buren kommt dem Burenkrieg die gleiche Funktion zu wie den Unabhängigkeitskriegen in Nord- und Südamerika: er hat den europäischen Siedlern, bzw. deren Nachfahren, endgültig den Rechtstitel auf das von ihnen eingenommene Gebiet gegeben. Daß der Krieg als solcher verloren ging, wird in dieser Sicht aufgewogen zunächst durch die großen Opfer im Kriege, den die Buren ohne jeden Bundesgenossen gegen das Britische

---

[5] WARWICK 25 (zwischen 10000 und 30000).

Weltreich im Zeitpunkt von dessen höchster Machtentfaltung geführt haben, und danach durch den späteren politischen Triumph, der nicht zuletzt eine Folge dieser Opfer und der an den Tag gelegten Hartnäckigkeit war. So ergibt sich das Paradox, daß das Volk, das heute als Verkörperung der letzten und besonders ungerechten Reste des Kolonialismus erscheint, sich selber historisch an der Spitze der Völker mit antikolonialer Befreiungstradition sehen kann. Das Paradox ist eine Folge der zwei unterschiedlichen Formen, unter denen die Entkolonisierung auftrat: in einem Teil der Welt bestand sie in der Gewinnung der Unabhängigkeit durch europäische Kolonisten, auf Kosten der einheimischen Bevölkerung, während sich in andern Teilen der Welt im 20. Jahrhundert einheimische Nationalbewegungen gegen die Europäer durchsetzten.

Die Umwandlung der militärischen Niederlage in einen politischen Sieg ist nun zu schildern.

Vom Frieden zur Einheit, 1902-1910

Im Mai 1902 hatten die Briten die Republiken fast vollständig besetzt; der Widerstand der Buren ließ immer mehr nach. Die Lage hätte es den Briten wohl erlaubt, eine bedingungslose Kapitulation durchzusetzen. Statt dessen erhielten die Buren vergleichsweise günstige Friedensbedingungen, die nicht zum reinen Diktat gerieten. Auf ihrem wichtigsten Kriegsziel allerdings beharrten die Briten. Die staatliche Existenz der Republiken mußte ausgelöscht werden; sie wurden bzw. blieben annektiert und damit gewöhnliche Kronkolonien. Innerhalb dieses Rahmens aber machten die Briten beträchtliche Zugeständnisse. Sie versprachen umfangreiche Wiederaufbauhilfe besonders für die ländlichen Gebiete. In absehbarer Zukunft sollte Selbstregierung nach dem Vorbild des Kaps und Natals gewährt werden. Artikel 8 legte fest: »Die Frage der Gewährung des Wahlrechts an Eingeborene wird erst nach der Einführung der Selbstregierung entschieden werden.«[6] Das bisherige, Nichtweiße strikt ausschließende Wahlrecht konnte also erst einmal beibehalten werden.

Weshalb zeigten sich die Briten gegenüber einem Feind, den sie eben noch mit größter Härte und teilweise höchst brutalen

[6] Eybers 316.

Methoden bekämpft hatten, so nachgiebig, deutlich auch auf Kosten der Schwarzen?

Die Schwarzen kamen auch für die Briten aus ganz ähnlichen Gründen wie für die Buren als Bundesgenossen nicht in Frage. Hauptziel des Krieges war die Gewinnung der Kontrolle über den Goldbergbau gewesen. Dieser setzte eine große, disziplinierte, niedrig bezahlte und wohlkontrollierte schwarze Arbeiterschaft voraus. Und da die Briten in Südafrika noch weniger zahlreich waren als die Buren, mußte ihnen die Zusammenarbeit mit den Schwarzen erst recht riskant erscheinen. In diesem Zusammenhang muß bei Briten wie Buren außerdem auf den Rassismus verwiesen werden, auf Denkströmungen, die gerade um diese Zeit auch in Europa sehr deutliche Ausprägung und weite Verbreitung fanden. Darin wurde eine natürliche Unterlegenheit der nichtweißen Rassen behauptet. Die Behandlung der Schwarzen als wirklich Gleichberechtigte wäre in weiten Kreisen höchst unpopulär gewesen, und auch die Politiker selber hätten sich schwer getan damit. Die ganze Atmosphäre war so, daß dergleichen von vornherein nicht in Frage zu kommen schien. Dennoch sollte dieser Faktor nicht überschätzt werden. Wenn sie sich davon Vorteile versprachen, hatten sich die Weißen in Südafrika noch immer über solche Vorurteile hinweggesetzt. Jedenfalls läßt sich die Haltung der Briten wie der Buren auch ohne Rückgriff auf rassistisches Denken verständlich machen (woraus freilich nicht der Umkehrschluß gezogen werden sollte, daß solches Denken nicht existierte).

Am Ende des Burenkrieges befanden sich die Briten den Buren gegenüber in der gleichen Situation, in der sie selber und die Buren sich im Verlauf des 19. Jahrhunderts immer wieder gegenüber den Schwarzen befunden hatten. Sie hatten den Gegner zwar militärisch stets völlig besiegt, aber sie waren nicht imstande gewesen, ihn auch im Frieden in ausreichendem Maße zu kontrollieren: die Briten hatten ihre Truppen abgezogen, die Buren ihre Kommandos aufgelöst; die Zahl der Siedler im Grenzgebiet war so gering gewesen, daß sich dort sehr bald wieder die alten Verhältnisse eingestellt hatten. Das Dilemma hätte sich nur durch die fortgesetzte Unterhaltung eines gewaltigen Militärapparates oder durch massierte Einwanderung lösen lassen.

Ähnlich erging es nun den Briten gegenüber den Buren. Man konnte die riesige Armee nicht in Südafrika stehen lassen. Dort aber bildeten die Buren unter den Weißen die deutliche Mehrheit. Zwar kontrollierten die Briten die Städte und insbesondere die städtische Wirtschaft und den Handel. Dafür stellten die Buren den größten Teil der weißen Landbevölkerung. Ohne die Kontrolle der ländlichen Gebiete ließ sich die städtische Wirtschaft nicht in Gang halten. Da eine Allianz mit den Schwarzen nicht in Frage kam, mußte man sich mit den Buren in irgendeiner Weise arrangieren. Diese Einsicht setzte sich allerdings nur zögernd durch. Milner, der Südafrika bis 1905 regierte, wollte alles daran setzen, um die britische Stellung so stark wie möglich zu machen. Er hatte sich im Friedensvertrag gegenüber der Londoner Regierung und dem Oberbefehlshaber Kitchener durchgesetzt, die beide den Buren noch wesentlich weiterreichende Zugeständnisse machen wollten. Dafür hatte er gegen sie Artikel 8 eingebracht: der Ausschluß der Schwarzen vom Wahlrecht war den Buren wichtig, ohne daß er die Briten etwas kostete. Milner wollte die britische Stellung durch Anglisierung festigen. Er setzte sich für eine starke britische Einwanderung nach dem Kriege ein und förderte speziell die Ansiedlung auf dem Lande, in der Hoffnung, auf diese Weise würden die Briten bald die Mehrheit der Weißen stellen. Er hatte die Forderung der Buren nach Gleichberechtigung des Niederländischen mit dem Englischen zurückgewiesen. Statt dessen richtete er Regierungsschulen ein, deren Unterrichtssprache Englisch war. Sein Ziel war es, auch die Buren mit der Zeit zu Briten zu machen. Er scheiterte auf der ganzen Linie. Nur wenige Einwanderer kamen, und kaum welche wollten sich auf dem Lande niederlassen. Statt daß die Buren anglisiert wurden, regten sich ihr Widerstand und ihr Nationalismus wie nie zuvor. Ähnlich wie 1824 gründeten sie christlich-nationale Schulen, in denen niederländisch unterrichtet wurde. Angesichts der Verwüstungen auf dem Lande war die burische Unterschicht von Not und Elend bedroht, so daß mit Unruhen gerechnet werden mußte. Milner, der seinen Mißerfolg einsah, trat 1905 zurück. Damit war endgültig klar geworden, daß die Briten nicht gegen die Buren regieren konnten und vor allem, daß wenig Aussicht bestand, diesen Zustand in absehbarer Zeit ändern zu können. Die neue liberale britische Regierung ließ sich nun auf ein Experiment wirklicher Versöhnungspolitik ein, die den Buren große Zugeständnisse zu machen bereit war, um auf diese Weise wenigstens die zentralen eigenen Ziele, die Kontrolle über das Kap und über die südafrikanische Wirtschaft, zu sichern.

In Großbritannien mehr noch als in Südafrika kam den Buren

nicht nur ihre Mehrheitsstellung unter den Weißen, sondern auch der Krieg selber zu Hilfe. Die Weltmeinung war von Anfang an fast einmütig auf seiten der Buren gewesen. Sie sahen den Krieg als Freiheits- und Überlebenskampf eines kleinen Volkes gegen das mächtigste Reich, das die Welt je gesehen hatte. Daß Afrika ein Herrschaftsgebiet der Weißen sei, stand nach der gerade abgeschlossenen Aufteilung des Kontinents durch die Europäer ohnehin fest, und der Burenkrieg betraf ja gerade nicht diese Frage. Selbst in Großbritannien bestand eine starke pro-burische Bewegung, deren Bedeutung in dem Maße zunahm, in dem die Methoden der Guerillabekämpfung bekannt wurden. Ein harter Friede für die Buren wäre zu Hause und im Ausland höchst unpopulär gewesen. Auf diese Weise gereichte den Buren ihre Schwäche schließlich noch zum Vorteil, so sehr sie zu Beginn von der Welt enttäuscht worden waren. Denn sie hatten nicht nur auf Sympathie, sondern auf Unterstützung gehofft, insbesondere aus Deutschland. Kein Staat der Welt rührte sich; niemand wagte die Briten zu provozieren. Dafür konnten sich die Buren dadurch den Nimbus des kleinen, heldenhaft kämpfenden Volkes wahren, und die Briten wurden im Frieden zu Opfern ihrer eigenen Kriegführung.

Die erste Auswirkung der neuen Politik war, daß die beiden Burenterritorien viel rascher, als Milner dies vorgesehen hatte, die Selbstregierung erhielten, Transvaal Ende 1906 und die Oranje-Kolonie 1907. Beide konnten ihre Verfassung weitgehend selbständig ausarbeiten. Das Wahlrecht blieb auf die weißen Männer beschränkt. Nur waren jetzt natürlich die *uitlanders* wahlberechtigt. Trotzdem gewannen in beiden Kolonien Buren-Parteien die Wahlen, wurden Buren zu Premierministern, in Transvaal mit Louis Botha sogar der Oberkommandierende im Kriege. Er gehörte zu einer nun rasch an Bedeutung gewinnenden Gruppe kompromißbereiter Buren, die ihre Ziele nicht gegen die Briten, sondern in Zusammenarbeit mit ihnen erreichen wollten, weil sie feststellten, daß diese in Südafrika letztlich auf die Buren angewiesen waren. Solche Zusammenarbeit war auch schon im 19. Jahrhundert in der Kapkolonie geläufig gewesen. Sie wurde vornehmlich von den wohlhabenderen Buren getragen.

Es war eine Folge der Eigentümlichkeiten britischer Reichsorganisation, daß auch der vollständige Sieg im Kriege das britische Hauptziel, die Schaffung eines einheitlichen Südafrika, noch nicht verwirklicht hatte. Das Kap und Natal waren sich selbst regierende Kolonien, über die London nicht einfach verfügen konnte. Oranje und Transvaal wurden Kronkolonien, hatten also einen schlechteren Status als das Kap und Natal, die sich natürlich nicht zurückstufen lassen wollten. Gleiche Stellung für alle vier Gebiete war nur auf der Ebene der Selbstregierung möglich. Das war 1907 erreicht, bedeutete aber zugleich, daß eine Vereinigung nur freiwillig, mit Zustimmung aller Beteiligten möglich war. Die Buren waren zunächst skeptisch, befürchteten sie doch, dadurch gegenüber den Briten an Gewicht zu verlieren. Der Umschlag kam, als sie feststellten, daß ihre Mehrheit in einem vereinigten Südafrika erst richtig zur Wirkung kommen würde. In London war man sich dieser Möglichkeit bewußt, wollte sich aber nicht länger mit einem in sich zerstrittenen und dadurch auch wirtschaftlich schwachen Südafrika herumschlagen. Denn mittlerweile hatten die alten Reibereien wegen Zöllen, Eisenbahntarifen etc. wieder eingesetzt, obwohl 1902 eine Zollunion gebildet worden war. 1908 war im Kap eine von den Buren gestützte Regierung an die Macht gekommen. Damit hatte nur noch Natal eine primär die Interessen der britischen Bevölkerung vertretende Regierung. Daß man dort trotzdem für die Einheit war, hatte besondere Gründe. Nach dem Auslaufen der Wiederaufbauhilfe und dem Abzug der meisten Truppen war Südafrika 1905 in eine Rezession geraten. In Natal versuchte man, die Staatskasse durch neue Steuern für die Schwarzen zu sanieren. Eintreibungsversuche Anfang 1906 provozierten im Osten unter den Zulu einigen Widerstand. Massive staatliche Repression war die Folge. Die Unruhen dehnten sich aus, und sie waren erst 1908 endgültig erstickt, mit etwa 3500–4000 Toten auf schwarzer und 24 auf weißer Seite[7]. Es war die letzte größere bewaffnete Erhebung in der Tradition der Kämpfe des 19. Jahrhunderts, die zugleich zeigte, wie hoffnungslos unterlegen die Schwarzen mittlerweile waren. Dennoch waren die Weißen nervös geworden, was sich vor allem in der brutalen Niederschlagung zeigte. Natal hatte von allen vier Kolonien mit knapp 9 Prozent den niedrigsten Anteil an Weißen[8]. Die Kämpfe nährten die Angst vor einer allgemeinen Erhebung der Schwarzen. Für einen solchen Fall wollte man nicht allein bleiben, sondern sich des Rückhalts aller Weißen versichern. Deshalb war man bereit, ein vereintes Süd-

[7] MARKS, Reluctant rebellion XVI.
[8] Union Statistics A 3.

afrika selbst dann zu akzeptieren, wenn die Buren darin den Ton angaben.

1908 wurde eine verfassunggebende Versammlung einberufen, die ohne britische Einwirkung und ohne Vorgaben, außer daß natürlich auch die Union einen Bestandteil des Britischen Reiches bilden würde, arbeiten konnte und 1909 einen Entwurf vorlegte. Frühere Pläne waren angesichts der Unterschiede zwischen den vier Gebieten stets von einem föderalistischen Modell ausgegangen. Nun aber waren die Buren anderer Meinung. Gegen den wenig wirksamen Widerstand Natals wurde Südafrika zu einem zentralistischen Einheitsstaat gemacht. Die Verfassung folgte weitgehend dem britischen Vorbild, besonders, was die Macht des Parlaments anging. Die Buren konnten eine Klausel durchsetzen, die volle Gleichberechtigung des Niederländischen mit dem Englischen zugestand. Besonders umstritten war die Wahlrechtsregelung. Die Delegierten des Kaps setzten sich, nicht zuletzt aus Rücksicht auf ihre Wähler, für die Ausweitung des Zensuswahlrechts auf die ganze Union ein. Transvaal und Oranje wollten darüber nicht mit sich reden lassen, und auch in Natal fürchtete man eine Regelung, die den Schwarzen irgendeine Teilhabe an der Macht gewährt hätte. Nachdem London Zustimmung angedeutet hatte, einigte man sich darauf, daß jede Provinz ihr bisheriges Wahlrecht beibehalten würde. Das Kapwahlrecht wurde, ebenso wie die Sprachklausel, durch eine Sonderbestimmung zusätzlich geschützt: diese Artikel konnten nur mit Zustimmung einer Zweidrittelmehrheit beider Häuser des Parlaments in einem sehr komplizierten Verfahren geändert werden. Hingegen wurde nun selbst im Kap das passive Wahlrecht, die Wählbarkeit als Abgeordneter, auf Weiße beschränkt[9]. Das war für die Praxis wenig bedeutsam, hatte doch noch nie ein Nichtweißer im Kapstädter Parlament gesessen. Aber es war wichtig als Programm, als Absichtserklärung, daß die Weißen gewillt waren, das Zentrum der Macht sich allein vorzubehalten.

Die Wahlregelungen enthielten noch eine weitere wichtige Bestimmung. Im Kap hatten die ländlichen Wahlkreise traditionell weniger Wähler gehabt als die städtischen. Das gab der Landbevölkerung mehr politisches Gewicht. Das System wurde in abgeschwächter Form für die Union übernommen: ländliche Wahlkreise konnten bis zu 15 Prozent weniger, städtische bis

[9] EYBERS 521-558 (Text der Verfassung).

zu 15 Prozent mehr Wähler umfassen als der Durchschnitt aller Wahlkreise betrug. Dadurch erhielt das Land eine Überrepräsentation, die bis heute besteht. Ohne sie wäre die noch jetzt regierende Nationale Partei 1948 nicht an die Macht gekommen.

Schon Artikel 8 des Friedensvertrages hatte Proteste ausgelöst. Vor allem die gebildeten und wohlhabenderen Schwarzen und Mischlinge, die ja im Kap wahlberechtigt waren, waren enttäuscht und fühlten sich betrogen. Sie hatten sich in ihrer großen Mehrheit im Kriege für die Briten eingesetzt, in der Hoffnung auf eine Verbesserung der Lage ihrer Rassengruppe in ganz Südafrika. Die britische Propaganda hatte sie darin unterstützt, vor allem durch Polemik gegen die Behandlung der Nichtweißen in den Burenrepubliken. Der Eindruck entstand, die Briten würden sich dort künftig ganz anders als die Buren verhalten, obwohl das etwa in Natal bisher kaum der Fall gewesen war. Ob man die Briten geradezu des Wortbruchs bezichtigen konnte, ist schwer zu entscheiden. Sicher aber hatten sie Erwartungen geweckt, die sie nachher enttäuschten. Freilich waren ihre Interessen so klar, daß eine andere Entscheidung kaum zu erwarten war: Da ein Bündnis mit den Schwarzen gegen die Buren nicht in Frage kam und man sich zu einem umfassenden Zusammengehen mit den Buren entschlossen hatte, wäre es inkonsequent gewesen, auf einer Regelung zu beharren, die den Briten nichts brachte, dafür aber die Buren massiv verärgerte. Denn auch für die Briten, zumal für diejenigen in Südafrika, war stets klar, daß kein Wahlrecht die weiße Vorherrschaft gefährden durfte.

Politische Organisationen der Schwarzen und der Mischlinge beriefen Protestversammlungen ein. Danach sandten sie unter Führung eines Weißen eine gemeinsame Delegation nach London, um ihr Anliegen vor dem britischen Parlament zu vertreten. Denn nur mit dessen Zustimmung konnte die neue Verfassung in Kraft treten. Die Delegation fand zwar Sympathie, aber wenig politische Unterstützung. Vielen britischen Politikern erschienen die Forderungen gerechtfertigt. Doch wenige wollten die endlich erreichte Einheit Südafrikas gefährden. Schließlich war der Burenkrieg dafür und nicht für ein bestimmtes Wahlrecht geführt worden. Eine offizielle südafrikanische Delegation, die die Verfassung verteidigte, machte deutlich, daß bei einer Ablehnung der Wahlrechtsregelung die Zustimmung der vier Kolonien zur Vereinigung, die ebenfalls erforderlich war, keineswegs garantiert werden könne. Viele fanden es auch wenig konsequent, nachdem man volle Freiheit bei der Ausarbeitung gelassen hatte, nachträglich noch Einzelvorschriften zu machen. So wurde die Verfassung schließlich vom Londoner Parlament gebilligt, unter Bedauern über die Wahlrechtsregelung zwar, aber ohne Vorbehalte, danach von den Parlamenten des Kaps, der Oranje-Kolonie und Transvaals sowie in Natal in einer Volksabstimmung angenommen, und am 31. Mai 1910 trat sie in Kraft, wurde die neue Union von Südafrika gegründet. Es war ein bedeutender Sieg der Buren, und der Tag, der Jahrestag des Friedens von 1902, war mit Bedacht gewählt. Doch auch die Briten hatten ihr Hauptziel, die Kontrolle eines vereinten Südafrika, erreicht. Das Kap war wieder ungefährdet, und die Goldbergwerke standen nicht mehr außerhalb des britischen Einflußbereiches.

Die eigentlichen Verlierer waren die Schwarzen. Immerhin aber hatten die Auseinandersetzungen im Umfeld der Unionsgründung das politische Bewußtsein zumal der neuen, westlich gebildeten Mittelschicht gestärkt und zum ersten Mal zu bedeutenderen Aktivitäten im gesamtsüdafrikanischen Rahmen geführt. Es war klar geworden, daß der politische Handlungsrahmen nicht mehr von den alten einheimischen Staatswesen gebildet wurde, sondern vom neuen Südafrika. Die Agitation hatte auch zur größeren Verbreitung einer schwarzen Presse geführt. Erste Grundlagen für eine künftige schwarze Politik waren errichtet worden[10].

Während die Schwarzen erst 1912 eine größere funktionierende landesweite Organisation gründeten, den späteren ANC *(African National Congress)*, war bereits 1902 ein entsprechender Zusammenschluß der Mischlinge erfolgt, mit der *African Political* (später: *People's) Organisation* (APO). Sie wurde zu einer gemäßigten, innerhalb dieses Rahmens aber relativ erfolgreichen Interessenvertretung, die bis in die 1940er Jahre hinein mehr Mitglieder hatte und straffer organisiert war als der ANC.

Wirtschaftliche und soziale Veränderungen

Die Folgen des Krieges in den ehemaligen Republiken waren für die städtische Wirtschaft und insbesondere die Bergwerke gravierend – für die Landwirtschaft waren sie verheerend. Bei

[10] Eine ausführliche Schilderung der Jahre 1902-1910 gibt ODENDAAL, Kap. 3–10.

Kriegsausbruch waren viele *uitlanders* geflohen, und die Buren wiesen die meisten übrigen aus. Damit waren die Bergwerke nicht mehr funktionsfähig. Deshalb wurden auch deren schwarze Arbeiter entlassen. Die Bergwerke wurden aber nicht zerstört, so daß sie nicht wiederaufgebaut, sondern nur wieder in Gang gebracht werden mußten.

Ganz anders hatte die britische Guerillabekämpfung die Landwirtschaft getroffen. Etwa 30 000 Höfe waren niedergebrannt worden. Da ihre Bewohner – Schwarze und Weiße – weggeführt worden waren, war niemand zurückgeblieben, um den Betrieb wenigstens notdürftig in Gang zu halten. Das Vieh war getötet oder verendet. Weite Landstriche waren verödet. Freilich galt das nicht ausnahmslos und um so weniger, je abgelegener ein Gebiet war. Besonders Schwarze vermochten auch vom Krieg zu profitieren. Sie dehnten ihre Anbauflächen aus. Viele besetzten verlassene Höfe oder vertrieben deren Besitzer und konnten dank dem knappen Angebot und dem gewaltigen Lebensmittelbedarf der britischen Armee hohe Preise für ihre Produkte erzielen. Andere machten mit Fuhrdiensten beträchtliche Gewinne. So brachte der Krieg in der Landwirtschaft insgesamt gesehen eine massive Kapitalvernichtung und zugleich eine Gewichtsverschiebung zugunsten der Schwarzen: von den Buren waren die meisten Männer unter Waffen oder gefangen; Frauen und Kinder waren in den Lagern.

Da die britischen Wirtschaftsinteressen auf die Städte, auf Bergbau, Handel und Industrie konzentriert waren, hätte man annehmen können, daß die Regierung sich mit den ländlichen Verhältnissen weniger abgeben würde. Beides hing aber eng miteinander zusammen. Man brauchte wieder schwarze Arbeitskräfte für die Bergwerke und die städtische Wirtschaft überhaupt. Und die kamen vom Lande. Wenn die Schwarzen ihre Position dort dauerhaft verbessern konnten, dann ließen sich weniger von ihnen für die Arbeit in den Städten rekrutieren, und sie würden auch nur zu höheren Löhnen und günstigeren Arbeitsbedingungen kommen. Wenn die Landwirtschaft insgesamt nicht rasch wiederbelebt wurde, war zudem die Nahrungsmittelversorgung der Städte gefährdet. Noch gefährlicher konnten die politischen Folgen britischer Untätigkeit sein. Ohne staatliche Hilfe waren nur wenige Buren imstande, ihre Existenz auf dem Lande wieder aufzubauen. Die ländlichen Gebiete wären dann statt von ihnen von den Schwarzen kontrolliert worden, die Vormachtstellung der Weißen wäre gefährdet gewesen. Wollte man mit den Buren zusammenarbeiten, wie es nach 1902 und besonders seit 1905 nötig schien, so mußte man ihre Machtposition auf dem Lande wiederherstellen, wenigstens solange, als man nicht imstande war, sie durch Briten zu ersetzen, und Milners entsprechender Versuch war ja gescheitert. Der Wiederaufbau wurde dadurch auch und vor allem ein britisches Anliegen.

Die Briten gewährten den Buren im Friedensvertrag 3 Millionen Pfund Wiederaufbauhilfe, hauptsächlich für die Landwirtschaft. Das Ausmaß der Entschädigungen für Schwarze war sehr viel geringer; ausbezahlt wurden lediglich 114 000 Pfund[11]. Dazu anerkannten die Briten alle alten Besitzansprüche, insbesondere also von Weißen auf Höfe, die von Schwarzen in Beschlag genommen worden waren. Notfalls erzwangen Polizei oder Armee die Räumung. So wurden die Eigentums- und Machtverhältnisse wiederhergestellt. Dennoch war es keine bloße Wiederherstellung. Sie wäre gar nicht möglich gewesen, selbst wenn die Briten es gewollt hätten. Die Wiederaufbauhilfe kam naturgemäß vor allem den früheren Besitzern zugute. Wer schon vor dem Krieg wenig oder kein Land gehabt hatte, blieb arm und hatte kaum Chancen, auch nur seine frühere Stellung wiederzugewinnen. Insbesondere Beiwohner verarmten und begannen in wachsender Zahl in die Städte zu strömen. Ähnlich erging es vielen Bauern, die nur wenig Land hatten. Sie waren nicht mehr konkurrenzfähig, gerieten in Schulden und mußten schließlich ihren Hof verkaufen.

Die Auswirkungen auf die Schwarzen waren höchst unterschiedlich. Insgesamt verloren sie die stärkere Position, die sie während des Krieges gewonnen hatten, rasch wieder. Darüber hinaus wurden viele, die bisher als Pächter gelebt hatten, verdrängt. Andere vermochten zumindest die Stellung zu wahren, die sie vor dem Kriege gehabt hatten. Vor allem da, wo der Landbesitzer nicht am Ort wohnte oder selber wirtschaftete, konnten sie nach wie vor ohne weiteres als Pächter in eigener Regie produzieren.

Auch bei den Schwarzen erfolgte eine zunehmende soziale Differenzierung. Erfolgreiche Pächter (unter denen besonders viele Christen waren, da diese sich stärker von den traditionellen Bindungen gelöst hatten) konnten ihrerseits schwarze Ar-

[11] DENOON, Labour crisis 483.

beiter oder Unterpächter einstellen. Kleinere Pächter hatten immerhin noch eigene Herden und Arbeitsmittel, während eine zunehmende Zahl von Schwarzen zu Landarbeitern oder Tagelöhnern wurde oder völlig verarmt in die Städte zog.

In der städtischen Wirtschaft war das dringlichste Problem die Wiederinbetriebnahme der Bergwerke und besonders der Goldbergwerke, die das eigentliche Rückgrat der Wirtschaft bildeten. Qualifizierte weiße Arbeiter fanden sich schnell wieder. Schwieriger war die Beschaffung unqualifizierter schwarzer Arbeitskräfte. In der unmittelbaren Nachkriegszeit ergaben sich im Wiederaufbau, beim Eisenbahnbau und sonstwo vielfältige Verdienstmöglichkeiten, die attraktiver waren als der harte, äußerst gefährliche Untertagebau mit dem gefängnisähnlichen Leben in den Compounds. Die Logik des Marktes hätte nach höheren Löhnen gerufen. Das wollten die Unternehmer um jeden Preis verhindern. Sie nahmen dazu selbst eine Verzögerung der Wiederaufnahme der Produktion in Kauf. Lohnerhöhungen hatten im Goldbergbau kompliziertere Auswirkungen als in andern Industriezweigen. Angesichts des starren Goldpreises ließen sie sich auf keinen Fall auf die Konsumenten abwälzen. Folglich sanken die Gewinne. Dadurch lohnte sich der Abbau von Erzen unterhalb einer gewissen Mindestkonzentration Gold nicht mehr. Also verringerte sich das Niveau der Produktion, wodurch die gesamte Wirtschaft in Mitleidenschaft gezogen wurde. Entsprechend führten niedrigere Löhne zur Ausweitung der Produktion, die deswegen problemlos möglich war, weil der Goldpreis ja fest war und fast beliebige Mengen verkauft werden konnten. Insofern entschied das Kosten- und speziell das Lohnniveau im Goldbergbau zu guten Teilen über das Ausmaß des gesamten Wirtschaftsvolumens des Witwatersrands und letztlich ganz Südafrikas. Ihm kam daher eine größere politische und gesamtwirtschaftliche Bedeutung zu als allen andern Kostenfragen in Südafrika. Deswegen konnten die Unternehmer auch sicher sein, bei ihren Bestrebungen, die Kosten niedrig zu halten, vom Staat Unterstützung zu erhalten, solange dem keine sehr starken andern Interessen entgegenstanden.

Die Klagen über den Mangel an unqualifizierten Bergleuten unmittelbar nach Kriegsende muteten höchst merkwürdig an, strömten doch gleichzeitig viele verarmte Weiße in die Städte, wo sie kaum Beschäftigung fanden. Verschiedene Stimmen forderten ihre Einstellung. Manche Unternehmer taten es tat-

sächlich, und mit einigem Erfolg. Die Mehrzahl der Bergwerksunternehmer aber wandte sich entschieden dagegen, und damit
auch gegen Pläne, die Einwanderung weißer Arbeiter aus Europa zu fördern, weil sie überzeugt waren, daß schwarze Arbeitskräfte auf die Dauer billiger seien. Schwarze kamen als Wanderarbeiter; ihre Familie lebte also in der Regel noch von der eigenen Landwirtschaft in der Heimat. Sie konnten mit Hilfe der
diskriminierenden Gesetze rigoros diszipliniert werden und
hatten auch politisch keine Stimme. Ihre Mehrheit stammte aus
dem Ausland und war infolgedessen vollends rechtlos. Die unqualifizierten Weißen, auch wenn sie noch so arm waren, waren
Wähler. Sie hatten in der Regel keinen Landbesitz mehr, mußten also voll und ganz von ihren Löhnen leben. Sie hatten meistens auch ihre Familie in der Stadt, und sie konnten sich viel
leichter in Gewerkschaften zusammenschließen, um höhere
Löhne und bessere Arbeitsbedingungen durchzusetzen. So
wurden sie nun – nach ihrer Verdrängung vom Land – in der
Stadt ein zweites Mal gerade wegen ihrer besseren Rechtsstellung vom Arbeitsmarkt zugunsten der Schwarzen ausgeschlossen. Dazu trug bei, daß die qualifizierten weißen Bergarbeiter
sich nicht für sie einsetzten. Sie sahen in ihnen eher Konkurrenten als Bundesgenossen, was auch objektiv zutraf. Unter den
gegebenen Umständen erforderte die Einstellung von unqualifizierten Weißen zumindest längerfristig die Bezahlung höherer
Löhne. Dadurch mußte der Druck auf die Löhne der Qualifizierten zunehmen. Die relativ gute Bezahlung der weißen Bergarbeiter wurde eben nicht zuletzt durch die extrem niedrigen
Löhne der Schwarzen möglich. Auf dem freien Markt blieb also
die Rassensolidarität bei Bauern, Unternehmern und qualifizierten Arbeitern auf der Strecke.

Unbeeindruckt vom Arbeitskräftemangel, versuchten die
Unternehmer nach dem Kriege die Löhne sogar noch zu drük-
ken. Mit der Zeit aber wurde die Lage kritisch. Weitere Maßnahmen, wie zwischenzeitliche Lohnsteigerung und Anwerbung in Moçambique, brachten auch nicht den gewünschten
Erfolg[12]. Man verfiel auf einen im Britischen Reich beliebten
Ausweg: die Rekrutierung von Kontraktarbeitern in andern
Weltteilen. Die britisch-indische Regierung lehnte angesichts –
noch zu schildernder – schlechter Erfahrungen mit der Einwanderung von Indern in Natal ab. Dafür ließ die kaiserliche chine-

---

[12] Detailliert behandelt bei LEVY, Cheap labour system.

sische Regierung eine Anwerbung zu. China war den West-mächten nach der Niederlage im Boxeraufstand (1900–1901) völlig ausgeliefert und hoch verschuldet. Die britischen Behör-den in Südafrika lehnten die Pläne der Unternehmer zunächst ab, befürchteten sie doch eine weitere Verschärfung der Span-nungen zwischen den verschiedenen Rassengruppen, gaben aber schließlich dem Druck nach. Insgesamt wurden auf diese Weise von 1904 bis 1907 63 695 chinesische Arbeiter nach Süd-afrika gebracht[13]. Die Löhne waren extrem niedrig, die Behand-lung war noch schlechter als die der Schwarzen, und dazu regte sich in der öffentlichen Meinung in Großbritannien und in Süd-afrika zunehmender Protest. So wurde die Rekrutierung Ende 1906 eingestellt, und man beschloß, alle Chinesen nach Ablauf ihrer dreijährigen Vertragszeit in die Heimat zurückzuschicken, was auch so gut wie ausnahmslos geschah.

Die Unternehmer setzten der Heimschaffung der Chinesen deshalb nicht allzu viel Widerstand entgegen, weil inzwischen die Rekrutierung von Schwarzen wieder klappte. Man hatte es ohne Lohnerhöhungen geschafft, dank den Chinesen.

Die Mehrzahl der Schwarzen, von denen 1910 bereits 184 000 in den Goldbergwerken arbeiteten, stammte aus Moçambique[14]. Die portugiesische Regierung hatte den Briten das Rekrutie-rungsrecht schon 1901 zugestanden gegen das Versprechen, ein Drittel des Verkehrs zwischen dem Witwatersrand und der Kü-ste über Lourenço Marques abzuwickeln. Ein ähnliches Ab-kommen hatte seit 1896 mit der Südafrikanischen Republik be-standen. Es blieb eines der Kennzeichen des Goldbergbaus bis in die 1970er Jahre, daß die Mehrheit der schwarzen Arbeiter nicht aus Südafrika stammte, sondern aus den benachbarten Gebieten einschließlich Lesotho und Swaziland. Das war die Folge einer internen Auseinandersetzung in Südafrika. Die wei-ßen Bauern fürchteten die Konkurrenz der Werber der Gold-bergwerke. So niedrig die Löhne dort waren, sie waren immer noch entschieden höher als auf den Farmen. Man hätte also bei offener Konkurrenz in der Landwirtschaft die Arbeiter verlo-ren oder höhere Löhne zahlen müssen. Diese Übereinkunft ge-hörte mit zum burisch-britischen Ausgleich nach dem Kriege. Man brauchte dazu lediglich das Modell der Vorkriegszeit zu

[13] Richardson 192; 197.
[14] F. Wilson, Gold mines 157. Ebd. 70: 1906 stammten 65,4 Prozent der schwarzen Arbeiter aus Moçambique, 1896–98 waren es 60,2 Prozent gewesen; 1916 waren es noch 38,1 Prozent.

übernehmen. Die Südafrikanische Republik, die wesentlich von reichen Bauern und Grundbesitzern beherrscht wurde, hatte verständlicherweise kein Interesse daran gezeigt, daß die Schwarzen durch die Bergwerke von den Höfen abgeworben wurden. Deshalb wurde die Rekrutierung schon vor dem Kriege weitgehend in andere Gebiete verlegt. Die Buren, die 1906 in Transvaal an die Macht kamen, vertraten ähnliche Interessen. Es war wichtig, einen Kompromiß mit den Bergwerksbesitzern zu finden, zumal der Staat auf einen florierenden Goldbergbau angewiesen war. Der Staat unterstützte die Bergwerke bei der Anwerbung der Arbeitskräfte, aber auch durch eine Gesetzgebung, die die Disziplinierung erleichterte, während die Bergwerke auf Rekrutierung in den »weißen« ländlichen Gebieten verzichteten und akzeptierten, daß ein Teil der Gewinne über die Steuern der Landwirtschaft zugute kam. Die möglichst umfassende Disziplinierung der Schwarzen und ihre Unterwerfung unter strenge Paßgesetze ist nicht so sehr eine Erbschaft der Burenrepubliken als eine Folge der Entwicklung des Bergbaus. Die Unternehmer forderten immer wieder entsprechende Maßnahmen, und die britische Verwaltung nahm nach 1900 im Vergleich zur Südafrikanischen Republik eine deutliche Verschärfung vor.

Wanderarbeit und Reservate

In der Diskussion über das südafrikanische Diskriminierungssystem spielt die Funktion der Wanderarbeit und der Reservate eine zentrale Rolle. Ausgangspunkt ist das Konzept des Subsistenzlohnes, des Minimallohnes, der notwendig ist zur Reproduktion der Arbeitskraft, der es also ermöglicht, daß der Arbeiter und seine Familie gerade noch überleben können[15]. Dieser Lohn ist bei Wanderarbeitern niedriger, solange die Familie ganz oder teilweise von eigener Landwirtschaft lebt und die soziale Fürsorge übernimmt. Die Subsistenzkosten als solche freilich sind stets gleich, ob die Familie am Arbeitsort des Mannes lebt oder nicht – nur ihre Verteilung läßt sich unterschiedlich gestalten. Stammen die Wanderarbeiter aus dem Ausland,

---

[15] Die klassische These etwa bei Davies, Mining Capital 179 ff. und vor allem bei Wolpe, Capitalism 433 ff. Relativierend z. B. F. Wilson, Gold mines 74; 146 f., Lipton, in F. Wilson, Farm labour 82 ff. und van der Horst, Native labour 299-301.

so lassen sich die Kosten teilweise auf dieses abwälzen. Stammen sie aus dem Inland, so erfolgt innerhalb der eigenen Volkswirtschaft eine Umverteilung der Lasten. Die Goldbergwerke profitierten davon, daß sie Wanderarbeitern aus den Reservaten niedrigere Löhne bezahlen konnten. Ob dies ein Vorteil bzw. ein Gewinn für die südafrikanische Volkswirtschaft insgesamt war, ist eine ganz andere Frage. Hätte man die Reservate aufgelöst und die Wanderarbeiter fest in den Städten angesiedelt, so hätte man möglicherweise höhere Löhne bezahlen müssen, dafür aber die Landwirtschaft in den ehemaligen Reservaten verbessern, also dort wieder mehr herausholen können[16]. Die Reservate waren entstanden, weil die Weißen im 19. Jahrhundert nicht imstande gewesen waren, die Schwarzen völlig zu unterwerfen oder zu verdrängen. Nun gewannen sie eine andere Funktion, die ursprünglich keineswegs geplant gewesen war. Selbst noch im 20. Jahrhundert wäre ihre Auflösung wahrscheinlich trotzdem auf heftigen Widerstand gestoßen und kaum durchführbar gewesen, denn sie hätte bedeutet, daß entweder alle oder doch die meisten dort lebenden Schwarzen infolge der Einführung des Privateigentums am Boden und der Schaffung leistungsfähiger Betriebe ihre Verfügung über ein Stück Land verloren hätten. Die Reservate waren keine Erfindung der Bergwerksbesitzer, sondern ein Stück Wirklichkeit, auf das sie sich einstellen mußten.

Betrachtet man den Arbeitsmarkt, so wird die Lage noch komplizierter. Wanderarbeiter sind in der Theorie von den Lohnkosten her billiger als Arbeiter, die mit ihrer Familie fest am Arbeitsort niedergelassen sind, da sie zum Überleben weniger brauchen. In der Praxis aber ist jemandes Stellung auf dem Arbeitsmarkt um so schlechter, je bedürftiger er ist. Je größer seine Not ist, zu um so niedrigerem Lohn ist er bereit, eine Arbeit anzunehmen. Die armen Weißen machten hiervon keine Ausnahme, auch wenn öfter behauptet wurde, sie fühlten sich für bestimmte Arbeiten zu gut. Unter Bedingungen eines freien Arbeitsmarktes wäre also zunächst das städtische (schwarze und weiße) Proletariat, das keine ländliche Basis mehr hatte und dadurch absolut bedürftig war, zu besonders niedrigen Löhnen eingestellt worden. Erst danach wäre auf Wanderarbeiter zu-

[16] Botha forderte 1904 die Beseitigung der Reservate im Interesse der weißen Bauern. Die Briten gingen nicht darauf ein. CHANOCK 30, GILIOMEE, in GILIOMEE/SCHLEMMER 41.

rückgegriffen worden bzw. erst danach wären die Löhne für Leute attraktiv geworden, die auch noch andere Einkünfte hatten. Daß die Entwicklung in Südafrika nicht so verlief, erklärt sich nicht aus der Existenz der Reservate, sondern aus den politischen und rechtlichen Rahmenbedingungen und insbesondere daraus, daß die Hautfarbe mittlerweile für die Stellung eines Menschen im Leben entscheidende Bedeutung erlangt hatte. Bei den Weißen war damit zu rechnen, daß sie sich gewerkschaftlich organisieren würden und daß die gesamte weiße Gemeinschaft für sie halbwegs menschenwürdige Arbeits- und Lebensbedingungen verlangen würde. Selbst wenn man zunächst von ihrer Notlage profitieren konnte, so war doch kaum damit zu rechnen, daß sich ihre Löhne auf Dauer extrem niedrig halten lassen würden. Anders bei den Schwarzen. Sie hatten viel weniger Rechte, und man konnte sie schärfer überwachen, ganz besonders, wenn sie in Compounds lebten und immer wieder ausgewechselt wurden. Das setzte Wanderarbeit voraus, die innerhalb dieses Rahmens für die Unternehmer den zusätzlichen Vorteil hatte, daß die Familie von der Landwirtschaft im Reservat oder sonstwo in den ländlichen Gebieten leben konnte. Freilich läßt sich auch diese Situation nicht wirklich mit der Vorstellung des Subsistenzlohnes erklären. Die wichtigsten Profiteure der Wanderarbeit, die Goldbergwerke, zahlten den Schwarzen bis in die 1970er Jahre hinein außerordentlich niedrige Löhne, viel niedrigere als in der Industrie. Dennoch verdienten Schwarze in der weißen Landwirtschaft nur etwa die Hälfte davon, so daß die Abwanderung der Farmarbeiter in die Bergwerke (trotz fehlender offizieller Anwerbung) mit vielerlei Einschränkungen und Zwangsmitteln verhindert werden mußte.

In der Theorie waren die Reservate die klassischen Reservoire für Wanderarbeiter. Sie waren übervölkert und hatten eine heruntergekommene Landwirtschaft, so daß sich viele Leute gezwungen sahen, anderswo zu arbeiten. In der Praxis rekrutierten die Bergwerke die Mehrheit ihrer Arbeiter meistens im Ausland, nicht in den Reservaten. Hier warb vor allem die Industrie Arbeitskräfte an. Sie bezahlte deutlich höhere Löhne. Der Unterschied erklärt sich nicht aus der Höhe des Subsistenzlohnes, sondern aus den Gegebenheiten des Arbeitsmarktes. Nur die Bergwerke rekrutierten im Ausland, wo für die Angeworbenen also, anders als in den südafrikanischen Reservaten, keine Alternativen bestanden, so daß sie die niedrigen Löhne akzeptieren mußten, wenn sie überhaupt Arbeit wollten. Dazu trugen auch der koloniale Staat, insbesondere der portugiesische, sowie die jeweiligen Häuptlinge durch vielerlei Zwangsmittel bei. Man kann also nicht sagen, die Reservate seien die zentrale Voraussetzung für besonders niedrige Löhne gewesen, wenngleich sie die Grundlage für die innersüdafrikanische Wanderarbeit bildeten. Diese wiederum erhielt ihr besonderes Gewicht erst auf der Grundlage der Rassendiskriminierung, die es ermöglichte, Schwarze anders zu behandeln als Weiße. Der Besitz von Land blieb grundsätzlich ein Vorteil, der im Vergleich zu städtischen Proletariern eine günstigere Stellung auf dem Arbeitsmarkt verschaffte. Bei guten Ernten in den Rekrutierungsgebieten hatten die Bergwerke regelmäßig größere Schwierigkeiten, ausreichend Arbeitskräfte zu finden. Die armen Weißen verdankten ihren Aufstieg nicht etwa ihrer Landlosigkeit, sondern dem Rassengegensatz: der Staat und die weiße Gemeinschaft empfanden es als Gefahr, wenn sie auf die unterste Stufe der Armut absanken, so daß öffentliche und private Hilfstätigkeit sich ihrer annahm, nicht so sehr aus abstrakter Rassensolidarität als aus der Furcht heraus, sie könnten sonst gemeinsame Sache mit den Schwarzen machen.

Kapitel 9
Von der Einheit Südafrikas zur Einigkeit der Buren
Festigung des Staates und Verfestigung der Sozial- und
Rassenordnung, 1910–1948

Der in diesem Kapitel behandelte Zeitraum umfaßt die beiden
Weltkriege. Aber er fällt nicht mit der Epoche der Weltkriege
zusammen, denen für Südafrika nicht die gleiche zentrale Bedeutung zukommt wie für Europa. Südafrika hat an beiden
Kriegen teilgenommen, auf seiten der Sieger. Es hat beträchtliche Opfer gebracht, die allerdings nicht mit denen der Haupt-
kriegführenden vergleichbar sind. Beide Male entstanden daraus schwere innenpolitische Belastungen. Aber es war insgesamt – anders als für Europa – keine Zeit des Niedergangs,
sondern der Konsolidierung und des Ausbaus. Nach den Auseinandersetzungen des 19. Jahrhunderts, in denen völlig offen
gewesen war, wer Südafrika in Zukunft wie beherrschen würde,
war 1910 mit der Unionsbildung eine klare Lösung erfolgt. Der
Rahmen für die weitere Entwicklung war vorgegeben. Dasselbe
galt für die Machtverteilung zwischen den Rassen. Offener und
umkämpfter war weiterhin das burisch-britische Verhältnis.
Die größten Probleme und Konflikte aber ergaben sich aus dem
raschen wirtschaftlichen Strukturwandel. Der Ausbau von
Bergbau und Industrie führte zur Verlagerung des wirtschaftlichen Schwerpunkts in die Städte. Südafrika stieg in dieser Zeit
zu einem allgemein geachteten Mitglied der Staatengemeinschaft auf. Unmittelbar nach dem Zweiten Weltkrieg aber deutete sich ein jäher Wandel an. Noch bevor Südafrika 1948 einen
Kurswechsel vornahm, schlug ihm eine veränderte Weltmeinung entgegen.

Der Erste Weltkrieg

Spätestens mit der Unionsgründung hatten sich die Briten damit abgefunden, daß sie im neuen Staat die Buren nicht in untergeordneter Stellung halten konnten. Aus dieser Einsicht heraus wurde Louis Botha, der Führer der stärksten Provinz,
Transvaals, zum Premierminister der Union ernannt, in der Er-
wartung, daß er sich in den anschließenden Parlamentswahlen

durchsetzen würde. Die Prognose erfüllte sich. Botha gewann im September 1910 die absolute Mehrheit und wurde zum ersten gewählten Ministerpräsidenten Südafrikas. Er stützte sich auf Parteien, die zunächst in jeder Provinz gesondert auftraten, sich dann aber im November 1911 zur Südafrikanischen Partei (*South African Party*, SAP) vereinigten.

Es ist zumindest nicht ohne symbolische Bedeutung, daß von 1910 bis 1948 in diesem ja von Briten geschaffenen Staat ausschließlich Burenkriegsgenerale Regierungschefs waren. Ihnen folgten nicht etwa englischsprachige Südafrikaner, sondern radikalere Buren.

Diese Unterstützung oder wenigstens dieses Gewährenlassen hatte für die Briten den Vorteil, daß sich unter den Buren die gemäßigte, auf Ausgleich mit den Briten ausgerichtete Strömung unter Botha und Smuts durchsetzen konnte. Eine solche Politik hatte im Kap Tradition. Von burischer Seite setzten sich vor allem die Mittel- und Oberschichten, die reicheren Bauern und das städtische Bürgertum dafür ein. Sie stießen damit auf die Gegnerschaft des radikalen Flügels der SAP unter General J. B. M. Hertzog, der eher die burischen Unterschichten, die hauptsächlich auf dem Lande wohnten, vertrat. Er sah den Wiederaufstieg der Buren nicht auf dem Weg über Zusammenarbeit mit den Briten, sondern über die Mobilisierung der Buren, um den Briten aus einer Position der Stärke begegnen zu können. Trotzdem versuchte Botha ihn zu integrieren. Er nahm ihn in sein Kabinett auf, verdrängte ihn aber schon 1912, nachdem er möglichst große Unabhängigkeit von Großbritannien gefordert hatte. Daraufhin fiel Hertzog von der Partei ab und gründete 1914 eine eigene, die Nationale Partei (NP), aus der über verschiedene Stufen die heute regierende Partei wurde.

Schon nach wenigen Jahren sollte die britische Politik erste Früchte tragen. Südafrika unterstand außenpolitisch weiterhin dem Britischen Reich. Es wurde infolgedessen 1914 automatisch in den Ersten Weltkrieg hineingezogen. Die Entsendung eines kleinen Kontingents von Freiwilligen auf den europäischen Kriegsschauplatz wäre wahrscheinlich wenig umstritten gewesen. Doch Südafrika hatte eine wichtigere und in mancher Hinsicht auch attraktivere Aufgabe: die Eroberung Deutsch-Südwestafrikas. Die Chance bot sich, das Gebiet, das 1884 der Kapkolonie nur knapp entgangen war, doch noch zu gewinnen. Der Preis dafür war eine direkte Auseinandersetzung mit Deutschland. Dagegen regte sich auf burischer Seite Widerstand. Deutschland hatte stets als engster Freund und eine Art Schutzmacht der Burenrepubliken gegolten, und viele stützten auch jetzt noch ihre Hoffnung auf dieses Land, um mit seiner Hilfe zu völliger Unabhängigkeit gelangen zu können. Im September beschloß das Parlament mit großer Mehrheit den Angriff. Als im Oktober ein Heer zur Invasion Südwestafrikas bereit stand, lief ein Teil der Truppen zu den Deutschen über. Andere, unter der Führung hoher Generale, rebellierten. Die Regierung reagierte schnell und konnte die Revolte bis Anfang 1915 ohne größere Schwierigkeiten niederschlagen. Die Rebellen, insgesamt etwa 11400 Mann, verloren 190 Mann, die Regierung 132[1]. Botha setzte soweit wie möglich burische Truppen ein, um die gegenseitige Feindschaft nicht weiter anzustacheln. Die Anführer wurden milde behandelt und waren Ende 1916 alle wieder auf freiem Fuß; nur ein Todesurteil wurde vollstreckt, an Jopie Fourie, einem Offizier, der auf Regierungstruppen, die sich ergeben wollten, geschossen hatte. Er wurde zu einem der Märtyrer der burischen Nationalisten.

Damit zeigte sich, daß die Entscheidung der Briten zugunsten der Buren auf Kosten der Schwarzen unter machtpolitischen Gesichtspunkten richtig gewesen war. Hätten sich die gemäßigten Buren der Rebellion angeschlossen – und das wäre kaum zu vermeiden gewesen, wenn ihre Interessen 1909/10 nicht berücksichtigt worden wären –, dann hätte Großbritannien Südafrika 1914 wahrscheinlich verloren. Die Entsendung eines großen Expeditionskorps wäre während des Krieges schlecht möglich gewesen. Die Schwarzen konnten auf absehbare Zeit zu keiner vergleichbaren Gefahr für die britische Stellung werden.

Nachdem sich die Lage wieder beruhigt hatte, stand im April 1915 ein neues Heer bereit, das nun Südwestafrika in kurzer Zeit eroberte. Die Deutschen kapitulierten am 9. Juli. Südafrika sandte Truppen auch nach Ostafrika und Europa. Nichtweiße wurden (als Freiwillige) in vielerlei Hilfsfunktionen eingesetzt, aber nicht bewaffnet. Wieder erfüllte sich ihre Hoffnung, dadurch die eigene Stellung im Land verbessern zu können, nicht.

Dank seiner Kriegsteilnahme auf seiten der Sieger stand Südafrika bei Kriegsende als angesehenes Mitglied der internationalen Gemeinschaft da. Sein wichtigstes Kriegsziel war der endgültige Erwerb Südwestafrikas. Dabei verdarb es sich durch Übereifer den letzten Erfolg. Smuts, der Vertreter Südafrikas

---

[1] SPIES, in CAMERON/SPIES 238.

auf der Friedenskonferenz, schlug für ehemalige feindliche Gebiete ein Mandatssystem vor, mit Oberaufsicht des Völkerbundes. Der Plan wurde vom amerikanischen Präsidenten Wilson aufgegriffen und auf die Kolonialgebiete bezogen, also auch auf Südwestafrika, was Smuts keineswegs vorgesehen hatte. Zunächst allerdings konnte sich Südafrika das neue Gebiet für alle praktischen Zwecke angliedern. Schwierigkeiten entstanden erst nach dem Zweiten Weltkrieg.

Landwirtschaft, ländliche Sozialordnung und Auseinandersetzungen um das Land

Die Kämpfe zwischen Schwarzen und Weißen im 19. Jahrhundert waren wesentlich ein Kampf um das Land gewesen. Sie hatten mit einem klaren, aber nicht mit einem vollständigen Sieg der Weißen geendet. Zwar hatten sich diese die Hoheitsrechte über das gesamte Gebiet gesichert. Aber ein Teil des Landes blieb privatrechtlich im Besitz der Schwarzen, vor allem im Rahmen von Reservaten.

Diese Besitzverteilung war im Prinzip revidierbar. Die Weißen erwarben häufig, mit mehr oder weniger einwandfreien Mitteln, noch weiteres Land von Schwarzen. Andererseits konnten im Kap und in Natal die Schwarzen Land außerhalb der Reservate kaufen. In Transvaal war das seit 1881 in der Praxis über Mittelsmänner, meist Missionare, und seit 1905 direkt möglich; nur im Oranje-Freistaat war es seit 1876 so gut wie ausgeschlossen[2]. Solche Käufe erfolgten hin und wieder durch Einzelne, häufiger durch Gruppen, die das Land kollektiv erwarben. Sie nahmen nach dem Burenkrieg deutlich zu, erreichten aber nie ein sehr großes Ausmaß[3]. Objektiv bestand keine Gefahr, daß sich die Besitzverhältnisse radikal verschoben, zumal ja die britische Regierung nach dem Burenkrieg auch deutlich zu verstehen gegeben hatte, daß sie überhaupt nicht an umfassende Besitzumschichtungen dachte, als sie dafür gesorgt hatte, daß alle von Schwarzen besetzten weißen Höfe zurückgegeben wurden. Trotzdem mehrten sich besorgte weiße Stimmen, wurde die Furcht laut, die Schwarzen würden durch

[2] Vgl. Davenport/Hunt 31–42; Wickins, Land Act 110; Van Aswegen, Posisie 48.
[3] Wickins, Land Act 111.

Geld zurückgewinnen, was sich die Weißen mit politischen und militärischen Mitteln gesichert hatten.

Hinter solchen Alarmrufen steckten noch andere Besorgnisse. Seit den Diamant- und Goldfunden und nochmals in verstärktem Maße seit dem Ende des Burenkrieges hatten sich der Landwirtschaft beträchtliche neue Möglichkeiten eröffnet, da die Nachfrage nach ihren Produkten gestiegen war. Weiße Landbesitzer versuchten, mehr Land selber zu bebauen. Dafür benötigten sie Arbeitskräfte. Sie zu gewinnen, war schwierig, solange die Schwarzen außerhalb der Reservate andere Möglichkeiten hatten, ihren Lebensunterhalt zu verdienen, hauptsächlich als Pächter auf dem Boden von Landgesellschaften und Spekulanten, aber auch von Großbauern. Diese schwarzen Pächter (die zuweilen auch einen Teil des Landes kauften) waren ernsthafte Konkurrenten zumal für kleinere weiße Bauern.

Der Ruf nach Blockierung weiteren Landerwerbs durch Schwarze lenkte von einem der Hauptprobleme der weißen Landwirtschaft ab, der mittlerweile extrem ungleich gewordenen Landverteilung, vor allem in Transvaal. Aber gerade die weißen Opfer des Konzentrationsprozesses waren besonders empfänglich für Forderungen nach Einschränkungen für die als Konkurrenz empfundenen Schwarzen.

Furcht vor dem Verlust des Landes, Furcht vor schwarzer Konkurrenz und das Bedürfnis nach Arbeitskräften führten 1913 zu einem Landgesetz, das die Verhältnisse klar und zugunsten der Weißen regeln sollte. Es war das erste große Gesetzgebungswerk der Union, das zugleich zu einer der wichtigsten Grundlagen für die später immer weiter verschärfte Trennung der Rassen wurde. Da freilich auch die Weißen, und selbst die Landbesitzer und Bauern unter ihnen, unterschiedliche Interessen hatten, war es alles andere als einheitlich und wurde auch nicht in vollem Umfang durchgesetzt[4].

Kernstück war die strenge und abschließende Trennung zwischen weißem und schwarzem Grundbesitz. Die Reservate wurden zur schwarzen, der Rest des Landes wurde zur weißen Domäne erklärt. Weiße wurden endgültig vom Landerwerb in den »schwarzen« Gebieten ausgeschlossen und, was viel wichtiger war, Schwarze durften kein Land mehr in den »weißen« Gebieten kaufen. Kurzfristig gesehen waren die Folgen dieser Bestimmung vergleichsweise gering, da Besitz im jeweils andern

[4] Zur Vorgeschichte WICKINS, Land Act.

Bereich respektiert wurde. Der schwarze Besitz im »weißen« Gebiet blieb relativ ausgedehnt. Man sprach in Zukunft von »schwarzen Flecken« (*black spots*). In der Kapprovinz galt das Landkaufverbot für Schwarze bis 1936 ohnehin nicht, da die Gerichte befanden, das würde der bestehenden Wahlrechtsregelung zuwiderlaufen. Längerfristig gesehen aber zementierte das Gesetz den im 19. Jahrhundert geschaffenen Zustand (wenngleich die Entwicklung wohl auch ohne Landgesetz kaum anders verlaufen wäre, wie sich im Kap zeigen sollte). Daran sind zwei Aspekte wichtig. Die Trennung der Rassen, die hier in die Wege geleitet wurde, war nicht wirklich eine räumliche, sondern in erster Linie eine rechtliche. Schwarze konnten in den »weißen« Gebieten keinen Grundbesitz erwerben. Aber sie konnten durchaus dort wohnen, sofern sie als Arbeitskräfte gebraucht wurden. In der Praxis lief es sogar darauf hinaus, daß sie nicht wegziehen durften. Statt einer wirklichen, umfassenden Trennung erfolgte die Schaffung ungleicher Bedingungen innerhalb eines größeren Rahmens. Dieses Prinzip kennzeichnet auch die spätere Politik der Apartheid, und es führt zum zweiten Aspekt, der ungleichen Landverteilung. Die Reservate machten 1913 etwa 7,3 Prozent der Gesamtfläche des Landes aus. Auch die Gesetzgeber hielten das für zu wenig, und sie stellten eine Vergrößerung der Reservate in Aussicht. Das fiel angesichts weißer Widerstände äußerst schwer und wurde erst ab 1936 zögernd und in geringem Maße verwirklicht. Heute liegt der Anteil der Homelands bei 13,8 Prozent. Nun sind angesichts der klimatischen Gegebenheiten Südafrikas solche Prozentzahlen wenig aussagekräftig, sind doch die Fruchtbarkeitsunterschiede außerordentlich groß. Zumindest die ursprüngliche Fruchtbarkeit der Reservate dürfte über dem südafrikanischen Durchschnitt liegen. Ihr Anteil an den Ackerbauflächen des Landes wird auf etwa ein Viertel geschätzt[5] Dennoch war die Verteilung bei Berücksichtigung der Bevölkerungszahlen kraß ungleich: die Weißen machten 1911 21,4 Prozent, die Schwarzen 67,3 Prozent der Gesamtbevölkerung aus.

Daß es zu dieser Form von Ungleichheit kam, hing nun wieder mit speziellen südafrikanischen Gegebenheiten zusammen. Am Anfang stand ein Prozeß, wie er in der Geschichte häufig

---

[5] GILIOMEE/SCHLEMMER 17: ca. 22 Prozent. LIPTON 104: ca. 25 Prozent. CHRISTOPHER, South Africa 60: ca. 23 Prozent.

ist, nämlich eine Eroberung, bei der eine kleine Gruppe von Eroberern sich die Kontrolle über das Land sichert und die eingesessene Bevölkerung in Abhängigkeit bringt. Beispiele sind etwa die normannische Eroberung Englands 1066 oder die spanische Eroberung weiter Teile der Neuen Welt. Die entscheidende Frage ist dann nicht mehr die nach dem Besitz des Bodens, den sich die Eroberer voll und ganz sichern, sondern die nach der Behandlung der Unterworfenen durch die neuen Besitzer. Das Besondere an Südafrika ist, daß die Eroberer ihre Schwäche in eine Stärke auf Kosten der Eroberten umzuwandeln verstanden. Sie hatten nicht alles Land erobern können. Deshalb drängten sie viele Schwarze in die nicht voll eroberten Gebiete, in die Reservate ab. Auf die Weise entledigten sie sich zunächst einmal der Verantwortung, die auch der Eroberer gegenüber den Eroberten hat, machten diese aber gleichzeitig von sich abhängig. Bevölkerungskonzentration und wirtschaftliche Vernachlässigung führten zu zunehmender Verarmung. Dabei muß freilich die Frage offen bleiben, ob es für die Schwarzen besser gewesen wäre, wenn sie all ihr Land verloren hätten. Sie hätten dann möglicherweise früher und in größerer Zahl in die Städte ziehen müssen (und dürfen), mit Folgen, die schwer abschätzbar sind. Sie wären der von den Weißen kontrollierten Wirtschaft um so vollständiger ausgeliefert gewesen, während sie auf der andern Seite nicht einfach in Reservate hätten abgeschoben werden können.

Kurzfristig wichtiger waren andere Bestimmungen des Landgesetzes, die den weißen Bauern Arbeitskräfte sichern sollten. Pacht gegen Teilung des Ertrages sowie gegen Abgaben in Geld oder Naturalien wurde verboten, Pacht gegen Arbeitsleistungen auf fünf Familien pro Hof eingeschränkt[6]. Beide Vorschriften blieben zunächst, und für längere Zeit, weitgehend toter Buchstabe. Sie sollten die Stellung der weißen Bauern auf Kosten der Schwarzen stärken. Nach wie vor aber fehlte den meisten weißen Bauern das Kapital und das Know-how, um ihren Betrieb so zu modernisieren, wie es zur Ersetzung der Pächter durch Lohnarbeiter nötig war. Dennoch gab das Gesetz die Richtung der künftigen Entwicklung vor und begünstigte diese.

Die Pacht ohne Arbeitsleistung wurde allmählich zurückgedrängt. Betroffen waren davon gerade die erfolgreichsten und wohlhabendsten Schwarzen, die jetzt entweder zu schlechteren

---

[6] Zur Durchführung M. L. MORRIS 294 ff. und BRADFORD, Kap. 2.

Bedingungen für einen weißen Bauern arbeiten oder in die Reservate ziehen mußten.

Der Versuch, die Zahl der Pächterfamilien pro Hof zu beschränken, hatte Tradition. Entsprechende Gesetze waren schon in der zweiten Hälfte des 19. Jahrhunderts immer wieder erlassen und nie eingehalten worden, weil die größeren Grundbesitzer selber daran interessiert waren, weiterhin Pächter in ausreichender Zahl zu behalten (während die kleinen Bauern auf diese Weise zu Arbeitskräften zu kommen hofften). Die Pacht gegen Arbeitsleistungen wurde in der Zwischenkriegszeit in weiten Gebieten zur verbreitetsten Form der ländlichen Arbeitsbeziehungen. Nur am Kap konnten die weißen Bauern die Schwarzen schon zu guten Teilen zu landlosen Lohnarbeitern machen, obwohl das Landgesetz ja gerade nicht galt. Hier hatten sich die Besitzer bereits im 19. Jahrhundert konsolidieren können.

Auch innerhalb der einzelnen Formen von Pacht und Lohnarbeit konnten die Weißen die Bedingungen zunehmend zu ihren Gunsten verschieben, indem sie einen höheren Anteil an der Ernte, höhere Arbeitsleistungen etc. für sich beanspruchten. Dementsprechend verschlechterte sich die Lage der Schwarzen in den »weißen« ländlichen Gebieten, was sich nicht nur in Abwanderung in die Städte auswirkte, sondern auch darin, daß viele Schwarze in die ohnehin schon dicht besiedelten Reservate zogen: selbst hier ließ es sich eher überleben.

Das Landgesetz war weniger die Ursache als das Symptom dieser Verschlechterung der Stellung der Schwarzen. Zu ihren Ungunsten wirkte sich aus, daß die extreme Ungleichverteilung des Landes unter den Weißen, von der sie bislang profitiert hatten, allmählich abgebaut wurde. Die Bodenpreise stiegen. Gesellschaften und Spekulanten verkauften ihre Ländereien an Einzelbauern. Der Staat förderte dies, um neue Betätigungsmöglichkeiten für verarmte Weiße zu sichern, und er verkaufte auch den größten Teil des ihm gehörenden, bisher unverteilten Landes. Die Zahl der weißen Bauernhöfe nahm kontinuierlich zu, von 76100 im Jahre 1918 auf 119500 im Jahre 1952; erst danach ging sie wieder zurück und erreichte 64434 Einheiten im Jahre 1981 und 65360 im Jahre 1986[7]. Seit den dreißiger Jahren war Südafrika außerhalb der Reservate und der »schwarzen Flecken« fast vollständig in vom Besitzer direkt oder über

[7] Union Statistics I-2. SA Statistics 1988, 9.4.

einen weißen Verwalter bearbeitete Höfe aufgeteilt. Infolge des Landgesetzes hatten Schwarze von vornherein nicht als Käufer auftreten können. Das galt bis 1936 nicht für das Kap, wo die Verhältnisse trotzdem nicht anders waren. Die Lage der Schwarzen mußte sich naturgemäß auf den bisher von Weißen kaum genutzten Ländereien verschlechtern, wenn plötzlich neue Besitzer erschienen, die durch den Kauf meistens hoch verschuldet waren und nun mit allen Mitteln die Erträge steigern mußten. Sie standen unter Druck und gaben diesen verstärkt an die Schwarzen weiter. Die zwanziger Jahre wurden dadurch zu einer Zeit besonderer Unruhe und besonders ausgeprägten Elends auf dem Lande.

Die Bauern, die sich schließlich durchsetzten, waren nur zu einem geringen Teil Nachkommen der ursprünglichen Landbesitzer aus dem 19. Jahrhundert. Im Normalfall handelte es sich um Leute, die ihr Kapital außerhalb der Landwirtschaft erworben hatten und damit dann Land kauften.

Das Landgesetz bedeutete eine Verbesserung der Rahmenbedingungen für die weiße Landwirtschaft auf Kosten der Schwarzen. Allein dadurch aber war sie noch nicht saniert. Sie war in einer Strukturkrise, ähnlich wie in vielen andern Ländern im Stadium der Industrialisierung. Ihre Produktivität nahm nicht in gleichem Maße zu wie die der Industrie und vor allem des Bergbaus. Dazu kam die in Südafrika besonders ausgeprägte Abhängigkeit von unsicheren Klimabedingungen. Dies, und weniger individueller Geiz der Bauern, war die Ursache für die im Vergleich zu den andern Sektoren äußerst niedrigen Löhne, die wiederum zu ausgeprägtem Arbeitskräftemangel führten. Die Bauern beklagten sich immer wieder darüber und versuchten, möglichst viele Maßnahmen zur Immobilisierung ihrer Arbeitskräfte durchzusetzen.

Wichtiger wurde in dem Zusammenhang die staatliche Förderung der Landwirtschaft durch Gründung von Landbanken, die günstige Kredite vergaben, Bau von Eisenbahnen in ländliche Gebiete, Förderung des Genossenschaftswesens, Garantie von Mindestpreisen, Zollschutz gegen ausländische Konkurrenz etc. All das lief auf eine massive Subventionierung der Landwirtschaft hinaus, was schließlich zu teilweiser Überproduktion führte, so daß auch wieder der Export subventioniert werden mußte. Die großen und mittleren Bauern wurden deutlich bevorzugt; die kleineren mußten in der Regel früher oder später aufgeben.

Diese und ähnliche Maßnahmen kamen fast ausschließlich Weißen zugute; ihre zweite Hauptaufgabe neben der Steigerung der Produktivität war es denn auch, die Stellung der weißen Bauern gegenüber ihren schwarzen Konkurrenten zu verbessern. Trotzdem blieb die weiße Landwirtschaft in der Zwischenkriegszeit auf relativ niedrigem Entwicklungsstand; international war sie kaum konkurrenzfähig[8]. Die Arbeitskräfte waren zwar äußerst billig, aber, da sie meistens unter mehr oder weniger starkem Zwang standen, auch äußerst ineffizient.

Spezifisch südafrikanisch war die Verbindung der Probleme der Landwirtschaft mit dem Verhältnis zwischen den Rassen. Während die Schwarzen in den »weißen« Gebieten durch das Landgesetz benachteiligt wurden, geschah in den Reservaten kaum etwas zur Förderung der Landwirtschaft. Selbst bei gutem Willen wäre das schwer gewesen. Die Gebiete waren größtenteils sehr dicht besiedelt. Der Aufbau einer arbeitsintensiven und ertragreichen Landwirtschaft im Rahmen des bestehenden Kollektivbesitzes hätte gewaltige Mittel erfordert und wäre wohl auch nicht überall möglich gewesen. Die Schaffung von Verhältnissen wie in den »weißen« Gebieten (große, relativ extensiv bewirtschaftete Betriebe) andererseits hätte die Umwandlung des Kollektivbesitzes in Privatbesitz erfordert und mit der Verdrängung eines großen Teils der Bevölkerung vom Land in die Städte geendet. Das wollte man seitens der Weißen aus noch zu erläuternden Gründen nicht, und gleichzeitig hätte sich auch von schwarzer Seite Widerstand geregt. Bei der Schaffung kleinerer Einheiten in privatem Besitz wären diese Probleme zwar von etwas geringerem Umfang, aber nicht grundsätzlich anders gewesen. Man blieb bei der einfachsten Lösung, der Beibehaltung des bisherigen Zustands, der die meisten Familien zwang, einen Teil ihres Lebensunterhalts durch Arbeit außerhalb der Reservate zu verdienen – solche Wanderarbeiter waren in allen Wirtschaftszweigen gesucht. Das Ideal der einigermaßen gleichmäßigen Verteilung aller Familien mit Land wurde freilich mit zunehmender Bodenknappheit immer weniger eingehalten; der Prozentsatz der Landlosen stieg rasch. Die weiteren Kosten bestanden in der rasanten Verschlechterung der Böden durch Überweidung und Erosion und dadurch sinkenden Hektarerträgen, von den sozialen Folgen der Wanderarbeit einmal abgesehen. Einer expandierenden »weißen« Landwirtschaft

[8] Vgl. F. WILSON, in Oxford History 2, 131 ff.

stand also ein Rückgang in den Reservaten gegenüber, wobei freilich der Raubbau am Boden auch in den »weißen« Gebieten ein ernstes Problem blieb.

Der Goldbergbau als Leitsektor für Wirtschaft und Gesellschaft

Nach der Zahl der Beschäftigten war der Goldbergbau nie der wichtigste Wirtschaftszweig Südafrikas. Bis über die Mitte des Jahrhunderts hinaus war die Zahl der Beschäftigten in der weißen Landwirtschaft um ein Mehrfaches höher als im gesamten Bergbau, und selbst heute sind es noch über die Hälfte mehr. Dazu ist seit 1947 die Zahl der Arbeitnehmer in der Industrie größer als im Bergbau (der neben der Goldgewinnung bedeutende andere Zweige umfaßt)[9]. Die Bedeutung des Goldbergbaus für die unmittelbare Lebenserfahrung der meisten Südafrikaner war also vergleichsweise gering. Die Zahl der weißen Arbeiter lag zwischen 1910 und 1950 meistens zwischen 20 000 und 40 000, die der schwarzen zwischen 200 000 und 300 000[10]. Dabei stammte die Mehrheit der schwarzen Arbeiter (und das galt bis in die 1970er Jahre hinein) aus dem Ausland. Das war vor allem eine Folge der Rekrutierungspraxis. Die »weißen« ländlichen Gebiete waren den dortigen Bauern als Arbeitskräftereservoir vorbehalten (wobei freilich illegale Abwanderung bzw. Flucht in die Städte häufig war). In den Reservaten konkurrierten die Bergwerke mit der meist wesentlich besser bezahlenden Industrie auf dem Arbeitsmarkt. Nur der Bergbau hingegen war so umfassend organisiert, daß er auch im Ausland anwerben konnte. Man schloß mit den dortigen Kolonialregierungen Abkommen über jährlich einzustellende Quoten. Allerdings erließ die südafrikanische Regierung 1913 ein Verbot, Arbeiter aus Gegenden nördlich des 22. Breitengrades zu beschäftigen, da bei Bergleuten aus tropischen Gebieten eine sehr hohe Sterblichkeitsrate durch Lungenentzündung festgestellt worden war. Das Verbot wurde erst 1933 wieder aufgehoben, nachdem eine wirksame Impfung entwickelt worden war[11]. Die wichtigsten Anwerbungsgebiete waren Basutoland, Nyasaland und besonders Moçambique[12]. Von entscheidender Bedeutung wurde,

---

[9] Union Statistics G-4; G-6. SA Statistics 1988, 7.5.

[10] Genaue Zahlen bei F. WILSON, Gold mines 157f.

[11] Ebd. 5; 68f.

[12] Vgl. die Tabelle ebd. 70.

daß die Bergwerke imstande waren, ihre zunächst sehr scharfe gegenseitige Konkurrenz auf dem Arbeitsmarkt mehr und mehr auszuschalten und durch einen einheitlichen Rekrutierungsapparat für schwarze Arbeiter zu ersetzen. Das ermöglichte es, deren Löhne niedrig zu halten. Es nahm allerdings viel Zeit in Anspruch und war erst seit 1919 einigermaßen verwirklicht. Vorher hatten sich die Bergwerke in starkem Maße auf unabhängige Werber verlassen müssen. Daneben meldete sich stets auch ein beträchtlicher Teil der Arbeiter direkt – die Ursachen, die die Schwarzen zur Arbeitsaufnahme veranlaßten, waren nach wie vor vielfältig[13]. Selbst die gefährliche und im Vergleich zur Industrie sehr schlecht bezahlte Arbeit in den Bergwerken war, gemessen an dem, was sich auf dem Lande verdienen ließ, noch für viele attraktiv. Die Arbeiter lebten in Compounds von 3000-6000 Mann und blieben in der Regel 10 bis 12 Monate.

Dennoch bildete der Goldbergbau im 20. Jahrhundert in mancher Hinsicht das Rückgrat der südafrikanischen Wirtschaft, wobei nach dem Zweiten Weltkrieg noch weitere Bergbauzweige hinzugekommen sind, etwa die Gewinnung von Platin, Uran und Spezialmetallen, nebst Eisenerz und Kohle. Die Bedeutung lag darin, daß nur der Bergbau international voll konkurrenzfähig war und den Löwenanteil des Exports mit nichtsubventionierten Produkten bestritt. Gold allein erwirtschaftete 1917/18 53 Prozent der Exporterlöse; 1938/39 waren es sogar 72 Prozent, im Durchschnitt dieser 21 Jahre etwa 60 Prozent[14]. Die Eingliederung Südafrikas in die Weltwirtschaft, die Fähigkeit, am technischen Fortschritt der Welt teilzunehmen, hing also vom Gedeihen des Goldbergbaus ab. Dieser hatte von allen Wirtschaftszweigen auch die größte Produktivität und trug dadurch über Steuern und Abgaben wesentlich zu den Staatseinnahmen bei. Er erbrachte z. B. 1940/41 fast 20 Prozent des Volkseinkommens und über 40 Prozent der Staatseinnahmen[15]. Das bedeutete, daß keine Regierung sich über seine Interessen hinwegsetzen konnte, auch wenn sie von ihrer Wählerschaft her hauptsächlich andere Interessen vertrat, denn sie war auf hohe Produktion und hohe Gewinne im Goldbergbau angewiesen, wenn sie ihre Klientel befriedigen wollte.

Im Goldbergbau wurden nun auch die wichtigsten Auseinan-

---

[13] Die Durchsetzung des Rekrutierungsmonopols der Bergwerke schildert Jeeves, Migrant Labour.

[14] Lumby, in Coleman 217.

[15] Houghton/Dagut 3, 149.

dersetzungen zwischen Unternehmern und organisierter weißer Arbeiterschaft ausgetragen. Sie betrafen zwar auf ihrem Höhepunkt nur etwa 20000–25000 Arbeiter, hatten aber indirekt weitreichende Folgen für die gesamte weiße und schwarze Arbeiterschaft.

Ergebnis der Aufbauphase des Goldbergbaus war die Trennung der Arbeiterschaft in eine große Gruppe von unqualifizierten, sehr niedrig bezahlten und ganz überwiegend schwarzen und eine kleine Gruppe von qualifizierten, gutbezahlten, hauptsächlich weißen Beschäftigten. Da die Lohndifferenz zwischen den beiden Gruppen größer war als die Produktivitätsdifferenz, entstand zwischen Unternehmern und weißen Arbeitern ein Interessenkonflikt. Die Unternehmer waren daran interessiert, möglichst viele teure Weiße durch billige Schwarze zu ersetzen, während die weißen Arbeiter möglichst viele Arbeitsplätze für sich zu sichern versuchten. Dieser Konflikt stand für Jahrzehnte im Mittelpunkt der Auseinandersetzungen, und er wurde zeitweise mit großer Härte ausgetragen. Man darf indessen nicht vergessen, daß er die Folge eines Systems war, das beide Seiten zusammenband, so daß es nie zum umfassenden Bruch kam. Im Prinzip forderte das Interesse der Unternehmer, *alle* Weißen durch Schwarze zu ersetzen. Hätten sie das erreicht, wäre aber das System zusammengebrochen, das es überhaupt erst ermöglichte, daß Schwarze zu so niedrigen Löhnen beschäftigt werden konnten, nämlich der von den Weißen gestützte und beherrschte südafrikanische Staat mit den einschlägigen Zwangs- und Disziplinierungsmaßnahmen. Wenn man, wirtschaftlich und sozial gesehen, die Mehrheit der Weißen zu Schwarzen degradierte, konnte man nicht mit ihrer Hilfe zur Aufrechterhaltung eines Systems zur Diskriminierung der Schwarzen rechnen. Man konnte also versuchen, möglichst viele Weiße zu verdrängen – einige aber blieben systemnotwendig. Ähnlich erging es den Arbeitern. Hätten sie alle Schwarzen oder auch nur einen großen Teil von ihnen durch Weiße ersetzt, so wären ihre Löhne gesunken; die vergleichsweise hohen Löhne der Weißen waren zumindest auch eine Folge der extrem niedrigen Löhne der Schwarzen. Bei aller Härte der Auseinandersetzungen zwischen Unternehmern und weißen Arbeitern stand deshalb das Prinzip der zweigeteilten Arbeiterschaft nie wirklich zur Debatte.

Schon 1893 wurde das Sprengen gesetzlich weißen Arbeitern vorbehalten. Weitere ähnliche Vorschriften folgten. Diese Form der Rassendiskriminierung bei der Vergabe von Arbeitsplätzen wird im Englischen *job reservation, job bar* oder *industrial colour bar* genannt und hier als ›Arbeitsplatzreservation‹ bezeichnet. Die entsprechenden Gesetze oder Maßnahmen waren häufig nicht direkt auf die Rasse bezogen, wirkten sich aber in der Praxis so aus, indem sie etwa für die Einstellung bestimmte Voraussetzungen verlangten, die normalerweise nur bei Weißen gegeben waren. Bezeichnend – nicht zuletzt auch für die gründliche Verankerung der Strategie – war z. B. 1922 ein Gesetz, das den Eintritt in eine Berufslehre an einen achtjährigen Schulabschluß band, den in der Regel nur Weiße erreichten. Angehörige anderer Rassen – das betraf besonders Mischlinge – verloren dadurch berufliche Qualifikationsmöglichkeiten; die Konkurrenz für die Weißen war schon im Vorfeld ausgeschaltet.

In der Landwirtschaft hatten solche Einschränkungen nie bestanden, wohl deshalb, weil darin in der ersten Zeit die Weißen in der Regel zugleich Arbeitgeber gewesen waren. Auch im 20. Jahrhundert wurde keine Arbeitsplatzreservation eingeführt. Entsprechend stark ging der Anteil der weißen Arbeitskräfte zurück:

Unselbständig Beschäftigte in der Landwirtschaft[16]

Jahr	Weiße	Nichtweiße	Verhältnis Nichtweiße : Weiße
1918	54621	433441	7,9
1947	14470	830957	57,4
1954	9441	964635	102,2

Die Zeit unmittelbar nach dem Burenkrieg war für die weißen Bergarbeiter angesichts des Arbeitskräftemangels günstig. Einer Ausweitung der Beschäftigung für Weiße wurde dann aber durch die Rekrutierung von Chinesen vorgebaut. Immerhin konnten sich die weißen Arbeiter für ihre Zustimmung die Reservation weiterer Tätigkeiten sichern. Trotz vergleichsweise hoher Löhne war aber auch ihre Lage keineswegs beneidenswert. Krankheiten und Todesfälle waren außerordentlich häufig. Die Arbeitszeit war lang, und die Arbeitsplätze waren höchst unsicher. 1911 z. B. wechselten im Schnitt pro Monat 13,3 Prozent der weißen Arbeiter die Stelle[17]. Immerhin waren

[16] Union Statistics G-3.
[17] YUDELMAN 63.

sie relativ gut gewerkschaftlich organisiert. 1907 kam es zum ersten größeren Streik. Der Staat stellte sich ganz auf die Seite der Unternehmer und griff mit Polizei und Truppen ein. Hier zeigte sich die Abhängigkeit des Staates vom Goldbergbau: ein längerer Produktionsausfall gefährdete auch die Staatsfinanzen. In diesem Falle kam ein zweiter Grund hinzu. Die Unternehmer entließen viele Streikende und stellten an ihrer Stelle neue Arbeiter ein. Es waren größtenteils Buren. Diese waren im Schnitt weniger qualifiziert als die entlassenen Briten und Einwanderer. Aber sie waren für Aufseherfunktionen durchaus verwendbar und gaben sich mit geringerer Bezahlung zufrieden. Die eben im Rahmen der Gewährung von Selbstregierung für Transvaal an die Macht gekommene Regierung Botha sah diese Stärkung der Buren gerne.

1911 errangen die weißen Arbeiter einen wichtigen Sieg. Mit der *Mines and Works Act* wurde die Arbeitsplatzreservation für den Bergbau gesetzlich festgeschrieben. Die Unternehmer versuchten, sich dem so weit wie möglich zu entziehen. Das trug dazu bei, daß im Juli 1913 erneut ein Streik ausbrach. Da die Armee gerade in Umbildung begriffen war, hatte die Regierung kaum Truppen zur Verfügung. Die Gewerkschaften konnten viele Forderungen durchsetzen. Doch als sie gegen Ende des Jahres nochmals streikten, war der Staat gerüstet. Smuts, damals Innenminister, konzentrierte 10 000 Soldaten am Witwatersrand. Nachdem zwei Personen getötet und die Streikführer verhaftet worden waren, gaben die Streikenden auf[18].

Der Erste Weltkrieg mit seiner weltweiten Inflation ließ die Einkünfte aus dem Goldbergbau sinken. Dafür zog der Goldpreis unmittelbar nach Kriegsende deutlich an. Doch schon 1920/21 fiel er wieder auf den alten Stand zurück. Die Unternehmer sahen die Rentabilität gefährdet. Je niedriger der Goldpreis war, um so höher mußte der Goldgehalt des Erzes sein, damit sich der Abbau noch lohnte. In der Hoffnung auf zumindest stabile Preise hatten die Unternehmer in den vorangegangenen Jahren viele Bergwerke für Erz von niedrigem Gehalt eröffnet. Sie waren jetzt vom Ruin bedroht. Das alarmierte den Staat. Die Kostenfrage war entscheidend, und der Punkt, an dem sich am ehesten etwas ändern ließ, war das Verhältnis zwischen der Zahl der weißen und schwarzen Arbeitsplätze. Die Unternehmer wollten die Gelegenheit nutzen, um die Arbeiter

[18] Ebd. 70 ff; 98; 108 ff.

ein für allemal gefügig zu machen. Sie verlangten ein Verhältnis zwischen Schwarz und Weiß von 10,5 zu 1, während der Istzustand bei 8,2 zu 1 lag[19]. Der Widerstand war heftig. Die Bergarbeitergewerkschaft organisierte 1922 einen großen Streik, der schnell bürgerkriegsähnliche Züge annahm. Die Arbeiter, mittlerweile mehrheitlich Buren, bildeten nach altem burischen Vorbild bewaffnete Kommandos. Smuts – seit dem Tode Bothas 1919 Premierminister – zog etwa 20000 Soldaten zusammen, mit Panzern, Artillerie und Flugzeugen. Am 10. März ließ er die Streikenden angreifen, auch mit den schweren Waffen. Die Kämpfe dauerten vier Tage. Die offizielle (und wohl zu niedrige) Bilanz waren 219 Tote und 591 Verwundete[20]. Auch das gerichtliche Nachspiel war massiv. 4962 Personen wurden verhaftet, 46 wegen Mordes und Hochverrats angeklagt, 18 zum Tode verurteilt und vier davon hingerichtet. Über 7600 weiße Arbeiter wurden entlassen[21]. Die Macht der Gewerkschaften war gebrochen. Dennoch wurde die Arbeiterbewegung nicht völlig zerschlagen. Hier zeigte sich, daß das System letztlich beide Seiten in einer Interessengemeinschaft verband. Die Gewerkschaft fand zudem mit ihrem Ziel, weiße Arbeitsplätze zu sichern, in der öffentlichen Meinung breite Unterstützung. Berühmt geworden ist eine Losung aus dem Streik: »Proletarier aller Länder, vereinigt Euch und kämpft für ein weißes Südafrika.« Der rassistische Gehalt dieser Forderung läßt sich schwer leugnen, auch wenn es versucht wurde: zur Zeit seien nur die weißen Arbeiter organisiert. Werde ihre Bewegung zerschlagen, so führe das zu unbeschränkter Herrschaft der Unternehmer. Werde sie gestärkt, so könne sie sich nach dem Sieg für die gesamte Arbeiterschaft einsetzen, also auch für die Schwarzen[22]. Da war bestenfalls ein ungedeckter Wechsel auf die Zukunft. Schließlich profitierten die weißen Arbeiter unmittelbar von der Differenzierung der Rassen. Nicht gerechtfertigt ist es aber, den Rassismus allein oder auch nur hauptsächlich ihnen anzulasten. Die Unternehmer profitierten vom Gesamtsystem mindestens so sehr, und ähnlich verhielt es sich mit den übrigen weißen Bevölkerungsgruppen, um deren Unterstützung die Arbeiter mit der Parole vom weißen Südafrika denn auch erfolgreich warben. Die Bergarbeiter waren lediglich unmittelbarer

---

[19] Ebd. 175 ff.
[20] Ebd. 181 ff; 46. Nach OBERHOLSTER 190: 210 Tote und 534 Verwundete.
[21] STALS 1, 92. OBERHOLSTER 190: 4758 Verhaftete.
[22] Vgl. YUDELMAN 183.

als andere Gruppen von Weißen in eine Lage geraten, in der sie ihre Interessen nur auf Kosten der Schwarzen wahren bzw. durchsetzen konnten.

Die Rand-Revolte von 1922 wurde zum Höhepunkt und Abschluß der Kämpfe zugleich. 1924 wurden im Schlichtungsgesetz für die Industrie *(Industrial Conciliation Act)* die Gewerkschaften erstmals als gleichberechtigte Verhandlungspartner der Unternehmer anerkannt; dafür wurde aber das Streikrecht eingeschränkt. Das Gesetz wurde von den Unternehmern und der Regierung entworfen und von den demoralisierten Gewerkschaften akzeptiert[23]. Deren Mitgliedschaft wurde so definiert, daß praktisch nur Weiße, Mischlinge und Inder in Frage kamen. Schwarzen war die Gewerkschaftsbildung nicht untersagt, aber ihre Gewerkschaften waren nicht als Tarifparteien anerkannt. Diese Unterscheidung war mindestens so sehr im Interesse des Staates und der Unternehmer wie der weißen Arbeiter, galt es doch, ein Zusammengehen zu verhindern. Damit war die Phase der harten, gewaltsamen Konflikte zwischen Unternehmern, weißen Arbeitern und Staat weitgehend abgeschlossen.

Der Umfang der Auseinandersetzungen, die die damals 20 000–25 000 weißen Bergarbeiter über viele Jahre hinweg führen konnten, zeigt ihre politische Bedeutung. Die wirtschaftliche Bedeutung der schwarzen Bergarbeiter, deren Zahl 1910–1930 meistens zwischen 170 000 und 200 000 lag, war natürlich noch größer[24]. Trotzdem spielten sie politisch eine viel geringere Rolle. Allerdings blieben auch sie nicht völlig ruhig. Sie streikten 1913 unmittelbar nach den weißen Arbeitern und forderten die Abschaffung der Arbeitsplatzreservation. Wesentlich gewichtiger war ein Streik im Februar 1920, als etwa 71 000 Mann die Arbeit niederlegten. Erfolge blieben aus. Beide Streiks wurden durch Polizeieinsatz niedergeschlagen, 1920 mit elf Toten und 120 Verletzten[25]. Nach 1920 erfolgte bis 1946 kein größerer Streik mehr. Die Schwarzen waren größtenteils Wanderarbeiter, die Mehrheit von ihnen stammte aus dem Ausland, und sie lebten in Compounds, die man leicht voneinander isolieren konnte. Organisation war also sehr schwierig, so daß sich Unzufriedenheit eher in individuellen Aktionen äußerte.

Weshalb erfolgte nie ein Zusammengehen von weißen und schwarzen Bergarbeitern? In der Regel blieb die jeweils andere

[23] Ebd. 198 ff.
[24] F. Wilson, Gold mines 157.
[25] Yudelman 103 f.; 149 f.

Gruppe apathisch-neutral; zuweilen ließ sie sich auch gegen die Gegenseite mobilisieren. Die Erklärung liegt darin, daß die Interessen in der Tat gegenläufig waren. Nicht nur betraf der Kampf um die weißen Arbeitsplätze direkt auch die Schwarzen, denen im gleichen Maße Arbeitsplätze entgingen. Wichtiger war, daß die hohen Löhne der Weißen nur dank den niedrigen Löhnen der Schwarzen möglich waren. Solidarität mit den Schwarzen gegen die Unternehmer hätte von den Weißen wirkliche Opfer verlangt.

Die Auseinandersetzungen im Goldbergbau gewannen auf diese Weise eine Leitfunktion für die Politik der Arbeitsplatzreservation und die Rolle der Gewerkschaften. In einer andern Hinsicht aber war der Goldbergbau atypisch: da die schwarzen Arbeiter größtenteils in Compounds lebten, wurde die soziale Entwicklung in den Städten von Bevölkerungsgruppen bestimmt, die hauptsächlich in der Industrie und im Dienstleistungssektor beschäftigt waren, sofern sie überhaupt eine feste Arbeit hatten.

Die Anfänge der Industrie

Hauptreichtum des Landes waren zweifellos die Bodenschätze. Irgendwann aber würden sie erschöpft sein. Man mußte deshalb – so schien es das Interesse des Landes zu fordern – rechtzeitig eine andere wirtschaftliche Grundlage aufbauen, in erster Linie in Form einer verarbeitenden Industrie. Anders war die Interessenlage der Bergwerksunternehmer. Eine südafrikanische Industrie war zumindest für eine längere Anlaufzeit international nicht konkurrenzfähig, mußte also durch Zölle geschützt werden. Das bedingte ein höheres Preisniveau für Importe und damit höhere Kosten für den Bergbau. Deshalb war der Aufbau einer Industrie bis 1914 noch nicht sehr weit gediehen. Während des Krieges löste sich das Problem von selbst. Viele Güter konnten nicht mehr aus dem Ausland bezogen werden. Man war auf inländischen Ersatz angewiesen. Das führte zu einem ersten größeren Industrialisierungsschub, hauptsächlich im Bereich der Konsumgüter-, weniger in der Investitionsgüterindustrie. Nach Kriegsende war Import wieder möglich – nun aber war die eigene Industrie da und mußte infolgedessen aus politischen Gründen auch geschützt werden, zumal in ihr der Anteil der Weißen an den Beschäftigten sehr viel höher war als im Bergbau.

Die Städte

Nach den Diamanten- und Goldfunden waren die Städte sehr rasch gewachsen. Man kann deren Bevölkerung in der Zwischenkriegszeit grob in drei Gruppen einteilen. Tonangebend war eine weiße Mittel- und Oberschicht, die hauptsächlich aus englischsprachigen Südafrikanern und aus Einwanderern bestand, von denen viele aus Großbritannien stammten. Diese Gruppe hatte schon im 19. Jahrhundert mehrheitlich in Städten gewohnt und deren Wirtschaft kontrolliert. Das galt nun in noch weit stärkerem Maße. Sie stellte die Unternehmer und Händler, dominierte in der höheren Verwaltung und im höheren Bildungswesen, und aus ihren Reihen kamen auch die meisten qualifizierten Arbeiter sowie die Vertreter der freien Berufe. Ihr hatten als Unterschicht von Anfang an die Schwarzen gegenübergestanden. Sie verrichteten die unqualifizierten Arbeiten. Sie waren zunächst meist nur für kurze Zeit als Wanderarbeiter in die Städte gekommen. Nun ließen auch sie sich in zunehmendem Maße mit ihrer Familie nieder, so daß bereits eine Generation von Schwarzen heranwuchs, die in den Städten geboren waren. Neben diesem Proletariat stand die zahlenmäßig unbedeutende gebildete schwarze Mittelschicht, die aber eine führende politische Rolle spielte. In den Städten der westlichen Kapprovinz nahmen Mischlinge teilweise eine ähnliche Stellung ein wie sonst die Schwarzen; doch übten wesentlich mehr von ihnen auch qualifiziertere Tätigkeiten aus. Die dritte Gruppe schließlich bestand aus den armen Weißen, ehemaligen Beiwohnern und Kleinbauern, die in zunehmendem Maße auf dem Land kein Auskommen mehr fanden. Ihre Zahl schwoll besonders nach Mißernten, Dürren, Viehseuchen usw. jeweils an. Andererseits übten die höheren Löhne in der Stadt eine beträchtliche Anziehungskraft auf sie aus. Doch diese armen Weißen, von denen etwa 90 Prozent Buren waren, brachten für das Leben in der Stadt genau so wenig Qualifikationen mit wie die Schwarzen. Sie fanden bestenfalls Hilfsarbeiten. Sehr viele von ihnen waren arbeitslos und lebten von öffentlicher Unterstützung oder privater Wohltätigkeit. Bettel und Verbrechen nahmen zu. Freilich gehörten bei weitem nicht alle Buren, die in den Städten wohnten, zur Unterschicht. Doch waren sie in der Mittel- und erst recht in der Oberschicht im Vergleich zu den Briten entschieden untervertreten. Die bedeutendsten Fortschritte machten sie zunächst im Goldbergbau, wo sie bereits

1918 etwa die Hälfte und 1936 drei Viertel der weißen Arbeiter stellten[26]. Insgesamt war der Verstädterungsgrad bei den Weißen, Mischlingen und Indern entschieden höher als bei den Schwarzen, wie die folgende Tabelle zeigt:

Verstädterungsgrad in Prozenten[27]

Jahr	Gesamtbevölkerung	Weiße	Mischlinge	Inder	Schwarze
1911	24,7	51,6	46,0	46,0	12,6
1921	27,9	59,6	51,9	60,7	14,0
1936	32,4	68,0	56,9	70,8	18,4
1946	38,4	74,5	60,9	71,3	23,7

Die Zweiteilung zwischen qualifizierten Weißen und unqualifizierten Schwarzen, wie sie sich im Bergbau herausgebildet hatte, fand also in der Sozialordnung der Stadt keine volle Entsprechung. Unter klassenmäßigen Gesichtspunkten verlief hier die eigentliche Trennungslinie zwischen der englischsprachigen weißen Mittel- und Oberschicht einerseits und den schwarzen und weißen Unterschichten andererseits. Unter diesen Vorzeichen wäre die Entstehung einer einheitlichen Unterschicht zu erwarten gewesen, in der die Rasse keine oder jedenfalls keine größere Rolle mehr gespielt hätte, wodurch es dann wohl auch in verstärktem Maße zu einer Vermischung gekommen wäre. Die Mittel- und Oberschicht hingegen wäre weiß geblieben. Weshalb ist dies nicht erfolgt? Hauptgrund dürfte die bereits bestehende Rassendiskriminierung gewesen sein, die auch auf dem Lande die Weißen in vielerlei Hinsicht privilegierte. Für sie galten keine Paßgesetze und in der Regel keine Gesetze über den Bruch des Arbeitsvertrages, und sie waren nicht von politischen Rechten ausgeschlossen. Auch wenn sie im größten Elend in den Städten lebten, so hatten sie im Vergleich zu den Schwarzen doch immer noch etwas zu verlieren, und zwar Privilegien, die sie gerade diesen gegenüber begünstigten. Hätten sie freiwillig darauf verzichtet, zugunsten einer Zusammenarbeit mit den Schwarzen, so hätten sie dafür wenig Gegenleistungen erwarten können. Zudem waren auch sie gegenüber den Schwarzen deut-

[26] Vgl. die Tabelle bei YUDELMAN 132.
[27] Union Statistics A-10. Für 1911: WELSH, in Oxford History 2, 173. Von den Buren lebten 1900 weniger als 10 Prozent in den Städten; 1911 waren es 29 Prozent, 1926 41 Prozent. ADAM/GILIOMEE 104. Entsprechend stärker war die Verstädterung bei den Briten.

lich in der Minderheit. Die Chance, sich über die Eigenschaft als Weiße zu verbessern, war größer als die über die Eigenschaft als Proletarier. Freilich war eine solche Einstellung nicht unabänderlich. Wenn sich das Los der armen Weißen nicht verbesserte, ließ sich die Möglichkeit ihres Zusammengehens mit den Schwarzen auf die Dauer nicht ausschließen, zumal der Alltag beide Gruppen in engen Kontakt brachte. In manchen Slums lebten Schwarze und Weiße nebeneinander. Das weckte in der weißen Mittel- und Oberschicht Befürchtungen, solche Weißen könnten, wie man es ausdrückte, »verkaffern«, also in ihrer Lebensführung auf das Niveau der Schwarzen herabsinken (was keineswegs selten war) und dann mit ihnen gemeinsame Sache machen und sich mit ihnen vermischen (was kaum vorkam)[28]. Das führte einerseits zu Bemühungen, das materielle Los der armen Weißen zu verbessern, andererseits zum Versuch, die Gemengelage von Schwarzen und Weißen möglichst zu beseitigen.

Auch die Schwarzen konnten sich in den Städten im Prinzip frei niederlassen und darin Land erwerben[29]. Das Landgesetz von 1913 galt ausdrücklich nicht für die städtischen Gebiete. Diese bildeten also eine Art relativer Freiräume in einer Welt, in der die Schwarzen mannigfachen Einschränkungen unterworfen waren. Das ist freilich keineswegs im Sinne voller Gleichberechtigung zu verstehen. Viele Städte wiesen den Schwarzen getrennte Gebiete zu und verboten ihnen den Wohnsitz in andern Vierteln. Doch bestand weder ein einheitliches System der Trennung, noch wurde es überall erzwungen. Vielen Weißen war dieser Zustand ein Dorn im Auge. Er führte besonders nach dem Ersten Weltkrieg zu Plänen, auch hier stärker einzugreifen. Ergebnis war 1923 das Gesetz über Eingeborene in städtischen Gebieten, die *Native (Urban Areas) Act*[30]. Hauptziel war die Übertragung der Prinzipien des Landgesetzes auf die Städte, soweit das möglich war. Die städtischen Gebiete wurden in schwarze und andere Wohngebiete eingeteilt. Schwarzen war künftig Landerwerb und Wohnsitz nur noch in den ihnen zugewiesenen Quartieren erlaubt. Begründet wurde die Maßnahme mit der Gefahr von Epidemien, die bessere Planung erforderlich mache anstelle der bisherigen gefährlichen Slums. Das war sicher ein wichtiges Motiv, das auch zu Haus-

[28] Sehr ausgeprägt sind diese Befürchtungen etwa 1932 im Bericht der Carnegie Commission über die armen Weißen: 2, 62 f.; 4, 36 f.; 106; 5, 138.
[29] Vgl. zum Folgenden HELLMANN, Handbook 230 ff.
[30] Vgl. DAVENPORT, Stallard.

und Wohnungsbauprogrammen für Schwarze führte. Zentral aber war wohl die Absicht, Weiße und Schwarze voneinander zu scheiden, um eine Klassenbildung über die Rassenschranken hinweg zu verhindern. Da andererseits, wie beim Landgesetz, der Besitzstand gewahrt blieb, führte das Gesetz von 1923 nur langsam zu einer strengeren Trennung von Schwarz und Weiß (es galt nicht für Mischlinge und Inder).

Im Zuge der Vorbereitung des Gesetzes hatte eine Kommission das Prinzip verkündet, das fortan für die Städte gelten sollte: »Dem Eingeborenen sollte der Zutritt in die städtischen Gebiete, die im wesentlichen die Schöpfung des weißen Mannes sind, nur dann gestattet werden, wenn er bereit ist, die Bedürfnisse des weißen Mannes zu befriedigen, und er sollte von dort wieder verschwinden, wenn er aufhört, diese Bedürfnisse zu befriedigen.«[31] Die Behauptung von der »Schöpfung des weißen Mannes« stand in krassem Gegensatz zur Bildung der Städte, in der die Schwarzen überall von Anfang an eine wichtige Rolle gespielt hatten. Mit ihr aber ließ es sich rechtfertigen, daß Schwarze, die in den Städten nicht mehr gebraucht wurden, Arbeitslose, Alte und Kranke, in die Reservate zurückgeschafft wurden (sofern sie überhaupt einmal dort gelebt hatten, doch darum kümmerte sich die Ideologie nicht). Allerdings spielte diese Möglichkeit in der Praxis noch eine geringe Rolle; beherrschend war zunächst der andauernde Zustrom in die Städte. Eigentliche Zuzugsbeschränkungen wurden erst 1937 erlassen, zusammen mit einem generellen Verbot des Landerwerbs für Schwarze in den Städten. Die Behörden konnten nun, zumindest in der Theorie, bestimmen, wie groß die städtische schwarze Bevölkerung sein sollte. Das kam dem Bedürfnis der weißen Bauern, ihre Arbeitskräfte der Konkurrenz von Bergbau und Industrie zu entziehen, ebenso entgegen wie der Furcht der weißen Städter, von Schwarzen »überschwemmt« zu werden.

Arme Weiße und burischer Nationalismus

In vergleichender Perspektive waren die armen Weißen keine besonders auffällige Erscheinung. Sie gehörten zu den Opfern der Industrialisierung, der wirtschaftlichen Gewichtsverlage-

[31] Transvaal Local Government Commission Report 1922, zit. F. WILSON, Gold mines 3.

rung vom Land in die Stadt. Durch Produktivitätssteigerung und Bevölkerungswachstum wurden auf dem Lande Arbeitskräfte freigesetzt, die als Unterschicht in die Städte ziehen mußten und dort meist nur in einem langwierigen und schmerzhaften Anpassungsprozeß Fuß fassen konnten.

In Südafrika aber zeigte dieser Prozeß zwei besondere Merkmale. Zunächst die Trennung in weiße und schwarze Unterschichten, die aus den dargelegten Gründen auch in der Stadt bestehen blieb. Zweitens die Tatsache, daß etwa 90 Prozent der armen Weißen Buren waren. Ihre Zahl (auf dem Land und in der Stadt) wurde für 1929/30 auf über 300 000 geschätzt, etwa ein Sechstel der weißen Bevölkerung oder fast ein Drittel der Buren[32]. So wurde, was zunächst wesentlich ein sozialer und wirtschaftlicher Vorgang war, nach der einen Seite mit dem Rassengegensatz, nach der andern mit dem burisch-britischen Gegensatz in Verbindung gebracht. Die Buren bildeten innerhalb der Weißen unzweifelhaft die benachteiligte Gruppe. Da sie aber, im Gegensatz zu den andern Rassen, volle politische Rechte hatten, konnten sie über das Wahlrecht Macht ausüben. Doch waren sie von ihrer Zusammensetzung her zu heterogen, als daß sie sich im Sinne einer sozialen Bewegung, einer Gewerkschaft oder eines sonstigen Interessenverbandes hätten organisieren und kämpfen können. Was sie alle verband, war nicht die Klassen-, sondern die Volkszugehörigkeit und die Sprache. Hier lagen die Chancen für eine breite Mobilisierung. Diese Tatsache wirkte als Anlaß und Ansporn, den burischen Nationalismus zu verstärken. Der Weg zu einer Interessengemeinschaft aller Buren war freilich weit. Die Intellektuellen widmeten sich in der Zwischenkriegszeit in sehr starkem Maße dem Aufbau, der Konstruktion einer burischen Nation. Dabei reichte der Appell an gemeinsame Eigenschaften und Gefühle nicht aus. Man mußte auch materielle Anreize anbieten können, besonders für die armen Weißen. Diese gewannen für die politische Auseinandersetzung der folgenden Jahre beträchtliches Gewicht, allerdings weniger als Subjekte denn als Objekte, deren Wählerstimmen es zu gewinnen galt, mit deren Hilfe sich die Macht erringen ließ. In wirtschaftlicher Hinsicht bildeten sie hingegen für die einzelnen Interessengruppen eher einen Stein des Anstoßes, fast eine Art Schwarzen Peter. Man soli-

---

[32] Carnegie Commission 1, VII. Das sind natürlich nur grobe Anhaltspunkte, denn die Definition des »armen Weißen« war Ermessenssache.

darisierte sich nur solange mit ihnen, als es nichts kostete. Die reichen Bauern hatten sie vom Land verdrängt und dadurch das Problem erst geschaffen. Der Goldbergbau hatte sich immer wieder geweigert, sie in größerer Zahl einzustellen, und auch die übrigen Wirtschaftszweige zogen, soweit möglich, billigere Schwarze vor.

Politische und wirtschaftliche Verschiebungen 1924-1939

Smuts hatte den Bergarbeiterstreik von 1922 mit beispielloser Härte niederschlagen lassen. Zwei Jahre später erhielt er in den Wahlen die Quittung dafür. Die Nationalen gingen ein Wahlbündnis mit der Labourpartei ein, den »Pakt«. Labour vertrat vor allem die englischsprachigen Arbeiter, die sich nach 1922 zunehmend von der Südafrikanischen Partei abwandten. Die Nationalen hatten ihren Rückhalt in erster Linie auf dem Lande, gewannen nun aber auch vermehrt Unterstützung bei den burischen Arbeitern und Unterschichten in den Städten. Die SAP fiel von 79 auf 53 Sitze zurück. Die NP steigerte sich von 45 auf 63, Labour von 9 auf 18. Der Pakt konnte also, bei einer Gesamtzahl von 135 Abgeordneten, die Regierung bilden, unter J. B. M. Hertzog. Zum ersten Male waren die burischen Nationalisten an der Macht, wenn auch noch in einer Koalitionsregierung.

Der Wahlsieg wurde nicht zum Sieg der weißen Bergarbeiter. Auch die Nationalen konnten es sich nicht leisten, die Rentabilität des Goldbergbaus zu gefährden, zumal gerade sie sehr stark auf dessen Einkünfte zurückgreifen wollten, um andere Wirtschaftszweige zu subventionieren. Es blieb beim 1922 erreichten Zustand. Die *Mines and Works Act* von 1911, die die Arbeitsplatzreservation festgeschrieben hatte, war 1923 von einem Gericht als verfassungswidrig aufgehoben worden. Sie wurde 1926 in veränderter Form neu erlassen, brachte aber auch lediglich die Sicherung des bestehenden Zustandes. Das Verhältnis zwischen schwarzen und weißen Arbeitern blieb in etwa bestehen; es lag um 9 zu 1 und damit für die Weißen ungünstiger als vor 1922, als es zwischen 7 und 8 zu 1 gelegen hatte[33]. Die Reallöhne sanken sogar leicht[34].

[33] F. WILSON, Gold mines 157.
[34] Ebd. 46; 66.

In andern Bereichen hingegen erfolgten durchaus Veränderungen. Zwei Ziele standen im Vordergrund: die Verbesserung des Loses der armen Weißen, wesentlich durch Schaffung von Arbeitsplätzen, sowie die Förderung der verarbeitenden Industrie, um die Abhängigkeit vom hauptsächlich von ausländischem Kapital beherrschten Goldbergbau zu lockern[35], aber auch, um für die Zeit nach dem Versiegen der Goldlager gerüstet zu sein. Man rechnete damals mit einem raschen Rückgang der Goldproduktion nach der Jahrhundertmitte.

Die Politik zur Förderung der Beschäftigung armer Weißer wurde *civilized labour policy* genannt (Politik der zivilisierten Arbeitskräfte). Man definierte einen »zivilisierten« Lebensstandard und rechnete aus, welches Einkommen dafür erforderlich war. Das ergab die minimale Bezahlung für solche Arbeitsplätze, und die Rede von der Zivilisation verschleierte die Tatsache, daß es sich um eine Politik der Bevorzugung der Weißen vor den Schwarzen handelte, deren Chancen auf dem Arbeitsmarkt sich dadurch verschlechterten, sofern nicht geradezu Schwarze entlassen wurden, um Platz für Weiße zu machen. Zeitweise wurden daneben noch Mischlinge in geringerem Maße gegenüber Schwarzen bevorzugt; auf der andern Seite aber wurden auch sie von Weißen verdrängt. So sank ihr Anteil an den öffentlichen Bediensteten in der westlichen Kapprovinz von 1924 bis 1932 von 44 auf 30 Prozent und der der Schwarzen von 12 auf 2 Prozent, während die Weißen sich von 44 auf 68 Prozent verbesserten[36]. Die »zivilisierte« Entlohnung bedeutete letztlich, daß der Arbeitsplatz subventioniert werden mußte, indem die Bezahlung höher war, als sich nach Marktgesetzen ergeben hätte: man hätte statt der Weißen billigere Schwarze einstellen können. Freilich hätte man auch Weiße zu gleicher Bezahlung wie Schwarze beschäftigen können. Daß dies nicht geschah, war weder die Folge von Marktgesetzen noch, in der Regel, der Weigerung von Weißen, schlecht bezahlte Arbeiten zu verrichten, sondern es war die Folge einer politischen Entscheidung vor allem durch die Mittel- und Oberschichten, daß keine einheitliche Unterschicht entstehen sollte. Verwirklicht wurde diese Politik hauptsächlich in zwei Bereichen, in der verarbeiten-

---

[35] Der Goldbergbau war 1918 zu 82 Prozent in ausländischem Besitz, 1945 zu 47, 1964 zu 29 Prozent. LIPTON 258.
[36] GOLDIN 42.

den Industrie und – in sehr viel größerem Umfang – im Staatssektor[37].

Die Industrie wurde durch Zölle vor ausländischer Konkurrenz geschützt. Das ermöglichte ihr eine Expansion auf dem südafrikanischen Markt, trug andererseits aber dazu bei, daß sie, im Gegensatz zum Bergbau, international nur in geringem Maße konkurrenzfähig war. Der Preis für die staatliche Unterstützung war die Auflage, einen bestimmten Prozentsatz von Weißen zu beschäftigen. Die aus dem Zollschutz erwachsenden Gewinne kamen also nur teilweise den Unternehmern zugute; sie bildeten daneben auch eine indirekte Subventionierung weißer Arbeitsplätze. Auf diese Weise wurden tatsächlich vermehrt Weiße eingestellt. Kamen 1920 auf einen weißen Beschäftigten in der Industrie noch 2,11 schwarze, so waren es 1935 nur noch 1,49[38]. Wirksamer war die Politik da, wo der Staat zugleich Arbeitgeber war. Im öffentlichen Dienst, bei Post und Eisenbahn sowie in den Häfen wurden in großem Maße Weiße bevorzugt. So nahm der Anteil der Weißen bei den ungelernten Bahnarbeitern von 1924 bis 1933 von 9,5 auf 39,3 Prozent zu, während der der Schwarzen von 75 auf 48,9 Prozent zurückging[39]. Dazu kamen zahlreiche Beschäftigungsprogramme. In den gleichen Zusammenhang gehörte der Aufbau einer staatlichen Industrie gegen den Widerstand der Bergwerksbesitzer, die fürchteten, auf diese Weise entstünden nur neue Zuschußbetriebe, für die letztlich sie als Steuerzahler aufkommen müßten. Wichtigste Gründung waren 1928 die staatlichen Eisen- und Stahlwerke ISCOR *(Iron and Steel Corporation)*, die bis 1932 ausschließlich Weiße beschäftigten[40].

Das System der Diskriminierung zeitigte mit der Politik der »zivilisierten« Arbeitskräfte (die nicht wirklich neu war, sondern nur intensiviert wurde; besonders der Staat hatte auch schon früher Weiße bevorzugt) eine weitere Wendung, die es immer schwerer durchschaubar machte. Zuerst hatte die mannigfaltige rechtliche Diskriminierung der Schwarzen, verbunden mit der Politik der Reservate und der Wanderarbeit, zur Benachteiligung der armen Weißen auf dem Arbeitsmarkt geführt. Jetzt mußte diese Benachteiligung durch eine neue, an-

---

[37] Detaillierte Angaben bei ABEDIAN/STANDISH und VAN DER HORST, Native labour Kap. 13.

[38] ABEDIAN/STANDISH 145.

[39] VAN DER HORST, Native labour 251.

[40] ABEDIAN/STANDISH 162.

ders geartete Diskriminierung der Schwarzen und direkte staatliche Eingriffe wieder abgebaut werden. Gerade die am wenigsten qualifizierten Weißen, die unterste Kategorie der Beschäftigten, wurden dadurch in besonderer Weise vom System der Diskriminierung abhängig, was dazu führte, daß sie sich später auch besonders vehement für seine Beibehaltung oder Verschärfung einsetzten. Man darf dabei aber nicht vergessen, daß nicht sie das System des gespaltenen Arbeitsmarktes geschaffen hatten, sondern daß sie in mancher Hinsicht ebenso seine Opfer waren wie die Schwarzen.

Weil die »zivilisierten« Arbeitsplätze letztlich subventioniert waren (auch wenn die Bezahlung keineswegs hoch war), hatte die Beschäftigungspolitik ihre Grenze an den zur Verfügung stehenden staatlichen Mitteln. Bis in die dreißiger Jahre hinein nahm die Zahl der armen Weißen noch zu. Dennoch schien nach 1924 zumindest ein Anfang gemacht, und die Wähler, besonders auch die Betroffenen, honorierten die Politik 1929 mit einem Wahlsieg der NP, die diesmal die absolute Mehrheit erreichte. Ihr Sieg ging allerdings fast ausschließlich auf Kosten der Labourpartei, die sich in zwei Flügel aufgespalten hatte. Das zeigte, daß die politischen Lager stärker durch die burischbritischen Auseinandersetzungen bestimmt wurden als durch die sozialen Gegensätze. Nach ihrer Disziplinierung in der Randrevolte von 1922 und ihrer Anerkennung im Gesetz von 1924 zerbrach die Arbeiterbewegung vollends zwischen den beiden weißen Blöcken. Das ist so geblieben; in Südafrika ist nie mehr eine größere weiße Arbeiterpartei entstanden.

Schon bald nach den Wahlen wurden in Südafrika die Auswirkungen der Weltwirtschaftskrise spürbar. Wenngleich manche andern Länder stärker erfaßt wurden, so waren die Folgen für Südafrika schlimm genug. Am härtesten getroffen wurde die Landwirtschaft, ganz besonders deren Exportproduktion. Die Weltmarktpreise brachen zusammen, sie fielen teilweise auf Bruchteile des früheren Standes. Ein Pfund Wolle etwa brachte 1927/28 16,6 Pence ein – 1931/32 waren es noch 4,4 Pence[41]. Da sich deshalb mehr Bauern auf die Produktion für das Inland verlegten, gingen auch hier die Preise stark zurück. Die verarbeitende Industrie mußte ebenfalls beträchtliche Einbußen hinnehmen, während der Goldbergbau zunächst sogar profitierte: der Goldpreis blieb fest, wohingegen fast alle andern Preise

---

[41] DAVENPORT, History 302.

sanken. Das änderte sich, als im September 1931 Großbritannien den Goldstandard seiner Währung aufgab und abwertete, gefolgt von weiteren Industrieländern. Das bedeutete einen starken Rückgang des Goldpreises. Nun entbrannte ein Kampf darüber, ob Südafrika auch abwerten solle oder nicht. Hertzog weigerte sich sehr lange. Doch die Lage verschlechterte sich zusehends, und im Dezember 1932 gab er nach. Seine Stellung war so geschwächt, daß er eine große Koalition mit der SAP unter Smuts eingehen mußte; man sprach von der »Fusionsregierung«.

Die nun nachvollzogene Abwertung war ein durchschlagender Erfolg. Der Goldpreis stieg binnen kurzem um etwa 45 Prozent[42]. Das verschaffte dem Land Mittel, um auch die andern Wirtschaftszweige zu fördern. Am längsten brauchte die Landwirtschaft zu ihrer Erholung. Die Industrie hingegen erfuhr ein phänomenales Wachstum; zwischen 1932/33 und 1938/39 nahm ihre Produktion um 110 Prozent zu[43]. Das Volkseinkommen stieg von 1934 bis 1940 im Schnitt um jährlich 7 Prozent[44]. Die Fusionsregierung behielt die Politik der »zivilisierten« Arbeitskräfte bei. Dank dem raschen Wirtschaftswachstum ließen sich nun leichter und in größerer Zahl Arbeitsplätze für arme Weiße schaffen. Auf dem Höhepunkt, 1934, wurden immerhin 15,8 Prozent des Staatshaushalts für solche Maßnahmen aufgewendet[45]. Zu Beginn des Zweiten Weltkrieges war das Problem einigermaßen entschärft, auch wenn viele Weiße nach wie vor am Rande des Existenzminimums lebten.

Commonwealth und Außenpolitik

In der Außenpolitik spielten nach wie vor die Auswirkungen der Niederlage von 1902 eine zentrale Rolle. Hertzog blieb dabei Realist. Er setzte auf ein Maximum an Unabhängigkeit innerhalb des britischen Reichsverbandes und nicht auf einen Austritt, der vielleicht möglich gewesen wäre, aber wohl in

---

[42] Die genauen Angaben schwanken etwas. Vgl. z.B. LUMBY, in COLEMAN 191; 211; YUDELMAN 251; Union Statistics K-4. In der Literatur ist in der Regel von einer Verdoppelung des Goldpreises die Rede. Das ist übertrieben.
[43] DAVIES, Capital 253.
[44] ABEDIAN/STANDISH 143.
[45] Ebd. 161.

Südafrika selber zu Konflikten geführt hätte, da die meisten Englischsprachigen die Verbindung zum Mutterland keinesfalls aufgeben wollten. Er setzte sich an die Spitze einer auch von andern Ländern des Commonwealth getragenen Bewegung, die den einzelnen Mitgliedern immer weiterreichende Rechte sichern wollte. 1926, in der Balfour-Deklaration, wurden die Dominions dem Mutterlande gleichgestellt. Sie erhielten auch das Recht zu eigenständiger Außenpolitik. 1931, im Statut von Westminster, wurde diese Regelung formell festgeschrieben. Südafrika war nun für alle praktischen Zwecke ein souveräner Staat.

Nach außen hingegen gehörte Südafrika noch zum britischen Reichsverband, mit dem es vor allem wirtschaftlich eng verbunden war, etwa durch Vorzugszölle und eine gemeinsame Währung, vom umfangreichen britischen Kapitalbesitz in Südafrika ganz abgesehen. Auch mehr symbolische Fragen waren ungemein wichtig, für beide weißen Bevölkerungsteile. Die Union hatte, als Teil des Britischen Reiches, zunächst keine eigene Staatsflagge. Viele wollten diesen Zustand ändern. Doch über die Verwirklichung entbrannte 1925–1928 ein heftiger Kampf. Radikale Buren verlangten, daß der britische Union Jack völlig verschwinden müsse; die Englischsprachigen wollten ihn, wie in andern Dominions üblich, beibehalten. Man fand schließlich einen Kompromiß, indem man den Union Jack und die Flaggen der beiden alten Burenrepubliken auf orange-weiß-blauem Hintergrund zusammenstellte.

So erfolgreich Südafrika in der Erlangung der vollen Souveränität war, so gering waren, von dieser Grundlage aus, seine außenpolitischen Erfolge. Es blieb zwar ein allgemein anerkanntes und geachtetes Mitglied der Staatengemeinschaft. Solange europäische Mächte den Rest Afrikas beherrschten, hatte die Stellung Südafrikas nichts Ungewöhnliches an sich. Dennoch wirkte sich seine sich stetig verschärfende Rassenpolitik bereits aus. Sein Hauptziel war die Eingliederung der Hochkommissariatsgebiete Basutoland, Swaziland und Betschuanaland sowie Südrhodesiens. Zusammen mit Südwestafrika wäre so ein Groß-Südafrika mit fast 3,1 Millionen km² entstanden. In diesem Ziel waren sich Buren und Briten einig. Doch alle Regierungen der Zwischenkriegszeit scheiterten. London verlangte jeweils Garantien für die Rechte der Schwarzen, die bei Ausdehnung der südafrikanischen Rassengesetzgebung nicht gewährleistet gewesen wären, und die Schwarzen in den betroffenen Gebieten protestierten regelmäßig gegen Anschlußabsichten. Südrhodesien, wo mittlerweile eine größere Zahl von Weißen lebte, wurde hingegen als Siedlungskolonie behandelt. Im Oktober 1922 entschieden sich die weißen Wahlberechtigten mit 8774 zu 5989 Stimmen gegen einen Anschluß an Südafrika[46]. So gelang nach der Unionsgründung keinerlei territoriale Ausdehnung mehr. Im übrigen war die Zwischenkriegszeit außenpolitisch ruhig; das Land lag einmal mehr abseits der großen Krisengebiete und Konfliktherde.

Der Aufstieg des Afrikaans

Ein traditionelles Feld burisch-britischer Auseinandersetzung war die Sprachenfrage. Angesichts der Weltgeltung des Englischen und der Provinzialität des Afrikaans ging es in erster Linie um die Selbstbehauptung des letzteren. Die burischen Nationalisten fürchteten, ihre Sprache könnte unter dem Ansturm des Englischen untergehen. Da sie ihr Volk wesentlich über die Sprache definierten, hätte dies auch den Untergang der Buren als selbständiges Volk bedeutet. Nun hatte zwar die Verfassung von 1910 die Gleichberechtigung des Niederländischen mit dem Englischen vorgesehen. Man konnte es überall verwenden, vor allem auch als Unterrichtssprache. Aber das Englische setzte sich doch weithin durch, besonders in den Städten. Mangelhafte oder fehlende Englischkenntnisse bildeten ein zusätzliches Hindernis für die armen Weißen, die sich in den großen Städten häufig wie Ausländer vorkamen. Streitigkeiten der Buren untereinander kamen hinzu. Hochsprache war nach wie vor das Niederländische, auf das sich die Verfassung von 1910 bezog. Umgangssprache hingegen war seit langem das Afrikaans. Es hatte sich in den Grundzügen bereits bis etwa 1775 aus dem Niederländischen heraus gebildet. Der Einfluß anderer Sprachen war dabei relativ gering. Wichtiger war wohl der Einfluß von Sprechern mit anderer Muttersprache, deren fehlerhaftes Niederländisch die starke Vereinfachung der Formen beschleunigt haben dürfte, während sonst niederländische Dialekt- und Sonderformen für Strukturveränderungen wichtiger waren. Im Ganzen erfolgten die Veränderungen im Rahmen normalen Sprachwandels, wie es bei weitgehender Trennung vom Zen-

[46] CHANOCK 161.

trum der Hochsprache häufig ist, und man kann nicht von einer Kreolsprache sprechen[47].

Afrikaans entwickelte sich im Lauf des 19. Jahrhunderts nur zögernd zu einer Schriftsprache. Es mußte sich gegen das Niederländische durchsetzen und hatte dabei zunächst wenig Befürworter. Der Streit verschärfte sich nach der Unionsgründung, nicht zuletzt innerhalb der Reformierten Kirche, die bisher am Niederländischen festgehalten hatte. Deshalb kam dem Entschluß von 1916, die Bibel ins Afrikaans zu übertragen, besondere Bedeutung zu. Er wurde bis 1933 verwirklicht, und 1937 lag auch ein Gesangbuch in Afrikaans vor. Bereits 1918 hatte Afrikaans das Niederländische als Schulsprache ersetzt.

Der Entschluß zur »Schaffung« einer neuen Schriftsprache hatte große Bedeutung und ist bisher in der Geschichte der europäischen Sprachen in Übersee einmalig. Zwar haben Siedler überall sprachlich mehr oder weniger ausgeprägte eigene Wege eingeschlagen. Offizielle Sprache blieb dennoch die des Mutterlandes. Das gilt selbst in Kanada für das Französische, obwohl dort die britische Eroberung von den Franzosen noch früher erfolgte als die des Kaps von den Holländern. Man kann die Sonderentwicklung nur teilweise mit der Auseinanderentwicklung von Hochsprache und Umgangssprache erklären. Die Bildung des modernen Afrikaans war auch ein bewußter politischer Akt der burischen Nationalisten. Die Schaffung einer eigenen Sprache gehörte in den weiteren Zusammenhang der Bildung eines Volkes. Zahllose Schriftsteller und Intellektuelle verwendeten große Anstrengungen darauf, das Afrikaans zu einer wirklichen Schriftsprache zu machen. Das führte zur Entstehung einer beachtlichen Literatur und dazu, daß Afrikaans auch für die Wissenschaften voll verwendungsfähig wurde. Zwar legten die burischen Nationalisten großen Wert auf die romantische These des 19. Jahrhunderts, eine Sprache sei das mehr oder weniger spontane Ergebnis eines bestimmten Volksgeistes, um so das eigene Volk als eine natürliche Einheit erscheinen zu lassen. Dennoch ist das Afrikaans ein Musterbeispiel für eine bewußt entwickelte Hochsprache (im Gegensatz zur Volkssprache, die spontan entstand, aber eben nur ein Dialekt war). Das kommt symbolisch darin zum Ausdruck, daß 1976 der Sprache in Paarl, in der Nähe von Kapstadt, ein förmliches Denkmal gebaut worden ist. Es ist bezogen auf die

---

[47] Vgl., auch zum Folgenden, J. DU P. SCHOLTZ und RAIDT.

Sprachbewegung des 19. und 20. Jahrhunderts und dürfte einmalig in der Welt sein. Würde man die Sprache lediglich als etwas natürlich und unbewußt Gewachsenes betrachten, so wäre die Errichtung eines Denkmals schwer verständlich.

Die Pakt-Regierung verhalf dem Afrikaans nun auch politisch zum Sieg. Es ersetzte nicht einfach das Niederländische in der Verfassung. Vielmehr wurde 1925 zugleich die umfassende Zweisprachigkeit eingeführt. An die Stelle der Freiheit, Niederländisch zu gebrauchen, trat die Pflicht, neben dem Englischen stets auch Afrikaans zu verwenden. Die gesamte Verwaltung und das öffentliche Leben wurden zweisprachig. Diese Regelung verschaffte den Buren große Vorteile gegenüber den Englischsprachigen. Bewerber für den öffentlichen Dienst mußten beide Sprachen beherrschen. Da Buren viel eher Englisch lernten als Briten Afrikaans, hatten sie wesentlich bessere Einstellungschancen. Die Parität der Sprachen wurde zum Mittel für die Buren, ihren Anteil in der Verwaltung, in der sie bislang vor allem in den oberen Rängen unterrepräsentiert gewesen waren, zu steigern. Dabei konnten die Briten angesichts gleicher Anforderungen für alle Bewerber schlecht von Diskriminierung sprechen.

Verschärfung der Rassenpolitik

In der Lösung der Sprachenfrage zeigte sich das Bemühen, bei aller Schärfe der burisch-britischen Auseinandersetzung doch die weiße Einheit wenigstens ein Stück weit zu wahren. Denn schließlich standen die Weißen nach wie vor einer überwältigenden schwarzen Mehrheit gegenüber. Hertzog verschärfte die Tendenz zur Trennung der Rassen weiter. Wäre es um eine wirkliche Trennung gegangen, so wäre die Sache zumindest diskussionswurdig geblieben. Auch manche Führer der Schwarzen waren dafür zu haben, sofern dabei beide Seiten gleiche Bedingungen erhielten. Doch die Umformung ganz Südafrikas zu einer wirtschaftlichen Einheit und die Einbindung der gesamten Bevölkerung in diese Einheit waren schon so weit fortgeschritten, daß eine echte Trennung kaum noch möglich war. Die tatsächlich durchgeführten Maßnahmen ließen denn auch die wirtschaftliche Verflechtung bestehen, während sie regelmäßig zu einer Verschlechterung der Stellung der Schwarzen führten. Sie dienten also in erster Linie der Absicherung der weißen Vorherrschaft.

Schwarze und Mischlinge, die die Auflagen des Zensus erfüllten, hatten in der Kapprovinz nach wie vor das Wahlrecht. Sie stellten hier in den zwanziger Jahren etwa 20 Prozent der Wähler, wobei ca. 7,5 Prozent auf Schwarze und 12,5 Prozent auf Mischlinge entfielen[48]. Auf die ganze Union bezogen machte dies nur 7–8 Prozent aus. Irgendwelche reellen Gefahren drohten der weißen Vorherrschaft von dieser Seite also auf absehbare Zeit gewiß nicht. Sollte der Anteil nichtweißer Wähler trotzdem stark steigen, so blieb noch immer das ja bereits erprobte Mittel der Verschärfung des Zensus. Trotzdem war es eines der Hauptziele Hertzogs, die Schwarzen als normale, mit den Weißen gleichberechtigte Wähler auszuschalten. Sie sollten das Wahlrecht zwar nicht gänzlich verlieren, wohl aber zu einer getrennten Wählerschaft gemacht werden. Diese würde eine feste Zahl von weißen, allerdings nur mit begrenzten Rechten versehenen Abgeordneten für das Parlament wählen. An deren Zahl sollte sich nichts ändern, auch wenn die Zahl der schwarzen Wähler noch so stark zunähme. Dahinter standen zwei Motive. Solange die Schwarzen als Wähler in der Kapprovinz mit den Weißen gleichberechtigt waren, konnten sie dem Landgesetz von 1913 nicht voll unterstellt werden. Die weißen Bauern konnten weniger Druck auf sie als Arbeitskräfte ausüben. Schwerer zu greifen, aber wohl durchaus echt war die Furcht vor den Schwarzen nicht aus aktueller, sondern aus künftiger Bedrohung. Es ging um das Prinzip. Man mußte schon jetzt dafür Sorge tragen, daß die Schwarzen voll und ganz von aller politischen Macht ausgeschaltet blieben. Daß dabei in erster Linie eine machtpolitische Motivation vorlag und nicht abstrakter Rassismus, zeigte sich darin, daß Hertzog keine Anstalten machte, das Wahlrecht der Mischlinge anzutasten. Er betrachtete sie vielmehr als mögliche Bundesgenossen der Weißen und insbesondere der Buren, standen sie doch diesen durch gemeinsame Sprache und Religion nahe.

Die Änderung des Wahlrechts erforderte eine Zweidrittelmehrheit im Parlament. Sie kam 1926 nicht zustande. Die Regierung ergriff daraufhin andere Maßnahmen, um den Einfluß der Nichtweißen so weit wie möglich zu vermindern. 1930 wurde in der ganzen Union das Wahlrecht für alle weißen Frauen eingeführt. 1931 entfielen im Kap der Zensus und das Erfordernis des Schreibens für weiße Männer. Diese Gesetze ließen

[48] LACEY 396.

sich mit einfacher Mehrheit beschließen, weil die bestehenden Rechte der Schwarzen und der Mischlinge ja nicht angetastet wurden. Damit war deren Anteil an der Wählerschaft auf etwa 8,5 Prozent im Kap und 3,5 Prozent in der Union reduziert[49].

Hertzog gab sich damit noch nicht zufrieden. Zu den Koalitionsabsprachen mit Smuts bei der Bildung der Fusionsregierung 1933 gehörte das Projekt von 1926 in etwas veränderter Form. Die Regelung wurde 1936, noch immer gegen beträchtlichen Widerstand in der Kapprovinz und gegen massive Proteste der Schwarzen, verabschiedet. Betroffen waren gut 10 000 Wähler, die etwas mehr als 1 Prozent der gesamten südafrikanischen Wählerschaft ausmachten[50]. Das zeigt am deutlichsten, daß es nicht um die Zahl als solche ging. Die Schwarzen konnten nun drei weiße Abgeordnete wählen. Das waren 2 Prozent von den 150 Sitzen. Kurioserweise waren sie damit sogar um 100 Prozent überrepräsentiert. Aber sie konnten nicht mehr den Ausgang in einer größeren Zahl von Wahlkreisen beeinflussen. Sie erhielten außerdem den sogenannten *Native Representative Council,* ein bloß beratendes Gremium, das nach 1946 aus Protest gegen die Regierungspolitik nicht mehr tagte und 1951 aufgelöst wurde.

Hertzog bot für diese Entrechtung noch einen weiteren Ausgleich an. Das Landgesetz von 1913 hatte eine Vergrößerung der Reservate in Aussicht gestellt. Sie war auf die lange Bank geschoben worden. Nun wurde sie in die Hand genommen. Der Anteil der Reservate an der Fläche des ganzen Landes stieg von 7,3 auf 12,4 Prozent. Das brachte in Einzelfällen Erleichterung, änderte aber wenig an der Tatsache der überfüllten Reservate, in denen der Boden sich rasch verschlechterte und die Erträge zurückgingen. Im Gegenzug galt nun das Landgesetz von 1913 auch in der Kapprovinz. Dazu wurden die Bestimmungen gegen die Pächter in den »weißen« Gebieten weiter verschärft. Freilich brachten auch die neuen Maßnahmen die Klagen der weißen Bauern über Arbeitskräftemangel nicht zum Verstummen. Gerade der Boom seit 1933 ließ die Nachfrage in den Städten rasch steigen.

Die Vergrößerung der Reservate war nicht einfach ein Zugeständnis an die Schwarzen, sondern sie hing mit der allgemeinen Rolle jener Gebiete zusammen. Wenn sie zu klein und zu über-

[49] LACEY 396.
[50] Ebd.

füllt wurden, konnten sie ihre bisherige Funktion nicht mehr erfüllen, die Familien von Wanderarbeitern zu ernähren, wodurch besonders niedrige Löhne möglich wurden. Hier kollidierten die Interessen der städtischen Unternehmer mit denen der weißen Bauern, die den Schwarzen möglichst jeden Zugang zu eigenem Land abschneiden und deshalb die Reservate wenn nicht auflösen so doch zumindest klein halten wollten.

Daß das Verhältnis zwischen den Rassen sich nicht auf wirtschaftliche Elemente reduzieren ließ, sondern auch mit tiefsitzenden und teilweise irrationalen Ängsten zu tun hatte, zeigte sich 1927 in einem Gesetz, das außerehelichen Geschlechtsverkehr zwischen Weißen und Schwarzen unter Strafe stellte. Mischehen blieben hingegen erlaubt.

Die Umgestaltung der Parteienlandschaft und der Aufstieg des burischen Nationalismus seit 1933

SAP und NP errangen 1933 einen großen Wahlsieg. 1934 schlossen sie sich unter dem Eindruck der Weltwirtschaftskrise zur Vereinigten Partei (*United Party*, UP) zusammen. Damit war eine Partei entstanden, die große Teile der Buren wie der Briten umfaßte. Das führte auf den äußeren Flügeln zu Unzufriedenheit darüber, daß die eigene Position nur noch mit Abstrichen durchgesetzt werden konnte. Beide Flügel spalteten sich als eigene Parteien ab. Auf der Seite der ehemaligen SAP war dies die *Dominion Party*, die für eine enge Anlehnung an Großbritannien eintrat. Sie gewann in den folgenden Wahlen einige Sitze, blieb aber eine wenig bedeutende Gruppe. Wichtiger war die Abspaltung auf der Seite der Buren, wo 1934 die Gereinigte Nationale Partei (*Gesuiwerde Nasionale Party*, GNP) gegründet wurde. Ihr Führer, D. F. Malan, war ein ehemaliger Pfarrer. Er verkörperte die enge Verbindung der Reformierten Kirche mit der burischen Nationalbewegung. Der Name sollte ausdrücken, daß die alte NP vom wahren Nationalismus abgefallen sei. Für Hertzog bestand die burische Nation aus allen Weißen, die Südafrika als ihr eigentliches Vaterland betrachteten, selbst wenn sie englischsprachig waren. Es war ein deutlich politischer Nationsbegriff, mehr südafrikanisch als burisch und mehr antibritisch als antienglisch. Anders hätte sich die Bildung der UP auch kaum rechtfertigen lassen. Für Malan hingegen waren nur die afrikaanssprachigen weißen Südafrikaner echte Buren – der Nationsbegriff war stärker kulturell bestimmt und vor allem enger; er mußte deshalb auch eher zu Konflikten führen. Hertzog hatte nach der Erlangung des Dominionstatus 1931 die Republik als Ziel aufgegeben, da Südafrika volle Souveränität erlangt habe – für Malan war die Republik unverzichtbar, denn es galt, auch noch die letzten symbolischen Reste der Bindung an Großbritannien zu beseitigen.

Für den Erfolg der GNP wurde entscheidend, daß sich in ihr zwei sehr unterschiedliche Gruppen zusammenfanden[51]. Fast die gesamte Parteiorganisation der NP in der Kapprovinz trat ihr bei: die stark exportorientierten Kapbauern sahen ihre Interessen von der Fusionsregierung vernachlässigt. Damit war eine solide materielle Grundlage gegeben. Dazu schloß sich landesweit der größte Teil der burischen Intellektuellen der GNP an. Ihre Berufschancen in den englisch dominierten Städten waren nach wie vor schlecht. Ein bedeutender Teil von ihnen war in einem Geheimbund, dem Bruderbund (Broederbond) organisiert. 1918 gegründet und noch heute bestehend, betrieb er vor allem Personalpolitik. Die Partei hatte also eine machtvolle Propagandabewegung, die über Sprache und Geschichte an den burischen Patriotismus appellierte. Den bedeutendsten Erfolg stellte 1938 die Jahrhundertfeier zur Schlacht am Blutfluß dar, in der der Grundstein für ein gewaltiges Voortrekkerdenkmal gelegt wurde. Über 100 000 Menschen kamen nach Pretoria.

Dank solcher Propaganda vermochte sich die GNP mehr und mehr den Ruf zu sichern, die wahre Vertreterin des Burentums zu sein, obwohl nach wie vor wesentlich mehr Buren Wähler der UP als der GNP waren. Dabei wurde neben der ideologischen Seite die materielle keineswegs vernachlässigt. Man propagierte die Bildung und Förderung eigener burischer Unternehmen, um so die britische wirtschaftliche Vorherrschaft zu brechen. Dazu sollte die Kapitalbildung innerhalb der eigenen Volksgruppe gefördert werden. Der Erfolg war zunächst nicht überwältigend, aber doch beachtlich. Wurden 1938/39 ganze 5 Prozent des Umsatzes von Industrie, Handel und Finanzwesen von Buren kontrolliert, so waren es 1950 wenigstens 11 Prozent[52]. Daneben stand eine Kampagne zur Bildung eigener Gewerkschaften. Da in den traditionellen Gewerkschaften die Mitglieder häufig mehrheitlich Buren, die Führer aber Briten

---

[51] Zentral zum Folgenden ist O'MEARA, Volkskapitalisme.
[52] ADAM/GILIOMEE 154.

waren und wenig Rücksicht auf burische Wünsche nahmen, hatten die Aufrufe zur Bildung sogenannter christlich-nationaler Gewerkschaften in vielen Berufssparten Erfolg.

In den Wahlen von 1938 errang die GNP 27 Sitze gegenüber 8 der Dominionpartei. Von der Macht war sie allerdings noch weit entfernt: die UP gewann 111 Sitze. Doch der Zweite Weltkrieg sollte für die Nationalen arbeiten.

Der Zweite Weltkrieg

Anders als 1914 konnte Südafrika 1939 selber darüber entscheiden, ob es am Kriege teilnehmen wollte. Der Kriegsausbruch in Europa riß die alten Fronten wieder auf. Briten und gemäßigte Buren betrachteten es als ihre Pflicht, dem Mutterlande beizustehen, während wohl die Mehrheit der Buren neutral bleiben wollte. Die Entscheidung im Parlament fiel am 4. September mit 80 zu 67 Stimmen für den Kriegseintritt. Das Land stellte Truppen in größerer Zahl auf, ausschließlich Freiwillige. Nichtweiße dienten in zahlreichen Hilfsfunktionen; nach wie vor wurden sie nicht bewaffnet. Die Hoffnung, dadurch die eigene politische Stellung aufwerten zu können, hatten sie inzwischen wohl aufgegeben. Aber für viele bot die Kriegsteilnahme die Aussicht auf eine Existenzgrundlage. Südafrikanische Truppen kämpften vor allem in Nordafrika und in Italien.

Auch wenn der Entschluß zur Kriegsteilnahme diesmal keine Rebellion auslöste, so schlug er doch tiefe Wunden. Die nationalistischen Buren, für die Smuts unterdessen nicht viel mehr als ein Verräter war, fühlten sich geprellt. Wenn es darauf ankam, so schien es, wurden ihre Interessen doch immer den britischen untergeordnet. Also galt es, die Buren noch stärker zu mobilisieren und die britische Verbindung gänzlich zu kappen.

Innenpolitisch profitierten die Nationalen zunächst vom Kriegseintritt. Hertzog und seine Anhänger verließen die Regierung, und insgesamt 38 Abgeordnete traten aus der UP aus. Sie vereinigten sich 1940 mit der GNP zur Wiederhergestellten Nationalen Partei (*Herenigde Nasionale Party*, HNP)[53]. Das

---

[53] Erst im Oktober 1951, bei der Vereinigung mit der Afrikaanerpartei, wurde das H fallengelassen. Der Einfachheit halber ist im folgenden nur noch von der NP die Rede.

führte zu verschärften internen Streitigkeiten zwischen Hertzog und Malan sowie zwischen Gruppen, die stärker den deutschen Nationalsozialisten nacheifern und solchen, die mehr an den eigenen, stark britisch bestimmten politischen Traditionen festhalten wollten. Die Folge war, daß sich die NP in den Wahlen von 1943 nicht halten konnte. Smuts gewann 89 Sitze, zusammen mit seinen Koalitionspartnern sogar 107; die Nationalen fielen von über 60 auf 43 zurück. Dabei konnte sich Malan als unbestrittener Führer durchsetzen. Seine Partei hatte noch immer 16 Sitze mehr als vor dem Kriege.

Die Nationalisten und das nationalsozialistische Deutschland

Die Kriegsgegnerschaft der burischen Nationalisten wirft die Frage nach ihrem Verhältnis zum nationalsozialistischen Deutschland auf. Die Buren hatten Deutschland traditionell als Freund und fast als eine Art Schutzmacht betrachtet, auch wenn es dieser Rolle meistens mehr mit Worten als mit Taten gerecht geworden war. Jetzt bestand zusätzlich wieder die Situation, daß Deutschland der Feind des eigenen Feindes, der Briten, und damit ein möglicher Bundesgenosse war. Viele Buren hofften auf einen deutschen Sieg, weil sie glaubten, auf diese Weise könne der britische Einfluß in Südafrika endgültig beseitigt werden.

Solche Hoffnungen und Überlegungen beruhten zunächst nur auf politischem Kalkül, nicht auf ideologischen Gesichtspunkten; sie betrafen Deutschland und nicht den Nationalsozialismus. Verbindungen und Parallelen bestanden jedoch auch in geistiger und ideologischer Hinsicht. Viele der führenden burischen Intellektuellen hatten in den zwanziger und dreißiger Jahren in Deutschland studiert. Auf der Suche nach Grundlagen für ihren eigenen Nationalismus waren sie von zum Teil extremen nationalistischen Auffassungen, von Volkstumsideologien und Rassentheorien mehr oder weniger deutlich geprägt worden. Das Spektrum, mit dem sie vertraut wurden, war aber sehr viel breiter als das der Nazis, denn der Nationalismus war gerade in der Zeit eine weit über den Nationalsozialismus und Deutschland hinausgreifende europäische Erscheinung.

Deutlicher und unmittelbarer als in der Ideologie waren die deutschen Einflüsse auf politische Organisationsformen, Methoden und Ziele. In den dreißiger Jahren und besonders während des Krieges entstanden mehrere Gruppierungen, die sich stark an deutsche Vorbilder anlehnten. Am erfolgreichsten war die *Ossewabrandwag*, die Ochsenwagenwache, wie sie sich unter bewußtem Rückgriff auf Trekkertraditionen nannte. Im Februar 1939 im Gefolge der Jahrhundertfeier des Großen Treks als eine Art Kulturbund gegründet, wurde sie während des Krieges zu einer schlagkräftigen paramilitärischen Organisation. Sie gab der Gegnerschaft gegen die südafrikanische Kriegsteilnahme nicht nur mit Worten Ausdruck, sondern verübte zahlreiche Sabotageakte insbesondere gegen militärische Einrichtungen. Viele ihrer Mitglieder und besonders ihrer Führer (aber nicht ihr oberster Führer, J. F. J. van Rensburg) wurden interniert. Neben ihr standen kleinere, radikalere, freilich auch wesentlich weniger erfolgreiche Gruppierungen, wie die 1933 gegründeten Grauhemden. Sie hatten mit der Ossewabrandwag gemein, daß sie mit allen Mitteln einen Umsturz anstrebten, eine Machtergreifung. In dieser Frage aber gerieten sie mit der NP und besonders deren Führer in Konflikt. Malan wollte sich an die Verfassung halten und die Macht mit demokratischen Mitteln auf dem Wege über Wahlen gewinnen. Während der ersten Kriegsjahre kam es zu heftigen Auseinandersetzungen der NP mit der Ossewabrandwag und andern radikalen Organisationen, nachdem ursprünglich durchaus Zusammenarbeit bestanden hatte. Die NP gewann den Kampf. Sie behielt die politische Führungsrolle für die burischen Nationalisten fest in ihrer Hand. Sicher spielte dabei eine Rolle, daß das Kriegsglück sich mittlerweile gewendet hatte und eine deutsche Niederlage abzusehen war. Dennoch kann man den Sieg der NP nicht einfach als Opportunismus abtun. Ein großer Teil der burischen Nationalisten war weit stärker durch das britische parlamentarisch-demokratische System geprägt als die deutsche Rechte. Auch die Kirchenfeindlichkeit des Nationalsozialismus widersprach der burischen Tradition, in der die Kirche in der Politik eine zentrale Rolle spielte.

Am unmittelbarsten scheint die Verbindung zwischen burischem Nationalismus und Nationalsozialismus beim Rassismus. Gemeinsame Grundlage war die seit der Mitte des 19. Jahrhunderts in Europa und Nordamerika weit verbreitete Auffassung von der Ungleichheit der Rassen. Gemeinsam war im politischen Bereich auch der Versuch der Durchsetzung bzw. Aufrechterhaltung der Herrschaft eines »Herrenvolkes«. Doch schon bei der Begründung bestanden Unterschiede. Die

Nationalsozialisten betonten die naturgegebene Ungleichheit. Durch Züchtung sollte der Unterschied zwischen Herren- und Untermenschen noch vergrößert werden. Die burischen Nationalisten hingegen gingen theoretisch von einem Entwicklungs- und Emanzipationsmodell aus, in dem den »fortgeschrittenen« Völkern oder Rassen die Aufgabe zukam, die »zurückgebliebenen« so lange zu führen, bis sie den gleichen Stand erreicht hatten[54]. In der politischen Praxis konnte davon freilich kaum die Rede sein: hier war man an der Beibehaltung und Verschärfung der Unterschiede interessiert, wie die Einengung des Wahlrechts für die Schwarzen zeigte. Andererseits waren gerade in der Praxis die Unterschiede zum Nationalsozialismus groß. Dieser versuchte ein aggressives Eroberungsprogramm zur Ausdehnung der Herrschaft der angeblich überlegenen Rasse durchzuführen, während die Union sich auf die Wahrung des Besitzstandes konzentrierte. Eine Parallele, die den besonderen Schrecken der nationalsozialistischen Rassenpolitik ausmacht, fehlt vollends, nämlich die Vernichtung ganzer Volksgruppen und vor allem der Juden. Hitlers Politik wandte sich in ihrer schärfsten Form gegen Minderheiten. Das südafrikanische System der Rassendiskriminierung wandte sich in erster Linie gegen eine überwältigende Mehrheit, der politische und bürgerliche Rechte vorenthalten oder entzogen wurden. Die Vernichtung der Juden wurde mit deren angeblichem Weltherrschaftsstreben und ihrer »Zersetzung« der übrigen Völker begründet. Dazu fand sich in Südafrika hinsichtlich der andern Rassen nie eine Parallele. Ziel war weder eine Verdrängung noch eine Ausrottung, sondern, ganz im Gegenteil, eine möglichst vollständige Erfassung der Nichtweißen als Arbeitskräfte, außerdem die Sicherung der Herrschaft der Minderheit. Diese Politik bestand seit langem, und an ihr änderte sich unter nationalsozialistischem Einfluß nichts Grundlegendes: die Apartheidpolitik nach 1948 war lediglich eine Verfeinerung und Steigerung des bisherigen Systems. Sucht man nach Ursprüngen, so liegen sie viel eher in einem umfassenden und älteren gemeineuropäischen Überlegenheitsgefühl als im Nationalsozialismus. Ähnliches gilt für den Antisemitismus. Er war in der NP verbreitet. Sie forderte 1937 ein Einwanderungsverbot für Juden, und zeitweise waren Juden von ihrer Mitgliedschaft ausgeschlossen. Solche

---

[54] Vgl. etwa CRONJÉ, Kap. 4–5. Das Werk war eines der Manifeste der NP für die Wahlen von 1948.

Formen des Antisemitismus waren ebenfalls eine traditionelle europäische Erscheinung. All dies bedeutet nicht, daß sich unter den nationalistischen Buren nicht viele Anhänger auch der extremen nationalsozialistischen Auffassungen fanden. Aber sie vermochten sich politisch ebensowenig durchzusetzen wie NS-Sympathisanten in andern Ländern.

Das südafrikanische System der Rassendiskriminierung soll durch den Vergleich mit dem Nationalsozialismus nicht verharmlost werden. Aber man kann es nicht als Erben der Auswüchse der Nazis abtun – es steht in einer sehr viel umfassenderen europäischen Tradition. Es ist auch keine Erfindung der burischen Nationalisten. An seiner Entstehung waren die übrigen weißen Gruppen und insbesondere die Briten kaum weniger beteiligt, zumal in der Frühzeit. Aus den damit verbundenen Verantwortlichkeiten sollte sich niemand davonstehlen.

Die nationalsozialistische Rassenpolitik hatte hingegen auf andere Weise bedeutende Rückwirkungen auf Südafrika. Die NS-Verbrechen und speziell die Vernichtung der Juden erschienen nach 1945 als die letzten Konsequenzen des Rassismus, der dadurch in der Weltmeinung eine ganz andere Bedeutung erhielt. Er wurde zum Inbegriff des Bösen. Die meisten weißen Südafrikaner waren überrascht und reagierten mit Unverständnis. Während sich an ihrer eigenen Politik nicht allzuviel geändert hatte, erfuhren sie plötzlich eine sehr viel strengere Beurteilung, bald sogar eine weltweite Verurteilung. Nur langsam und widerwillig machten sie sich mit den Veränderungen in der sie umgebenden Welt vertraut.

Der Kriegsboom und seine Folgen für die Schwarzen

In wirtschaftlicher Hinsicht brachte der Zweite Weltkrieg Südafrika in ähnlicher Weise beträchtliche Vorteile wie der Erste Weltkrieg. Der Aufschwung der dreißiger Jahre setzte sich fort. Besonders stark expandierte die verarbeitende Industrie, da die Importe erneut zurückgingen und der Krieg die Nachfrage steigerte. Die Produktion nahm von 1939 bis 1945 um 116 Prozent zu; 1942/43 überflügelte der Beitrag der Industrie zum Volkseinkommen erstmals den des Bergbaus[55].

Dieser Boom hatte deutlich positive Auswirkungen für die

---

[55] Adam/Giliomee 153. Union Statistics S-3.

Schwarzen. Die Nachfrage nach Arbeitskräften nahm sehr stark zu, auch deswegen, weil viele Weiße sich zum Kriegsdienst meldeten. Damit bot sich Schwarzen erstmals in etwas größerem Ausmaß die Möglichkeit, aus den reinen Hilfsarbeiten in zumindest teilqualifizierte Beschäftigungen einzurücken. Waren ihre Reallöhne in der Industrie 1930/31 bis 1939/40 nur um 9,8 Prozent gestiegen, so nahmen sie danach bis 1945/46 um 51,8 Prozent zu, während die Zuwachsraten bei den Weißen deutlich dahinter zurückblieben[56]. Das zeigt, daß es sich zwar um ein System mit vielen Elementen des direkten und vor allem indirekten Zwangs handelte, nicht aber einfach um ein System der Zwangsarbeit: Marktkräfte hatten durchaus Einfluß auf die Entwicklung der Löhne.

Die in den dreißiger Jahren erlassenen Gesetze über Zuzugsbeschränkungen in die Städte wurden nicht mehr erzwungen und vorübergehend sogar außer Kraft gesetzt; die Kontrollen im Rahmen der Paßgesetze wurden ebenfalls deutlich gelockert. Die Freiheitsspielräume der Schwarzen vergrößerten sich. Hier zeigten sich freilich auch die Grenzen. Lockerung und selbst vorübergehende Außerkraftsetzung bedeutete keine Abschaffung. Die Rechtsstellung der Schwarzen blieb im Prinzip gleich; sie waren nach wie vor Objekte, nicht Subjekte der Politik. Sobald sich die Rahmenbedingungen änderten, konnte die Schraube wieder angezogen werden. Erst recht wurden keine politischen Zugeständnisse gemacht. 1942 streikten etwa 8000 schwarze Arbeiter am Witwatersrand. Die Regierung antwortete mit der Niederschlagung und mit einem Streikverbot für Schwarze (das bisher nicht bestanden hatte) unter Berufung auf die Kriegssituation. Der Erlaß wurde nach Kriegsende beibehalten und 1953 durch ein gesetzliches Verbot ersetzt, das bis 1973 bestand.

Die ersten Nachkriegsjahre und der Sieg der Nationalen

Die erste Zeit nach 1945 brachte kein Chaos wie die Jahre nach dem Ersten Weltkrieg, vor allem, weil die Wirtschaftslage günstig blieb. Dennoch ergaben sich beträchtliche Anpassungsprobleme. Etwa 106 000 Weiße und 39 000 Angehörige anderer Rassengruppen kehrten aus dem Kriege zurück[57]. Sie fanden

---

[56] BONNER, in PRICE/ROSBERG 178. HOUGHTON/DAGUT 3, 217.
[57] DAVIES, Capital 306.

ihre Arbeitsplätze besetzt. Sollte erneut das Problem der armen Weißen entstehen, das erst durch den Krieg mehr oder weniger vollständig gelöst worden war? Die Regierung hatte zunächst weder in der Beschäftigungspolitik noch in der Frage der Rechtsstellung der Schwarzen in den Städten ein klares Konzept. Sie setzte die Fagan-Kommission ein, die 1948 vorschlug, den Zuzug in die Städte zu erleichtern und die feste Niederlassung von Schwarzen mit ihren Familien anstelle der Wanderarbeit zu fördern. Die Verwirklichung dieser Empfehlungen, die durch den Wahlsieg der NP von 1948 gegenstandslos wurden, hätte immerhin zum ersten Male seit der Gründung der Union das System der Rassendiskriminierung gelockert. An dessen Grundlagen und insbesondere an der fest verankerten weißen Vorherrschaft allerdings hätte sich wenig geändert. Auch die UP trug sich nicht mit dem Gedanken, daran zu rütteln. Das hatte sich 1946 deutlich gezeigt. Im Bergbau waren die Löhne während des Krieges kaum gestiegen[58]. Proteste blieben ergebnislos. So streikten im August 1946 etwa 60 000–75 000 schwarze Bergarbeiter im ganzen Land. Die Regierung, die sich auf das Streikverbot stützte, schlug hart zu. Die Streikenden wurden von der Polizei und Truppen an die Arbeit zurückgetrieben. Zwölf Bergleute fanden den Tod, etwa 1200 wurden verwundet[59]. Angesichts der äußerst ungünstigen Rahmenbedingungen war die Organisation des Streiks ein bedeutender Erfolg der während der vorangegangenen Jahre aufgebauten schwarzen Bergarbeitergewerkschaft, die nun aber zerschlagen war.

Malans NP konnte sich nach dem Kriege als Alternative für alle diejenigen anbieten, die keine Arbeit fanden und deswegen eine schärfere Rassenpolitik forderten und auch für die, die fürchteten, Lockerungen würden ihre eigene Stellung gefährden. Smuts gab sich zwar als strahlender Sieger des Weltkriegs, aber Südafrikas Ansehen in der Welt erlitt, anders als 1918, rasch beträchtliche Einbußen infolge von Konflikten, die sich aus der Rassenpolitik ergaben. Das galt besonders für gleich noch zu schildernde Auseinandersetzungen mit den Indern, die Indien und die UNO auf den Plan riefen. Dennoch glaubte, als 1948 Wahlen fällig wurden, im Grunde jedermann an den Sieg der UP. Die NP führte den Wahlkampf unter Aufbietung aller Kräfte, während die UP ihn mehr nebenbei betrieb. Der Aus-

[58] Vgl. F. WILSON, Gold mines 46; 66.
[59] LODGE 20. F. WILSON, Gold mines 77-79. O'MEARA, Mine workers' strike. T. D. MOODIE, Miners' strike.

gang war knapp. Die UP erhielt 65 von 150 Sitzen, die mit ihr verbündete Labour Party 6. Die NP brachte es auf 70 Sitze. Mit den 9 Mandaten der verbündeten Afrikaanerpartei reichte das für eine knappe absolute Mehrheit. Die Nationalen errangen ihren Sieg aber nur dank dem Wahlsystem. Sie vermochten nämlich, mit der Afrikaanerpartei zusammen, lediglich 39,4 Prozent der Stimmen auf sich zu vereinigen, gegenüber 53,3 Prozent von UP und Labour (der Rest entfiel auf Splitterparteien). Wären die Sitze nach der Gesamtstimmenzahl verteilt worden, so hätten UP/LP 80 Mandate erhalten und NP/AP nur 59. Die Anhängerschaft der ersteren war sehr stark in den Städten konzentriert, die der letzteren war gleichmäßiger verteilt und dominierte vor allem in den ländlichen Gebieten, wo die Wahlkreise kleiner waren[60].

Malan bildete eine Koalitionsregierung. Auf die Burengenerale folgte ein ausgeprägterer burischer Nationalist, der freilich auch noch der Burenkriegsgeneration angehörte: Malan war 1874 geboren.

Der schwarze Nationalismus

Die Schwarzen wurden in ähnlicher Weise wie die Buren von den Auswirkungen der industriellen Revolution erfaßt. Der ohnehin schwierige und schmerzhafte Anpassungsvorgang wurde für sie, im Gegensatz zu den Buren, weiter erschwert durch die zahlreichen Einschränkungen und diskriminierenden Maßnahmen, denen sie unterworfen wurden. Eine politische Bewegung, die dieser Lage gerecht werden wollte, mußte in erster Linie als Massenbewegung mit sozialer Zielsetzung wirken, als eine Bewegung, die sich einerseits für die Verbesserung der Lage der neuen, rasch wachsenden und häufig in äußerstem Elend lebenden städtischen und ländlichen Unterschichten einsetzte und andererseits die wichtigste Ursache dafür, das System der Diskriminierung, angriff. Einer solchen Entwicklung stellten sich zwei Hindernisse in den Weg. Erstens die starke Zersplitterung der Schwarzen in städtische Unterschicht – aufgeteilt in dauernd Seßhafte und Wanderarbeiter –, Bewohner der »weißen«

[60] HEARD, Kap. 3. Von den tatsächlich abgegebenen Stimmen erhielten NP/AP 41,2 Prozent, UP/LP 50,9 Prozent. In einer Reihe von Wahlkreisen wurde aber nicht gewählt, da nur ein Kandidat aufgestellt worden war. Die im Text gegebenen Zahlen berücksichtigen Hochrechnungen für diese Kreise.

ländlichen Gebiete – aufgeteilt in Landarbeiter, Tagelöhner und Pächter mit ganz unterschiedlicher Stellung –, Bewohner der Reservate – wo infolge der Wanderarbeit ein großer Teil der Männer im arbeitsfähigen Alter fehlte – sowie Bergarbeiter, die mehrheitlich aus dem Ausland stammten und meist in Compounds lebten. Quer dazu verlief die Aufsplitterung in Angehörige verschiedener Völker, die nur in den Städten und auch da nur langsam und teilweise zu einer einheitlichen Bevölkerung zusammenwuchsen. Selbst wenn die Behörden volle Freiheit ließen, mußte der Aufbau einer größeren Aktionseinheit äußerst schwierig sein. In Wirklichkeit kamen mannigfaltige Überwachungsmaßnahmen, Einschränkungen und Repressionen hinzu.

Das zweite Hindernis ergab sich aus der Führung, die zunächst wesentlich von der westlich gebildeten Mittelschicht gestellt wurde. Sie hatte in ihrem Bewußtsein als erste Gruppe von Schwarzen den Übergang vom Bezug auf die ehemaligen schwarzen Staatswesen zum neuen, größeren Südafrika als Handlungsrahmen vollzogen. Politisch war sie stark vom britischen Liberalismus des 19. Jahrhunderts geprägt. Ziel war für sie die Verwestlichung der Schwarzen im Sinne der Zivilisierung. Das Kapwahlrecht entsprach dem genau: wer es so weit gebracht hatte, erhielt die politischen Rechte. Ein Schlagwort Cecil Rhodes' aus einem Wahlkampf, in dem es auf die Stimmen der Schwarzen angekommen war, drückte es prägnant aus: »Gleiche Rechte für alle Zivilisierten.«[61] Die Forderung nach gleichen politischen Rechten für alle Schwarzen lag dieser Führungsschicht fern; sie akzeptierte die zivilisatorische Entwicklungsperspektive, denn sie verstand die (westliche) Zivilisation universell, nicht rassegebunden.

Selbst wenn diese Politik Erfolg gehabt hätte, wenn das Kapwahlrecht auf die ganze Union ausgedehnt worden wäre und immer mehr Schwarze es erhalten hätten, selbst dann wäre sie den Verhältnissen der Zwischenkriegszeit wohl je länger je weniger gerecht geworden. Die Masse der Schwarzen hatte unter den vorwaltenden Bedingungen keine Chance, »zivilisiert« zu werden, und sie hatte auch dringendere Bedürfnisse. Das bedeutet nicht, daß die Führer sich nicht für ihre Anliegen einsetzten. Sie hatten in der Regel durchaus enge Verbindungen zur Basis. Doch solange sie in erster Linie um Eingliede-

[61] DENOON, Illusion 105.

rung in die weiße Mittelschicht kämpften, konnte daraus schlecht eine politische Massenbewegung der schwarzen Unterschicht werden. Längerfristig hatte schwarze Politik nur eine Chance als umfassende Gegenbewegung gegen den systematischen Ausbau der weißen Vorherrschaft und nicht als Versuch, einige Schwarze als »Zivilisierte« zu den Weißen aufsteigen zu lassen.

Die Zeit von 1910 bis 1948 ist geprägt vom Nebeneinander der beiden Tendenzen: einer wohlorganisierten, weitgehend wirkungslosen Bewegung der Mittelklasse und einer allmählichen Artikulation von Ansätzen zur Massenbewegung.

Die Niederlage von 1910 in der Wahlrechtsfrage trug zur stärkeren Zusammenarbeit der verschiedenen lokalen und regionalen Gruppen bei. Ein Resultat war 1912 die Gründung des *South African Native National Congress*, der 1923 in *African National Congress* (ANC) umbenannt wurde. Er war keineswegs der einzige landesweite Zusammenschluß. Aber er erwies sich, wenngleich nicht als sehr wirksam, so doch als von dauerhafter Organisationsstruktur. Er war zunächst eine typische Vereinigung der Mittelklasse und betrieb deren Politik, mit Petitionen und Protesten, Zeitungen und Versammlungen. Doch er erreichte genau so wenig wie andere, ähnliche Organisationen. Im Gegenteil, während der ganzen Zeit wurde ja die Gesetzgebung zur Rassentrennung und zur Diskriminierung der Schwarzen immer weiter verschärft. Man kann also sagen, daß dieser Zweig politischer Aktivitäten fast nur Niederlagen einbrachte, dafür es aber wenigstens ermöglichte, Erfahrungen zu sammeln, politisches Bewußtsein zu schärfen. Hier wurden wesentliche Grundlagen für die Bildung eines umfassenden schwarzen Nationalismus gelegt. Dabei bestand ein wichtiger Unterschied zum burischen Nationalismus. Gerade die Opposition der Mittelschicht verstand ihren Nationalismus nicht als exklusiv, nur auf die Schwarzen bezogen, sondern propagierte die Gleichberechtigung der verschiedenen Rassen und letztlich eine nichtrassische Gesellschaft. Das war mit eine Nachwirkung der liberalen Tradition des Kapwahlrechts. Sicher muß man auch berücksichtigen, daß eine solche Haltung für die Angehörigen der Mehrheit leichter war als für eine zwischen zwei Feuern stehende Minderheit, wie die Buren sie darstellten. Dennoch war die Einstellung alles andere als selbstverständlich. Die Diskriminierung durch die Weißen hätte ebensogut zu einer diese ausschließenden Haltung führen können, zur Forderung nach einem schwarzen Südafrika. Freilich wäre das zu der Zeit vollends unrealistisch gewesen.

Im Vergleich zum burischen hatte (und hat) der schwarze Nationalismus mit einer weiteren Schwierigkeit zu kämpfen. Er konnte zur Mobilisierung einer starken Anhängerschaft weder auf eine gemeinsame Sprache noch auf eine gemeinsame Religion und noch nicht einmal auf eine gemeinsame Geschichte zurückgreifen. Das verbindende Merkmal blieb dasjenige, dem erst die Weißen zentrale Bedeutung verliehen hatten: die Hautfarbe und die mit ihr verbundene diskriminierte Stellung[62]. Das reichte, wenigstens zunächst, als einheitstiftendes Moment kaum aus. Infolgedessen rekrutierten die meisten Organisationen ihre Anhänger und Mitglieder doch vornehmlich unter den Angehörigen jeweils eines Volkes.

Mehr oder weniger unabhängig von dieser Politik der Mittelklasse standen daneben Bewegungen und Aktionen, die in den Zusammenhang einer entstehenden Massenbewegung gehören. Zunächst erfolgten sie meistens isoliert voneinander auf lokaler und regionaler Ebene, da eine übergreifende Organisation schwer zu bilden war. Dazu gehörten Unruhen und Protestbewegungen auf dem Lande, vor allem gegen die Auswirkungen der Durchsetzung des Landgesetzes. In den Städten kam es immer wieder zu Kampagnen gegen die Paßgesetze, im Bergbau und in der Industrie zu Widerstand und Streiks, mit den Bergarbeiterstreiks von 1920 und 1946 als Höhepunkten. In den zwanziger Jahren zeigten sich darüber hinaus schon bedeutende landesweite Organisationserfolge. An der Spitze stand die 1919 gegründete *Industrial and Commercial Workers Union* (ICU), eine Mischung aus Gewerkschaft und politischer Partei. Die Gründung schwarzer Parteien war nicht verboten; auch konnte jede Partei Mitglieder aller Rassen aufnehmen. Die ICU rekrutierte ihre Mitglieder zuerst in den Städten, danach vor allem unter den Arbeitern und Pächtern auf weißen Farmen. Hier waren Unruhe und Unzufriedenheit in der zweiten Hälfte der zwanziger Jahre angesichts der Verschlechterung der Lage im Gefolge der Durchsetzung des Landgesetzes besonders groß. Viele setzten ihre Hoffnung, doch noch eigenes Land zu erhalten, in die ICU. Diese hatte auf ihrem Höhepunkt, Anfang 1928, nach eigenen Angaben etwa 200 000 Mitglieder. Das war wohl übertrieben. Dafür war die Zahl ihrer sonstigen Anhänger

---

[62] Vgl. ADAM, Ethnicity 173 ff.

wesentlich größer[63]. Sie konnte beträchtliche Leistungen vorweisen. Sie organisierte Protestkampagnen, während sie gegenüber Streiks zurückhaltender war. Sie errang verschiedene Erfolge vor den Gerichten und war die erste schwarze Massenorganisation, die wirklich die Unterschichten erfaßte. Doch ihr Niedergang war noch rascher als ihr Aufstieg. Staatliche Repression spielte dabei eine Rolle. Wichtiger aber waren interne Streitigkeiten und die Schwierigkeiten einer dauernden Mobilisierung der heterogenen und zerstreuten ländlichen Bevölkerung angesichts der feindseligen Haltung der weißen Bauern. Die ICU hatte ihren Mitgliedern mehr versprochen, als sie halten konnte, so daß sich viele enttäuscht von ihr abwandten.

Nach dem Niedergang der ICU ging die Führungsrolle wieder an den konservativeren ANC über, dessen Basis freilich stets ganz überwiegend städtisch war. Auch innerhalb der Mittelklasseopposition wurde aber die bisherige Politik angesichts ihrer Erfolglosigkeit immer fragwürdiger, besonders seit 1945. Der Zweite Weltkrieg hatte die schwarze Stadtbevölkerung enorm anschwellen lassen und ihr etwas größere politische und wirtschaftliche Freiräume verschafft, die nach Kriegsende gefährdet schienen. Beides mußte Notwendigkeit und Chancen einer Massenbewegung verstärken. 1943 forderte der ANC erstmals das Wahlrecht für alle Schwarzen. 1944 bildete sich eine ANC-Jugendliga, die härtere Methoden forderte. Freilich wurde die Gewaltlosigkeit nicht in Frage gestellt, nicht nur aus ethischen Gründen, sondern auch, weil sonst mit einem Verbot der Organisation zu rechnen gewesen wäre. Ziel war nicht mehr Verwestlichung und Eingliederung in das von den Weißen geschaffene System, sondern Befreiung von diesem System. Positiv konnte man unter Befreiung fast Beliebiges verstehen, negativ bestand sie in der umfassenden Beseitigung der Diskriminierung für alle Schwarzen, nicht nur für eine Elite.

Insgesamt ist die Zeit von 1910 bis 1948 für die schwarze Politik weit mehr durch Rückschläge als durch Erfolge gekennzeichnet. Nur darf man dies nicht mit Untätigkeit verwechseln. Besonders die zwanziger Jahre waren eine Zeit vielfältiger Auseinandersetzungen, die die Weißen so gründlich verunsicherten, daß die Wahlen von 1929 unter dem Stichwort der »Schwarzen Gefahr« ausgetragen wurden. Befürchtungen dieser Art aber führten in der Regel nicht zu Zugeständnissen, sondern zu einer

[63] WICKINS, ICU 202–204. BRADFORD 2.

weiteren Verschärfung des Systems der Diskriminierung. Freilich blieben solche Verschärfungen – und darin muß man eher die wirklichen Erfolge schwarzer Politik sehen – oft auf dem Papier, da sie nicht oder nur teilweise durchführbar waren, von der Verdrängung der schwarzen Pächter bis zur Beschränkung des Zuzugs in die Städte. Im Ganzen aber hatte sich die Stellung der Weißen gefestigt. Ein Beleg dafür waren die nach wie vor heftigen Auseinandersetzungen zwischen Buren und Briten, die während des Zweiten Weltkrieges neue Höhepunkte erreichten. Die Weißen konnten sich Uneinigkeit leisten.

Die Inder 1860–1949

Während und nach dem Zweiten Weltkrieg trat eine südafrikanische Bevölkerungsgruppe ins Rampenlicht der Weltöffentlichkeit, deren Geschichte an dieser Stelle noch im Zusammenhang nachzuzeichnen ist, die Inder.

Während der 1850er Jahre experimentierten die wenigen weißen Bauern in Natal mit verschiedenen tropischen Produkten. Erfolg hatten sie erst nach einigen Jahren mit Zuckerrohr, einer Pflanze, deren Anbau sehr arbeitsintensiv ist. Nun waren zwar nach 1838 viele Schwarze nach Natal geströmt. Da sie aber ausreichend Land für eigene Wirtschaft fanden – teils in den Reservaten, teils Land, das von Weißen beansprucht, aber nicht bebaut und oft auch sonst in keiner Weise kontrolliert wurde –, waren sie nicht bereit, zu den angebotenen Bedingungen auf Plantagen zu arbeiten. Man hätte höhere Löhne bezahlen oder in irgendeiner Weise Zwang ausüben müssen. Beides wäre teuer zu stehen gekommen. Das britische Weltreich bot einen einfacheren Ausweg. Man warb in Indien Arbeiter an. Getrieben vom Elend in der Heimat, verpflichteten sie sich, für sehr geringen Lohn fünf Jahre lang zu arbeiten. Sie konnten den Arbeitsplatz nicht wechseln. Das führte teilweise zu sklavereiähnlichen Verhältnissen. Die ersten Inder trafen 1860 in Natal ein. Bis 1866 waren es etwa 6300[64]. Wegen einer Rezession wurde die Anwerbung dann bis 1874 gestoppt; danach ging sie bis 1911 weiter. Inzwischen hätte man sicher auch schwarze Arbeiter haben können. Aber das System hatte sich nun einmal so eingependelt; den interessierten Weißen erschien dies der billigste

---

[64] THOMPSON, in Oxford History 1, 388.

Weg. Wer sich für eine zweite fünfjährige Vertragszeit verpflichtete, konnte nach deren Ablauf gratis in die Heimat zurückkehren oder, bis 1890, ein Stück Land erhalten. Von den bis 1911 eingeführten 152 184 Indern kehrten 48 Prozent in die Heimat zurück[65]. Die übrigen wurden zu einer Unterschicht in den Städten und in deren Nähe. 1904 lebten 101 000 Inder in Natal[66].

Seit 1875 kamen auch freie indische Einwanderer nach Natal, hauptsächlich Händler. Sie waren nicht sehr zahlreich, aber viele von ihnen waren erfolgreich. Manche zogen weiter nach Transvaal. Der Oranje-Freistaat verbot ihre Einwanderung im Jahre 1890. Das Gesetz galt bis 1978. Die Südafrikanische Republik wagte wegen der britischen Eingriffsrechte kein direktes Verbot zu erlassen. Nur sehr wenige Inder ließen sich in der Kapkolonie nieder.

Die Reaktion auf die Inder zeigte das Dilemma der weißen Südafrikaner besonders deutlich. Man benötigte die Inder als Arbeitskräfte, und gleichzeitig fürchtete man die Konkurrenz der indischen Geschäftsleute, vor allem in den Kreisen der (hauptsächlich britischen) Händler. Man versuchte, ihnen mancherlei Hindernisse in den Weg zu legen, bis 1897 die freie Einwanderung praktisch verboten wurde. Dahinter stand auch die Angst der Weißen, zumal in Natal, noch gegenüber einer weiteren Bevölkerungsgruppe in die Minderheit zu geraten. Um dieser Gefahr zu begegnen, hätte man allerdings in erster Linie die Anwerbung von Arbeitern stoppen müssen. Diese ging auch nach 1897 weiter; die wirtschaftlichen Interessen waren stärker. Um die Inder möglichst zur Aufnahme abhängiger Arbeit zu zwingen, hatte man schon 1895 eine Steuer von 3 Pfund pro Jahr für diejenigen eingeführt, die nach Ablauf ihrer Vertragszeit keinen neuen Arbeitsvertrag eingingen. Gleichwohl nahm das Unbehagen zu, und 1911 wurde die indische Einwanderung generell gestoppt. Die gemachten Erfahrungen bzw. die ausgelöste Furcht waren auch ein wichtiger Faktor für den starken Widerstand gegen die Beschäftigung von Chinesen 1904 bis 1907.

Während sich die indischen Arbeiter lange Zeit kaum zu organisieren vermochten, fingen die Händler schon früh an, ihre Interessen auch politisch zu verteidigen, gegen Maßnahmen zu

[65] Swan 28; 1.
[66] Swan 12.

ihrer Diskriminierung zu protestieren. Einer ihrer Interessenvertreter war seit 1894 der junge Anwalt M. K. Gandhi, der seit 1906 zum wichtigsten Sprecher der Inder wurde. Er entwickelte in Südafrika seine Formen des gewaltlosen Widerstandes, die er später in Indien in größerem Rahmen einsetzte: Boykotte, Protestmärsche, bewußte massenhafte Übertretung von Gesetzen, wofür man sich verhaften ließ und dergleichen. Die Kampagne erreichte ihren Höhepunkt 1913, als sich erstmals auch die Arbeiter anschlossen, mit einem Streik, der rascher wirkte als Protestmärsche. Gandhi handelte im Juni 1914 ein Abkommen mit Smuts aus. Darin erreichte er die Abschaffung der materiell gravierendsten Einschränkungen, vor allem der Steuer von 3 Pfund gegen den Verzicht auf jegliche weitere Einwanderung. Im ganzen blieb der Status der Inder schlecht. Sie waren nach wie vor mancherlei Einschränkungen unterworfen, und nur ganz wenige hatten politische Rechte; 1920 waren in Natal 45 von ihnen wahlberechtigt[67].

Während der folgenden Jahrzehnte versuchte die Regierung immer wieder, die Inder durch Förderung der Rückwanderung loszuwerden. Die Erfolge waren gering. Freiwillig gingen wenige, und die britisch-indische, später die indische Regierung übten so starken Druck aus, daß Südafrika eine Ausweisung, wie sie später in Ostafrika praktiziert wurde, nicht wagte.

Während des Zweiten Weltkrieges erschienen alarmierende Berichte, wonach Inder in großem Maße Immobilien in den Innenstädten und in teuren weißen Wohnvierteln aufkauften. Das Ausmaß war weit geringer als behauptet, aber der Aufruhr reichte für den Erlaß eines Gesetzes, das 1943 weitere Käufe für drei Jahre untersagte. 1946 versuchte es Smuts beiden Seiten recht zu machen, indem er das Verbot festschrieb und dafür den Indern das Recht, einige weiße Parlamentsabgeordnete zu wählen, verleihen wollte. Die Inder wiesen den Vorschlag zurück und begannen Kampagnen passiven Widerstands. Dabei wurden sie von der indischen Regierung unterstützt, die Südafrika bereits 1946 in der UNO angriff. So sah sich das Land erstmals vor der Welt an den Pranger gestellt.

Die neue Regierung von 1948 kümmerte sich nicht um die Proteste und unterwarf die Inder noch schärferen Beschränkungen. Man hoffte zudem weiter auf ihre Rückwanderung. Erst 1962 fand sich die Regierung bereit, die Inder offiziell als eine

---

[67] WALKER, History 550.

permanente südafrikanische Bevölkerungsgruppe anzuerkennen.

Die Inder spielten eine sehr wichtige Rolle auch als Händler für die Schwarzen, was ihre Popularität nicht förderte. 1949 brachen in Durban zwischen Schwarzen und Indern Unruhen aus, die nach offiziellen Angaben 142 Todesopfer und über 1000 Verletzte forderten. Die beidseitige Führung demonstrierte zwar Einigkeit, im Sinne des gemeinsamen Kampfes gegen die Weißen, ohne daß deswegen die Animositäten verschwunden wären. Immerhin blieb die Lage danach ruhig.

Der Machtwechsel von 1948

Das einzige Wort aus dem im übrigen international unbedeutenden Afrikaans, das weltweit geläufig geworden ist, *Apartheid*, ist noch nicht einmal ein genuines Wort dieser Sprache. Der Ausdruck, der zum Inbegriff für ein als rechtlich und moralisch verwerflich betrachtetes System der Rassendiskriminierung geworden ist, der nach Auffassung der UNO-Generalversammlung sogar ein Verbrechen bezeichnet[1], findet sich weder im Niederländischen noch im älteren Afrikaans. Beide Sprachen kannten zunächst nur – als Lehnwort aus dem Französischen – das Adjektiv *apart* (getrennt), das keineswegs in besonderer Weise mit Fragen der Rassentrennung zusammenhing. Wohl erst kurz vor dem Zweiten Weltkrieg wurde ›Apartheid‹ als Übersetzung des sehr viel älteren englischen *segregation* gebildet. Der früheste bisher bekannte Beleg stammt von 1938. ›Segregation‹ hingegen war seit dem 19. Jahrhundert ein geläufiger Ausdruck für Rassentrennung[2].

Die Wortgeschichte beleuchtet den Machtwechsel von 1948. Die Apartheidpolitik der neuen Regierung bildete keinen Bruch mit der Vergangenheit, sondern lediglich die konsequente Weiterführung und Verschärfung der Entwicklung bis 1939, die einen stetigen Ausbau der Rassentrennung und -diskriminierung und die immer weitergehende Festigung der weißen Vor-

---

[1] Resolution Nr. 3068 (XXVIII) vom 30. 11. 1973, zur Internationalen Konvention über die Unterdrückung und Bestrafung des Verbrechens der Apartheid, Art. 1,1: »Verbrechen gegen die Menschlichkeit«. Dusan J. Djonovich (Hg.): United Nations Resolutions, Series I, Bd. 14, New York 1978, 454.

[2] Vgl. Woordenboek der Nederlandsche Taal, Bd. 2, Den Haag 1898, 526 f. Woordeboek van die Afrikaanse Taal, Bd. 1, 3. Aufl., Pretoria 1970, 230. The Oxford English Dictionary, Bd. 9, Oxford 1933, 398 f. Der früheste Beleg, vom Oktober 1938, stammt von I. G. Strydom: »Verhouding van apartheid tussen blank en nie-blank.« Zit. Kinghorn 251. In der Literatur ist hin und wieder von früherer Verwendung des Wortes die Rede, ohne daß gesicherte Belege gegeben werden. Vgl. etwa Rhoodie/Venter 174–177, die 1935 als Entstehungsjahr bezeichnen. Verschiedentlich findet sich der Ausdruck bei van Biljon (z. B. 27; 128; 330). Das Werk wurde 1937 verfaßt, aber erst 1947 veröffentlicht, mit »geringen Veränderungen« (VII). Manches deutet darauf, daß ›apartheid‹ hier erst 1947 eingesetzt wurde.

herrschaft gebracht hatte. Einzig während des Krieges hatte sich eine Lockerung des Systems, ein Terraingewinn für die Diskriminierten angedeutet. Ob sich diese Tendenz nach 1948 im Falle eines Wahlsieges von Smuts fortgesetzt hätte, ist zumindest fraglich. Jedenfalls bildete sich keine umfassende und entschlossene weiße Opposition gegen die Politik der Nationalen Partei, die von Wahl zu Wahl mehr Stimmen erhielt.

Dennoch darf man auch die graduellen Unterschiede nicht unterschätzen. Das Tempo der Entwicklung wurde enorm beschleunigt. Die NP-Regierung baute über Jahrzehnte hinweg ein umfassendes System der Diskriminierung auf in einer Zeit, als dergleichen weltweit zumindest theoretisch immer weniger akzeptabel wurde. Sie fuhr mit weit größerem Elan in eine Sackgasse, als ihre Konkurrenz es getan hätte. Entsprechend schwieriger wurden spätere Korrekturen, von einer wirklichen Kehrtwende der Politik gar nicht zu sprechen.

Die UP hatte 1948 kein klares Programm in der Frage der Rassenbeziehungen, während die NP sich im Wahlkampf auf ihre Apartheidpläne konzentrierte. Gleichwohl kann man den Wahlausgang nicht einfach als Sieg des Apartheidprogramms bezeichnen. 1948 war, vom Selbstverständnis der Nationalen her, zuerst und vor allem der politische Sieg der Buren über die Briten. Und dieser Sieg hatte nicht nur ideologische oder symbolische Bedeutung. Die Politik der folgenden Jahre wird erst voll verständlich, wenn die Frontstellung gegen die Briten in gleicher Weise berücksichtigt wird wie die gegen die Nichtweißen. In mancher Hinsicht hatte der Kampf gegen die Briten sogar Vorrang. Smuts hatte nach dem Kriege die Einwanderung von Weißen gefördert, besonders aus dem Commonwealth. Die neue Regierung stoppte sie sehr rasch. Hatte das Land 1945 noch einen Wanderungsverlust von 1932 Personen zu verzeichnen, so stieg der Wanderungsgewinn 1947 auf 21 787, 1948 auf 29 111 – 1949 betrug er nur noch 6173; 1950 entstand sogar ein Verlust von 1293 Personen[3]. Als Maßnahme zur Stärkung der Stellung der Weißen war diese Politik unverständlich, ja widersinnig, für die Wahrung der burischen Mehrheit unter den Weißen dagegen ebenso konsequent wie im Hinblick auf die Sicherung von Aufstiegsmöglichkeiten für Buren. In späteren Jahren bot sich die Möglichkeit, in größerer Zahl südeuropäische Einwanderer aufzunehmen. Nur wenige durften kommen. Sie wa-

[3] SA Statistics 1988, 2.7.

ren katholisch, hätten also von der Religion her nicht zu den Buren gepaßt. Erst seit 1962 nahm die Einwanderung wieder stärker zu. Sie erreichte ihren Höhepunkt 1975 mit 50 464 Personen bzw. einem Wanderungsgewinn von 40 209[4]. Diese Haltung zeigt, wie kompromißlos die Regierung auf eine Stärkung der Stellung der Buren hinarbeitete. Bündnisse mit andern Gruppen kamen nicht in Frage. Mögliche Bundesgenossen wurden statt dessen vor den Kopf gestoßen, wie sich noch verschiedentlich zeigen sollte.

Rassismus und Nationalismus

Südafrika war seit dem 17. Jahrhundert mehr und mehr zu einer Rassengesellschaft geworden, im Sinne der unterschiedlichen Zuteilung von Lebenschancen nach der Rassenzugehörigkeit. Daraus läßt sich aber nicht ableiten, daß die Ursache dafür Rassismus im Sinne rassistischen Denkens, der Behauptung naturgegebener Wertunterschiede zwischen den Menschenrassen war. Zumal vor dem 19. Jahrhundert konnte davon in Südafrika kaum die Rede sein, und auch danach spielten Rassentheorien eine geringe Rolle. Die jeweilige Ordnung war vielmehr in erster Linie eine Folge der wirtschaftlichen und gesellschaftlichen Verhältnisse; der Rassismus wurde im Lauf der Zeit lediglich zu einer Art nachträglicher Rechtfertigungsideologie.

Daran änderte sich auch nach 1948 nichts Grundlegendes. Die rassistische Ordnung, das System der Apartheid ergab sich, in den Grundzügen zumindest, aus den wohlverstandenen Interessen der Weißen. Erstmals begann die Ideologie nun aber eine eigenständigere Rolle zu spielen. Intellektuelle bildeten eine treibende Kraft in der NP. Sie entwickelten das Programm der Apartheid. Doch die damit verbundene Ideologie war nicht von der Art, daß man hinterher sagen konnte, hätte man nur das Programm genau studiert und ernstgenommen, dann hätte man gewußt, was auf einen zukomme. Sie hinkte, als Rechtfertigung, eher hinter der Wirklichkeit her, als daß sie ihr vorauseilte. Die Theorie war entschieden weniger rassistisch als die Praxis.

Das hängt mit der Entstehungsgeschichte dieser Ideologie aus

---

[4] Ebd. In der ersten Hälfte des 20. Jahrhunderts war die Einwanderung von geringer Bedeutung: Union Statistics C 10–11. Der Nettowanderungsgewinn 1911–1936 betrug 54 900 Personen, die natürliche Vermehrung hingegen machte bei den Weißen 672 400 Personen aus. SCHUMANN 135.

dem burischen Nationalismus heraus zusammen. Der Nationalismus spielte in ihr eine mindestens so wichtige Rolle wie der Rassismus. Schließlich hatten sich die Buren ja unter Berufung auf den Nationalismus politisch durchgesetzt. Dieser Auffassung zufolge waren alle Völker, alle Nationen Schöpfungen Gottes, und sie hatten ein göttliches Recht auf Selbstverwirklichung. Die Rassen wurden in Analogie zu Nationen gesehen; die Trennung der Rassen sollte einer jeden die Selbstverwirklichung ermöglichen. In dieser Hinsicht waren alle Völker bzw. Rassen gleich. Die Ungleichheit, die dann doch eingebracht wurde, war wiederum nicht im eigentlichen Sinne rassistisch, durch naturgegebene Unterschiede bedingt, sondern historisch abgeleitet: die andern Rassen, insbesondere die Schwarzen, befanden sich, als Folge einer unterschiedlichen Geschichte, auf einem niedrigeren Entwicklungsstand als die Weißen. Ziel war es, ganz im Sinne einer damals noch verbreiteten Rechtfertigung der Kolonialherrschaft, sie auf die gleiche Stufe wie die Weißen zu heben, wodurch sie dann volle Selbständigkeit und Unabhängigkeit als Völker gewinnen könnten. Bis dahin hatten die Weißen nicht nur das Recht, sondern die Pflicht, eine Vormundschaft *(voogdyskap)* über sie auszuüben, die sich schließlich aber selber aufheben würde. Dieser Entwicklungsaspekt wurde im Lauf der Zeit immer stärker betont. So sprach der wichtigste Verfechter dieser Politik, Verwoerd, schon in den fünfziger Jahren statt von der statischen ›Apartheid‹ meistens von der dynamischen ›getrennten Entwicklung‹ *(aparte ontwikkeling)*. Die Frage nach den naturgegebenen Unterschieden zwischen den Rassen wurde sehr zurückhaltend beantwortet. Der Schwerpunkt lag dabei auf der Andersartigkeit, nicht auf einer angeblichen Minderwertigkeit, die weder bestritten noch definitiv behauptet wurde[5]. Die größte Bedeutung erhielt das Rassendenken in der geradezu fanatischen Sorge um die Reinheit der Rasse, in der Ablehnung aller Vermischung. Doch stand auch dahinter in erster Linie die burische Angst vor dem Verlust der eigenen Identität und weniger der Glaube an unabänderliche Rasseneigenschaften. Die Apartheid ist nicht einfach ein Kind der sich auf naturgegebene Ungleichheit konzentrierenden europäischen Rassentheorien, sondern ein Produkt der

[5] Vgl. etwa die vorsichtig lavierende Haltung von Cronjé 113 (auf die Frage der intellektuellen Fähigkeiten eingeschränkt). Seit den sechziger Jahren wurde die Minderwertigkeit von der Regierung deutlich verneint. Vgl. Giliomee, in Adam/Giliomee 118f.

Geschichte der Buren, die Nationalismus und Rassendiskriminierung in spezifischer Weise verbindet, wobei aber die wesentlichen Elemente dieser Auffassung nicht nur für die Buren, sondern auch für die übrigen weißen Südafrikaner gelten.

Die Theorie rechtfertigte so die umfassende Rassentrennung und nahm sie auch vorweg. Aber sie wurde in zweierlei Hinsicht zum Hemmschuh für die Praxis. Erstens war die Politik auf eine dauerhafte Vormachtstellung der Weißen angelegt und nicht auf die allmähliche Emanzipation der Schwarzen, wie es die Doktrin forderte, und zweitens spielten im volkstümlichen Bewußtsein der Weißen rassistische Einstellungen, die Überzeugung von der eigenen Überlegenheit, im Durchschnitt eine wesentlich größere Rolle als in der Doktrin. Diese verlangte z. B. eine sehr viel konsequentere räumliche Trennung der Rassen, als es den wirtschaftlichen Bedürfnissen der Weißen entsprach, und sie gebot statt der Vernachlässigung eine umfassende Förderung des Bildungswesens für Schwarze.

Der Aufbau der Apartheid

Am 3. Juni 1948 bildete Malan eine neue Regierung. Erstmals gehörten ihr ausschließlich Buren an. Alle waren sie Gegner des Kriegseintritts gewesen. Die Verwirklichung des Apartheidprogramms wurde ohne Überstürzung, aber systematisch und energisch in die Hand genommen. Sie schlug sich in einer Flut von Gesetzen nieder, die über die nächsten Jahre die Stellung der nichtweißen Gruppen immer weiter verschlechterten.

Zum wichtigsten Ideologen und Architekten des Systems wurde Hendrik Frensch Verwoerd. Er war 1901 in Amsterdam geboren, also kein alteingesessener Bure. Seine Eltern wanderten 1903 mit ihm nach Südafrika aus. Ausgebildet als Psychologe, wurde er zunächst Professor und 1937 Herausgeber einer Zeitung. 1950 machte ihn Malan zum Minister für Eingeborenenangelegenheiten; von 1958 bis zu seiner Ermordung durch einen weißen Parlamentsdiener 1966 war er Premierminister.

Die Trennung der Rassen

Grundprinzip war zunächst, wie sowohl in *segregation* als auch in *Apartheid* zum Ausdruck kommt, die möglichst umfassende Trennung der Rassen. Voraussetzung dafür war die klare Scheidung der Bevölkerung nach der Rassenzugehörigkeit. Das war bislang sehr pragmatisch erfolgt. 1950 legte das Gesetz über die Registrierung der Bevölkerung *(Population Registration Act)* die obligatorische Einteilung aller Südafrikaner in drei Rassengruppen fest: Weiße, *Coloured* (Farbige) und Schwarze. Die Gruppe der *Coloured* wurde später weiter unterteilt; für alle praktischen Zwecke war dabei die Unterscheidung zwischen Mischlingen und Asiaten (Indern) die wichtigste[6]. Bei der Durchführung ergaben sich zwar für den größten Teil der Bevölkerung keine Probleme. Dennoch blieben genügend Grenzfälle, die für große Härten und Ungerechtigkeiten sorgten; zuweilen wurden sogar Familien auseinandergerissen. Hauptleidtragende waren Mischlinge, die bislang als Weiße behandelt worden waren.

Auf dieser Grundlage wurde nun getrennt. Zunächst im intimsten Bereich. Außereheliche Geschlechtsverkehr zwischen Weißen und Schwarzen war seit 1927 verboten. 1949 wurden Mischehen zwischen Weißen und Angehörigen anderer Rassen untersagt, 1950 kam außerehelicher Geschlechtsverkehr zwischen Weißen und Nichtweißen generell hinzu. 1967 wurde sogar im Ausland geschlossenen Mischehen die Gültigkeit aberkannt. Bei diesen Gesetzen ging es weniger um die Abwendung unmittelbarer Gefahren als um das Prinzip und ideologischen Dogmatismus, wenngleich Wortführer der neuen Politik nicht müde wurden, vor den Gefahren der »Bastardisierung« zu warnen. 1932–1936 waren im Schnitt 79 Mischehen pro Jahr geschlossen worden; 1941–1945 waren es 99 gewesen[7]. 1945 standen 24 071 Eheschließungen zwischen Weißen 92 Mischehen gegenüber, 1946 waren es 77 auf 28 308[8].

Getrennte Wohngebiete

Nach dem Intimbereich erschien die Trennung der Wohngebiete am wichtigsten. Auf dem Land ergaben sich keine größeren Probleme: die Schwarzen und Mischlinge lebten in der Regel

---

[6] Vgl. HORRELL, Laws 16–19, wo auch die verschiedenen Veränderungen nach 1950 verzeichnet sind. Das Buch ist, zusammen mit der Fortsetzung (HORRELL, Race relations), generell eine höchst nützliche Übersicht über die außerordentlich komplizierte, immer wieder geänderte Rassengesetzgebung in allen Lebensbereichen, die hier nur in den Grundzügen geschildert werden kann.

[7] CRONJÉ 72.

[8] BROOKES, Apartheid 179.

deutlich getrennt von den weißen Farmen. In den Städten hatte schon das Gesetz von 1923 die Schwarzen in ausschließlich ihnen zugedachte Gebiete abgedrängt. Die Durchsetzung war allerdings nur langsam vorangeschritten. Dazu blieb früher erworbener Besitz in andern Vierteln anerkannt. Besonders während des Krieges, im Zuge der sehr raschen Stadtwanderung der Schwarzen, waren viele Siedlungen und Slums ohne behördliche Bewilligung entstanden. Nun wurde die Trennung in stärkerem Maße durchgesetzt. Schwarze konnten in den Städten überhaupt kein Grund- und Immobilieneigentum mehr besitzen. Neue Siedlungen *(townships)* wurden angelegt, mit einheitlichen, vom Staat vermieteten Häusern. In dieser Hinsicht tat die neue Regierung entschieden mehr als ihre Vorgängerinnen, so daß sich die Lebensbedingungen der städtischen Schwarzen im Durchschnitt verbesserten. Das hatte freilich auch seinen Preis. Die »illegalen« Siedlungen, häufig nahegelegenen weißen Vierteln ein Dorn im Auge, wurden geräumt und abgerissen, oft gegen beträchtlichen Widerstand. Gewachsene Strukturen, etwa der Nachbarschaftshilfe, wurden zerstört, und für die Betroffenen verlängerten sich die Arbeitswege und erhöhten sich die Fahrtkosten meistens erheblich.

Wurde gegenüber den Schwarzen lediglich das bereits 1923 eingeführte Prinzip voll verwirklicht, so änderte sich die Politik gegenüber den Indern und vor allem den Mischlingen grundlegend. Zwar hatten auch sie schon früher gewisse Einschränkungen hinnehmen müssen, besonders die Inder. Aber grundsätzlich stand ihnen der Immobilienerwerb in den Städten frei. Meistens wohnten sie ebenfalls zusammen, jedoch nicht unter gesetzlichem Zwang, sondern in historisch gewachsenen Quartieren. Das Gesetz über getrennte Wohngebiete *(Group Areas Act)* von 1950 erlaubte es dem Staat, bestimmte Gebiete bestimmten Gruppen (d.h. Rassen) zum Wohnen oder für Geschäftstätigkeiten zuzuweisen. Die Verwirklichung erfolgte langsam, aber systematisch im Lauf der nächsten Jahrzehnte. Sie hatte eine kräftige Schlagseite zugunsten der Weißen. Insgesamt mußten bis zum 31. August 1984 lediglich 2418 weiße Familien umziehen, gegenüber 40 067 indischen und 83 691 Familien von Mischlingen[9]. Diese beiden Gruppen wurden also in beträchtlichem Umfang aus ihren bisherigen Wohngebieten verdrängt, zumal aus den besten, die in der Regel in der Nähe weißer Viertel

[9] SAIRR Survey 1985, 348.

lagen. Auch finanziell profitierten die Weißen. Wer aus einem Gebiet ausziehen mußte, durfte zwar seinen dortigen Besitz behalten, konnte aber nichts mehr damit anfangen, so daß die Häuser in der Regel verkauft wurden. Durch das plötzliche Überangebot fielen die Preise. Auf diese Weise fanden manche Weißen zum Haus ihrer Träume, während der Staat die Verkäufer nur teilweise für ihre Verluste entschädigte. Auch Händler und Unternehmer mußten in ihnen zugewiesene Quartiere ziehen. Die Stadtzentren wurden 1957 zu weißen Gebieten erklärt. Betroffen waren vor allem indische Geschäftsleute, die dadurch oft ruiniert wurden. Bis zum 31. August 1984 betraf das Gesetz 54 weiße und 2530 indische Händler sowie 187 Mischlinge[10]. Seit 1986 gab die Regierung Stadtzentren vermehrt wieder für Geschäftsleute aller Rassen frei; bis zum Mai 1988 erfolgte dies in 67 Städten[11].

Dennoch wäre es falsch, die eigentliche Motivation für das Gesetz im Wunsch nach materieller Bereicherung zu sehen. Wäre es nur darum gegangen, so hätten sich die Vorteile billiger erlangen lassen. Die Durchführung war langwierig, der politische Preis war hoch. Er bestand in der tiefen und dauerhaften Entfremdung vor allem der führenden Kreise der Inder und Mischlinge, die ihre angestammten und zum Teil seit Jahrhunderten eingenommenen Wohnplätze und ihre Geschäfte verloren. Unter normalen Umständen wären sie natürliche Bundesgenossen der Weißen gegen die zahlenmäßig überlegenen Schwarzen gewesen. Wäre es also darum gegangen, eine möglichst breite Grundlage für die weiße Vorherrschaft zu gewinnen, so wäre die Politik höchst unsinnig gewesen. Es ging viel spezieller um die alleinige Vorherrschaft der Buren. Und es ging auch um das Prinzip möglichst umfassender Trennung der Rassen.

Die »kleine« Apartheid

In den gleichen Zusammenhang des Dogmatismus gehört derjenige Aspekt der Apartheid, der international am bekanntesten geworden ist und wohl auch am meisten zur Mobilisierung der Weltmeinung gegen Südafrika beigetragen hat, weil er sich selbst dem oberflächlichsten Betrachter auf den ersten Blick

---

[10] Ebd. 349.
[11] SAIRR Survey 1987/88, LX.

erschließt und, obwohl materiell von untergeordneter Bedeutung, dafür eine besonders ausgeprägte Demütigung der Betroffenen mit sich führt: die soziale Apartheid, auch »kleine« Apartheid genannt. Im Lauf der fünfziger Jahre wurden sukzessive alle Gelegenheiten beseitigt, bei denen sich Weiße und Nichtweiße privat und in der Öffentlichkeit als Gleiche begegnen konnten. Die Rassentrennung erfaßte kulturelle Veranstaltungen, den Sport, Verkehrsmittel, Hotels und Restaurants bis hin zu Parkbänken und Badestränden und dem berühmten Fall der weißen Ambulanz, die keine schwarzen Verletzten befördern durfte. Auch hier waren die materiellen Gewinne für die Weißen beträchtlich. Ein Gerichtsentscheid, wonach für alle Rassen gleichwertige Einrichtungen zur Verfügung gestellt werden mußten, wurde 1953 durch das Gesetz über getrennte Einrichtungen *(Separate Amenities Act)* unterlaufen. Die Weißen sicherten sich überall den Löwenanteil. Dennoch darf man hier Ursache und Folge nicht verwechseln. Das Gewinnmotiv stand nicht am Beginn. Ziel der Politik war es, Lebensbedingungen zu schaffen, in denen die Kontakte zwischen den Rassen auf ein Minimum reduziert waren; sie sollten möglichst nur noch in Situationen der Über- und Unterordnung vorkommen.

Arbeitswelt, Paßgesetze und Zuzugskontrollen

In einem Lebensbereich war die Trennung von vornherein völlig ausgeschlossen: in der Arbeitswelt. Die südafrikanische Wirtschaft war auf eine Symbiose zwischen den Rassen aufgebaut; sie wäre bei jedem Versuch einer wirklichen Trennung zusammengebrochen[12]. Deshalb war hier nicht die physische Trennung, die Apartheid das Ziel, sondern die Unterordnung. Grundprinzip war, daß ein Weißer nie Untergebener eines Nichtweißen sein durfte. Es wurde zwar nie gesetzlich festgeschrieben, verstand sich aber von selbst. Führten dennoch Weiße Tätigkeiten aus, die auch von Nichtweißen verrichtet wurden, so mußten sie getrennt arbeiten. Erst recht war das Prinzip der Unterordnung im Bereich der Landwirtschaft und der zahlreichen Dienstboten in weißen Haushalten verwirklicht. Zwar forderten fundamentalistische Gruppen zuweilen die Entfernung nichtweißer Bediensteten aus den Privathaushalten, um

---

[12] Immerhin verlangten einflußreiche Gruppen dennoch eine »totale Apartheid«, mit dem Ziel des allmählichen Ausschlusses der Schwarzen auch aus dem weißen Wirtschaftsleben. POSEL 127ff.

des Prinzips der Trennung willen, doch ein solches Opfer auf dem Altar der Ideologie stand nie wirklich zur Debatte[13].

Im Bereich der Arbeitswelt stand nun der zweite und wichtigere Pfeiler der Apartheid, wobei diese Bezeichnung, wie angedeutet, schief ist, da es ja nicht eigentlich um Trennung, sondern um Unterordnung ging. Hier lag bereits ein umfassendes System vor, das nur noch ausgebaut und perfektioniert werden mußte. Zentral war die Beschaffung einer ausreichenden Zahl billiger Arbeitskräfte. Dem dienten das System der Wanderarbeit und des möglichst eingeschränkten, vom Staat kontrollierten Arbeitsmarktes. Die Städte galten noch weit stärker als früher als Gebiete der Weißen, in denen Schwarze sich nur so lange aufhalten durften, als sie gebraucht wurden. Zur Fernhaltung der »Überflüssigen« wurden die Zuzugskontrollen verschärft und Frauen, Kinder, Alte, Kranke und Arbeitslose möglichst in die Reservate zurückgeschafft. Grundlegend waren in diesem Zusammenhang zwei Gesetze von 1952. Die Paßgesetze wurden vereinheitlicht und verschärft, ironischerweise unter dem Titel »Gesetz zur Abschaffung der Pässe« *(Abolition of Passes Act)*. Es war einer von zahlreichen, meist gescheiterten Versuchen, eine verhaßte Sache durch einen neuen Namen schmackhafter zu machen. Zentrales Merkmal war die Ausweitung der Pflicht, einen Paß (oder ein *reference book,* wie die Bezeichnung jetzt lautete, deswegen die Abschaffung der Pässe) mit sich zu führen, auf praktisch die gesamte erwachsene schwarze Bevölkerung.

Im zweiten wichtigen Gesetz, der *Native Laws Amendment Act* wurde die Differenzierung zwischen verschiedenen Kategorien von Schwarzen verschärft. Auf der einen Seite sollten möglichst nur arbeitsfähige und auch tatsächlich arbeitende Schwarze in den Städten wohnen, und dies nur für vorübergehende Zeit, als Wanderarbeiter, ohne Familie. Wer keine Arbeit hatte, durfte sich nicht länger als 72 Stunden in einem städtischen Gebiet aufhalten. Wollte er dort bleiben, so mußte er während dieser Frist eine Arbeit finden. Die Furcht, sonst verhaftet und abgeschoben zu werden, zwang ihn, die erste beste Arbeit zum angebotenen Lohn anzunehmen, wenn er überhaupt etwas

---

[13] Die Zahl der Hausbediensteten wird von Cock 7 für 1980 auf 800 000 geschätzt. 1970 sollen 641 180 schwarze Frauen in weißen Haushalten gearbeitet haben. Iliffe 267. Die ursprünglichen Konzepte der Apartheid wollten allerdings die Wanderarbeit gerade einschränken und schließlich beseitigen. Posel 127 ff.; 137 f.

fand. Vorher, und seit 1937, hatte die Frist immerhin 14 Tage betragen. Später begann die Regierung die Anwerbung von Arbeitskräften über ein System von Arbeitsämtern mehr und mehr direkt in die Reservate und die »weißen« ländlichen Gebiete zu verlegen.

Auf der andern Seite erhielten bestimmte Kategorien von Schwarzen dauerndes Wohnrecht, unabhängig davon, ob sie Arbeit hatten. Das betraf vor allem solche, die in den Städten geboren waren oder sehr lange dort gearbeitet hatten sowie ihre Angehörigen. Zumindest ihnen gegenüber wurde die Fiktion aufgegeben, daß alle Schwarzen nur vorübergehend in den Städten zu »Gast« seien. Das kam nicht nur der Industrie, die zumindest bei den qualifizierten Berufsgruppen an einer stabilen Arbeiterschaft interessiert war, gelegen, sondern wurde wohl auch vom Staat nicht ungern gesehen, obwohl es der Ideologie widersprach: eine total fluktuierende Masse wäre noch weniger kontrollierbar gewesen.

Das System der Paßgesetze und Zuzugskontrollen wurde im Lauf der Jahre zu einem geradezu monströsen Apparat, zum weitaus verhaßtesten Zug des Apartheidsystems bei den Schwarzen. Die Verhaftungen, Anklageerhebungen und Verurteilungen wegen Paßvergehen gingen jährlich in die Hunderttausende – es reichte, wenn jemand seinen Ausweis vergessen hatte. Die erfaßte Gesamtzahl betrug von 1916 bis 1984: 17 745 741 Fälle. Der Höhepunkt wurde 1967/68 erreicht mit 693 700 Fällen. Danach sank die Zahl, mit Unterbrechungen, bis auf 132 397 im Jahre 1985[14]. Am 1. Juli 1986 wurden Paßgesetze und Zuzugskontrollen abgeschafft. Das bedeutete freilich nicht das Ende aller staatlichen Kontrollen überhaupt.

Ein großer Teil der Schwarzen machte auf diese Weise Bekanntschaft mit Polizei, Justiz und Gefängnissen. Der relativ kleine Polizeiapparat wurde hauptsächlich in diesem Bereich eingesetzt; für die Bekämpfung des sich rasch ausbreitenden Verbrechens blieb wenig Personal. Dabei bestand zwischen der Politik der Zuzugskontrollen und der Zunahme der Verbrechen ein enger Zusammenhang. Je instabiler die schwarze Bevölkerung in den Städten war, um so eher mußte das Verbrechen gedeihen, und Instabilität war ja geradezu das Ziel der Politik. Wanderarbeiter mußten ihre Familie in den Reservaten zurücklassen. Sie knüpften in den Städten außereheliche Beziehungen,

---

[14] SAVAGE 186. SAIRR Survey 1985, 209.

wobei wenig Möglichkeiten bestanden, gemeinsam zu wohnen. Entsprechend groß war die Zahl alleinstehender Mütter, die zugleich einer Erwerbstätigkeit nachgingen.

Diese Politik war erfolgreich im Sinne der Sicherung billiger Arbeitskräfte; sie scheiterte weitgehend, was die umfassende Kontrolle der Bevölkerung anging. Unter dem Zwang des Elends auf dem Lande, aber auch von den Verdienstmöglichkeiten angezogen, strömten viele Arbeitsuchende und Familien von Arbeitern, die offiziell allein zu leben hatten, in die Städte. Die Verstädterung gewann ein Tempo, dem die Architekten der Apartheid nicht gewachsen waren; es wurde letztlich mehr von der wirtschaftlichen Expansion als von den Behörden bestimmt. Niemand wußte naturgemäß, wie groß der Anteil »illegaler« Bewohner in den Städten war. Immerhin meinte der zuständige Minister 1982, 42 Prozent der Schwarzen in Kapstadt seien ohne behördliche Erlaubnis dort, was vermutlich eher eine konservative Schätzung war[15]. Für die »Illegalen« hatte das Kontrollsystem besonders schlimme Folgen, selbst wenn sie ihm entgingen: sie mußten in dauernder Furcht und Unsicherheit leben. Hier ergaben sich auch unmittelbare Interessengegensätze zwischen Staat und Unternehmern. Es war, aus der Sicht der Behörden verständlicherweise, verboten, Leute ohne Aufenthalts- bzw. Arbeitserlaubnis zu beschäftigen. Trotzdem taten es viele Unternehmer, nicht zuletzt, weil sich solche »Illegale« mit besonders niedrigen Löhnen zufrieden geben mußten. Der Staat ging mit zunehmend harten Strafen gegen die Unternehmer vor, aber mit beschränktem Erfolg.

Schon im späten 19. Jahrhundert waren die durch Kontrollen, Wanderarbeit und Diskriminierung billig gehaltenen schwarzen Arbeitskräfte zumal für die weniger qualifizierten Weißen zu einer als unlauter empfundenen Konkurrenz geworden. Als Ausgleich erfolgten Gegenmaßnahmen in Form der Arbeitsplatzreservation und der Politik der »zivilisierten« Arbeitskräfte. Folgerichtig verschärfte die Regierung nach 1948 auch diese Politik. Nach ersten Ansätzen 1951 wurde 1956 die gesetzliche Grundlage geschaffen, um die Arbeitsplatzreservation, die bislang nur im Bergbau gegolten hatte, auch auf andere Wirtschaftszweige, insbesondere die Industrie, auszudehnen. Lediglich die Landwirtschaft blieb gänzlich davon verschont – die Bauern konnten die Lasten, die die Beschäftigung zusätzlicher

[15] BERNSTEIN, in GILIOMEE/SCHLEMMER 99.

Weißer mit sich brachte, auf andere abwälzen. Wichtiger wurde die Politik des Staates als Arbeitgeber: Im öffentlichen Dienst und in der zunehmenden Zahl von Staatsbetrieben wurden bevorzugt Weiße eingestellt, ganz besonders Buren, denn sie stellten nach wie vor den größten Teil der weißen Unterschicht, und gleichzeitig waren sie das wichtigste Wählerpotential für die NP.

Das Bildungswesen für Schwarze

Die hierarchische Ordnung der Gesellschaft nach rassischen Kriterien war in Südafrika nichts Neues. Das System wurde nur perfektioniert. Neu war, daß die Nationalen es nun auch noch im Vorfeld ganz gezielt absichern wollten, im Bildungswesen. Rassentrennung bestand darin schon lange in der Form, daß der Besuch von staatlichen Schulen für Weiße Angehörigen anderer Rassen verboten war, während für nichtstaatliche Schulen keine entsprechenden Vorschriften bestanden. Fast alle Schulen für Weiße waren staatlich, die für Inder und Mischlinge nur zu einem geringen Teil; für Schwarze bestanden praktisch keine Staatsschulen[16]. Nur für die Weißen galt, seit dem frühen 20. Jahrhundert, allgemeine Schulpflicht. Die Bildungseinrichtungen für Nichtweiße wurden hauptsächlich von privaten Trägern unterhalten, wobei den Missionen die weitaus wichtigste Rolle zukam. Der Staat trug den größten Teil der Kosten. Doch seine Zuschüsse waren im Vergleich zu den Aufwendungen für das weiße Bildungswesen gering. Entsprechend gering war die Qualität der meisten Schulen. Immerhin hatte sie sich seit 1945 etwas verbessert, nachdem der Staat seine Beiträge massiv erhöht hatte. Und manche Missionsschulen hatten ein ausgezeichnetes Niveau, so daß zumindest für einzelne Schwarze die Möglichkeit bestand, eine gute höhere Bildung zu erlangen. Aus der Sicht des Staates hatte das System den Nachteil, daß er, obwohl er einen großen Teil der Kosten trug, keinen Einfluß auf die Lehrpläne hatte.

1953 brachte die Regierung ein Gesetz zur Schaffung eines getrennten Bildungswesens für die Schwarzen ein *(Bantu Education Act)*. Ziel war die umfassende Staatskontrolle und damit die Durchsetzung der Prinzipien der Apartheid. Verwoerd nahm dabei kein Blatt vor den Mund: »Der Schwarze muß dazu

---

[16] Vgl. die Übersicht bei HELLMANN, Kap. 15.

angeleitet werden, seiner eigenen Gemeinschaft in jeder Hinsicht zu dienen. Oberhalb des Niveaus bestimmter Arten von Arbeit ist für ihn in der weißen Gemeinschaft kein Platz. Innerhalb seiner eigenen Gemeinschaft aber stehen ihm alle Türen offen. Deshalb bringt es ihm nichts, eine Ausbildung zu erhalten, die die Aufnahme in die weiße Gemeinschaft zum Ziel hat, weil er in diese weder aufgenommen werden kann noch wird. Bis jetzt ist er einem Schulsystem unterworfen, das ihn gerade weglockt von seiner eigenen Gemeinschaft und ihn verführt, indem es ihm die saftigen Weiden der Weißen zeigt, ihm aber doch nicht erlaubt, darauf zu grasen.«[17]

Man darf die Absicht allerdings nicht mit der Durchführung verwechseln. Diese erfolgte nur teilweise. Die Staatskontrolle wurde durchgesetzt. Der Staat übernahm die privaten und damit vor allem die Missionsschulen – oder er strich die Zuschüsse. Später wurde der Unterricht von weißen Lehrern an nichtweißen Schulen verboten. Das führte mangels qualifizierten Ersatzes zu einer Senkung des Niveaus. Die neuen Schulen für Schwarze wurden finanziell an kurzer Leine gehalten. Die Ausgaben pro Schüler und Jahr gingen wieder zurück und erreichten 1962/63 mit 11,56 Rand den Tiefpunkt. Danach stiegen sie zunächst langsam, seit Beginn der siebziger Jahre rasch[18]. Im Verhältnis zu den Ausgaben für die übrigen Rassen blieb der Unterschied jedoch gewaltig, wie folgende Tabelle zeigt:

Bildungsausgaben pro Kopf, absolut (in Rand) und proportional[19]

Jahr	Schwarze	Mischlinge	Inder	Weiße
1953	17,08	40,43	40,43	127,84
1969/70	16,97	73,00	81,00	282,00
1975//6	41,80	139,62	189,53	644,00

Jahr	Schwarze	Mischlinge	Inder	Weiße
1953	1	2,37	2,37	7,48
1969/70	1	4,30	4,77	16,62
1975/76	1	3,34	4,53	15,41

---

[17] Rede vom 7. 6. 1954 im Senat. VERWOERD 77 f.
[18] HORRELL, Laws 307 f.; 311 f.
[19] Ebd. 312.

Die Schülerzahl pro Lehrer stieg von 40 (1943) über 50 (1960) auf 60 (1974)[20]. Vielerorts mußte Zweischichtbetrieb eingeführt werden.

Die Maßnahmen sind noch in einem andern Zusammenhang zu sehen. Verwoerd wollte den westlich gebildeten schwarzen Mittelstand, aus dem sich die Führung der Opposition zu guten Teilen rekrutierte, austrocknen. Frühere Vorstellungen, wonach man eine schwarze Mittelschicht als Verbündete der Weißen hatte heranziehen wollen, vertrugen sich weder mit dem Ziel einer umfassenden Herrschaft der Buren noch mit der Vorstellung von der Trennung der Rassen. In diesen Zusammenhang gehört auch das 1959 erlassene Verbot, nichtweiße Studenten an weiße Universitäten aufzunehmen. Die afrikaanssprachigen Hochschulen hatten das ohnehin nie getan, wohl aber die englischsprachigen. Statt dessen wurden getrennte Universitäten für die verschiedenen Rassen gebaut.

Was nun allerdings in der neuen Bildungspolitik nicht verwirklicht wurde, waren die Inhalte. Die schwarzen Schulen waren im wesentlichen nur schlechter als die weißen und manche früheren Missionsschulen, nicht wirklich anders, d.h. sie bildeten nicht für spezifische, den Schwarzen zugedachte Tätigkeiten aus, sondern lieferten lediglich einen Abklatsch der traditionellen, literarisch orientierten Bildung. Das sollte später gravierende Folgen haben. Doch war diese Unterlassung wohl kein Versehen. Eine Umorientierung auf mehr berufspraktische Bildung hätte eine zunehmende Zahl von Schwarzen zu Konkurrenten der weißen Arbeiter gemacht. Ein wichtiger Aspekt der traditionellen Diskriminierungspolitik bestand in der Verweigerung des Zugangs zu Lehrstellen. So blieb nirgends Platz für die Schwarzen.

Statt auf die Revision der Lehrpläne legte der Staat mehr Wert auf die Unterrichtssprache. Bislang war während der ersten vier Jahre (im Oranje-Freistaat während der ersten sechs Jahre) in der Muttersprache unterrichtet worden. Diese Phase sollte nun überall auf acht Schuljahre ausgedehnt werden. Danach sollte zur Hälfte in Afrikaans, zur Hälfte in Englisch gelehrt werden. Diese Dreisprachigkeit bildete eine Überforderung von Lehrern und Schülern, ließ sich nicht wirklich durchführen und hatte eine weitere Niveausenkung zur Folge. Der Widerstand gegen die Regelung war breit, besonders von seiten der schwarzen

---

[20] MALHERBE 2, 550.

Mittelschicht. Man sah darin die Absicht, die Schwarzen von der modernen technischen Welt auszuschließen. Das war sicher eines der Ziele. In dieser Situation erschien die eigene Sprache den Schwarzen eher als Vehikel zur Fortschrittsverhinderung, während sie in andern Ländern häufig gerade als Mittel zur Selbstbehauptung gegenüber der europäischen Durchdringung gesehen wurde.

In der Bildungspolitik zeigt sich neben dem Rassismus auch der Nationalismus besonders deutlich: Die NP-Regierung setzte sehr bald eine umfassende Trennung der weißen Schulen in afrikaans- und englischsprachige durch. Buren und Briten sollten nicht gemeinsam heranwachsen, sondern die Buren sollten eine klare, abgesonderte Einheit bilden. Hertzog noch hatte für gemischte Schulen plädiert, mit dem Ziel der Heranbildung einer Einheit unter den weißen Südafrikanern.

Der Weg zum Polizeistaat

Das System der Apartheid war im wesentlichen ein System der Diskriminierung auf Kosten der Nichtweißen. Da mit Widerstand gerechnet werden mußte, erhielt der Erzwingungsapparat besonderes Gewicht. Die betreffenden Regelungen bilden allerdings insofern keine Bestandteile der Apartheid, als sie »farbenblind« sind, sich also gegen Angehörige aller Rassen richten können. Polizeistaatsmethoden sind zwar eine wichtige Voraussetzung für die Durchsetzung und Sicherung des Systems, aber bekanntlich können solche Methoden auch zur Durchsetzung ganz anderer Ziele verwendet werden.

Man fand 1950 einen geeigneten Aufhänger, der die Verschärfung plausibel machte: auf dem Höhepunkt des Kalten Krieges mußte das Ziel der Bekämpfung des Kommunismus zumindest der großen Mehrheit der Weißen einleuchten. Im Gesetz zur Unterdrückung des Kommunismus *(Suppression of Communism Act)* allerdings waren kommunistische Aktivitäten so weit definiert, daß sie im Grunde alles umfaßten, was gegen den Staat gerichtet war. 1976 wurden daraus die Konsequenzen gezogen, indem man das in der Zwischenzeit vielfach verschärfte Gesetz in »Gesetz über innere Sicherheit« *(Internal Security Act)* umbenannte. Doch der alte Name hatte seine Wirkung getan. In der offiziellen Propaganda waren fast alle Aktivitäten gegen die Regierung, ob vom Inland oder vom Ausland, von Schwarzen oder von Weißen ausgehend, als Werk der Kommunisten dargestellt worden, so daß auch nach 1976 eine große Mehrheit der Weißen überall kommunistische Verschwörungen witterte.

Von seiner Verfassung und von seiner Gerichtsverfassung her war Südafrika durchaus ein Rechtsstaat in europäischer Tradition. Doch hatte dies infolge der Rassendiskriminierung seit jeher nur für die Weißen in vollem Maße gegolten. Die meisten Angehörigen der übrigen Rassen hatten nicht nur keine politischen Rechte, sondern auch eingeschränkte Persönlichkeitsrechte, etwa im Bereich der Bewegungsfreiheit (Paßgesetze) oder des Landbesitzes.

Zunehmend wurde nun die Rechtsstaatlichkeit generell eingeschränkt. Der Staat konnte alle möglichen Organisationen sowie politische Aktivitäten von Einzelnen verbieten. Schon 1950 wurde die 1921 gegründete, zuerst von Weißen und später zunehmend von Schwarzen getragene Kommunistische Partei verboten. Gegner konnten durch Bannung mundtot gemacht werden, die nicht nur ihnen jegliches Wirken untersagte, sondern z.B. auch das Zitieren dieser Personen verbot. Die Zahl der politisch motivierten Handlungen, die als strafrechtliche Delikte behandelt wurden, nahm zu. Dazu zählten insbesondere Sabotage (1962) und Terrorismus (1967), der sogar mit dem Tode bestraft werden konnte. Das Prozeßrecht wurde verschärft. Die Polizei erhielt immer weiter reichende Vollmachten. Zu einem der wichtigsten Instrumente wurde die Möglichkeit, Personen ohne Anklageerhebung und Vorführung vor einen Richter für immer längere Zeit in Haft zu halten: 1961 für 12, 1963 für 90 und seit 1965 für 180 Tage, wobei die Operation beliebig oft wiederholbar war; seit 1967 und vermehrt seit 1976 war in bestimmten Fällen sogar unbegrenzte Haft möglich. Die zunehmende Machtfülle der Polizei führte zu verstärkter Willkür und Brutalität, vor allem seit 1960. Berichte über Mißhandlungen und Folterungen gehörten mit der Zeit zur Tagesordnung, und seit 1963 sind mehrere Dutzend Menschen in Polizeigewahrsam unter mysteriösen Umständen gestorben.

Dem Ausbau des Polizeistaats entsprach keine entsprechende Vermehrung der Polizei. Die Zahl der Polizisten auf tausend Einwohner ging von 1958 bis 1972 sogar von 1,90 auf 1,48 zurück, und auch danach dürfte sie kaum gestiegen sein. Die Stärke der Polizei nahm von 28 500 (1958) über 34 500 (1972) auf 48 900 (1986) zu, wovon jeweils etwa die Hälfte Schwarze waren[21]. Gerade diese geringe Zahl war wohl mit ein Grund für die besondere Gewalttätigkeit und vor allem den häufigen Schußwaffengebrauch der Sicherheitskräfte.

Die zunehmende Macht der Polizei ging auch auf Kosten der Gerichte, die außerdem durch immer neue Gesetze eingeengt und durch staatliche Personalpolitik beeinflußt wurden. Immerhin vermochten sie sich ein gewisses Maß an Unabhängigkeit zu wahren und blieben im ganzen der angelsächsischen Tradition der Rechtsstaatlichkeit verpflichtet.

Die politische Entrechtung der Nichtweißen

Angesichts der umfassenden Maßnahmen zum Ausbau des Rassenstaates mußte sich die endgültige politische Entrechtung der Nichtweißen geradezu aufdrängen, standen solche Rechte doch im Widerspruch zu deren sonstiger Stellung. Die Mischlinge besaßen im Rahmen des Zensus in der Kapprovinz nach wie vor das normale Wahlrecht, während die Schwarzen seit 1936 nur noch gesondert drei weiße Abgeordnete wählen konnten. 1951 versuchte die Regierung, die Mischlinge auf den Status der Schwarzen zu reduzieren. Dafür war im Parlament eine Zweidrittelmehrheit erforderlich. Sie kam nicht zustande. Ein fünf Jahre dauernder Kampf war die Folge, bis die Nationalen 1956 ihr Ziel erreicht hatten. Sie arbeiteten mit vielerlei Tricks und Schlichen, die höchstens noch dem Buchstaben nach mit der Verfassung vereinbar waren. Nun konnten auch die Mischlinge nur mehr getrennt vier weiße Abgeordnete wählen. Selbst diese Regelung war der NP noch ein Dorn im Auge. 1959 schaffte sie das Wahlrecht der Schwarzen im Kap und ihre Vertretung im Parlament ganz ab; 1968 schließlich beseitigte sie das Wahlrecht der Mischlinge. Erst jetzt hatten die Nichtweißen jegliche Form politischer Mitbestimmung im Gesamtstaat verloren. Als »Ersatz« erhielten sie getrennte Körperschaften, mit teils gewählten, teils ernannten Mitgliedern und fast nur beratenden Funktionen: die Mischlinge den *Coloured Persons' Representative Council* (1968), die Inder den *South African Indian Council* (1964). Die Schwarzen sollten in erster Linie in ihren eigenen Gebieten, also den Reservaten, politische Rechte wahrnehmen.

Dieses geradezu verbissene Vorgehen gegen die politischen

---

[21] Sachs, in Thompson/Butler 233 f. SAIRR Survey 1987/88, 555. Vgl. Sachs, Justice 168.

Rechte insbesondere der Mischlinge bleibt schwer erklärbar, wenn man es in Beziehung zum unmittelbaren politischen Nutzen setzt. Die Mischlinge konnten vor 1956 zwar den Wahlausgang in einigen Wahlkreisen beeinflussen. Aber sie konnten nie zu einer wirklichen Gefahr für die weiße Vorherrschaft werden. Man hat auf die Furcht der Nationalen hingewiesen, die Mischlinge könnten sich mit den Englischsprachigen verbünden – beide zusammen wären zahlreicher als die Buren gewesen. Das war jedoch zumindest unwahrscheinlich, und es wird höchstens dann plausibel, wenn man davon ausgeht, daß die Buren ihrerseits jegliches Zusammengehen mit den Mischlingen, die ihnen viel näher standen als den Briten, ausschlossen. Auch hier zeigt sich also der burisch-nationalistische Anspruch auf unbedingte Alleinherrschaft.

Widerstand gegen die Apartheidpolitik 1948–1964

Daß die neue, verschärfte Politik der Rassentrennung bei den Weißen zumindest keine allgemeine Gegnerschaft hervorrief, zeigte sich am deutlichsten bei den Parlamentswahlen. 1951 vereinigte sich Malans Gereinigte Nationale Partei mit der Afrikaanerpartei zur Nationalen Partei. Sie erreichte 1953 94 von 156 Sitzen (bisher 79 von 150), wenngleich sie noch immer deutlich unter 50 Prozent der Stimmen blieb[22]. 1958 kam sie bereits auf 103 Sitze gegenüber 53 der UP, die allerdings nach wie vor den größeren Anhang hatte[23]. Erst 1961 überrundete die NP die UP auch von der Stimmenzahl her, mit 53,5 Prozent[24]. Bis dahin hatte also die vom Wähleranteil her kleinere Partei regiert, während die Mehrheitspartei in der Opposition gewesen war – und das Land hatte sich an die Spielregeln gehalten. Selbst auf die weiße Bevölkerung bezogen wurde demnach die Apartheid von einer Minderheitsregierung aufgebaut. Aber der Siegeszug der NP zeigte, daß diese Politik von einer stetig

[22] HEARD, Kap. 4. Die NP erhielt 49 Prozent der tatsächlich abgegebenen Stimmen, aber lediglich 44,5 Prozent bei Berücksichtigung der Wahlkreise mit nur einem Kandidaten (UP 50,2 bzw. 54,7 Prozent). Die Prozentzahlen beruhen auf den Wahlergebnissen in Südafrika, während bei der Sitzverteilung die sechs in Südwestafrika vergebenen Mandate mitberücksichtigt sind, die alle der NP zufielen.

[23] HEARD, Kap. 5. Berichtigte Zahlen: UP 50,1 Prozent, NP 48,5 Prozent.

[24] HEARD, Kap. 6. 1966 kam die NP gar auf 59,2 Prozent der Stimmen und auf 126 von 166 Sitzen. Ebd. Kap. 8.

wachsenden Zahl von Wählern unterstützt wurde. Man kann daraus allerdings nicht umgekehrt schließen, daß die Partei in erster Linie wegen ihrer Apartheidpolitik gewählt wurde. Das war sicher ein wichtiger Faktor. Der Triumph der Nationalen aber repräsentierte in viel umfassenderer Weise den Triumph des Burentums. Nachdem sie an die Macht gekommen war, konnte die Partei ihre Anhänger in stärkerem Maße und auf allen Ebenen begünstigen, was sie umgekehrt für immer mehr Buren attraktiv machte.

Die UP betrieb keine grundsätzliche Opposition gegen die Apartheidpolitik, auch wenn sie manche speziellen Maßnahmen ablehnte. Schließlich hatte sie selber in der Zwischenkriegszeit sehr viele Gesetze, auf denen die Regierung jetzt aufbaute, eingebracht. Einzig die kleine, 1953 gegründete Liberale Partei lehnte die Regierungspolitik grundsätzlich ab. Sie hatte Mitglieder aus allen Rassen und löste sich 1968, als gemischtrassige Parteien verboten wurden, auf.

Am heftigsten war die parlamentarische Opposition gegen den Versuch der Regierung, den Mischlingen das Wahlrecht zu entziehen. Im gleichen Zusammenhang entstand zum ersten und einzigen Male eine breite weiße außerparlamentarische Opposition. Sie wurde vor allem von Kriegsveteranen getragen, die im Ausland andere Verhältnisse kennengelernt hatten. Sie organisierten sich im *Fackelkommando*, das zu Beginn der fünfziger Jahre für kurze Zeit Massenaufmärsche veranstaltete, bald jedoch wieder auseinanderfiel. Der Widerstand ergab sich letztlich, im Parlament und außerhalb, nicht so sehr aus spezieller Sympathie mit den Mischlingen als aus Sorge um die Verfassung, mit der die Nationalen immer selbstherrlicher umsprangen.

Umfassende Opposition beschränkte sich von seiten der Weißen auf kleine, meist linke Gruppen, die in der Regel mit Organisationen aus andern Rassen zusammenarbeiteten und in ähnlicher Weise mit Hilfe der sich verschärfenden Polizeigesetzgebung behindert und unterdrückt wurden wie die nichtweiße Opposition. Daß sich der Widerstand von seiten der Weißen in Grenzen hielt, war nicht weiter verwunderlich, waren sie doch, als Gruppe, die eigentlichen Nutznießer der neuen Politik. Man mochte bestimmte Einzelheiten und Methoden ablehnen – das Grundprinzip der weißen Vorherrschaft stand für die allermeisten außer Frage. Den Preis bezahlten die andern Rassen. Das provozierte neue Formen und Dimensionen des Widerstands.

Die umfassende Entrechtung der Schwarzen machte deutlich, daß die ältere Politik von Petitionen und Protesten im Rahmen einer Entwicklungsperspektive für »zivilisierte« Schwarze vollends sinnlos geworden war. Indem sie diesen ihre ohnehin bescheidenen Rechte und Privilegien entzog, förderte die Regierung ungewollt die Bildung eines einheitlichen politischen Bewußtseins. Der ANC wählte 1949 eine neue Führung, in der die Jugendliga stark vertreten war, und er verabschiedete ein neues Programm, das sich auf den Massenkampf konzentrierte. Freilich blieb die Ausrichtung grundsätzlich gewaltlos, stark von Gandhis Methoden beeinflußt. Das war nicht nur eine ethische, sondern ebensosehr eine politische Frage, denn noch konnten außer den Kommunisten alle Oppositionsgruppen legal operieren.

Während der folgenden Jahre wurden verschiedene Kampagnen gegen die neue Gesetzgebung und insbesondere die Paßvorschriften durchgeführt, mit einem ersten Höhepunkt 1952/53 und einem weiteren 1956, als der bereits 1952 eingeführte Paßzwang für Frauen durchgesetzt werden sollte. Im umfassenden Sinne waren all diese Anstrengungen erfolglos, wie es auch die schwarze Politik in der Zwischenkriegszeit gewesen war. Die zentralen Pfeiler der Apartheid wurden unbekümmert um Proteste errichtet und gefestigt. Man darf freilich nicht nur diese formale Ebene betrachten. Die Gesetze wurden zwar erlassen, aber sie konnten bei weitem nicht immer in vollem Umfang durchgesetzt werden. Der individuelle, alltägliche und wenig spektakuläre Widerstand war eine verbreitete Erscheinung, nicht zuletzt in den ländlichen Gebieten. Der organisierte, massenhafte Widerstand war da erfolgreicher, wo er sich kleinere Ziele setzte, insbesondere bei Boykotten. Am häufigsten waren Busboykotte bei Fahrpreiserhöhungen, neben gelegentlichen Boykotten einzelner Produkte, um bessere Arbeitsbedingungen für die schwarzen Beschäftigten der betreffenden Branche oder Betriebe durchzusetzen. Hier wurden bemerkenswerte Erfolge erreicht. Das war deswegen möglich, weil keine Grundsatzfragen des Apartheidsystems zur Debatte standen. Es ging nicht um die Vorherrschaft, so daß sich die Regierung und erst recht die unmittelbar betroffenen Weißen für Kosten-Nutzen-Überlegungen empfänglich zeigten. Das führte andererseits innerhalb der Opposition zu Kritik, man bewege sich mit solchen Aktionen nur reformistisch im Rahmen des Systems und akzeptiere dieses im Grunde. Die Gefahr, daß die umfassenden Ziele aus dem Auge verloren wurden, war nicht von der Hand zu weisen. Dennoch wurden gerade Boykotte zu Meilensteinen auf dem Weg zur Schaffung eines politischen Bewußtseins, zur Durchführung solidarischer Aktionen und zur Massenmobilisierung.

In den frühen fünfziger Jahren bildete sich eine lockere Oppositionsfront aus allen Rassen, die *Kongreßbewegung*. Auslöser waren die Kämpfe von 1949 zwischen Schwarzen und Indern in Natal gewesen. Sie hatten eine Annäherung der Führungsgruppen bewirkt. 1955 kam ein Volkskongreß zustande, auf dem eine gemeinsame Plattform verabschiedet wurde, die *Freiheits-Charta*. Sie war wenig einheitlich, da die verschiedensten Auffassungen unter einen Hut zu bringen waren. Zentral waren die Forderungen nach einer politischen Ordnung, in der die Angehörigen aller Rassen gleichberechtigt sein sollten, nach der Garantierung der Menschen- und Bürgerrechte sowie nach Verstaatlichung der Schlüsselbereiche der Wirtschaft[25]. Die Charta wird noch heute vom größten Teil der Opposition akzeptiert, wenn auch unterschiedlich ausgelegt.

Im Anschluß an den Kongreß wurden viele Führer der verschiedenen Bewegungen verhaftet und des Hochverrats bezichtigt. Das führte zu einem von 1956 bis 1961 dauernden Prozeß, der mit lauter Freisprüchen endete. Dieser Ausgang war ein moralischer Sieg der Opposition; aber er hatte doch die Wirkung, daß ein großer Teil der Führung für längere Zeit ausgeschaltet war.

Die breite Aktionseinheit der Kongreßallianz zerfiel nach 1955 wieder, nicht zuletzt wegen der Mißerfolge: man hatte zwar eine zunehmende Fähigkeit zur Mobilisierung von Massen demonstriert, zugleich aber die Unfähigkeit, dies politisch zur Geltung zu bringen. Das führte zu Diskussionen über das weitere Vorgehen. Der ANC unterzeichnete die Freiheits-Charta erst nach längerer interner Debatte. Mittlerweile war eine Auseinandersetzung zwischen Afrikanisten und Pluralisten entbrannt. Die Pluralisten strebten die Gleichberechtigung der Angehörigen aller Rassen an, im Stile der bisherigen Politik des ANC, während die Afrikanisten einen Führungsanspruch der Schwarzen für ein von weißer Vorherrschaft befreites Südafrika anmeldeten. Sie wollten deshalb auch den Kampf exklusiv führen. 1958 kam es zum Bruch zwischen den beiden Richtungen,

---

[25] 26. 6. 1955 Karis/Carter 3, 205–208; deutsch bei Bilger 701–703.

und 1959 gründeten die Afrikanisten, unter Führung von Robert Sobukwe, den *Pan-Africanist Congress* (PAC).

Damit entstand ein Konkurrenzverhältnis, das Aktionen, ja Aktionismus begünstigte. ANC und PAC planten für 1960 große Kampagnen gegen die Paßgesetze. Der PAC kam dem ANC knapp zuvor. Am 21. März versammelte sich eine Volksmenge vor der Polizeiwache von Sharpeville, einer bei Vereeniging, im Süden des großen Industriegebietes in Transvaal, gelegenen Schwarzensiedlung, die lange als vorbildlich gegolten hatte. Als einiges Gedränge entstand, fühlte sich die Polizei bedroht und begann in die Menge zu schießen, die sofort die Flucht ergriff. 69 Menschen wurden getötet und 180 verletzt, die meisten durch Schüsse in den Rücken[26].

Dieses Massaker von Sharpeville war von seiten der Behörden bzw. der Regierung keinesfalls geplant. Es zeigte hingegen den großen Spielraum, den die Polizei im Schußwaffengebrauch hatte und die Rücksichtslosigkeit, mit der sie vorging, wenn sie sich bedroht fühlte, auch wenn wenig Anlaß dazu bestand: die Menge war unbewaffnet gewesen und bestand zu guten Teilen aus Frauen und Kindern. Sharpeville war eine tragische Verkettung unglücklicher Umstände – aber die allgemeine Situation war so, daß ähnliches jederzeit an anderer Stelle geschehen konnte.

Sharpeville wurde in vieler Hinsicht zu einer Wende, und zwar weniger wegen der Haltung der schwarzen Opposition als wegen der der Regierung. International wirkte das Massaker wie ein Fanal. Die Empörung war weltweit. Im Innern reagierte die Regierung zunächst verunsichert, dann aber mit großer Entschlossenheit. Nach Sharpeville fanden im ganzen Land Streiks und Demonstrationen statt, wobei bei Kapstadt Polizeieinsätze weitere Todesopfer forderten. Daraufhin verhängte die Regierung über große Teile des Landes bis zum August den Ausnahmezustand, und am 8. April verbot sie ANC und PAC. Der Anlaß dafür war also nicht der Übergang der Opposition zur Gewaltanwendung, sondern massive und einseitige Gewaltanwendung von seiten des Staates. Die Regierung wählte eine Vorwärtsstrategie, wohl in der Hoffnung, den Widerstand ein für allemal loswerden zu können. In Wirklichkeit provozierte sie dadurch den allgemeinen Übergang von der Ebene der Gewaltlosigkeit auf die der Gewalt. ANC und PAC mußten in den

---

[26] LODGE 210.

Untergrund oder ins Exil. Beide gründeten Organisationen zur Aufnahme des bewaffneten Kampfes. *Poqo* (ein Xhosa-Wort, das ›rein‹ sowie ›allein‹ bedeutet), dem PAC zugeordnet, erhoffte sich durch spektakuläre, blutige Attentate einen baldigen revolutionären Umsturz. Der ANC richtete sich mit *Umkhonto we Sizwe* (›Speer der Nation‹) auf einen längeren Kampf ein und konzentrierte sich auf Anschläge gegen staatliche Einrichtungen möglichst unter Schonung von Menschenleben.

Doch die verbotenen Organisationen waren für den Staat keine Gegner. Zwar gelangen ihnen einige aufsehenerregende Anschläge. Aber sie wurden vom Geheimdienst rasch unterwandert, und bald war die gesamte Führung entweder verhaftet oder ins Exil getrieben. Die Planung und Durchführung bewaffneter Aktionen gab nun auch die Handhabe für die Verurteilung der Führer zu massiven Freiheitsstrafen. In einer spektakulären Aktion hob die Polizei 1963 das Hauptquartier von Umkhonto in Rivonia aus. Ein großer Teil der Führung wurde verhaftet und anschließend zu langen Freiheitsstrafen verurteilt. Der Präsident des ANC, Nelson Mandela, war schon 1962 verhaftet und zu fünf Jahren Gefängnis verurteilt worden; aufgrund des in Rivonia gefundenen Materials erhielt er nun eine lebenslange Haftstrafe wegen Sabotage.

Damit war die organisierte radikale Opposition weitgehend zerschlagen. Ihr Potential jedoch blieb erhalten, denn die Regierung änderte ihre Politik der Diskriminierung nicht wesentlich, ja sie verschärfte sie in mancher Hinsicht sogar noch. Unter solchen Umständen war es unwahrscheinlich, daß der Widerstand einfach verschwinden würde, aber es war unumgänglich, daß er andere Formen annehmen mußte. Zunächst allerdings herrschte für zwölf Jahre nach außen hin weitgehend Ruhe.

Die »große« Apartheid: Von den Reservaten zu den Homelands

Das System der Reservate

Die Reservate, ursprünglich ein Ergebnis der Unfähigkeit der Weißen im 19. Jahrhundert, sich alles Land der Schwarzen voll und ganz anzueignen, hatten im industrialisierten Südafrika im Rahmen des Systems der Rassentrennung und -diskriminierung zentrale wirtschaftliche und politische Funktionen erhalten. In wirtschaftlicher Hinsicht begünstigten sie die Wanderarbeit, sicherten also billige schwarze Arbeitskräfte, deren Familien sich im Reservat durch traditionelle Landwirtschaft ernähren konnten. In politischer Hinsicht ließ sich mit Hilfe der Reservate gegenüber den Schwarzen sowohl die Vorenthaltung politischer Rechte im »weißen« Südafrika rechtfertigen als auch die Regelung (bzw. die Ideologie), daß sie in den Städten nur geduldet wurden, solange man sie als Arbeitskräfte brauchte.

Die Reservate konnten sowohl ihre wirtschaftliche als auch ihre politische Funktion nur unter bestimmten Bedingungen erfüllen. Vermochte die gesamte Bevölkerung ihren Lebensunterhalt in ihnen zu finden, so bestand kein Anreiz bzw. Zwang zur Wanderarbeit, zumindest nicht zu den angebotenen niedrigen Löhnen. Waren die Reservate auf der andern Seite so verarmt und heruntergewirtschaftet, daß sie praktisch überhaupt nichts mehr produzierten, dann waren Wanderarbeiter nicht mehr billiger, als wenn sie fest in der Stadt angesiedelt wurden, weil der Lohnanteil, den das Reservat bestritt, gegen Null ging. Wahrscheinlich waren sie sogar teurer, weil sie weniger effizient waren. Im politischen Bereich mußte ein Minimum an Autonomie gewährt werden, wenn die Reservate wenigstens einen Teil der Aspirationen der Schwarzen auf sich ziehen sollten. Ließ man die Zügel zu locker, dann bestand andererseits die Gefahr, daß die Gebiete nicht mehr kontrollierbar blieben.

Der Aufbau der Homelands

Dem Ausbau des Systems der Rassentrennung nach 1948 entsprach eine gesteigerte Bedeutung der Reservate. Die Wanderarbeit wurde forciert, »überflüssige« Leute wurden in die Reservate zurückgeschoben, und die Schwarzen verloren auch noch ihre letzten Rechte in den »weißen« Gebieten. Dafür sollten die Reservate politisch aufgewertet werden. Sie erhielten 1951 mit der *Bantu Authorities Act* etwas mehr Selbstverwaltung, in solcher Weise freilich, daß sich zugleich der indirekte Einfluß der Regierung verstärkte. Träger der neuen Befugnisse wurden in erster Linie Häuptlinge. Man berief sich dabei auf die traditionelle Ordnung. Doch die meisten Häuptlinge wurden von der Regierung eingesetzt. Die Stärkung ihrer Stellung ging wesentlich auf Kosten ihrer Untergebenen. Widerwillen und Widerstand gegen die neue Ordnung waren verbreitet; in Pondoland führten sie 1957–1960 zu einer großen Rebellion, die von Truppen unter Einsatz schwerer Waffen niedergeschlagen wurde. Erst gegen Mitte der sechziger Jahre war die ländliche Unruhe einigermaßen unterdrückt. Die Häuptlinge bildeten ihrerseits wieder beratende und – teilweise – gesetzgebende Versammlungen für das jeweilige Reservat. Doch behielten darin Weiße bestimmenden Einfluß.

1959 verloren die Schwarzen im Kap ihr Wahlrecht und damit ihre Vertretung im Parlament. Den »Ausgleich« bildete ein Gesetz zur Förderung der Bantu-Selbstregierung *(Promotion of Bantu Self-Government Act)*. Gleichzeitig kündigte Verwoerd zur allgemeinen Überraschung an, aus den Reservaten, inzwischen »Homelands« oder »Bantustans« genannt, sollten, unter Arrondierung ihres Gebiets, völlig unabhängige, souveräne Staaten werden. Die Gliederung bzw. Bildung dieser Staaten erfolgte nach sprachlich-ethnischen Gesichtspunkten. So entstanden zunächst acht Einheiten; die Zahl wurde später auf zehn erhöht. Die geographische Verteilung der Gebiete hätte auch größere Gruppierungen erlaubt – die ethnische Einteilung aber bot den Vorteil, daß man eine politische Handlungseinheit von vornherein ausschließen konnte. Zwar konnte man sich dabei auf den Nationalismus als zentrale Größe berufen. Man sprach auch ausdrücklich von schwarzen Nationalstaaten. Die eigentliche Absicht aber war zweifellos die einer Spaltung. Für sich genommen war keine der schwarzen Volksgruppen wesentlich zahlreicher als die Weißen. Die verschiedenen schwarzen »Nationen« in Südafrika lebten in den städtischen Gebieten stark gemischt, so daß die Förderung vielfältiger Nationalismen Streitigkeiten begünstigen mußte. Nach außen hingegen blieb die »Nation« bedeutungslos: über das Verhältnis zu den weißen Südafrikanern entschied nach wie vor die Rassenzugehörigkeit.

Die Bildung dieser neuen Staaten wäre der krönende Abschluß dessen geworden, was man »große« Apartheid nannte, die großflächige Trennung der Rassen, die, konsequent durchgeführt, schließlich dazu geführt hätte, daß nur noch einrassige Staaten bestanden hätten (wobei freilich für die Mischlinge und die Inder noch keine eigenen Staaten vorgesehen waren). Die »große« Apartheid hätte die »kleine« überflüssig gemacht, weil die Rassen gar nicht mehr durcheinander gelebt hätten.

Diese Konzeption fand damals bei vielen Weißen, nicht zuletzt bei burischen Intellektuellen, großen Anklang. Sie hofften noch immer auf die Verwirklichung der »totalen« Apartheid und träumten von einem rein weißen Südafrika. Sie sahen nicht,

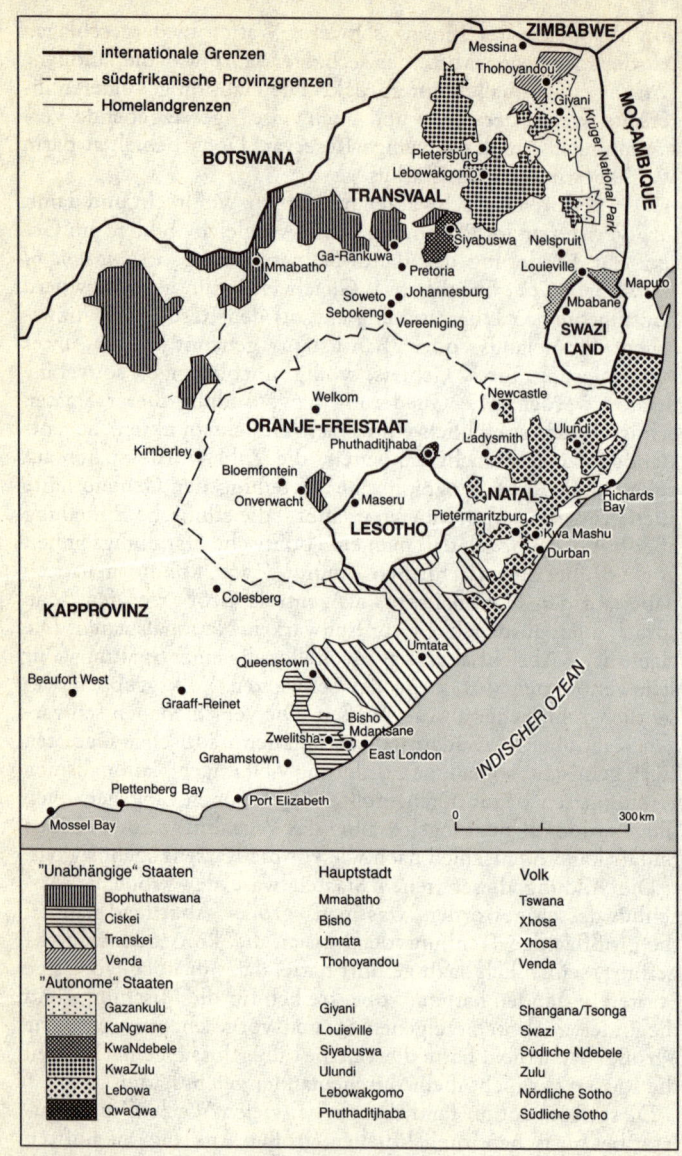

Die Homelands

"Unabhängige" Staaten	Hauptstadt	Volk
Bophuthatswana	Mmabatho	Tswana
Ciskei	Bisho	Xhosa
Transkei	Umtata	Xhosa
Venda	Thohoyandou	Venda
"Autonome" Staaten		
Gazankulu	Giyani	Shangana/Tsonga
KaNgwane	Louieville	Swazi
KwaNdebele	Siyabuswa	Südliche Ndebele
KwaZulu	Ulundi	Zulu
Lebowa	Lebowakgomo	Nördliche Sotho
QwaQwa	Phuthaditjhaba	Südliche Sotho

oder wollten nicht sehen, daß die Praxis völlig anders aussah und aussehen mußte. Ein Blick auf die Landkarte zeigte, daß die kleinen, meist zerstückelten und vom »weißen« Südafrika umgebenen Gebiete nie lebensfähige Staaten für die große Mehrheit der südafrikanischen Bevölkerung abgeben konnten. Niemand sprach davon, sie zu größeren, wirklich eigenständigen Gebilden auszuweiten, denn das wäre auf Kosten der Weißen gegangen. Noch wichtiger war, daß Südafrika eine wirtschaftliche Einheit war, die nur als Symbiose der verschiedenen Rassengruppen funktionieren konnte. Die Rede von unabhängigen Staaten war so lange Augenwischerei, wie mit ihr nicht der Plan zur totalen Zerschlagung der südafrikanischen Wirtschaft in kleinere Einheiten einherging – und das hätte ihr Ende überhaupt bedeutet.

Der Plan stellte u. a. den Versuch dar, auf die Entkolonisierungsbewegung in Afrika, die 1960 ihren ersten Höhepunkt erreichte und die zu zunehmender Kritik der neuen Staaten an Südafrika führte, offensiv zu reagieren. Selbst der britische Premierminister Macmillan warnte im Februar 1960 in einer Rede vor dem südafrikanischen Parlament, die Zeichen der Zeit oder, wie er es nannte, den »Wind der Veränderung« nicht zu übersehen. Südafrika stellte nun seinen eigenen Plan zur »Entkolonisierung« vor. Die Regierung verfolgte die Politik trotz verbreiteter Kritik konsequent weiter. 1976 wurde Transkei als erster Staat in die »Unabhängigkeit« entlassen. 1977 folgten Bophuthatswana, 1979 Venda und 1981 Ciskei. Doch auf der internationalen Ebene war der Erfolg gleich Null. Kein einziger Staat der Welt (außer Südafrika) erkannte die neuen Gebilde an. Das war sicher gerechtfertigt, auch wenn die Begründung häufig wenig überzeugend war. Die Lebensfähigkeit der zu schaffenden Staaten hat in der Entkolonisierungsbewegung als Kriterium eine geringe und im Lauf der Zeit auch eine abnehmende Rolle gespielt. Die UNO hat nie gezögert, die Unabhängigkeit von Territorien zu fordern, die stets nur mit massiver äußerer Hilfe überleben können, etwa Zwergstaaten in der Karibik und im Pazifik. Die Tatsache, daß Südafrika fast 60 Prozent der Haushalte der Homelands deckt, ist in diesem Zusammenhang keineswegs auffällig. Was die Nichtanerkennung rechtfertigte, war, daß der ganze Plan von vornherein so aufgebaut war, daß er nur auf einen Umbau des südafrikanischen Herrschaftssystems hinauslief.

Mit der scheinbaren Internationalisierung der Reservate verfolgte die Regierung noch eine zweite Absicht. Durch die »Un-

abhängigkeit« wurden die Bewohner der Homelands im »weißen« Südafrika zu Ausländern. Daß dies beabsichtigt war und
herbeigesehnt wurde, zeigte sich, als bereits 1970, also Jahre
bevor das erste Homeland unabhängig wurde, ein Gesetz allen
südafrikanischen Schwarzen das Bürgerrecht in einem der
Homelands zusprach, auch denjenigen, die seit Generationen
im »weißen« Südafrika ansässig waren. War der Plan einmal
verwirklicht, waren alle Homelands unabhängig, dann lebten
im »weißen« Südafrika nur noch schwarze Ausländer (vorher
blieben die Homelandbürger international gesehen südafrikanische Bürger). Ihre Sonderbehandlung ließ sich dann statt mit
ihrer Rassenzugehörigkeit mit ihrem Ausländerstatus rechtfertigen, und die Ungleichbehandlung von Ausländern zumindest
im politischen Bereich war schließlich weltweit akzeptiert.
Doch auch diese Konstruktion war, wenngleich in sich konsequent, zu weit von den Realitäten entfernt, als daß sie sich in
vollem Umfang hätte durchführen lassen. Das begann von seiten des Staates, der trotzdem an den Rassengesetzen festhielt.
Südafrika wurde keineswegs ein farbenblinder Staat, in dem nur
noch zwischen Inländern und Ausländern unterschieden wurde. Die Zuweisung getrennter Wohngebiete oder die soziale
Apartheid z.B. ließen sich ja nach international anerkannten
Normen nicht aus dem Ausländerstatus ableiten. Eine wohl
unerwartete Folge war, daß sich schließlich die Homelandführer zunehmend weigerten, die »Unabhängigkeit« anzutreten,
weil das zu massiven Protesten ihrer Untergebenen geführt hätte, besonders derer, die im »weißen« Südafrika lebten. So kam
der ganze »Entkolonisierungsprozeß« ins Stocken, zumal andererseits auch die Regierung in dem Maße weniger daran interessiert war, als sich die erhofften Vorteile der Internationalisierung nicht einstellten. Die Politik der Ausbürgerung verursachte besonders ausgedehnten Widerstand und mußte teilweise etwas abgemildert werden. So konnten die in den Städten fest
Niedergelassenen, die im Prinzip ebenfalls zu Homelandbür-
gern wurden, ihre Rechte behalten. Das galt allerdings nicht für
ihre Kinder, so daß, nach dieser Regelung, die fest Niedergelassenen allmählich ausgestorben wären. 1978 wurden sehr beschränkte Möglichkeiten zur Wiedererlangung der südafrikanischen Staatsbürgerschaft eröffnet, von denen bis Ende 1985 lediglich etwa 15 500 Personen profitieren konnten[27]; 1986 folgte

[27] SAIRR Survey 1985, 260 und 1986, 602.

eine deutliche Erleichterung der Wiedereinbürgerung. Doch nach Schätzungen fielen auch unter die neue Regelung weniger als 20 Prozent der betroffenen Schwarzen (etwa 1,75 Millionen)[28]. So ist das System zwar nach wie vor von großer Bedeutung zur Fernhaltung von Schwarzen aus dem »weißen« Südafrika. Aber das eigentliche Ziel, die Internationalisierung der Beziehungen zwischen Schwarzen und Weißen, ist nicht erreicht worden. Nichtsdestoweniger sind die vier »unabhängigen« und die sechs autonomen Homelands eine Realität.

Die Zwangsumsiedlungen

Die Homelands galten in der Theorie als Heimat aller südafrikanischen Schwarzen, die dafür im restlichen, »weißen« Südafrika nur noch als »Gäste« zu betrachten waren. Die Theorie wurde mehr und mehr in die Praxis umgesetzt, indem man seit den sechziger Jahren begann, möglichst alle Schwarzen, die im »weißen« Südafrika nicht unbedingt benötigt wurden, in die Homelands umzusiedeln bzw. zurückzuschaffen. Die Regierung machte in bisher unbekanntem Maße Ernst mit der Verwirklichung des Landgesetzes von 1913 und des Gesetzes von 1923, das die Schwarzen nur als Arbeiter in den Städten dulden wollte. Alte und Kranke, Frauen, Kinder und Arbeitslose aus den Städten fielen der Politik ebenso zum Opfer wie Gemeinschaften von Schwarzen, die noch immer in »weißen« Gebieten Land in Eigentum *(black spots)* oder zur Pacht besaßen. 1979 war das alte System, bei dem Schwarze von weißen Bauern ein Stück Land gegen Arbeit auf dem Hofe erhielten, endgültig verschwunden[29]. Die weiße Landwirtschaft beschäftigt seither nur noch Lohnarbeiter, sei es fest angestellt, als Tagelöhner oder als Wanderarbeiter.

Nach offiziellen Angaben wurden bis 1984 etwa 450 000 Personen umgesiedelt[30]; nach den detailliertesten privaten Schätzungen wurden von 1960 bis Mitte 1983 über 3,5 Millionen Personen deportiert, darunter 1,13 Millionen von weißen Farmen, 614 000 von *black spots* und 1,6 Millionen aus Städten. Die 1983 noch geplanten Maßnahmen hätten für weitere zwei Millionen Menschen den Verlust ihrer Wohnstätte bedeutet; doch sind Tempo und Ausmaß der Deportationen in letzter Zeit

[28] SAIRR Survey 1986, 94 f.
[29] PLATZKY/WALKER XIII; 123.
[30] GILIOMEE/SCHLEMMER 335.

deutlich zurückgegangen[31]. Die privaten Schätzungen dürften der Wahrheit näher kommen. Obwohl Südafrika in dieser Zeit einen beispiellosen industriellen Aufschwung in den Städten erlebte, verschob sich die prozentuale Verteilung der schwarzen Bevölkerung deutlich zugunsten der Homelands, während sie in den »weißen« ländlichen Gebieten stark rückläufig war, wie folgende Tabelle zeigt:

Prozentuale Verteilung der schwarzen Bevölkerung 1950–1980[32]

Jahr	Städte	Homelands	»weiße« ländliche Gebiete
1950	25,4	39,7	34,9
1960	29,6	39,1	31,3
1970	28,1	47,4	24,5
1980	26,7	52,7	20,6

Die absoluten Zahlen sind ebenso deutlich: die Bevölkerung der Homelands nahm von 4,1 Millionen (1960) über 7,0 (1970) und 9,7 (1978) auf 12,8 Millionen (1985) zu[33]. Darin wirkten sich allerdings noch zwei weitere Maßnahmen aus: Townships, die in der Nähe von Homelands lagen, wurden diesen zugeschlagen, z.B. bei Pretoria und East London und besonders in der Gegend von Durban. Townships, die nicht weiter als 75 km vom nächsten Homeland entfernt waren, wurden aufgehoben bzw. verpflanzt. Die Betroffenen mußten zu Pendlern werden, mit zeitraubenden und teuren Arbeitswegen[34].

Die Zwangsumsiedlungen bilden vielleicht das düsterste Kapitel der Apartheidpolitik. Von wirklicher Freiwilligkeit konnte kaum je die Rede sein. Die Deportierten wurden in der Regel irgendwo in einem Homeland in schlechten Notunterkünften abgesetzt, fern aller Arbeits- und Verdienstmöglichkeiten, notdürftig von privater oder staatlicher Hilfe am Leben erhalten; Unterernährung und hohe Sterblichkeit waren und sind verbreitet. Freilich sind die Bedingungen anderswo in den Homelands kaum besser[35]. Zwar steht hier einem Teil der Bevölke-

---

[31] PLATZKY/WALKER 7–12; 59. Besondere Bedeutung dürfte in diesem Zusammenhang die Aufhebung der Paßgesetze und der Zuzugskontrollen von 1986 gewinnen.
[32] Ebd. 18.
[33] NATTRASS 196; SA Labour Statistics 1989, 7f.
[34] PLATZKY/WALKER 33.
[35] Ebd. 351–355; 368.

rung Land für eigene Bewirtschaftung zur Verfügung; wichtigste Einkommensquelle aber ist überall die Wanderarbeit und die Arbeit von Pendlern.

Die Wirtschaft der Homelands

Bereits in der ersten Hälfte des 20. Jahrhunderts zeichneten sich die Reservate durch Armut aus. Die Gebiete hatten zwar ein beträchtliches landwirtschaftliches Potential. Angesichts der dichter werdenden Besiedlung wäre aber eine intensive Bewirtschaftung mit modernen Methoden erforderlich gewesen. Dazu war Kapital nötig. Der Staat, der die weiße Landwirtschaft massiv förderte, stellte praktisch kein Geld zur Verfügung. Ein großer Teil der Männer wurde zu Wanderarbeitern. Dies zu bewirken, war mittlerweile auch eine der Aufgaben der Reservate. In der Landwirtschaft wurde weiterhin mit traditionellen Methoden gearbeitet, die auf eine sehr extensive Nutzung des Bodens angelegt waren. Das führte in den dicht bevölkerten Gebieten zu Bodenverschlechterung durch Überweidung und Erosion.

Diese Verhältnisse mußten sich mit der Homelandpolitik nach 1948 noch verschärfen. Die 1950 eingesetzte Tomlinson-Kommission sah das auch und forderte 1954 umfangreiche Investitionen sowohl für den Aufbau einer Industrie als auch für die Landwirtschaft, um in großer Zahl Arbeitsplätze zu schaffen. Die Regierung ging kaum darauf ein. Sie selber unternahm wenig, denn solche Ausgaben waren bei den weißen Steuerzahlern, die zugleich die Wähler waren, unpopulär, während dem Privatkapital der Zugang zu den Homelands sogar untersagt wurde, mit der Begründung, die Schwarzen müßten vor Ausbeutung geschützt werden, obwohl ihnen dadurch ja nichts anderes übrigblieb, als sich als Wanderarbeiter außerhalb der Homelands ausbeuten zu lassen, was durchaus erwünscht war. Statt der von Tomlinson geforderten 50 000 Arbeitsplätze entstanden von 1960 bis 1972 weniger als 8000 pro Jahr[36].

Unter solchen Umständen mußte sich die Lage rasch verschlechtern. Zwar nahm die landwirtschaftliche Gesamtproduktion der Reservate durch Ausweitung der angebauten Fläche weiterhin zu, aber die Produktion pro Kopf und pro Hektar sank; der Selbstversorgungsgrad fiel nach 1955 rapide von 30

---

[36] DAVENPORT, History 410. Vgl. LIPTON 77.

auf 17 Prozent für 1967[37]. Die Homelands wurden in immer stärkerem Maße von Wanderarbeit abhängig; man schätzt, daß jeweils mehr als die Hälfte der Männer im erwerbsfähigen Alter im »weißen« Südafrika arbeiteten. In Venda kam 1970 in der Altersgruppe 25–39 auf 4,9 Frauen nur ein Mann; in Transkei waren 1974 67 Prozent der ländlichen Familienoberhäupter Frauen[38].

Für die Landwirtschaft entstand ein Teufelskreis. Im Prinzip waren mehr als reichlich Arbeitskräfte vorhanden. Aber durch Wanderarbeit konnte man viel mehr verdienen als durch arbeitsintensive, kapitalarme Landwirtschaft. Investitionen in diese brachten weniger als Investitionen z. B. in Bildung, so daß oft selbst da nichts für die Landwirtschaft geschah, wo Kapital vorhanden gewesen wäre. Der Staat hätte dazu durch Subventionen und sonstige Hilfe erst die Rahmenbedingungen schaffen müssen. Trotz Übervölkerung und Arbeitskräfteüberschuß wurde deshalb das landwirtschaftliche Potential der Homelands nicht voll genutzt. Produkte aus der mechanisierten Landwirtschaft des »weißen« Südafrika waren billiger. So ergab sich das Paradox, daß die Landlosigkeit zunahm und trotzdem viel Land unbebaut blieb, wenn nämlich dessen Besitzer auswärts arbeiteten.

In den sechziger Jahren wurde allmählich klar, daß man die Homelands, die mehr und mehr zu ländlichen Slums verkamen, nicht einfach sich selber überlassen konnte, sollte darin nicht ein unkontrollierbares Unruhepotential heranwachsen. Die Gebiete wurden 1968 für südafrikanisches Privatkapital geöffnet[39]. Der Staat gründete Entwicklungsgesellschaften und schuf Anreize für Investitionen, sowohl in den Homelands selber als auch (und besonders) in den Grenzgebieten, wo Industrie auf südafrikanischem Boden, aber in Pendlerdistanz zu den Homelands, entstehen sollte. Das entsprach dem Konzept der »großen« Apartheid am besten. Doch die Erfolge blieben gering; gesamtwirtschaftlich gesehen wirkten die Maßnahmen sich sogar eher negativ aus. Die Standortnachteile wogen in der Regel schwerer als die Subventionen und sonstigen staatlichen Vergünstigungen. Zeitweise erschwerte der Staat die Einstellung

---

[37] SIMKINS 264. Die Veränderungen im einzelnen sind allerdings mangels zuverlässiger Daten stark umstritten. Vgl. neben Simkins auch LENTA, Reserved land.

[38] COCK 309 f.

[39] Vgl. TOMLINSON 547 ff.

neuer Arbeitskräfte in den Kerngebieten sehr stark, um die Industrie zur Schaffung von Arbeitsplätzen in der Nähe der Homelands oder in ihnen zu zwingen. Doch dem wurde nur zögernd nachgegeben, und im Endeffekt wurden weniger Leute eingestellt, als wenn man freie Expansion in den Kerngebieten erlaubt hätte. Damit zeigte sich nachträglich auch, daß die Verwirklichung der Vorschläge Tomlinsons schon 1954 selbst bei gutem Willen die Probleme der Homelands wahrscheinlich nicht zu lösen vermocht hätte. Der Versuch, zuerst die Bevölkerung unter Apartheidgesichtspunkten zu verteilen und danach die Wirtschaft in die betreffenden Gebiete zu lenken, war zum Scheitern verurteilt. Die Entwicklung der Wirtschaft folgte andern Gesetzen. Die Homelands blieben in erster Linie Arbeitskräftereservoire. Das kommt etwa darin zum Ausdruck, daß in ihnen 1975 lediglich 3 Prozent des südafrikanischen Sozialprodukts erwirtschaftet wurde, daß sie hingegen 11 Prozent des Volkseinkommens erhielten[40]. Die Differenz, etwa 75 Prozent des Gesamteinkommens, kam durch Einkommen von Wanderarbeitern und Pendlern sowie durch südafrikanische Staatszuschüsse zustande.

Für die letzten Jahre gehen die Angaben über die wirtschaftliche Entwicklung der Homelands auseinander. Manche sprechen von deutlichen Verbesserungen in Landwirtschaft und Industrie, andere von weiterer Verelendung.

Die Schrumpfung der eigenständigen Produktionsbasis in den Homelands mußte dazu führen, daß sie mit der Zeit auch ihre ursprüngliche wirtschaftliche Funktion verloren. Auf dem Papier sah das System zwar hervorragend aus. Indem sie die nichtarbeitende Bevölkerung aufnahmen, mußten die Homelands einen großen Teil der sozialen Lasten übernehmen, die sonst Sache Südafrikas gewesen wären. Doch der Vorteil reduzierte sich für den Staat (nicht unbedingt für die Unternehmer) in dem Maße zu einem bloßen Buchungsgewinn, in dem die eigenen Quellen der Homelands versiegten und diese von Südafrika ernährt und finanziert werden mußten. Wenn 1970 auf die Homelands ganze 5 Prozent der südafrikanischen landwirtschaftlichen Produktion entfielen (bei ca. 25 Prozent des Potentials)[41], während über ein Drittel der Gesamtbevölkerung dort lebte, dann konnte man nicht mehr behaupten, die Gebiete si-

---

[40] NATTRASS 197. Vgl. N. MULLER 60 und PUSCHRA 63.
[41] LIPTON 103. NATTRASS 111: weniger als 6 Prozent.

cherten die Subsistenz für die Familien der Wanderarbeiter. Möglicherweise war das System mittlerweile sogar teurer, als wenn man eine Wanderung in großem Maßstab nach den Städten erlaubte. Dort konnte auch die nicht direkt erwerbstätige Bevölkerung im informellen Sektor eher einen Teil ihrer Bedürfnisse selber decken als in ländlichen Slums, und die staatlichen Mittel ließen sich effizienter einsetzen als bei Zahlungen an eine Homelandverwaltung, also eine zusätzliche, teure und für Korruption anfällige Bürokratie. Die Nichtanerkennung der Homelands hatte zudem das Ausbleiben von Entwicklungshilfe zur Folge – die Kosten ließen sich also auch nicht auf die internationale Gemeinschaft abwälzen.

Doch je länger das System bestand und je weiter es ausgebaut wurde, um so mehr nichtwirtschaftliche Funktionen erhielt es. Vielleicht war es billiger, einen großen Teil der Homelandbewohner in den Städten anzusiedeln – aber es schien auch unsicherer. Unruhen in fernab gelegenen ländlichen Slums sind politisch weniger brisant als solche in Städten. Die ganze Vorstellung der »weißen« Städte hätte aufgegeben werden müssen.

Die politische Stellung der Homelands

Im politischen Bereich verfolgte Verwoerd das Ziel, die gebildete städtische Mittelschicht möglichst auszuschalten und schwarze politische Aspirationen auf die Homelands zu lenken. Letzteres gelang in stärkerem Maße als ersteres. In den Homelands entstand eine Schicht von Politikern, Beamten und Geschäftsleuten, teilweise auch von Grundbesitzern, die ihren Aufstieg wesentlich der neuen Politik und damit der südafrikanischen Regierung verdankten. Sie übten intern die eigentliche Macht aus, waren aber zugleich von der Regierung in Pretoria abhängig, nicht zuletzt finanziell. In Transkei z.B. lag der Anteil der südafrikanischen Zuschüsse an den Staatseinnahmen 1964–1976 zwischen 50 und 80 Prozent[42]. 1986/87 betrug er für alle Homelands im Schnitt 57 Prozent, 1987/88: 54 Prozent. Dazu kamen zusätzliche Leistungen für Entwicklung etc[43]. Dennoch zeigten sich Grenzen der südafrikanischen Macht. Die Homelandführer und -eliten vermochten sich gewisse Spielräume zu sichern. Natürlich hatte Südafrika die Macht, jeden Homelandführer

[42] SOUTHALL 204.
[43] SAIRR Survey 1986, 617–620; 1987/88, 865–876. Eine genaue Aufschlüsselung der Quellen der Homeland-Haushalte ist nicht möglich.

abzusetzen. Tat es dies aber zu oft, so schnitt es sich ins eigene Fleisch, weil es die Autorität des neuen Führers mit jedem Male weiter untergrub. Gelang es den Führern gar, sich eine eigene Machtbasis zu sichern, so verbesserte sich ihre Stellung weiter. Am deutlichsten war dies der Fall beim Führer des bedeutendsten Homelands, Mangosuthu Buthelezi von KwaZulu. Er reaktivierte 1975 die 1928 gegründete und zunächst hauptsächlich kulturell orientierte Bewegung *Inkatha* und baute sie zu einer schlagkräftigen Massenorganisation aus, die seit 1977 allen Schwarzen offenstand, aber wesentlich auf die Zulu konzentriert blieb. Sie hatte 1987 über 1,5 Millionen Mitglieder[44] und gewann die Kontrolle über die Politik in KwaZulu. Mit ihrer Rückendeckung konnte Buthelezi die Annahme der »Unabhängigkeit« erfolgreich verweigern. Natürlich mußte auch er innerhalb des Systems operieren. Aber er brauchte sich nicht zum bloßen Werkzeug zu degradieren. Selbst Führer mit sehr viel schmalerer bzw. fehlender Massenbasis waren nicht völlig kontrollierbar. Verwoerd wollte sein Bildungssystem für Schwarze auch für die Homelands verbindlich machen. Die Unterrichtssprache sollte während der ersten acht Jahre die jeweilige afrikanische Sprache sein, danach waren Englisch und Afrikaans gleichberechtigt. Doch schon 1964 ging Transkei dazu über, nach der vierten Klasse Englisch zur alleinigen Schulsprache zu machen, was natürlich der burischen Regierung ein Dorn im Auge war, ohne daß sie dagegen vorging. Die übrigen Homelands übernahmen die Regelung[45]. So ist die Situation entstanden, daß die Homelands, obwohl sie wirtschaftlich fast vollständig von Südafrika abhängig sind, mit Hilfe der einmal aufgebauten politischen Strukturen doch eine minimale Eigenständigkeit entfalten können. Die Abhängigkeit der Homelands von Südafrika ist total – aber Südafrika ist auch ein Stück weit von den Homelands abhängig geworden. Hauptursache dafür ist, daß das Ende der Homelands das Ende der Apartheid überhaupt bedeuten würde. Erst wenn dies akzeptabel ist, kann sich Pretoria voll und ganz über die Homelandführer hinwegsetzen.

Während von den finanziellen Leistungen Südafrikas vor allem die Homelandeliten profitieren, ergibt sich für die Masse der Bevölkerung der eine Vorteil, daß die eigentliche Rassentrennung nicht gilt. Die tägliche Diskriminierung fehlt also. Der Preis dafür ist die elende wirtschaftliche Stellung und, in den

---

[44] SAIRR Survey 1987/88, 727.
[45] HORRELL, Laws 315.

»unabhängigen« Homelands, der Verlust des südafrikanischen Bürgerrechts. Dazu haben sich überall mehr oder weniger autoritäre Regime gebildet; das Ausmaß an Willkür und Gewalt ist teilweise größer als in Südafrika.

Wirtschaftswachstum, Strukturveränderungen und Stagnation

Südafrika hatte seit der Abwertung von 1932 bis zum Kriegsende einen außergewöhnlichen wirtschaftlichen Aufschwung erlebt. Anders als nach dem Ersten Weltkrieg setzte sich nach 1945 die günstige Entwicklung, wenn auch etwas abgeschwächt, fort. Sie mündete in eine lange, bis 1974 reichende Phase der Hochkonjunktur. Die durchschnittliche Wachstumsrate war höher als in den Industrieländern mit Ausnahme Japans und auch höher als in den meisten Schwellenländern. 1946–1971 betrug das Wirtschaftswachstum 236 Prozent, im Schnitt pro Jahr ca. 5 Prozent[46]. 1950 löste der Koreakrieg weltweit einen Boom aus, auf den 1952/53 in Südafrika eine leichte Rezession folgte[47]. Der nächste Einbruch hatte in erster Linie innenpolitische Ursachen: nach Sharpeville (1960) schwand das internationale Vertrauen; viel Kapital wurde abgezogen. Die Regierung griff mit scharfen Devisenkontrollen ein. Die Krise erwies sich als Vorteil für südafrikanische, besonders burische Geschäftsleute, die viele ausländische Unternehmen billig aufkauften. Spätestens 1962 hatte sich die Wirtschaft wieder erholt. Die bedeutendste Boomphase in Südafrikas Geschichte begann. Sie wurde vom ausländischen Kapital nicht ausgelöst, wohl aber später verstärkt: nachdem sich die Investoren von der neuen Stabilität überzeugt hatten, strömte seit 1965 wieder in beträchtlichem Maße fremdes Kapital ins Land[48]. Doch blieb der südafrikanische Anteil höher als früher. Insgesamt bildete Auslandskapital einen wichtigen zusätzlichen Wachstumsfaktor, aber Südafrikas Abhängigkeit davon war nach 1945 nie sehr ausgeprägt und dazu deutlich rückläufig; 1946–1977 wurden im Durchschnitt 11 Prozent der Bruttoinvestitionen aus dem Ausland finanziert[49].

[46] BILGER 552. 1948–1963: 4,9 Prozent pro Jahr. HORWITZ 411.
[47] Für einen knappen Überblick über die Konjunkturperioden s. NATTRASS 24 ff.
[48] LIPTON 303.
[49] PUSCHRA 41–43. NATTRASS 85 gibt wesentlich höhere, aber weniger gut belegte Zahlen: 35 Prozent für 1946–1955 und 17 Prozent für 1966–1975.

Die erste Ölkrise verursachte 1974 eine langanhaltende Rezession, die erst 1979 einigermaßen überwunden war. Aber der große Aufschwung war vorbei. Und schon 1982, nach der zweiten Ölkrise, kam es zu einem noch viel tieferen Einbruch. Erstmals seit der Weltwirtschaftskrise schrumpfte das Sozialprodukt 1982/83 und 1985[50]. Das Pro-Kopf-Einkommen ging 1981–1987 im Schnitt pro Jahr sogar um 1,7 Prozent zurück[51], die Inflationsrate stieg rasch. Vermutlich ist allerdings die Wirklichkeit nicht ganz so düster wie diese Zahlen. Darin ist notgedrungen der informelle Sektor, die Schattenwirtschaft, nicht enthalten, also etwa Straßenhandel und kleine Dienstleistungen, ein Sektor, der in den letzten Jahren einen beträchtlichen Aufschwung genommen hat und vom Staat mittlerweile wohlwollender behandelt, teilweise sogar gefördert wird. Seit 1987 wächst auch die offizielle Wirtschaft wieder, wenngleich weit langsamer als früher. Besonders die Beschäftigungssituation ist prekär geblieben und verschlechtert sich weiter.

Zur Erklärung der Stagnation und des Niedergangs werden unterschiedliche Faktoren angegeben. Zunächst das zunehmende Ausmaß an Unsicherheit, Gewalt und Unruhe im Innern. Dann die Haltung des Auslandes, bei der sich Kapitalflucht aus Angst vor einem Umsturz mit zunehmenden Boykotten und Sanktionen verbinden. Kapitalmangel ist mittlerweile zweifellos zu einem wichtigen Wachstumshindernis geworden. Doch dürften die politischen Ursachen zur Erklärung kaum ausreichen. Südafrika ist nicht das einzige Land, das nach 1974 nicht mehr zur früheren Expansion zurückgefunden hat. Das gilt gerade für viele Schwellenländer. Ein Zusammenhang besteht wohl auch mit der Wirtschaftsstruktur und dem Mangel an Fachkräften.

Das umfassende Wachstum der Nachkriegszeit brachte bedeutende Strukturveränderungen mit sich[52]. Der Anteil von Industrie und Dienstleistungen am Sozialprodukt wuchs zunächst kontinuierlich, während der Anteil der Landwirtschaft deutlich zurückging und der des Bergbaus bis 1966 in etwa gleich blieb und danach ebenfalls sank. 1965 produzierte die Industrie erstmals mehr als Landwirtschaft und Bergbau zusammengenommen. Sie hatte mittlerweile ein sehr breites, fast alle Zweige

[50] SA Statistics 1988, 21.7.
[51] SA Labour Statistics 1989, 513.
[52] Die folgenden Angaben nach SA Statistics 1988, 21.10.

umfassendes Spektrum aufzuweisen. Südafrika schien auf dem Sprung zum modernen Industriestaat. Seit einem Tiefpunkt mit 8,8 Prozent des Sozialprodukts im Jahre 1971 aber hat sich der Anteil des Bergbaus wieder erhöht; er lag 1981–1987 zwischen 14 und 16 Prozent, während die Industrie seit den sechziger Jahren zwischen 21 und 24 Prozent verharrt. Das war zunächst eine Folge der enormen Goldpreiserhöhungen seit 1971. Zusätzlich wurde der Bergbau vom Staat massiv gefördert, vor allem durch den Ausbau der Infrastruktur zur Erschließung neuer Lagerstätten.

Ist der Weg zum Industrieland gescheitert, entwickelt sich Südafrika zum klassischen abhängigen Rohstofflieferanten zurück? Die Antwort ist nicht eindeutig. Die Forcierung des Bergbaus war sicherlich eine Reaktion auf Probleme der Industrie. Diese war nach wie vor nicht konkurrenzfähig auf dem Weltmarkt. Das zeigt sich am deutlichsten in ihrer Handelsbilanz: um die südafrikanischen Industrieprodukte herzustellen, mußten 1975 für 5685 Millionen Rand Waren eingekauft werden, während die Exporterlöse der Industrie lediglich 1771 Millionen betrugen. Das Defizit wurde hauptsächlich vom Bergbau gedeckt, der traditionell einen sehr hohen Exportüberschuß erzielt, in geringerem Maße von der Landwirtschaft[53]. Mit den vom Bergbau beschafften Devisen hatte zwar die Industrie aufgebaut werden können. Aber dank der Schutzzölle hatte sie sich der internationalen Konkurrenz nie wirklich stellen müssen. Der Binnenmarkt war zu klein, um eine entwickelte Industrie allein tragen zu können, zumal solange die Kaufkraft der großen Mehrheit der Bevölkerung extrem niedrig blieb. Die Politik der Industrialisierung hatte ihr Ziel nicht erreicht. Andererseits bedeutet die Konzentration auf den Bergbau nicht automatisch eine Rückverwandlung in ein Entwicklungsland. Der moderne Bergbau ist äußerst kapitalintensiv und erfordert in nicht geringerem Maße als die Industrie hochentwickelte Technik. Ein Zeichen der Unterentwicklung ist es, wenn er von fremden Firmen in Exklaven betrieben wird. Südafrika aber entwickelt den Bergbau in eigener Regie. Das ändert nichts an den Problemen der Industrie. Aber man kann die Forcierung des Bergbaus auch als eine Ausnutzung der Standortvorteile betrachten. Die Prospektion mit modernen Methoden hat einen außerordentlichen Reich-

---

[53] Lumby, in Coleman 235.

tum an Bodenschätzen zu Tage gebracht, der für Jahrzehnte reichen wird. Neben Gold und Diamanten traten nun vermehrt Kohle, Eisenerz, Uran, Kupfer, Platin und viele Spezialmetalle, die in der modernen Technik eine wachsende Rolle spielen. Freilich bringt Gold nach wie vor etwa 60 Prozent der Erlöse aus dem Bergbau ein[54].

Die Grundlage für die Industrialisierung ist also gesichert. Andere bodenschatzreiche Länder zeigen in letzter Zeit ähnliche Erscheinungen, besonders Kanada und Australien. Auch bei ihnen hat der Bergbau im Vergleich zur Industrie wieder größeres Gewicht gewonnen. Der Hauptnachteil ist die Abhängigkeit von Weltmarktpreisen, die sehr viel stärker schwanken als bei Industrieprodukten.

Diese Abhängigkeit hat sich in Südafrika noch aus einem andern Grund erheblich verstärkt, wobei das Land bisher aber von der betreffenden Änderung entschieden profitiert hat. Der Goldpreis blieb nach 1945 fest, bei 35 Dollar pro Unze. Da auf dem Weltmarkt gleichzeitig beträchtliche Inflation herrschte, bedeutete dies einen steten Verfall des realen Preises. Dabei war die Ertragskraft der Bergwerke am Witwatersrand schon in der Zwischenkriegszeit stark zurückgegangen. Doch seit 1934 wurden weiter südlich, im Oranje-Freistaat, gewaltige neue Vorkommen gefunden. Man begann nach 1945 mit ihrer Erschließung. Später kamen zusätzliche Funde im Westen des Witwatersrand hinzu, so daß die Zukunftsaussichten besser als jemals zuvor im 20. Jahrhundert waren. Im Dezember 1971 werteten die USA ab, so daß der Goldpreis auf 42 Dollar stieg. 1973 wurden die Wechselkurse frei- und die Bindung des Dollars an das Gold aufgegeben. Dadurch wurde Gold zu einem Rohstoff wie jeder andere, mit freier Preisbildung. Sein Preis schnellte empor auf mehrere hundert Dollar pro Unze. Den Höhepunkt erreichte er 1980 mit 875 Dollar. Danach fiel er wieder auf etwa 400 Dollar zurück. Doch auch das bedeutet gegenüber früher noch eine gewaltige Steigerung.

Die Goldpreiserhöhung verschaffte den Bergbauunternehmen so große Reserven, daß sie eine starke Diversifizierung in andere Branchen hinein vornehmen konnten, insbesondere in die Industrie. Dadurch wurden einerseits die traditionellen Interessengegensätze zwischen Bergbau und Industrie abgeschwächt, andererseits erlangten einige wenige Großunterneh-

---

[54] Vgl. SA Statistics 1988, 11.2.–11.8.

men, mit der Anglo American-Gruppe an der Spitze, die Kontrolle über einen bedeutenden Teil der südafrikanischen Wirtschaft.

Einkommensverteilung zwischen den Rassen und Qualifikation der Arbeitskräfte

Wie wurde der rasch wachsende Reichtum verteilt? Wirtschaftlich gesehen war die Apartheid wesentlich ein System, das den Weißen einen überproportionalen Anteil am Volkseinkommen sichern und sie vor Konkurrenz seitens der andern Gruppen schützen sollte. Bis zum Beginn der siebziger Jahre wurde das Ziel weitgehend erreicht. Die Weißen konnten vom Aufschwung in ungeahnter Weise profitieren. Insbesondere die Mittelklasse erreichte einen Lebensstandard, der weltweit zu den höchsten gehörte. Für die weiße Arbeiterschaft galt dies nicht in gleichem Maße, aber auch sie konnte sich beträchtlich verbessern. Im Unterschied etwa zu Westeuropa wurde allerdings selbst für weiße Arbeiter nur ein rudimentäres System sozialer Sicherung aufgebaut. Wichtigstes Instrument einer solchen Sicherung schien die Bevorzugung auf dem Arbeitsmarkt. Das sollte sich in den achtziger Jahren, als die Arbeitsplatzreservation entfallen war und die weiße Arbeitslosigkeit zunahm, rächen. Relativ am besten ausgebaut ist, seit den vierziger Jahren, eine Altersrentenversicherung für alle Rassengruppen.

An den Schwarzen ging der Boom zunächst vorbei. Ihr Pro-Kopf-Einkommen war 1946/47 10,6 mal niedriger als das der Weißen; bis 1970 stieg der Unterschied auf das Fünfzehnfache[55]. In dieser Periode nahm das Pro-Kopf-Einkommen der Schwarzen um jährlich weniger als 1 Prozent zu, das der drei andern Rassengruppen um ca. 2 Prozent[56]. Die Löhne in der Industrie waren für Weiße 1935 5,5 mal höher gewesen als für Schwarze; 1946 hatte sich dieses Verhältnis auf 3,7 reduziert – 1962 lag es wieder bei 5,5 und 1970 sogar bei 5,7[57].

Nach 1970 trat eine Wende ein, wie folgende Tabelle zeigt:

---

[55] MacGrath 18. Die Lohndifferenzen waren allerdings geringer, da der Anteil der Erwerbstätigen an der Gesamtbevölkerung bei den Weißen höher war.
[56] MacGrath 17.
[57] F. Wilson, Gold mines 66 f.

Reales Jahreseinkommen in Rand[58]

Jahr	Schwarze	Weiße	Relation
1971	410	3366	1 : 8,2
1979	763	3210	1 : 4,2

1970–1982 betrug der Reallohnzuwachs für Schwarze 60 Prozent, für Weiße 18 Prozent[59]. Der Trend hat sich seither – allerdings verlangsamt – fortgesetzt: 1984 betrug die Relation zwischen weißen und schwarzen Löhnen 3,9[60]. Der Anteil der Weißen am gesamten Volkseinkommen, der 1917–1970 ziemlich konstant bei gut 70 Prozent gelegen hatte, ging zwischen 1970 und 1980 von 71,7 auf 61,5 Prozent zurück, der der Schwarzen stieg von 19,8 auf 29,0 Prozent (Mischlinge: 2,3 und 3,0 Prozent; Inder: 6,2 und 6,5 Prozent)[61].

Das war zum ersten Mal seit dem Beginn von Bergbau und Industrialisierung eine klare Verschiebung zugunsten der Schwarzen auf Kosten der Weißen. Man muß sich aber hüten, daraus zu weitreichende Schlußfolgerungen zu ziehen. Ob und wie sich der Trend fortsetzen wird, ist ungewiß; wenig berechtigt zu der Annahme, die Entwicklung werde zu einer völlig gleichmäßigen Aufteilung des Volkseinkommens unter alle Rassengruppen führen. Die relative Verbesserung der Stellung der Schwarzen darf nicht über ihre absolut noch immer äußerst prekäre Situation hinwegtäuschen. Für viele hat sich die Lage sogar verschlechtert. Denn mit der Steigerung des Anteils der Schwarzen am Volkseinkommen ist zugleich eine stärkere Schichtung und Polarisierung erfolgt. Nutznießer waren die Besserverdienenden, die Qualifizierten, in geringerem Maße die Unqualifizierten. Gleichzeitig nahm die Arbeitslosigkeit zu.

Trotz dieser Einschränkungen muß man von einer Machtverschiebung zugunsten der Schwarzen ausgehen, will man nicht einfach den Weißen Nächstenliebe unterstellen. Das System der Apartheid hat seine Aufgabe aus weißer Sicht nicht mehr erfüllt – es hat die falsche Gruppe begünstigt. Man kann dafür verschiedene Ursachen angeben.

[58] DEVEREUX 38. Die Angaben schwanken bei verschiedenen Autoren; der Trend ist aber eindeutig.
[59] LIPTON 66.
[60] SA Labour Statistics 1988, 307.
[61] DEVEREUX 1–4; 35.

Vergleichsweise deutlich ist der krasseste Fall, der Goldbergbau. Die schwarzen Löhne waren seit 1911 ungefähr gleich geblieben, vorher aber waren sie, zwischen 1889 und 1911, um etwa 25 Prozent gesunken. Die weißen Löhne hatten stets ein Vielfaches davon betragen. Sie stagnierten von 1911 bis 1948 ebenfalls. In dieser Zeit verdienten Weiße im Goldbergbau etwa zwölfmal mehr als Schwarze. Danach begannen die weißen Löhne zu steigen, und der Unterschied erreichte mit 20,9 im Jahre 1971 seinen Höhepunkt[62]. 1973–1975 wurden die schwarzen Löhne drastisch erhöht; die Differenz zu den Weißen reduzierte sich bis 1982 auf 5,5[63]. Die Tendenz ist seither weiter rückläufig, wenn auch viel langsamer: die Einkommensdifferenz betrug 1984 noch 5,4 und 1986 5,3[64]. Die wichtigste Voraussetzung für diesen Lohnschub war die Goldpreiserhöhung seit 1973. Aber die höheren Erträge sicherten nicht automatisch höhere Einkommen. Die Löhne der Weißen stagnierten, während früher jeweils nur sie von Preiserhöhungen profitiert hatten. Ein wichtiger politischer Faktor kam hinzu. Die Goldbergwerke beschäftigten nach wie vor sehr viele Ausländer – Südafrikaner waren für die angebotenen Löhne kaum zu bekommen. 1974, nach einem Flugzeugabsturz, zog Malawi seine Arbeiter zurück (bis 1977). Wie sich Moçambique, das 1975 unabhängig wurde und 1971 immerhin 26,5 Prozent der Arbeiter stellte, verhalten würde, war ungewiß[65]. Die Bergwerke waren selber daran interessiert, die Abhängigkeit vom Ausland zu verringern. Das ging nur mit höheren Löhnen. Die Erfolge waren beträchtlich. Der Anteil der Südafrikaner an den schwarzen Bergarbeitern stieg von 22,4 Prozent (86 500) im Jahre 1971 auf 57,3 Prozent (274 200) 1979[66]. Seither liegt er um 60 Prozent.

[62] F. Wilson, Gold mines 46 f. Lipton 410. Unter Berücksichtigung der Nebenleistungen sind die Unterschiede etwas geringer: F. Wilson, Gold mines 66.

[63] Lipton 410. Devereux 44.

[64] SA Labour Statistics 1988, 308. Über die Auswirkungen des großen schwarzen Bergarbeiterstreiks von 1987 liegen noch keine Angaben vor.

[65] Stahl, in Böhning 14. Die Zahl der Arbeiter aus Moçambique ging in der Tat von 118 000 (1975) auf 48 600 im Jahre 1976 zurück. Ebd. 35. Seither ist sie starken Schwankungen unterworfen und hat 1986 wieder 63 700 erreicht. SA Labour Statistics 1989, 490; 494. Yudelman/Jeeves 124.

[66] Stahl, in Böhning, 14; 35. Die stärkere Rekrutierung innerhalb Südafrikas begann erst 1974/75. Etwas abweichende, aber die Tendenz auch für die achtziger Jahre bestätigende Zahlen bei De Vletter, Foreign labour 213; ders., Trends 676 und Yudelman/Jeeves 123 f.

Von den Ausländern stammen mehr als die Hälfte aus dem von Südafrika völlig abhängigen Lesotho[67].

Diese Faktoren galten in den übrigen Sektoren nicht. Trotzdem konnten auch hier die Schwarzen ihre Stellung verbessern. Die rasche Entwicklung der Wirtschaft hatte nicht einfach zu einem gleichmäßig höheren Bedarf an Arbeitskräften aller Kategorien geführt. Das Wachstum war qualitativ. Man benötigte in zunehmendem Maße Fachkräfte. Trotz der raschen Bevölkerungszunahme entstand hier angesichts des unzureichenden Bildungswesens für Schwarze Mangel. Er ließ sich teilweise durch Einwanderung von Weißen beheben. Außer in den Jahren 1977–1979 betrug der Wanderungsgewinn bis 1984 immerhin 20000 bis 40000 Personen pro Jahr. Danach ging er rasch zurück; 1986 und 1987 war die Abwanderung größer als die Zuwanderung, während 1988 wieder ein Wanderungsgewinn von 1118 Personen zu verzeichnen war[68]. Damit wurde endgültig klar, was schon vorher gegolten hatte: die Weißen waren nicht imstande, den Bedarf zu decken. Sollte das weitere Wirtschaftswachstum nicht gefährdet werden, mußte das Qualifikationsniveau der Schwarzen steigen. Eine solche Forderung widersprach aber dem Apartheidsystem in doppelter Hinsicht. In vielen Bereichen standen Arbeitsplatzreservation oder Absprachen zwischen weißen Gewerkschaften und Unternehmern im Wege. Dazu kam Verwoerds Bildungssystem, das gerade darauf angelegt war, die Schwarzen in unqualifizierten oder jedenfalls untergeordneten Stellungen zu halten.

Man hat, sicher zu Recht, darauf hingewiesen, daß sich Kapitalismus und Apartheid gut vertragen und teilweise hervorragend ergänzen, daß das System der Apartheid den Unternehmern nicht nur nützliche Dienste geleistet hat, vor allem durch die Sicherung billiger Arbeitskräfte, sondern von ihnen auch gefördert worden ist. In einem zentralen Punkt aber besteht ein tiefer Widerspruch. Grundlage der Apartheid ist die Scheidung der Bevölkerung in feste Rassengruppen. Das Ideal ist eine Kastenordnung, in der jede Gruppe ihren möglichst unverrückbaren Platz hat. Das mag in einer vormodernen, relativ statischen Gesellschaft angehen. In einer modernen Industriegesellschaft mit ihrem raschen und dauernden Wandel muß es sich bald einmal als Hemmschuh erweisen. Das bedeutet nicht, daß des-

[67] STAHL, in BÖHNING 14; 35. YUDELMAN/JEEVES 124.
[68] SA Labour Statistics 1989, 486.

wegen das System gleich beseitigt wird. Aber es muß immer wieder angepaßt und umgebaut werden und kann deswegen seine Funktionen nur noch in eingeschränktem Maße erfüllen. Es wird immer schwerer durchschaubar und handhabbar.

Als Folge des schlechten Bildungssystems wurden nun qualifizierte schwarze Arbeitskräfte so knapp, daß sich ihre Stellung auf dem Arbeitsmarkt verbesserte. Insbesondere die Industrie wurde immer stärker von schwarzen Arbeitskräften abhängig. Der Anteil der Weißen an den unselbständig Beschäftigten in der Industrie ging von 40,6 Prozent (1936) über 31,9 Prozent (1951) auf 21,2 Prozent (1976) zurück[69]. Im Bergbau (1987: 10,6 Prozent) und erst recht in der Landwirtschaft (1986: 1,4 Prozent) war er traditionell sehr viel niedriger[70]. Doch waren hier bedeutend weniger qualifizierte Positionen zu besetzen. Anders in der Industrie. Hier rückten mehr und mehr Schwarze in qualifizierte Stellungen ein. Das verlieh ihnen eine stärkere Marktmacht. Der Ausübung solcher Macht stand das ganze Diskriminierungs- und Repressionssystem entgegen. Gemischte Gewerkschaften waren seit 1956 verboten, und schwarze Gewerkschaften waren nicht als Tarifpartner anerkannt. Trotz Streikverbots kam es 1973 zu einer großen Streikwelle, vor allem in Durban. Wie üblich in Südafrika gingen die Behörden zum Teil gewaltsam gegen die Streikenden vor. Doch die Regierung und noch mehr die Unternehmer sahen ein, daß Gewalt und Unterdrückung nicht mehr ausreichten, um eine wo nicht willige so doch disziplinierte Arbeiterschaft zusammenzuhalten. Das Streikverbot wurde nach 1973 aufgehoben, wobei freilich sehr weitreichende Einschränkungen bestehen blieben. In den folgenden Jahren kam es zur überproportionalen Erhöhung der schwarzen Löhne und schließlich 1979 zur Anerkennung der schwarzen Gewerkschaften und stark ausgeweitetem Streikrecht. 1974 wurde die alte *Master and Servants Act*, ein Gesetz, das den Bruch des Arbeitsvertrages zu einem strafrechtlichen Delikt gemacht hatte, aufgehoben. Die Weißen waren auf unvorhergesehene Weise, durch den Mangel an Fachkräften, selber zu Opfern der »Bantu-Erziehung« geworden.

Die Apartheid war ein Versuch, den Ausbau der Wirtschaft

---

[69] NATTRASS 174. Seither hat sich die Relation nur noch geringfügig verschoben: SA Labour Statistics 1989, 83.

[70] SA Labour Statistics 1989, 79; 117. Der Anteil der Weißen an den Beschäftigten außerhalb der Landwirtschaft überhaupt lag zwischen 1972 und 1987 ziemlich konstant zwischen 28 und 29 Prozent. Ebd. 79.

und die Beschaffung der Arbeitskräfte möglichst unter Umgehung von Marktkräften zu organisieren, durch Kontrollen und letztlich Gewalt. Seit den späten sechziger Jahren zeigte es sich, daß die Marktkräfte auch auf dem Arbeitsmarkt nicht völlig unterdrückt werden konnten. Gleichzeitig berührte der wachsende politische Widerstand die Machtbalance. Beides zusammen hat wohl die Hauptrolle dabei gespielt, daß sich die Gewichte zuungunsten der Weißen verschoben haben. Das bedeutet freilich nicht, daß dadurch die beherrschende weiße Stellung entscheidend angeschlagen worden wäre. Die Erfolge der Schwarzen hängen nicht zuletzt damit zusammen, daß die Stellung der Weißen vorher ganz extrem ausgebaut worden war. Gerade weil sie so schlecht bezahlt waren, konnten Schwarze zur Konkurrenz für Weiße werden. Und es war immer noch billiger, ihnen höhere Löhne zu bezahlen als Weißen. Die weiße Vormachtstellung wurde auf ein etwas niedrigeres Niveau zurückgeholt, aber nicht beseitigt.

Kosten der Apartheid und Ende der Arbeitsplatzreservation

Die Abschwächung der wirtschaftlich vorteilhaften Auswirkungen des Apartheidsystems für die Weißen führte schon deswegen nicht zu einer Generaldebatte über die Abschaffung des Systems, weil dieses zuallererst ein Instrument zur Sicherung der weißen Vorherrschaft war, also politische Funktionen hatte. Da sich andererseits über jede einzelne Maßnahme innerhalb des Systems diskutieren ließ, inwieweit sie tatsächlich die Stellung der Weißen verbesserte, kam doch auch auf weißer Seite etwas mehr Bewegung auf. Der wirtschaftliche Nutzen des Systems war bisher unbestritten gewesen. Jetzt rückte die Tatsache stärker ins Bewußtsein, daß das System selbst für die Weißen Kosten mit sich brachte, und daß diese Kosten keineswegs gleichmäßig verteilt waren. Sie schienen sogar rascher zu steigen als der Nutzen. Dazu trugen zwei übergeordnete, von der Apartheid unabhängige strukturelle Verschiebungen bei. Zunächst der bereits geschilderte zunehmende Bedarf an qualifizierten Arbeitskräften. Je höher qualifiziert Arbeitskräfte sind, um so weniger lassen sie sich einem von vielen Zwangsmechanismen durchsetzten Wanderarbeitssystem unterwerfen. Ein solches System hat aus der Sicht der Unternehmer Vorteile, wenn sich die Arbeitskräfte scharf überwachen und über Nacht auswechseln lassen, aber nicht da, wo sie längere Zeit ausgebildet werden und eigenständige Funktionen haben. Fachkräfte lassen sich nicht wie Hilfsarbeiter herumkommandieren. Zweitens erfolgte bei den Nichtweißen in Südafrika ähnlich wie in den meisten Staaten der Dritten Welt eine starke Beschleunigung des Bevölkerungswachstums. Hatte die Zuwachsrate bei den Schwarzen 1936–1946 bei 1,73 Prozent pro Jahr gelegen, so betrug sie 1960–1970 im Schnitt 3,57 Prozent und begann erst in den achtziger Jahren langsam zu sinken[71]. Gleichzeitig wurde das Wirtschaftswachstum – auch als Folge der höheren Löhne – durch vermehrte Rationalisierung und Automatisierung kapitalintensiver. Der Kapitaleinsatz pro Arbeitsplatz nahm 1974 bis 1987 in der Privatwirtschaft (außer Landwirtschaft) um 65 Prozent zu, in der Industrie um 73 Prozent und im Bergbau sogar um 91 Prozent[72]. Die Vermehrung der Arbeitsplätze verlangsamte sich, nochmals verstärkt durch das geringe Wirtschaftswachstum seit 1974. Die Arbeitslosigkeit nahm nachhaltig zu. War die südafrikanische Geschichte bisher stark vom Versuch der Weißen bestimmt worden, sich Arbeitskräfte zu beschaffen, so herrschte nun, zumindest unterhalb der Ebene der Fachkräfte, ein zunehmendes Überangebot. Alle Mechanismen, die seit einem Jahrhundert entwickelt worden waren, um die Schwarzen zur Arbeitsaufnahme zu veranlassen und um die Konkurrenz zwischen den verschiedenen Sektoren der Wirtschaft um die Arbeitskräfte zwecks Niedrighaltung der Löhne zu reduzieren, waren damit aus wirtschaftlicher Sicht überflüssig geworden: man mußte die Arbeitskräfte nicht mehr suchen, sondern konnte sich der Arbeitsuchenden kaum noch erwehren. Das war, politisch gesehen, für die Weißen nicht minder beängstigend, weil die Arbeitsuchenden mit Macht in die Städte drängten, so daß sich die Politik nun darauf verlegte, die Zuwanderung zu unterbinden oder wenigstens zu drosseln, wozu vor allem die Homelandpolitik diente.

Angesichts dieser Lage waren die Arbeitgeber zunehmend für Maßnahmen, die zwar nicht auf eine Abschaffung, wohl aber auf eine Änderung und in mancher Hinsicht Milderung des Systems hinausliefen[73]. Industrie und Handel hatten schon in den vierziger Jahren die feste Ansiedlung der Arbeiter mit ihren Familien in den Städten gefordert. Ihr Interesse daran nahm

[71] SA Statistics 1986, 1.5; 1988, 1.5.
[72] SA Labour Statistics 1989, 507.
[73] Zum Folgenden vor allem LIPTON, Capitalism and Apartheid.

nun deutlich zu. Der Bergbau hatte zwar traditionell am meisten von der Wanderarbeit profitiert, wobei der Preis dafür die Arbeitsplatzreservation gewesen war. Nach den massiven Lohnerhöhungen der siebziger Jahre konnte man aber kaum noch sagen, daß Wanderarbeiter billiger seien. Die Stimmen, die eine feste Ansiedlung der Arbeiter forderten, mehrten sich. In Kimberley wurde der Schritt 1972 auch tatsächlich vollzogen. Am meisten hatte die Landwirtschaft vom ganzen System profitiert. Für sie hatte nie eine Arbeitsplatzreservation gegolten, und die Reglementierung des Arbeitsmarktes hatte es ihr ermöglicht, extrem niedrige Löhne zu zahlen. Selbst hier kehrten sich die Verhältnisse um. Bis 1970 war die Zahl der in der weißen Landwirtschaft Beschäftigten noch gestiegen, von 1,3 Millionen 1946 auf 1,5 Millionen. Danach ging sie langsam zurück, auf etwa 1,2 Millionen 1982, hauptsächlich infolge der zunehmenden Mechanisierung[74]. Seither hat sie allerdings eher wieder zugenommen[75]. Die Zahl der weißen unselbständig Beschäftigten ist sehr niedrig: sie schwankte zwischen 1975 und 1985 zwischen 14000 und 17000[76]. Hauptsorge der weißen Landwirte wurde es nun, »überzählige« Schwarze loszuwerden; diese stellten denn auch eine der größten Gruppen bei den in die Homelands Deportierten. Zudem benötigten die Bauern jetzt in zunehmendem Maße qualifiziertere Leute zur Handhabung und Wartung von Maschinen. Im Durchschnitt blieben die Löhne aber sehr niedrig. 1952/53 lagen sie bei 27,1 Prozent der Löhne in der Industrie und 63,7 Prozent derer im Bergbau; 1975/76 waren es 38,4 und 51,8 Prozent[77].

Die Interessenlage der weißen Arbeiter blieb demgegenüber unverändert: sie profitierten nach wie vor von den mannigfaltigen Mechanismen, die die Konkurrenz auf dem Arbeitsmarkt zu ihren Gunsten einschränkten. Unterstützt wurden sie durch die mittlerweile stark angeschwollene Bürokratie, die das System der Apartheid verwaltete und kontrollierte.

Trotzdem wurde ein wichtiger Pfeiler des Privilegiensystems relativ schnell abgebaut, weil er sich infolge des Mangels an qualifizierten Weißen als wachstumshemmend erwies: im Lauf der siebziger und achtziger Jahre, insbesondere seit 1979, verschwand die gesetzliche Arbeitsplatzreservation vollständig,

[74] Lipton 93.
[75] SA Labour Statistics 1989, 116.
[76] Ebd.
[77] Lipton 410.

zuletzt 1988 im Bergbau. 1979 scheiterte ein Streik der weißen Bergarbeiter gegen eine erste Einschränkung ihrer Vorrechte. Aus der Sicht der weißen Arbeiter wäre eine dauernde Verschiebung der Rassenschranke nach oben, so daß den Weißen stets die obersten Ränge vorbehalten blieben, ideal gewesen. Eine solche Regelung ließ sich aber in einer sich rasch wandelnden Wirtschaft mit ständig neuen und wechselnden Funktionen kaum gesetzlich festschreiben. Selbst das zugrundeliegende Prinzip wurde aufgegeben: Schwarze konnten Vorgesetzte von Weißen werden. Die Armee ging 1975 mit dieser Regelung voran, nachdem sie seit den sechziger Jahren Mischlinge, seit 1974 Schwarze und seit 1975 Inder angeworben hatte[78]. Auch wenn die Folgen für die Praxis gering blieben, so war die symbolische Bedeutung solcher Maßnahmen doch beträchtlich. Andererseits wurden die weißen Arbeitskräfte nach wie vor durch vielfältige Mechanismen begünstigt, vom besseren Bildungssystem über die Freizügigkeit bei der Arbeitssuche bis hin zu Vereinbarungen zwischen Gewerkschaften und Betriebsleitungen, daß für bestimmte Funktionen nur Weiße eingestellt würden. Trotzdem war ein wichtiges Privileg verlorengegangen; die Weißen waren potentiell stärkerem Druck ausgesetzt. Das mußte vor allem in einer Zeit der Rezession bemerkbar werden. Seit der Mitte der achtziger Jahre erreichte die Arbeitslosigkeit unter Weißen erstmals seit dreißig Jahren wieder nennenswerte Ausmaße. Die Zahl der Beschäftigungslosen stieg von 6200 (1981) auf 30 200 (1986); danach war sie wieder leicht rückläufig[79]. Die entsprechende offizielle Zahl für Schwarze betrug 1987 60600. Doch ist klar, daß sie wenig mit der Wirklichkeit zu tun hat, da sie nur registrierte Arbeitslose erfaßt. Unterbeschäftigung und Arbeitslosigkeit sind weit verbreitet und nehmen rasch zu; Schätzungen liegen zwischen 1,5 und 4 Millionen Menschen. Besonders schlecht ist die Lage in den Homelands, wo möglicherweise etwa die Hälfte der erwerbsfähigen Personen ohne Arbeit ist[80].

Die relativ problemlose Abschaffung der Arbeitsplatzreservation zeigte, daß das politische Gewicht der weißen Arbeiter geringer geworden war. Die Basis der NP hatte sich verschoben – darauf wird noch einzugehen sein.

[78] LIPTON 59f. Official Yearbook 1986, 314f. GRUNDY, Soldiers, Kap. 8–9.
[79] SA Labour Statistics 1989, 243.
[80] SA Labour Statistics 1989, 243. SAIRR Survey 1987/88, 295.

Die Beseitigung der Arbeitsplatzreservation führte zu begrenzten gemeinsamen Interessen zwischen schwarzen und weißen Arbeitern: wenn die eigenen Arbeitsplätze nicht mehr geschützt waren, dann mußten die Weißen zu verhindern trachten, daß sie von den Schwarzen auf dem Arbeitsmarkt unterboten wurden. Sie mußten also im Bereich der qualifizierten Arbeit Gewerkschaftsbildung und Angleichung der Löhne unterstützen.

Widerstand, Repression und Reformen in den siebziger und achtziger Jahren

Der Staat hatte den schwarzen Widerstand 1960–1964 fast vollständig zerschlagen, jedenfalls so, daß er organisatorisch bedeutungslos geworden war. Doch die Regierung unternahm nichts, was geeignet gewesen wäre, Ursachen und Nährboden des Widerstands zu beseitigen. Im Gegenteil, sie setzte nun, im Vollgefühl des Sieges, zur endgültigen und umfassenden Verwirklichung des Apartheidprogramms an. Bundesgenossen und Kompromisse wurden verschmäht. Im Zuge der Homelandpolitik wurde der Wohnungsbau für Schwarze in den Städten weitgehend gestoppt; die bestehenden Siedlungen wurden vernachlässigt. Da die schwarze städtische Bevölkerung trotzdem wuchs, verschlechterten sich ihre Lebensbedingungen.

Bildungswesen und Black Consciousness bis 1976

Von besonderer Bedeutung wurde das Bildungswesen. Verwoerds System hatte zunächst, durch Kürzung der Mittel, einen nachhaltigen Qualitätsverlust zur Folge. Gleichzeitig wurden die Bildungseinrichtungen für Weiße und insbesondere Buren mit einer zuweilen an Verschwendung grenzenden Großzügigkeit ausgebaut.

Als der Fachkräftemangel unübersehbar wurde, wurde ab ca. 1963 die bewußte Drosselung der schwarzen Bildung zurückgenommen. Doch nun machte sich die Bevölkerungsvermehrung bemerkbar. Die Ausweitung war hauptsächlich quantitativ und kaum qualitativ; überfüllte Schulen und unzureichend ausgebildete Lehrer blieben an der Tagesordnung. Entsprechend groß war die Zahl der Schüler, die nur wenige Klassen erfolgreich absolvierten. Einzig die Hochschulbildung wurde daneben gefördert, aber mehr in Form von Prestigeobjekten und gemäß dem großen Plan der Apartheid, indem möglichst jedes Homeland eine eigene Universität erhalten sollte, als dem Bedarf angemessen. Wenn die Absolventen des schwarzen Bildungssystems mit denen des weißen auf dem Arbeitsmarkt konkurrieren mußten, dann hatten sie kaum Chancen. Diese Lage trat 1974 mit der Rezession in verstärktem Maße ein. Das machte die schwarzen Schulabgänger empfänglich für eine vom Konzept des Bildungswesens für Schwarze provozierte, in den späten sechziger Jahren entstandene Bewegung. *Black Consciousness* (Schwarzes Bewußtsein oder Schwarze Bewußtheit) stand in der Tradition der Afrikanisten im PAC und unter starkem Einfluß der *Black Power*-Bewegung in den USA. Die Initiative ging von schwarzen Studenten aus, die sich 1968, unter der Führung von Steve Biko, als *South African Students Organisation* von der allgemeinen Studentenorganisation abspalteten. 1972 wurde die *Black People's Convention* gegründet. Die Bewegung war zunächst weniger unmittelbar politisch als ideologisch ausgerichtet. Die Befreiung der Schwarzen hatte mit ihrer geistigen Befreiung von der psychologischen Bindung an die Weißen zu beginnen. Solange die Schwarzen den Weißen nachstrebten, blieben sie ihnen geistig unterworfen; nur die Rückbesinnung auf das Eigene konnte die Voraussetzungen für die Freiheit schaffen. Dabei definierte man die Rassen weitgehend politisch. Anders als für den PAC galten alle Diskriminierten, also auch Mischlinge und Inder, als Schwarze, während Schwarze, die sich den Weißen anpaßten, als »Nichtweiße« disqualifiziert wurden. Der häufig erhobene Vorwurf eines schwarzen Gegenrassismus war von der Ideologie her nicht gerechtfertigt – offen war, ob sich eine Entwicklung in diese Richtung in der Praxis würde ausschließen lassen. Die Regierung, die die Betonung der Rassenunterschiede nicht ungern sah und den Mangel eines konkreten politischen Programms schätzte, ließ die Bewegung zunächst relativ frei gewähren. Doch schon 1973 begann sie, die Führer zu verhaften und zu bannen.

Der Aufstand von Soweto 1976

Wirtschaftskrise, Einflüsse der Black Consciousness, düstere Zukunftsaussichten und trostlose, sich verschlechternde Lebensbedingungen in den Städten wirkten 1976 zusammen, um die Lage explosiv zu gestalten. Zum Auslöser wurde ein Erlaß, wonach in den schwarzen Schulen ein Teil der Fächer auf Afrikaans unterrichtet werden mußte. Dafür fehlten Lehrer, und Afrikaans galt vielen Schwarzen als Sprache der Unterdrücker. Am 16. Juni 1976 demonstrierten etwa 15 000 Schüler in Soweto (South Western Townships), der größten Schwarzenvorstadt Johannesburgs und des ganzen Landes, gegen die Maßnahme. Die Polizei schoß in die unbewaffnete Menge. Zwei Schulkinder wurden getötet. Nun zeigte sich die Explosivität der Lage. Nicht etwa von langer Hand und großen Organisationen vorbereitet, sondern weitgehend spontan dehnte sich der Protest rasch über fast das ganze Land aus und währte mehrere Monate. Mit dem Mut der Verzweiflung marschierten Kinder und Jugendliche immer wieder unbewaffnet oder nur mit primitiven Wurfgeschossen gegen die Polizei, die ihre Schußwaffen einsetzte. Die offizielle (und höchstwahrscheinlich zu niedrige) Gesamtbilanz waren 575 Tote, größtenteils von der Polizei erschossene Schwarze, und 2389 Verletzte[81]. Die Schüler und Studenten entwickelten eine erstaunlich schlagkräftige Organisation. Sie übernahmen weitgehend die Macht in den Townships von der älteren Generation; der Staat verlor die Kontrolle zu guten Teilen. Schulen wurden während Monaten boykottiert und manchmal niedergebrannt. Erst gegen Ende 1977 kehrte im Bildungswesen wieder eine gewisse Normalität ein. Verschiedene andere Boykotte, etwa der staatlichen Bierhallen, wurden erfolgreich durchgeführt. Südafrikas Ansehen im Ausland fiel auf einen Tiefpunkt.

Dennoch wurde die Revolte für die Regierung nie zu einer ernsthaften Bedrohung. Das hing in erster Linie mit der Haltung der Arbeiter zusammen. Zwar gelang es den Jugendlichen, im August/September 1976 drei landesweite *stay-aways* (politische Generalstreiks) mit beträchtlichem Erfolg zu organisieren. Doch eine umfassende Streikbewegung kam nicht zustande. Die Anliegen der Jugendlichen waren nur am Rande die der Arbeiter. Dabei zeigte sich, daß hier besondere Gefahren lagen. In einigen Fällen gingen Wanderarbeiter brutal gegen die Jugendlichen vor. In der Regel wurden sie wohl von den Sicherheitskräften dazu angestiftet – möglich aber wurde dies, weil sie fürchteten, sie könnten infolge der Unruhen in die Homelands zurückgeschickt werden. Boykotte von Bildungseinrichtungen blieben für sich genommen für den Staat harmlos, weil die Boy-

[81] Lodge 328–330.

kotteure letztlich sich selber am meisten schadeten, zumal in einer Situation härtester Konkurrenz zwischen Schulabsolventen. Ähnliches gilt auch für die zahlreichen Schul- und Universitätsboykotte der achtziger Jahre. Solche Aktionen können zwar kurzfristig beträchtliche öffentliche Wirkungen erzielen und dadurch zuweilen auch gewisse Konzessionen erzwingen – längerfristig laufen sie sich solange tot, als neben ihnen keine wirkliche Alternative geboten wird.

Ähnlich wie 1960 schlug die Regierung wieder zu und verbot alle Organisationen, die mit den Unruhen in Verbindung gebracht wurden. Das galt nun auch für Black Consciousness. Ihr Führer, Steve Biko, starb 1977 in Polizeigewahrsam an den Folgen von dort erlittenen Mißhandlungen. Mehrere Tausend Jugendliche flohen ins Ausland. Viele stellten sich dem ANC und dem PAC für bewaffnete Aktionen zur Verfügung. Sie wurden in Lagern in afrikanischen Ländern für Sabotage und Guerillakampf ausgebildet. Dabei gelangen zwar einzelne spektakuläre Aktionen, 1980 etwa gegen eine große Kohleverflüssigungsanlage. Aber es waren Ausnahmeerscheinungen: nach vier Anschlägen 1976 wurden 1977–1980 jeweils zwischen 12 und 20 Fälle gezählt[82]. Von einem Übergang zum bewaffneten Kampf konnte nicht die Rede sein. Polizei und Geheimdienst hatten die Lage im Griff.

Politische Kräfteverschiebungen im Lager der Weißen

Insoweit war die Situation 1977 mit der von 1961–1964 vergleichbar. Dennoch hatte sich vieles geändert. Diesmal ging die Regierung nicht einfach zur Tagesordnung des weiteren Ausbaus der Apartheid über. Vielmehr reagierte sie mittels einer breiten Palette von Anpassungsmaßnahmen. Das Ziel der Sicherung der weißen und insbesondere der burischen Vorherrschaft blieb. Aber die Mittel und Wege änderten sich teilweise. Insbesondere begann die Regierung nach Bundesgenossen zu suchen, nicht nur unter den Weißen, sondern auch unter den andern Rassen. Selbstsicherheit und Siegesgewißheit der sechziger Jahre waren dahin. Der schwarze Widerstand erschien nicht mehr nur als Werk einer kleinen Gruppe, die man eliminieren mußte, um Ruhe zu haben, sondern als eine anschwellende Bewegung, der nur beizukommen war, wenn man wenigstens ein Stück

[82] SAIRR Survey 1984, 92.

weit auf ihre Ursachen einging und wenn man die eigene Basis ausweitete.

Nachdem die Nationalen 1948 an die Macht gekommen waren, hatten sie die Buren in vielfältiger Hinsicht bevorzugt. Am meisten gestärkt wurde die eigentliche Führungsgruppe, die dem Zentrum der Macht am nächsten stand. Dazu gehörten neben Politikern vor allem Wirtschaftsführer. Der Anteil der Buren an der Privatwirtschaft erhöhte sich deutlich, blieb jedoch nach wie vor weit hinter dem der Briten zurück[83]. Dafür beherrschten die Buren die Führungspositionen im staatlichen und halbstaatlichen Sektor zu etwa 90 Prozent. Dieser Sektor verdoppelte seinen Anteil an der Wirtschaft unter der Herrschaft der NP, nicht zuletzt als Folge internationalen Drucks: das Waffenembargo z. B. führte zur Gründung des Rüstungskonzerns ARMSCOR, die Furcht vor der Unterbrechung der Energiezufuhr gab SASOL in der Petrochemie und speziell der Kohleverflüssigung große Bedeutung.

Die Ausweitung des öffentlichen Sektors unter burischer Kontrolle und die Stärkung der burischen Position in der Privatwirtschaft unter dem Schutzschild eines von Buren beherrschten politischen Systems ermöglichte es, auch die Stellung der burischen Mittel- und Unterschichten zu verbessern. Buren waren im öffentlichen Dienst auf allen Ebenen deutlich überrepräsentiert, wobei die unteren Stellungen zwar nicht sehr gut bezahlt, dafür aber sicher waren. 1977 waren etwa 35 Prozent der erwerbstätigen Buren im Staatssektor beschäftigt, gegenüber ca. 25 Prozent der englischsprachigen Weißen[84]. Das Pro-Kopf-Einkommen der Buren betrug 1946 nur 47,4 Prozent desjenigen der Briten; bis 1976 war es auf 70,8 Prozent gestiegen[85]. Selbst jetzt entsprach der politischen Hegemonie der Buren also noch kein wirtschaftliches Übergewicht.

Der Aufstieg der burischen Mittel- und Oberschichten führte dazu, daß diese sich mit der Zeit in Lebensstil und politischen Auffassungen nicht mehr in gleichem Maße von den Englischsprachigen unterschieden wie zu einer Zeit, als diese in erster Linie als Gegner und Konkurrenten erschienen waren. Ziel wurde weniger der Aufstieg als die Bewahrung des Erreichten. Diese Gruppen dominierten die NP weitgehend,

[83] Genauere Angaben, auch zum Folgenden, bei GILIOMEE, in ADAM/GILIOMEE, Kap. 6.
[84] Ebd. 165 f.
[85] Ebd. 173 f.

was bedeutete, daß die Partei mehr und mehr auch für Englischsprachige akzeptierbar wurde. 1977 wählten etwa 30 Prozent von ihnen die NP[86]. Dafür vergrößerte sich der Abstand zwischen den burischen Mittel- und Oberschichten einerseits und den burischen Unterschichten andererseits. Die Unterschichten waren in weit stärkerem Maße von den vielen speziellen Privilegierungen des Apartheidsystems abhängig als die Oberschichten, für die nur die Grundzüge des Systems entscheidend waren.

Die Basis der NP verschob sich also mit der Zeit. Das führte zu Widerstand von seiten der Vertreter einer härteren Linie und damit insbesondere von seiten der Unterschichten, schließlich zu Abspaltungen. Man unterschied zwischen »Verkrampften« (*verkramptes*) und »Aufgeklärten« (*verligtes*) unter den Buren, zwischen denen, die noch immer Verwoerds Idealen nachhingen, und denen, die eine stärkere Anpassung an die Zeitumstände für nötig hielten. Vier von der NP ausgeschlossene rechtsextreme Abgeordnete gründeten 1969 die *Herstigte Nasionale Party* (HNP), die »Wiederhergestellte« NP. Diese konnte ein beträchtliches Wählerpotential mobilisieren. 1981 erhielt sie 13 Prozent der Stimmen; also stand fast ein Viertel der Buren hinter ihr[87]. Die Tücken des Mehrheitswahlrechts führten jedoch dazu, daß sie keinen einzigen Parlamentssitz erhielt. Erst 1985 gelang es ihr, in einer Nachwahl einen Sitz zu erringen[88], den sie aber 1987 bereits wieder verlor. Die NP, die in den siebziger Jahren 60 und mehr Prozent der abgegebenen Stimmen auf sich vereinte und z.B. 1977 mit 64,5 Prozent der Stimmen 134 von 165 Mandaten errang, brauchte sich vorläufig keine großen Sorgen zu machen[89].

Gewichtiger wurde die nächste Abspaltung, als 1982 Andries Treurnicht, ein Minister, aus der Partei ausgeschlossen wurde und daraufhin mit 17 weiteren Abgeordneten die Konservative Partei gründete, die zwischen NP und HNP stand und rasch zur ernsthaftesten Konkurrentin für die NP wurde. Sie wurde in den Wahlen von 1987 zur zweitstärksten Partei. Sie erhielt mit 26,6 Prozent der Stimmen 22 der 166 Sitze, die NP mit 52,3 Prozent 123 (1981: 57,7 Prozent und 131 Sitze), während die vorher zweitstärkste Partei, die liberale *Progressive Federal*

[86] Ebd. 216.
[87] LODGE 358.
[88] SAIRR Survey 1985, 16f.
[89] GILIOMEE, in ADAM/GILIOMEE 206. DAVENPORT, History 587.

Party von 26 auf 19 Sitze und von 18,2 auf 14,0 Prozent der Stimmen zurückfiel[90]. 1989 nahm die Polarisierung weiter zu. Die Konservativen konnten sich auf 31 Prozent und 39 Sitze steigern, während die NP auf 48 Prozent und 93 Sitze zurückfiel. Die größten Gewinne erzielte diesmal die aus der PFP hervorgegangene Demokratische Partei, die auf 20 Prozent und 33 Sitze kam. Die NP war gezwungen, in zunehmendem Maße auf die Konservativen bzw. die von ihnen vertretenen Positionen Rücksicht zu nehmen, wollte sie nicht schließlich die Mehrheit der burischen Wähler verlieren. Diese Rücksichtnahme ging aber nicht bis zum Versuch, die NP wieder zur eigentlichen und umfassenden Burenpartei zu machen. Das heißt die Klassen spielen in der Parteienlandschaft neben den Sprachgruppen bzw. Nationalitäten wieder eine größere Rolle. Die Perspektive der burischen Alleinherrschaft, die nach 1948 so wichtig war, ist in den Hintergrund gerückt. Zwar dominieren die Buren innerhalb der NP nach wie vor. Doch die Briten sind nun nicht mehr in erster Linie Gegner, sondern als Bundesgenossen akzeptiert, während die Einheit des Burentums vorerst der Vergangenheit angehört. Die weiße Vorherrschaft ist zum überragenden Ziel geworden.

Der Aufstieg der schwarzen Gewerkschaften

Komplexer, uneinheitlicher und teilweise widersprüchlich war die Politik der Regierung gegenüber den andern Rassen. Die einschneidendsten Veränderungen erfolgten im Gewerkschaftswesen[91]. Nach den großen Streiks von 1973 bildeten sich erstmals in größerem Maße unabhängige, also nicht mit einer weißen Parallelgewerkschaft verbundene schwarze Gewerkschaften. Bis 1976 breiteten sie sich rasch aus. Danach stagnierte ihre Mitgliederzahl. Doch staatliche Versuche, sie zu zerschlagen, scheiterten. Ihr wichtigster Erfolg war die Anerkennung durch eine Reihe von Unternehmen. Sie erhielten darin die gleiche Stellung, wie sie weißen Gewerkschaften gesetzlich zugesichert war. Das erschwerte staatliches Vorgehen gegen sie. Aufgrund der Empfehlungen der Wiehahn-Kommission wagte der Staat statt dessen 1979 den Sprung nach vorn, indem er schwarze Gewerkschaften den weißen gleichstellte. Voraussetzung dafür

[90] Official Yearbook 1987/88, 164–166.
[91] Zum Folgenden vor allem Puschra, Kap. 3–6. Dazu Maree, Independent trade unions.

war die Registrierung, die mit bedeutenden Auflagen verbunden war, wie staatliche Aufsicht und Verzicht auf politische Betätigung. Man hoffte wohl, die Gewerkschaften auf diese Weise kontrollieren zu können. Der Hauptgrund aber dürfte die Erfahrung der Unruhen von 1976 gewesen sein, die gezeigt hatten, wie wichtig es war, daß die politischen Auseinandersetzungen nicht auf die Arbeitswelt übergriffen. Über der Frage der Registrierung kam es zu Auseinandersetzungen unter den Gewerkschaften. Doch der Streit erledigte sich rasch. Angesichts des Widerstands, und da sich die Unternehmer auch mit nicht registrierten Gewerkschaften verständigten, wurden die Bedingungen für die Registrierung abgeschwächt, und seit 1981 war der Streitpunkt vom Tisch. Ähnlich erging es einer andern Einschränkung. Wanderarbeitern und Pendlern war die Mitgliedschaft in den neuen Gewerkschaften nicht gestattet. Doch nach Protesten gab die Regierung ihnen in dieser Hinsicht noch 1979 die gleichen Rechte wie den fest Niedergelassenen.

Für die Unternehmer war am wichtigsten, ob die Gewerkschaften die Belegschaft repräsentierten und getroffene Vereinbarungen einhalten konnten. Diese Haltung ist freilich in erster Linie vor dem Hintergrund des Strukturwandels in der Wirtschaft und insbesondere der zunehmenden Qualifikation der schwarzen Arbeitskräfte und der Knappheit Qualifizierter zu sehen: sie waren je länger desto weniger beliebig auswechselbar. Nur deshalb hatten sie Verhandlungsmacht, konnten sie Zugeständnisse erzwingen. Vor allem bei ausländischen Firmen führten auch der internationale Druck und die Furcht vor einem schlechten Image zu wachsender Verhandlungsbereitschaft.

Nach 1979 nahmen die unabhängigen schwarzen Gewerkschaften, die in der Regel auch Angehörigen anderer Rassen offenstanden, einen spektakulären Aufschwung. Hatte ihre Mitgliederzahl 1972 einen Tiefpunkt von 13 750 erreicht, so lag sie 1976 bei 79 000 und 1979 bei 85 000, 1983 bereits bei 741 000 und 1986 bei 1 124 000[92]. Der Organisationsgrad erreichte bis 1986 in einzelnen Industriebranchen über 80 Prozent, im gesamten Bergbau 61,1 Prozent[93].

Damit hatten die Gewerkschaften innerhalb weniger Jahre einen Umfang und eine Bedeutung erreicht, die jeden Versuch,

[92] PUSCHRA 174.
[93] Ebd. 176 f.

das Rad zurückzudrehen, unmöglich erscheinen ließen. Der Staat versuchte auch gar nicht, sie zu zerschlagen. Vielmehr unterschied er deutlich zwischen gewerkschaftlichen und politischen Aktivitäten. Gegenüber diesen wandte er den Repressionsapparat in vollem Umfang an, insbesondere durch Verhaftung und Bannung von Mitgliedern und Führern, während er sich gegenüber jenen deutlich zurückhielt. Das zeigte sich auch auf dem bisherigen Höhepunkt gewerkschaftlichen Wirkens, dem schwarzen Bergarbeiterstreik vom 9.–30. August 1987. Er war, mit 200000 bis 300000 Streikenden, der größte und längste Arbeitskampf, den Südafrika bis dahin erlebt hatte. Er verlief keineswegs rundum friedlich. Aber im Vergleich zu früheren Streiks war die Gewaltanwendung zwischen Arbeitern und Sicherheitskräften des Staates und der Unternehmer vergleichsweise gering[94]. Die Bergarbeitergewerkschaft konnte zwar nur den kleineren Teil ihrer Forderungen durchsetzen, aber sie stellte unter Beweis, welch großen Organisationsgrad und welche Disziplin sie innerhalb kürzester Zeit erreicht hatte.

Die Haltung des Staates wurde besonders deutlich, als er im Februar 1988 dem größten Gewerkschaftsdachverband COSATU, der *Confederation of South African Trade Unions*, politische Aktivitäten untersagte, gewerkschaftliche aber weiterhin erlaubte[95].

Der Bildungs- und Sozialbereich seit 1976

Sehr viel zögerlicher waren die staatlichen Maßnahmen im sozialen Bereich. Der Wohnungsmangel, die Überfüllung und der heruntergekommene Zustand der städtischen Siedlungen hatten mit zum Ausbruch der Unruhen 1976 beigetragen. Hier wirklich Abhilfe zu schaffen, wäre nicht nur sehr teuer zu stehen gekommen, sondern es hätte auch den weitgehenden Verzicht auf die Homelandpolitik erfordert. Man hätte den Plan aufgeben müssen, die schwarze Bevölkerung möglichst von den Städten fernzuhalten und sie in die Homelands zu lenken. Dazu war weder die Regierung noch die Mehrheit der Weißen bereit. Man verfolgte eine andere Strategie: die Schwarzen mit festen Aufenthaltsrechten in den Städten sollten besser gestellt, die übri-

---

[94] Die Unternehmerseite sprach von drei, die Gewerkschaft von 16 Toten. SAIRR Survey 1987/88, 678.
[95] SAIRR Survey 1987/88, 530f.; 588.

gen noch stärker abgewehrt werden. Deshalb wurden keine großen Neubauprogramme in Angriff genommen und die Deportationen intensiviert. Auf der andern Seite wurden die bestehenden Schwarzensiedlungen etwas verbessert. 1978 erhielten niedergelassene städtische Schwarze das Recht, Grundstücke in Erbpacht auf 99 Jahre zu erwerben und darauf selber Häuser zu bauen oder bestehende Häuser zu übernehmen. Seit 1986 können Grundstücke auch in vollem Eigentum erworben werden. Bis Mitte 1988 waren 27 Prozent der Häuser in den schwarzen Townships verkauft[96]. Eine entscheidende Abwendung von der bisherigen Wohnungsbaupolitik, die Neubauten praktisch auf die Homelands beschränkt hatte, bildete die Anlegung der neuen Schwarzenvorstadt Khayelitsha in Kapstadt seit 1983 – verbunden freilich mit besonders umfangreichen und brutalen Zerstörungen von »illegalen« Siedlungen, z. B. Crossroads. Seit 1986 wurden die Ausgaben für die Sanierung und den Neubau von Townships deutlich erhöht.

Ein weiterer Auslöser für Soweto war die Lage an den Schulen gewesen. Hier wurden beträchtliche Mittel eingesetzt. Die Zuwachsraten waren höher als beim Schulwesen für Weiße, wie aus den nachfolgenden Tabellen hervorgeht.

Bildungsausgaben pro Schüler (Relationen)[97]

Jahr	Schwarze	Mischlinge	Inder	Weiße
1974/75	1	3,2	4,3	15,2
1984/85	1	2,4	4,0	6,6
1986/87	1	2,1	4,0	5,3

Durchschnittliche Klassengrößen[98]

Jahr	Schwarze	Mischlinge	Inder	Weiße
1975	54	31	27	20
1985	41	25	22	19
1987	41	25	21	16

Das Bildungswesen für Inder hat demnach zumindest in quantitativer Hinsicht inzwischen fast mit dem für Weiße gleichgezogen, während bei den Schwarzen der Unterschied noch immer sehr groß ist. Angesichts des Bevölkerungswachstums konzen-

[96] SAIRR Survey 1986, 369 f.; 1987/88, XLVII; 213–215.
[97] Berechnet nach SAIRR Survey 1976, 1985 und 1987/88.
[98] SAIRR Survey 1976, 1985, 1987/88.

trierten sich die Anstrengungen hier außerdem weiterhin auf die Ausweitung, weniger auf die Verbesserung. Immerhin nahm auch der durchschnittliche Bildungsstand zu, wie folgende Tabelle zeigt:

Prozentualer Anteil der Angehörigen eines Jahrgangs in der 12. Klasse (Hochschulreife)[99]

Jahr	Schwarze	Mischlinge	Inder	Weiße
1974	keine Ang.	12,5	32,4	58,5
1981	8,4	24,9	51,2	69,0
1988	19,1	40,2	69,3	79,4

Allen Verbesserungen zum Trotz blieb entscheidend, daß die Grundprinzipien des Systems nicht zur Debatte standen: die nach Rassen getrennten Bildungssysteme blieben unantastbar; selbst die getrennten Schulen für afrikaans- und englischsprachige Weiße wurden beibehalten. Damit reduzierte sich die Frage nach Verbesserungen darauf, ob und in welchem Umfang Abstände verringert würden. Das Prinzip blieb jedoch der Abstand. Nur dadurch konnten etwa die Bildungsausgaben pro Kopf zum Politikum werden, während bei Abschaffung der Rassenordnung die Frage nach Chancengleichheit nur im Rahmen der verfügbaren Mittel gestellt würde.

Einzig im Hochschulwesen wurde die strikte Rassentrennung etwas gelockert; unter bestimmten Bedingungen konnten Nichtweiße wieder an weißen Hochschulen studieren. 1987 machte ihr Anteil an den englischsprachigen weißen Universitäten 22 Prozent aus (9 Prozent Schwarze), an den afrikaanssprachigen 2 Prozent[100].

Für Inder wurde 1973, für Mischlinge 1976 die Schulpflicht eingeführt. Für Schwarze wurde sie zwar zum Fernziel erklärt, zunächst jedoch nur in einzelnen Gebieten, wo die Infrastruktur ausreichte, verwirklicht; 1986 waren ihr etwa 10 Prozent der Kinder im schulpflichtigen Alter unterworfen[101]. Landesweit besuchten trotzdem immerhin knapp 80 Prozent der schwarzen Kinder im betreffenden Alter die Schule[102]. Schulgelder wurden

[99] SA Labour Statistics 1989, 267–275.
[100] SAIRR Survey 1987/88, 181.
[101] SAIRR Survey 1986, 426.
[102] Official Yearbook 1987/88, 506.

von staatlicher Seite abgeschafft, konnten aber von den einzelnen Schulen weiterhin erhoben werden.

Die Lehrinhalte änderten sich wenig. In einem sich verengenden Arbeitsmarkt hatten schwarze Schulabgänger geringe Chancen. Nirgends waren denn auch in den achtziger Jahren die Unruhen so häufig und nachhaltig wie in den Schulen und Universitäten, obwohl der Staat hier die Ausgaben am kräftigsten steigerte.

Auch in andern Sozialbereichen, insbesondere im Gesundheitswesen, wurden die staatlichen Anstrengungen vergrößert, verringerte sich der Abstand zu den Einrichtungen für Weiße etwas, blieb aber die Rassenordnung selber unangetastet.

Nach außen am sichtbarsten wurde die allmähliche – freilich bislang noch immer nicht vollständige – Abschaffung der »kleinen« Apartheid in den siebziger und achtziger Jahren, ergänzt im Juni 1985 durch die Aufhebung des Verbots von Mischehen und außerehelichem Geschlechtsverkehr zwischen Weißen und Nichtweißen. Zwischen 1957 und 1985 waren aufgrund des letzteren Gesetzes insgesamt 929 Personen verhaftet und 527 verurteilt worden[103]. Doch die Abschaffung der »kleinen« Apartheid war nicht mit deren Einführung vergleichbar. Diese hatte gewissermaßen die Krönung der Apartheid dargestellt, indem den untergeordneten Rassen ihre Stellung täglich demütigend vor Augen geführt wurde. Die Aufhebung stellte zwar eine angenehme Lockerung dar, rief aber zugleich in Erinnerung, daß da, wo über die zentralen Lebenschancen entschieden wurde, weiterhin die Rassenordnung galt. Zudem erfolgte sie so langsam und zögerlich, daß jeder noch mögliche stärkere Effekt verpuffte. Selbst bei den Eisenbahnen z.B. bestanden je nach Region und je nach Zugkategorie Unterschiede. Bezeichnend war der Abbau hingegen für den allmählichen Verfall der ideologischen Grundlagen der Apartheid.

Die Verfassung von 1984

Am vorsichtigsten waren die Veränderungen im politischen Bereich, wo es um die eigentliche Macht ging. Ihren bisher wichtigsten Ausdruck fanden sie in der neuen Verfassung, 1983 von der weißen Wählerschaft mit Zweidrittelmehrheit gebilligt und 1984 in Kraft getreten. Dieses Instrument war Ausdruck des

---

[103] SAIRR Survey 1986, 8.

Versuchs der Buren unter P. W. Botha, sowohl mit andern Weißen als auch mit Angehörigen anderer Rassen Bündnisse zu schließen. Das bisherige, in britischer Tradition stehende parlamentarische System wurde durch ein solches mit starkem Präsidenten ersetzt. Das minderte die Rolle der Parteien und gab dafür außerparlamentarisch organisierten Interessengruppen, etwa Unternehmern und Wirtschaftsverbänden, aber auch der Armee und der Polizei, größere Einflußmöglichkeiten, während die burischen Unterschichten, die zunehmend von der NP abfielen und Macht hauptsächlich über ihr Wahlrecht ausübten, an Bedeutung verloren.

Doch nicht nur zwischen Buren und Briten wurden die Gewichte verschoben, sondern auch zwischen Weißen, Mischlingen und Indern. Jede dieser Gruppen erhielt eine eigene Parlamentskammer und einen eigenen Ministerrat. Daneben steht ein für alle drei Gruppen zuständiges Kabinett. Zentral ist die Unterscheidung zwischen eigenen oder Gruppen- sowie gemeinsamen Angelegenheiten. Erstere werden von jeder Gruppe in eigener Regie behandelt. Dazu gehören etwa Bildung, Gesundheit und Kultur. Gemeinsame Angelegenheiten müssen von allen drei Kammern behandelt werden. Können diese sich nicht einigen, so entscheidet der Präsidentschaftsrat, in dem alle drei Gruppen vertreten sind. Der ganze Mechanismus ist außerordentlich kompliziert. Besonders wichtig ist, daß die Finanzhoheit in allen wesentlichen Punkten eine gemeinsame Angelegenheit ist und damit in den Händen der Weißen bleibt, die in den zentralen Gremien eine klare Mehrheit haben.

Die hinter der neuen Verfassung stehende Absicht war deutlich: bei einer formal möglichst weitgehenden Gleichheit (nicht der Individuen, sondern der Rassengruppen) sollte die weiße Vorherrschaft im Kern unangetastet bleiben. Verglich man die neue Politik hingegen mit den fünfziger und sechziger Jahren, als die NP alles daran setzte, den Mischlingen auch noch die letzten Reste politischer Rechte zu entziehen, sie förmlich auszustoßen, so zeigte sich doch ein erstaunlicher Kontrast.

Die Aufnahme durch die Begünstigten war skeptisch bis ablehnend, zumal sie, anders als die Weißen, auch nicht über die Annahme der Verfassung entscheiden konnten. Bei den Parlamentswahlen im August 1984 ließen sich von den dazu berechtigten Mischlingen 57 Prozent in die Wählerlisten eintragen, und von diesen gingen wiederum nur 30,9 Prozent zur Urne. Das waren lediglich 17,6 Prozent aller Berechtigten. Von den

Indern wurden zwar 80 Prozent registriert, aber nur 20,3 Prozent von ihnen bzw. 16,2 Prozent aller Berechtigten wählten[104]. Das war eine Folge intensiv geführter Boykottkampagnen. Die Wahlen von 1989 brachten in dieser Hinsicht keine grundlegenden Veränderungen. Bisher wird man also kaum sagen können, die Mischlinge und Inder seien durch die Teilhabe an der Macht in homöopathischen Dosen zu Bundesgenossen der Weißen geworden. Nichtsdestoweniger haben sie eine Sonderstellung erhalten, die sie auch wieder stärker von den Schwarzen trennt.

Das hervorstechende Merkmal der neuen Verfassung war negativ: die völlige Ausgrenzung der Schwarzen. Hier wurde an der Homelandideologie festgehalten, wonach die Schwarzen ihre eigenen Gebiete hätten, in denen sie sich politisch betätigen könnten. Dies erklärt sich weniger aus Rassismus als aus den Zahlenverhältnissen. Die Verfassung integrierte die Mischlinge und Inder als Minderheitsgruppen; selbst bei der in mancher Hinsicht durchaus gegebenen proportionalen Vertretung war dadurch die Stellung der Weißen nicht gefährdet. Auf der gleichen Basis hätten die sehr viel zahlreicheren Schwarzen in allen gemeinsamen Gremien eine überwältigende Mehrheit gehabt. Eine Verfassung, die die Schwarzen integrierte und trotzdem die weiße Vorherrschaft sicherte, war schwer denkbar, sollte sie nicht von vornherein extrem diskriminieren.

Die Unruhen 1984–1986 und ihre sozialen Hintergründe

Der klare und scharfe Ausschluß der Schwarzen von aller Beteiligung an der zentralen Macht wurde 1984 zum Auslöser für die bislang blutigsten Unruhen, die freilich wesentlich umfassendere Hintergründe hatten. Zu deren Verständnis ist ein Blick auf die in der Zwischenzeit bei den Schwarzen erfolgte Verschärfung und Polarisierung der Klassenstruktur erforderlich.

Wie bereits dargestellt, wurden im Laufe der Zeit qualifizierte Arbeitskräfte knapper, während das Überangebot an Unqualifizierten zunahm. Die meisten Arbeitslosen lebten in den Homelands. Die Einkommensdifferenz zwischen städtischen und ländlichen Schwarzen wurde größer als die zwischen städtischen Schwarzen und Weißen. Schon 1975 verdiente ein städtischer schwarzer Arbeiter 8,3 mal mehr als ein ländlicher und »nur« 5,6 mal weniger als ein weißer. Seither hat sich dieser

---

[104] VAN DER ROSS 356 f.

Abstand verringert, jener vergrößert. Ähnliches gilt für das Bildungsniveau[105]. Staatliche Maßnahmen verschärften die Polarisierung noch. Die Regierung begrub in den siebziger Jahren Verwoerds Pläne zur Ausschaltung der schwarzen städtischen Mittelschicht stillschweigend als undurchführbar und wirtschaftlich und sozial kontraproduktiv. Statt dessen setzte sie die vielfältigen zur Kontrolle der Bevölkerungsbewegung entwickelten Instrumente gezielt zur Förderung einer solchen Schicht ein. Leute mit dauernder Aufenthaltsberechtigung für die Städte wurden bei der Vergabe von Arbeitsplätzen und Wohnungen bevorzugt. Nach ihnen kamen die Pendler aus nahegelegenen Homelands, erst in dritter Linie die Wanderarbeiter. Je fester sich eine permanente Arbeiterschaft in den Städten etablierte, um so schwieriger wurde es für Leute aus den Homelands, Arbeit zu finden. Auch die wohlwollende Duldung der Gewerkschaften, solange sie sich aus der Politik heraushielten, gehörte in diesem Zusammenhang der Privilegierung einer fest niedergelassenen Schicht städtischer Schwarzer (obwohl die Gewerkschaften zunehmend auch Wanderarbeiter umfaßten).

Die Absicht war klar und wurde auch deutlich ausgesprochen: man wollte eine Schicht mit materiellen Interessen an der Aufrechterhaltung der bestehenden Ordnung schaffen. Doch die Stellung dieser Mittelschicht war prekär. Da sie von allen politischen Rechten ausgeschlossen und weiterhin dem System der Apartheid unterworfen blieb, hatte sie kaum Möglichkeiten, sich als eigenständige Gruppe zu profilieren. Dazu war sie zahlenmäßig schwach. Auch in den Städten blieb die große Masse der Schwarzen arm, wenngleich sie nicht in äußerstem Elend lebte wie in den Homelands. Die etwas wohlhabendere Gruppe von Facharbeitern, Angestellten, Freiberuflern, Lehrern, Geschäftsleuten usw. machte 1970 nur ca. 4,7 Prozent der gesamten schwarzen Bevölkerung aus, 1980 etwa 8,7 Prozent[106].

Die soziale Polarisierung verstärkte sich auch in den Homelands, und zwar aus zwei Gründen. Erstens nahm der Landmangel infolge der Übervölkerung rasch zu. Waren 1943 etwa 10 Prozent der Haushalte in Transkei ohne Land gewesen, so waren es zu Beginn der achtziger Jahre um 30 Prozent[107]. Zweitens – und das war angesichts der stagnierenden Landwirtschaft bedeutender – führte die allmähliche Bevorzugung der fest in

[105] NATTRASS 288. GILIOMEE/SCHLEMMER 319.
[106] GILIOMEE, in GILIOMEE/SCHLEMMER 319.
[107] ILIFFE 269 ff. N. MULLER 55 ff.

den Städten Niedergelassenen und der Pendler auf dem Arbeitsmarkt zu einem Rückgang der Wanderarbeit. Die Zahl der Familien, aus denen während längerer Zeit niemand Arbeit im »weißen« Südafrika fand, nahm zu, und das bedeutete für die Betroffenen fast völlige Mittellosigkeit, selbst wenn sie noch etwas Land besaßen. Infolge der durchschnittlich längeren Beschäftigung von Wanderarbeitern waren dafür andere Familien relativ besser gestellt.

Die Polarisierung der Klassen wirkte sich in den neuen Unruhen seit 1984 aus. Der Widerstand war zwar nach 1976 organisatorisch wiederum weitgehend zerschlagen worden. Aber sein Potential war weiter gewachsen. Der Ausschluß der Schwarzen von jeglicher Teilhabe an der Macht im Zentrum wurde zum Kristallisationspunkt. Dagegen verblaßte die Tatsache, daß 1982 die Townships erstmals gewählte Stadtvertretungen erhielten, die nicht mehr nur beratende Funktionen, sondern annähernd gleiche Befugnisse hatten wie Lokalverwaltungen in weißen Gebieten. Zum Problem dieser Verwaltungen wurden weniger fehlende Kompetenzen, als daß sie einerseits die ja weiterhin bestehenden Apartheidgesetze durchsetzen mußten, was sie von vornherein unpopulär machte, und andererseits stets unzureichende Finanzmittel hatten, die erst noch größtenteils von den Townshipbewohnern selber aufzubringen waren.

Die Unruhen erreichten bislang unbekannte Ausmaße. Sie erfaßten das ganze Land und forderten vom September 1984 bis Ende 1986 über 2300 Tote[108]. 1987 wurden noch 661 Opfer registriert, nun aber meistens in andern politischen Zusammenhängen[109]. Die Regierung setzte erstmals in größerem Maße Truppen ein. Der Polizeistaat wurde weiter ausgebaut, ganz besonders auch die Zensur, bis Berichterstattung aus den Townships praktisch unmöglich war. Im Juni 1985 wurde über weite Teile des Landes der Ausnahmezustand verhängt. Die Unruhen flauten ab, hörten aber keineswegs auf. Die Gewalt erreichte ihren Höhepunkt, nachdem im März 1986 der Ausnahmezustand aufgehoben worden war, so daß er im Juni erneut verhängt wurde, diesmal über das ganze Land. Tausende wurden verhaftet, nicht nur wirkliche Oppositionelle, sondern auch mehr oder weniger wahllos alle, die sich irgendwie den

---

[108] SAIRR Survey 1986, 517. 1984: 149 Opfer; 1985: 879; 1986: 1298. Ebd. und Survey 1984, 65. Die offiziellen Zahlen waren um 10–20 Prozent niedriger: Survey 1985, 533 und 1986, 516.
[109] SAIRR Survey 1987/88, 23.

Sicherheitskräften in den Weg stellten, wie die große Zahl verhafteter Kinder und Jugendlicher zeigte[110]. Die Townshipverwaltungen brachen zusammen; der Staat verlor seine letzte Autorität und fast jede Kontrolle. Eigenständige lokale Selbstverwaltungskomitees, die die Organisation des Gemeinschaftslebens in die Hand nahmen, bildeten sich. Ein besonders verbreitetes und wirksames Mittel waren Mietboykotte. Erst gegen Ende 1986 klangen die Auseinandersetzungen allmählich ab.

Auch bewaffnete Anschläge, für die in der Regel der ANC bzw. Umkhonto we Sizwe verantwortlich zeichnete, wurden häufiger und vielfach blutiger. Neben militärischen, staatlichen und industriellen Einrichtungen wurden vermehrt Einkaufszentren und sonstige belebte Objekte zu Angriffszielen. Eine erste Ausweitung erfolgte seit 1981, eine zweite, und wesentlich stärkere, seit 1985. Doch konnte von Übergang zu einem Guerillakrieg nicht die Rede sein. Die Zahl der Zwischenfälle für 1985 wird mit 136, für 1986 mit 230 und für 1987 mit 234 angegeben, wobei Personen häufiger und Einrichtungen seltener angegriffen wurden[111].

Diese Unruhen waren zwar eine schwere Belastungsprobe für den Staat. Aber sie stellten keine wirkliche Existenzbedrohung für ihn dar. Die von ihm geförderte Polarisierung innerhalb der schwarzen Bevölkerung wirkte sich aus. Am wichtigsten war wohl, daß die Arbeiterschaft in den Betrieben abermals weitgehend ruhig blieb. Die Gewerkschaftspolitik trug Früchte. Das Ausmaß der Gewaltanwendung zwischen Schwarzen nahm auf Kosten der Auseinandersetzungen mit den Sicherheitskräften zu. Waren 1984 die meisten Opfer von den Sicherheitskräften getötet worden, so waren es 1985 noch die Hälfte, 1986 aber nur noch 31,7 Prozent. Dafür stieg der Anteil der Opfer interner Auseinandersetzungen unter den Schwarzen von 31,1 Prozent (1985) auf etwa 50 Prozent (1986)[112]. Sie waren einerseits auf Kämpfe zwischen rivalisierenden Organisationen mit unterschiedlichem klassenmäßigem, ethnischem und ideologischem Hintergrund zurückzuführen, andererseits auf Angriffe gegen

[110] Von 11 006 laut Polizeiangaben im Jahre 1986 im Zusammenhang mit den Unruhen Verhafteten waren 1144 unter 16, 2076 zwischen 16 und 18 sowie 2599 zwischen 18 und 20 Jahre alt. SAIRR Survey 1986, 517.
[111] SAIRR Survey 1984, 91 ff.; 1985, 540 ff.; 1986, 528 ff.; 1987/88, 52 ff.
[112] SAIRR Survey 1984, 65; 1985, 534; 1986, 517 f. Für 1987 sind keine genauen Angaben möglich, jedoch schien sich die festgestellte Tendenz zu bestätigen. SAIRR Survey 1987/88, 23.

Leute, die der Kollaboration beschuldigt wurden, sei es der heimlichen als Spitzel, oder der offenen als Polizisten, Stadträte usw. Sie erschienen als Verräter. Das Vorgehen gegen sie war deshalb besonders hart, ja grausam; die Verbrennung bei lebendigem Leibe mit der sog. Halskrause, einem benzingefüllten Autoreifen, erlangte traurige weltweite Berühmtheit.

Diese Auseinandersetzungen zwischen Schwarzen wurden von den Sicherheitskräften durch Spitzel, Provokateure und bezahlte Schlägertrupps *(vigilantes)* nach Kräften gefördert. Trotzdem wäre es zu einfach, alles auf die Machenschaften der Regierung zurückzuführen; diese nutzte vielmehr die bestehenden Spaltungen unter den Schwarzen aus. Seit 1987 ist sogar der weitaus größte Teil der Opfer auf Auseinandersetzungen zwischen rivalisierenden schwarzen Organisationen, hauptsächlich in Natal zwischen Anhängern der Inkatha und der Gewerkschaften bzw. des ANC, zurückzuführen.

Aus der Sicht der Regierung hatten die Vorfälle einen zwiespältigen Charakter. Die bisherige Politik trug insofern Früchte, als sich die Gewalt zunehmend nach innen statt nach außen wandte. Aber dabei wurde die mühsam aufgebaute Mittelschicht geschwächt, wo nicht zerschlagen oder in das Lager des Widerstands getrieben.

Hauptursache für die zunehmende Gewalt unter den Schwarzen war sicher die Polarisierung der sozialen Klassen. Eine bedeutende Rolle spielten daneben die Gegensätze zwischen den schwarzen Nationalitäten. Sie waren von der Regierung systematisch gefördert worden, auch in den Homelands, in denen Angehörige anderer schwarzer Volksgruppen oft benachteiligt, teilweise sogar ausgewiesen oder vertrieben wurden.

Trotz der ideologischen Bedeutung von Black Consciousness zeigten die Unruhen von 1984–1986, daß die Klassengegensätze im Vergleich zu den Rassengegensätzen an Bedeutung gewannen. Die Opposition war von Anfang an vielrassisch, ohne daß sie jeweils alle politischen Richtungen innerhalb einer Rasse erfaßte. Ihre wichtigste Dachorganisation, die im August 1983 gegründete *United Democratic Front* (UDF), die die Freiheits-Charta von 1955 zum Ausgangspunkt nahm, war mit ca. 2,5 Millionen Mitgliedern ihrer Unterverbände sehr viel stärker als die 1978 gegründete afrikanistisch ausgerichtete Konkurrenzorganisation *Azanian People's Organisation* (AZAPO, ca. 110 000 Mitglieder) und die 1983 gebildete dazugehörige Dachorganisation *National Forum* (ca. 600 000 Mitglieder).

Diesen Gruppierungen wurden im Februar 1988 praktisch alle Aktivitäten verboten, obwohl sie als Organisationen bestehen bleiben konnten[113].

Die Kirchen

Die unabhängigen Kirchen machten im 20. Jahrhundert große Fortschritte, was ihre Mitgliederzahl betraf. 1986 gehörten ihnen etwa 40 Prozent der Schwarzen an[114]. Nachdem viele von ihnen zu Beginn des Jahrhunderts noch eine dezidiert politische, gegen die Weißen gerichtete Haltung eingenommen hatten, zogen sie sich später mehr und mehr von politischen Fragen zurück. Die übrigen Kirchen hingegen – englischsprachige und erst recht afrikaanssprachige, Katholiken wie Protestanten – waren in der ersten Jahrhunderthälfte weiterhin von Weißen dominiert, die zwar den einzelnen Segregationsmaßnahmen oft kritisch gegenüberstanden, im ganzen aber doch eine ausgeprägt paternalistische Haltung einnahmen, für die die untergeordnete Stellung der Schwarzen selbstverständlich war, auch wenn vor Gott alle gleich waren.

Die verschärfte Rassenpolitik seit 1948 stellte die Kirchen vermehrt vor Entscheidungszwänge. Nur die drei eigentlichen Burenkirchen, mit der weitaus größten *Nederduitse Gereformeerde Kerk* (NGK) an der Spitze, versuchten die Apartheid ein Stück weit theologisch zu rechtfertigen. Als die Regierung 1957 die vollständige Rassentrennung auch in den Kirchen durchsetzen wollte, war die Opposition heftig; selbst in der NGK meldeten sich kritische Stimmen, und die Maßnahme wurde nicht erzwungen. Schon 1937 war es einem ähnlichen Versuch Hertzogs ebenso ergangen. In der Praxis erfaßten allerdings angesichts der getrennten Wohngebiete die meisten Gottesdienste und sonstigen Aktivitäten ohnehin nur Mitglieder einer Rasse, hatte jede Rasse ihre eigenen Kirchengebäude. Sicher wären die Widerstände an der weißen Basis gegen eine bewußte Durchmischung beträchtlich gewesen. Immerhin wurden die Kirchen die einzigen bedeutenden Organisationen, für die keine vom Staat vorgeschriebene Rassentrennung galt und die sie, von den Burenkirchen abgesehen, auch selber in der

[113] SAIRR Survey 1986 und 1987/88.
[114] SAIRR Survey 1986, 311.

Regel nicht einführten. Nur in ihnen konnten Nichtweiße außerhalb der ihnen vom Staat zugedachten Positionen aufsteigen. Das war zunächst freilich höchst selten der Fall, wurde aber mit der Zeit wichtiger, nicht zuletzt auch unter internationaler Ermutigung. Denn die Kirchen blieben zugleich die Organisationen mit den umfassendsten Verbindungen zur Außenwelt. Die bedeutendsten Fälle solchen Aufstiegs waren national die Erhebung Desmond Tutus zum Oberhaupt der Anglikaner (1986) und international die Wahl Allan Boesaks zum Präsidenten des Reformierten Weltbundes (1982).

Auch wenn die Kirchen insgesamt gesehen keineswegs Hochburgen des Widerstandes waren, so fanden sich doch in ihnen und aus ihnen heraus mehr und mehr kritisch und oppositionell Eingestellte, ganz besonders in speziellen, von einer Mehrzahl von Kirchen getragenen Institutionen, etwa dem Südafrikanischen Kirchenrat. Gegen solche Organisationen konnte sich auch die staatliche Repression richten. Besonders bekannt wurde im Oktober 1977 das Verbot des Christlichen Instituts und die Bannung seines Leiters, des NGK-Pfarrers Beyers Naudé. Im ganzen aber blieb den Kirchen ein vergleichsweise großer Spielraum. Ihnen kam in einem Staat, der sich selber als christlich verstand, nicht zuletzt in ideologischer Hinsicht besondere Bedeutung zu.

Selbst die NGK war ursprünglich von der gleichberechtigten Stellung aller Christen ausgegangen. Erst 1857 hatte sie nach Rassen getrennte Gottesdienste und Kirchengebäude unter dem Druck der weißen Basis nicht etwa gefordert, sondern lediglich für Ausnahmefälle erlaubt. Doch danach schritt die Trennung voran. Sie führte zur Schaffung separater NGK-Organisationen für die andern Rassen, zuerst 1881 für Mischlinge. Die Rechtfertigung solcher Trennung argumentierte auch im 20. Jahrhundert nicht mit dem bekannten biblischen Fluch gegen Ham (Genesis 9, 25), als dessen Nachkommen die Schwarzen gelten, noch mit der angeblichen göttlichen Auserwähltheit des Burenvolkes. Zentral war vielmehr die Betonung der Aufteilung der Menschheit in unterschiedliche Rassen und Völker, die alle ein göttliches Recht auf Eigenständigkeit hätten. Daraus ließen sich keine Verbote der Kontakte zwischen den Rassen ableiten und erst recht keine Rassendiskriminierung, wohl aber die Rechtfertigung getrennter Entwicklung im Sinne der großräumigen Trennung. Da in der Praxis jedoch Trennung, Diskriminierung und weiße Vorherrschaft Hand in Hand gingen, verwickelten sich auch die Burenkirchen in die Widersprüche und Ungerechtigkeiten des Systems.

Die NGK oder, genauer, deren weiße »Mutterkirche«, wurde mit dem Sieg der NP 1948 vollends zur weitaus mächtigsten Kirche Südafrikas. Ihr gehörte der größte Teil der einflußreichen Buren an, der Geschäftsleute wie der Politiker und Intellektuellen. Viele Politiker waren ursprünglich NGK-Pfarrer, und die Kirche zog besonderes Prestige aus der Tatsache, daß sie den nationalistischen Kampf der Buren vor 1948 unermüdlich unterstützt und sich z. B. vehement für die armen Weißen eingesetzt hatte. Seit den sechziger Jahren hingegen ging dieser Einfluß im Rahmen der allgemeinen Säkularisierungsbewegung allmählich zurück. Nach wie vor aber ist die Verbindung zwischen Kirche und Politik enger als in vielen andern Staaten, besonders in politisch konservativ eingestellten Kreisen. So ist Treurnicht, der Führer der Konservativen Partei, NGK-Pfarrer.

Südafrika und die Welt

Bis zum Zweiten Weltkrieg wurde Südafrika immer nur für kürzere Perioden in nennenswertem Maße in die Weltpolitik hineingezogen. Seit 1945 hingegen haben die Außenverhältnisse eine dauernde und zunehmend wichtigere Rolle gespielt. Die Ursachen dafür liegen nicht im weltpolitischen Gewicht Südafrikas und nur zum geringeren Teil in seinen außenwirtschaftlichen Verflechtungen. Der Anteil des Außenhandels am Sozialprodukt war im 20. Jahrhundert sogar rückläufig[115]. Wichtiger waren die Auswirkungen der inneren Verhältnisse und diejenigen der weltweiten Entkolonisierung.

Südafrika ist wegen seines politischen Systems im Lauf der Jahre zum internationalen Paria geworden, zum weithin geächteten Mitglied der Völker- und Staatengemeinschaft, wie es in gleichem Ausmaß und über gleich lange Zeit keinem andern Staat widerfahren ist. Die Nationalsozialisten hatten unter Berufung auf Rassendoktrinen ungeheure Verbrechen verübt. Dadurch war jegliche Form von Rassismus und Rassendiskriminierung in ganz anderer Weise als früher diskreditiert. Die Ablehnung wurde von den afro-asiatischen Staaten, die sich von

---

[115] NATTRASS 268.

europäischer Herrschaft befreit hatten, aufgenommen und verstärkt. Südafrika hingegen hielt nicht nur an einer offen auf Rassendiskriminierung aufgebauten Ordnung fest, es verschärfte sie nach 1948 noch. 1945 war es eine geachtete Siegermacht. Doch die NP-Regierung ging rasch auf Distanz zu Großbritannien. Der alte burisch-britische Gegensatz wirkte nach. Andererseits bemühte sich Südafrika, möglichst enge Bindungen mit dem Westen aufrechtzuerhalten. Es entsandte ein kleines Truppenkontingent in den Koreakrieg (1950–1953) und versuchte, Mitglied westlicher Verteidigungsbündnisse zu werden, insbesondere der NATO, hatte damit aber keinen Erfolg. Als es 1955 von den Briten die Marinebasis Simonstown am Kap übernahm, gelang es ihm immerhin, ein Abkommen mit Großbritannien über die weitere Nutzung des Stützpunkts zu schließen, das erst 1975 von den Briten gekündigt wurde. Es war deutlich, daß die Westmächte je länger je weniger bündnisähnliche Verbindungen wollten.

Es ist eine Ironie der Geschichte, daß die Präambel der Vereinten Nationen, in denen Südafrika bald einmal zum meistverurteilten Mitglied wurde, von Smuts entworfen wurde. Die Angriffe begannen schon 1946, in der ersten Session der Generalversammlung, als Indien die Politik gegenüber den südafrikanischen Indern zur Sprache brachte, und sie erreichten ihren vorläufigen Höhepunkt 1973, als die Generalversammlung die Apartheid als Verbrechen brandmarkte. Zahllose weitere Resolutionen stellten Südafrika an den Pranger. Es wurde zwar nicht geradezu aus der UNO ausgeschlossen, wohl aber seit 1974 größtenteils von der Teilnahme an ihren Aktivitäten. Über die moralische Ablehnung in der Staatengemeinschaft und in der internationalen öffentlichen Meinung konnte also kein Zweifel bestehen, auch wenn die Verurteilung unterschiedlich scharf ausfiel. Doch internationale Politik blieb in erster Linie Machtpolitik, und diese Tatsache wirkte sich aus, wenn es darum ging, aus der Ablehnung konkrete Schlüsse zu ziehen. Angesichts der strategischen, wirtschaftlichen und politischen Bedeutung Südafrikas hatten unterschiedliche Staaten dort unterschiedliche materielle Interessen, und sie wurden von unterschiedlichen Maßnahmen unterschiedlich betroffen. Die Folge war, daß keine umfassenden internationalen Aktionen zustandekamen. Die Uneinheitlichkeit wurde noch dadurch verstärkt, daß die Frage, was denn nun, über die bloße Ablehnung hinaus, ein gutzuheißendes, als mehr oder weniger gerecht empfundenes System wäre, von unterschiedlichen Staaten höchst unterschiedlich beantwortet wurde. Trotzdem gingen die gemeinsamen, weltweiten Aktionen über eine bloß verbale Verurteilung hinaus. Am verbreitetsten waren Boykotte, vor allem im sportlichen und kulturellen Bereich. 1964 wurde Südafrika von den Olympischen Spielen und dem internationalen Fußball ausgeschlossen. 1963 empfahl der Sicherheitsrat, Südafrika keine Waffen mehr zu liefern. 1977 wurde daraus, zum ersten Mal in der Geschichte der UNO, ein generelles, für alle Mitglieder verpflichtendes Waffenlieferungsverbot. Besonders in Zeiten akuter Krisen wurden ausländische wirtschaftliche Aktivitäten eingeschränkt und floß in größerem Maße Kapital ab, wobei hier freilich neben dem Willen zum Protest auch die Angst vor Verlusten zu berücksichtigen ist. In den achtziger Jahren ist das Ausmaß zumal der wirtschaftlichen Einschränkungen und Sanktionen in beträchtlichem Maße gestiegen, so jedenfalls, daß Südafrikas wirtschaftliche Entwicklung davon deutlich beeinflußt wurde. Dabei entwickelt sich eine Kettenreaktion: die schlechtere Wirtschaftslage veranlaßt weitere ausländische Interessen zum Rückzug, was wiederum die Lage verschlechtert. Solche Mechanismen dürfen aber nicht mit einem koordinierten, umfassenden, weltweiten Boykott verwechselt werden, dessen Zustandekommen eine Interessengemeinschaft wo nicht aller so doch der wichtigsten Länder der Welt voraussetzen würde, was weniger von der moralischen Einstellung gegenüber Südafrika als von weltweiten Machtkonstellationen abhängt.

Die verschiedenen Maßnahmen hatten unterschiedliche Wirkungen. In Kernbereichen, die Fragen der Sicherheit betrafen, verursachten sie Südafrika zwar Kosten, vermochten aber seine Politik nicht zu verändern. Dem Waffenembargo trotzte es erfolgreich durch den Aufbau einer eigenen Rüstungsindustrie, deren Produktionskosten zwar über denen des Weltmarktes liegen, die aber mittlerweile bereits in bedeutendem Maße exportiert und den außenpolitischen Spielraum vergrößert, weil auf keine Waffenlieferanten mehr Rücksicht zu nehmen ist. Auch wenn das Embargo keineswegs vollständig eingehalten wurde, so dürften doch Südafrikas eigene Anstrengungen entscheidend gewesen sein. Hingegen hat gezielter äußerer Druck in Einzelbereichen, in denen ohnehin über Veränderungen diskutiert wurde, Reformen ausgelöst oder beschleunigt. Die Aufhebung der *Masters and Servants Act* 1974 z.B. wurde zumindest mitverursacht durch die Drohung von US-Hafenarbeitern, keine südafrikanische Kohle mehr zu löschen[116].

Die internationale Verurteilung und Isolation zerstörte auch die letzten Hoffnungen Südafrikas auf Gebietserweiterungen. Großbritannien entließ die ursprünglich für eine Eingliederung in die Union vorgesehenen drei Hochkommissariatsgebiete Betschuanaland (Botswana), Basutoland (Lesotho) 1966 und Swaziland 1968 in die Unabhängigkeit. Sowohl die Betroffenen wie die übrigen afrikanischen Staaten hätten jede andere Lösung vehement bekämpft. Verwoerd war allerdings zum Schluß auch nicht mehr sonderlich interessiert. Die Homelandpolitik versuchte ja inzwischen, die Schwarzen politisch möglichst aus Südafrika auszugliedern, während die wirtschaftliche Abhängigkeit der neuen Staaten, ganz besonders Lesothos, von Südafrika kaum geringer war als die der Homelands. Später hatte die getroffene Lösung für Südafrika den zusätzlichen Vorteil, daß die unabhängigen Staaten, im Gegensatz zu den Homelands, auswärtige Hilfe beziehen konnten. So ließ sich ein Teil der Kosten des Wanderarbeitssystems, an dem insbesondere Lesotho zentral beteiligt war, auf die internationale Gemeinschaft abwälzen.

Anders lagen die Verhältnisse in Südwestafrika/Namibia. Südafrika versuchte 1945/46 von der UNO, die sich in Sachen Mandatsgebiete als Nachfolgerin des Völkerbundes verstand, die Erlaubnis zur vollständigen Angliederung des Gebietes zu erhalten, was verweigert wurde. Smuts hielt sich an die bisherigen Mandatsbestimmungen, während die NP-Regierung seit 1949 die Berichterstattung an die UNO einstellte und den weißen Südwestafrikanern das Wahlrecht in der Union verlieh. Der Streit dauerte fort. 1966 erklärte die Generalversammlung, 1970 der Sicherheitsrat das Mandat für beendigt, worauf 1971 der Internationale Gerichtshof feststellte, die weitere Anwesenheit Südafrikas in Namibia sei illegal. Seit 1974/75 geriet das Gebiet in die Auseinandersetzungen um Angola hinein. Im Norden führte die *South West African People's Organisation* (SWAPO) einen Guerillakrieg von zunehmender Intensität. Südafrika gab in den siebziger Jahren den Plan auf, sich Südwestafrika ganz einzugliedern, während es gleichzeitig die wirtschaftliche Durchdringung und Verflechtung verstärkte. 1978 akzeptierte es die Sicherheitsratsresolution 435, die für Namibia die Unab-

---

[116] LIPTON 93.

hängigkeit vorsah. Doch erst mehr als zehn Jahre später, im Dezember 1988, war ein Abkommen ausgehandelt, das die Verwirklichung des Planes in greifbare Nähe rücken ließ. Damit hat sich Südafrika endgültig mit der Beschränkung auf seinen Gebietsstand von 1910 abgefunden.

Bislang waren Südafrikas Nachbargebiete Bestandteile europäischer Kolonialreiche gewesen. Mit der Entkolonisierung verschoben sich die Entscheidungszentren von Europa nach Afrika. Der Prozeß begann in der Region in den sechziger Jahren, erreichte seinen Höhepunkt 1975 mit der Unabhängigkeit der portugiesischen Besitzungen Angola und Moçambique und seinen vorläufigen Abschluß (von Namibia abgesehen) 1980 mit der international anerkannten Unabhängigkeit von Rhodesien/Zimbabwe. Er beinhaltete für Südafrika zugleich eine Gefahr und eine Chance. Angesichts seines inneren Systems war heftige Ablehnung und Feindschaft seitens der neuen schwarzen Staaten zu erwarten, bis hin zur bewaffneten Unterstützung der Widerstandsbewegungen. Die Gefährdung Südafrikas nahm zu. Andererseits bot sich ihm eine Chance, die es gegenüber den Kolonialgebieten nie gehabt hatte. Sein wirtschaftliches und machtmäßiges Übergewicht war so, daß es zu einer regionalen Vormacht aufsteigen konnte, wobei es diese Rolle wieder mehr konstruktiv im Sinne des Aufbaus eines Wirtschaftsblocks unter seiner Führung oder mehr destruktiv im Sinne dauernder Schwächung seiner Nachbarn wahrnehmen konnte.

Zunächst allerdings reagierte Südafrika, unter Strydom und Verwoerd, lediglich mit zunehmender Abkapselung. Die Außenpolitik entsprach der Innenpolitik: alle möglichen Bundesgenossen wurden vor den Kopf gestoßen; Ziel war die burische Alleinherrschaft. Die Einladung zu einer Konferenz der unabhängigen afrikanischen Staaten wurde 1957 ebenso zurückgewiesen wie 1962 und 1964 Angebote Nigerias und Zambias zur Aufnahme diplomatischer Beziehungen[117].

Die Isolation wurde aus innenpolitischen Gründen weiter verstärkt. Ein altes Ziel der burischen Nationalisten war die Einführung der Republik, als Symbol der endgültigen Überwindung der Niederlage von 1902 und der Beseitigung der letzten Abhängigkeit von Großbritannien. Die entsprechende Verfassungsänderung wurde 1960 von den weißen Stimmberechtigten mit 52,3 gegen 47,7 Prozent der Stimmen gebilligt. Das Er-

[117] Barber 108; van Aswegen, in Cameron/Spies 294.

gebnis zeigte, daß auch viele Buren vor dem Schritt zurückgeschreckt waren. Ein Verbleib im Commonwealth war im Prinzip nicht ausgeschlossen. Auch Indien war eine Republik. Doch nun regte sich afro-asiatischer Widerstand. Verwoerd kam ihm durch den Austritt im März 1961 zuvor. Am 31. Mai 1961, einmal mehr dem Tage des Friedens von 1902, wurde Südafrika zur Republik. Die besonderen Beziehungen zu Großbritannien und zum Commonwealth waren beendet.

Verwoerds Nachfolger Vorster setzte sich den Ausbruch aus der Isolation zum Ziel. Er erkannte die Folgen der Entkolonisierung, daß Südafrika den Schwerpunkt seiner Außenpolitik von Europa nach Afrika verlegen müsse. Er versuchte, Kontakte zu möglichst vielen afrikanischen Staaten zu knüpfen. Doch er stieß auf die weitgehende Ablehnung eines selbstbewußter gewordenen Kontinents, die freilich infolge des südafrikanischen Übergewichts durchaus mit Wirtschaftsbeziehungen einherging. Einzig Malawi nahm 1967 mit Südafrika diplomatische Beziehungen auf. Der geringe Erfolg führte, zusammen mit der als besondere Bedrohung empfundenen Unabhängigkeit Angolas und Moçambiques unter linksgerichteten, von osteuropäischen Staaten unterstützten Regime (1975), zu einem deutlichen Übergewicht der destruktiven Komponente: vorrangiges Ziel wurde es, alle möglichen Gegner umfassend zu schwächen. Südafrika verbündete sich mit einer Bürgerkriegspartei in Angola, der UNITA, während Angola die SWAPO unterstützte. Hier wurde die Lage, im Gegensatz zu allen andern Gebieten, durch direkte äußere Intervention kompliziert, indem vom Ostblock ausgerüstete kubanische Truppen auf angolanischer Seite kämpften. Südafrika unterstützte auch Rebellen in Moçambique, und es führte periodische Überfälle und Kommandoaktionen gegen seine Nachbarn durch, mit dem vordergründigen Ziel, sie an der Unterstützung für südafrikanische Untergrundkämpfer zu hindern, stets aber auch mit der klaren Absicht allgemeiner Einschüchterung und Schwächung. Die Erfolge im Sinne einer Destabilisierung der Region (die freilich in den meisten Ländern auch innere Ursachen hatte) waren beträchtlich. Die Wirtschaftskraft ging zurück, die Abhängigkeit von Südafrika nahm zu. Aber auch die internationale Verurteilung und die Kosten dieser Politik nahmen zu. Die Instabilität in der Region konnte leicht auf die Urheber bzw. Miturheber zurückschlagen. Das führte mit der Zeit zu Ansätzen einer konstruktiveren Politik. Die Verurteilung der inneren Verhältnisse

Südafrikas durch die übrigen afrikanischen Staaten war dabei ein bedeutendes, aber kein unüberwindliches Hindernis. Einen wichtigen Schritt in diese Richtung unternahmen die schwarzafrikanischen Staaten schon 1969 in der Erklärung von Lusaka, in der sie das Recht aller Rassen anerkannten, in Südafrika zu leben. Erster Ausdruck der neuen Politik wurde das 1984 mit Moçambique geschlossene Abkommen von Nkomati. Darin versprachen sich beide Seiten, keine inneren Feinde zu unterstützen. Es scheint, daß sich Südafrika nur in geringem Maße daran hielt. Ob ein neuer Anlauf 1988 weiter trägt, bleibt abzuwarten. Das Abkommen vom Dezember 1988 über Namibia deutet jedenfalls in die gleiche Richtung. Denn auch für Südafrika stiegen die Kosten einer eng verstandenen Sicherheitspolitik. Es baute seine Armee sehr stark aus. Noch 1961 betrug ihre Stärke lediglich 8000 Mann. Nach der Einführung der Wehrpflicht für Weiße (im Prinzip seit 1961, voll verwirklicht seit 1968), die sukzessive von einem auf zwei Jahre ausgedehnt wurde (wozu erst noch lange Reserveübungen kommen), waren es 1971: 44000 und 1982: 81000 Mann, nun auch mit einem zunehmenden Anteil an Freiwilligen aus andern Rassen[118]. Die Militärausgaben machten 1959/60 erst 7 Prozent des Staatshaushalts aus, 1966/67 bereits 17 Prozent[119]. 1977/78 erreichten sie 19 Prozent, danach waren sie, offiziellen Angaben zufolge, rückläufig; sie betrugen 1985/86 noch 13,6 Prozent[120].

Damit hatte die Außenpolitik auch wieder Rückwirkungen auf die inneren Verhältnisse: der Einfluß des Militärs auf die Politik nahm beträchtlich zu, und bei der Verwendung der Armee im Falle innerer Konflikte wird der Staat künftig darauf Rücksicht nehmen müssen, daß sie nicht mehr rein weiß ist.

[118] LIPTON 302; 322. BARBER 195–197. GRUNDY, Soldiers, Kap. 8–9. Mobilisierbar sind dank dem Milizsystem mehrere hunderttausend Mann.
[119] BARBER 192.
[120] Official Yearbook 1987/88, 253.

Betrachtet man Südafrika unter dem Gesichtspunkt, durch den es weltweite Aufmerksamkeit auf sich gezogen hat und zum weltweiten Sonderfall geworden ist, so fällt auf, daß trotz deutlicher Lockerungen in verschiedenen Bereichen, die vor allem mit der Arbeitswelt zusammenhängen, die Grundstruktur der Rassengesellschaft nach wie vor besteht. Lassen sich Kräfte ausmachen, die in Richtung auf ihre weitere Auflösung und auf grundlegende Machtverschiebungen wirken oder die umgekehrt eine erneute Verfestigung erwarten lassen? Hier fällt eine bedeutsame Veränderung innerhalb des Apartheidsystems auf: es hat eine seiner ursprünglich zentralen Funktionen, die wirtschaftliche Begünstigung der Weißen, zunehmend verloren, und teilweise sind aus den Vorteilen sogar Nachteile geworden. Das hängt mit dem Grundwiderspruch des Systems zusammen. Die südafrikanische Rassengesellschaft wurde in ihrem Kern von ihren Urhebern als Kastengesellschaft mit unverrückbaren Einteilungen konzipiert. Die moderne Wirtschaft erzeugt dauernden Wandel, dem sich die Gesellschaft wenigstens ein Stück weit anpassen muß. Und solche Anpassungen fallen im Rahmen des Systems zunehmend schwerer.

Ein wichtiger Zweck der Rassendiskriminierung war stets die Beschaffung billiger Arbeitskräfte, durch Schaffung von Bedingungen, die zur Arbeitsaufnahme zwangen sowie durch Einschränkung der Bewegungsfreiheit und damit des Arbeitsmarktes, wodurch die Konkurrenz der Arbeitgeber untereinander beschnitten und die Löhne niedrig gehalten werden konnten. Seit den sechziger und vor allem seit den siebziger Jahren haben der Strukturwandel der Wirtschaft und deren verlangsamtes Wachstum, das sich beschleunigende Bevölkerungswachstum und die Vernachlässigung der Homelands zu einem wachsenden Überangebot an unqualifizierten Arbeitskräften geführt. Damit könnte ein freier Arbeitsmarkt die erwähnten Funktionen des Systems besser und billiger übernehmen: das Überangebot würde die Löhne sogar drücken.

Mangel besteht hingegen bei qualifizierten Arbeitskräften. Doch zu ihrer Gewinnung ist das traditionelle System ungeeignet, denn es geht nicht mehr darum, Leute zur Arbeitsaufnahme zu veranlassen, sondern darum, sie auszubilden.

Die zweite wirtschaftliche Funktion des Systems bestand darin, mit Hilfe der Reservate bzw. Homelands die Arbeitskräfte zu verbilligen, indem die Familien von Wanderarbeitern ganz oder teilweise von der Landwirtschaft ernährt wurden. Davon kann je länger je weniger die Rede sein. Die wirtschaftliche Vernachlässigung der Homelands, verbunden mit umfassenden Zwangsumsiedlungen und natürlicher Bevölkerungsvermehrung, hat zu sinkender Pro-Kopf-Produktion geführt, so daß mittlerweile der größte Teil des Volkseinkommens der Homelands durch Überweisungen von Wanderarbeitern und südafrikanische Haushaltszuschüsse aufgebracht wird. Für den einzelnen Unternehmer mag das System, das ihm viele Sozialleistungen erspart, noch immer attraktiv sein. Für das weiße Südafrika als Ganzes handelt es sich nicht mehr um eine Ersparnis, sondern nur noch um eine Verschiebung der Lasten, die infolge verdoppelter Verwaltungen und Korruption sogar teurer zu stehen kommt.

Nimmt man die Weißen insgesamt als Gruppe, so erweisen sich also die Mechanismen des Apartheidsystems mittlerweile als wirtschaftlich nachteilig. Nur sind die Nachteile natürlich nicht gleichmäßig verteilt, und manche Gruppen profitieren noch immer davon, etwa die Bürokratie, ineffiziente Landwirte und Unternehmer oder vor Konkurrenz geschützte weiße Arbeiter. Die Beibehaltung des Systems verweist aber vor allem darauf, daß wirtschaftliche Triebkräfte zumindest nicht seine einzigen und wahrscheinlich noch nicht einmal seine wichtigsten Ursachen sind. Großes Gewicht kommt auch politischen Faktoren zu. Es geht letztlich um die Aufrechterhaltung der weißen Vorherrschaft. Das wird gerade von weißer Seite auch gerne betont, um die eigene Entschlossenheit herauszustellen, um zu zeigen, daß man notfalls auch zu großen Opfern bereit ist, um die Stellung zu verteidigen. Doch das ist eine Scheinalternative. Wenn es nur um das Überleben der Weißen geht, dann können sie es mit dem Verzicht auf ihre Vormacht (und damit das Apartheidsystem) allemal erkaufen und brauchen sich dafür nicht in geharnischte Verteidigungsstellung zu bringen. Wenn es um die Sicherung der Macht geht – und die Buren verstehen ihr Überleben als Nation in diesem Sinne[1] –, dann lassen sich wirtschaftliche und politische Gesichtspunkte nicht wirklich gegeneinander ausspielen. Eine Schwächung der wirt-

---

[1] Vgl. etwa GILIOMEE, in ADAM/GILIOMEE 117.

schaftlichen Stellung bedeutet dann immer auch eine Schwächung der politischen Stellung. Wenn wirtschaftliche und politische Funktionen des Systems sich nicht mehr gegenseitig verstärken, sondern vielmehr behindern, dann wird das System instabil. Es ist wahrscheinlicher, daß sich auf die Dauer im politischen Bereich etwas verändert, weil man sich hier stets in weit stärkerem Maße als bei Wirtschaftsfragen über die Auswirkungen einzelner Maßnahmen streiten kann, ob sie mehr oder weniger Sicherheit bringen, ob sie letzlich die weiße Vormachtstellung stärken oder schwächen.

Diese Lage, daß wirtschaftliche und in bisheriger Weise verstandene politische bzw. Sicherheitsinteressen miteinander in Widerspruch geraten sind, widerspiegelt sich in der Unsicherheit und Widersprüchlichkeit der offiziellen Politik der letzten Jahre. Die Frage, ob die eingeleiteten Reformen ernstgemeint und substantiell oder nur kosmetisch seien, ob ein grundsätzlicher Wandel der Einstellung vorliege oder nicht, geht am eigentlichen Sachverhalt vorbei. Übergreifender Gesichtspunkt ist – das gilt für Reformen von oben stets – allemal die Sicherung der Position der Reformer und ihres Anhangs. Nachdem das Apartheidsystem aber zu wachsenden Widersprüchen geführt hat, läßt sich darüber streiten, was dem Ziel am besten dient. Typisch dafür waren etwa die Diskussionen über die Vor- und Nachteile von Paßgesetzen und Zuzugskontrollen bis zu deren (freilich keineswegs ersatzloser) Abschaffung 1986 und seither die Auseinandersetzungen über die Aufhebung des Gesetzes über die getrennten Wohngebiete (*Group Areas Act*). Dabei wird auch immer umstrittener, zu wessen Gunsten etwas erfolgen soll, weil die Weißen keineswegs in jeder Hinsicht eine einheitliche Interessengemeinschaft bilden.

Freilich, auch wenn alles, was sich mittlerweile wirtschaftlich eher zum Nachteil der Weißen auswirkt, abgeschafft würde, so wäre damit das Apartheidsystem in seiner Grundstruktur noch lange nicht verschwunden; nach wie vor würde die Rassenzugehörigkeit in großem Maße über die Lebenschancen entscheiden. Nichts spricht dafür, daß die Weißen diese grundlegenden Elemente freiwillig beseitigen werden. Doch eine solche Aussage ist letzlich rhetorisch und banal. Entscheidend sind nicht Wünsche und Absichten, sondern Kräfte- und Machtverhältnisse. Sie können den Rahmen für Entscheidungen einschneidend ändern, indem nun plötzlich als zum Machterhalt nötig scheint, was früher als machtgefährdend betrachtet wurde. Die – wenn auch sehr eingeschränkte – Beteiligung der Inder und Mischlinge an der Macht wäre zu Verwoerds Zeiten als Ausverkauf weißer Interessen gebrandmarkt worden, während sie 1983/84 den meisten Weißen als Mittel zur Sicherung der eigenen Stellung erschien. Ähnliches gilt für die Gewerkschaftsrechte.

Das führt zur Frage nach der grundlegenden Machtverteilung. Man kann dabei zwei Ebenen unterscheiden. Bei den eigentlichen physischen Machtmitteln waren und sind die Verhältnisse eindeutig, und sie werden es wohl auf absehbare Zeit auch bleiben. Der südafrikanische Staat hat seit den sechziger Jahren nach außen und innen gewaltig aufgerüstet. Die Opposition, die 1960 zum bewaffneten Kampf übergegangen ist, ist bislang über Einzelaktionen nicht hinausgekommen. Daß ihr demnächst der Übergang zum Guerillakrieg gelingen wird, ist nicht nur aufgrund der Machtmittel, sondern auch aufgrund der Siedlungsstruktur, der umfassenden Trennung der Rassen in der Stadt und auf dem Lande, unwahrscheinlich.

Doch Machtfragen werden nicht allein und nicht einmal in erster Linie durch solche rein militärischen Verhältnisse entschieden. In politischer Hinsicht hat sich seit den sechziger Jahren ein zunehmendes Gewicht der diskriminierten Rassen gezeigt. Das ist zunächst eine Folge der größeren wirtschaftlichen Bedeutung der Nichtweißen. Ihren Niederschlag fand diese Entwicklung vor allem in der Erlangung von Gewerkschaftsrechten. Den zweiten Faktor stellt die zunehmende Organisation des Widerstandes dar. Das hat bislang jedoch zu keinen den Gewerkschaftsrechten vergleichbaren Zugeständnissen geführt; die Opposition wird nach wie vor mit den immer härter werdenden Mitteln des Polizeistaates bekämpft. Die Fortdauer der Repression vermag aber nicht darüber hinwegzutäuschen, daß der Staat die Opposition in steigendem Maße ernstnimmt und strategisch anders reagiert. Wurde nach den Unruhen von 1960 der Ausbau des Apartheidsystems unbeirrt weitergeführt, so begab man sich nach 1976 auf die Suche nach Bundesgenossen nicht nur innerhalb, sondern auch außerhalb des weißen Lagers, um so den Gegner schon im Vorfeld zu schwächen.

Auch wenn solche Versuche noch so vorsichtig und zögerlich waren, so bedeuteten sie doch eine Abkehr vom reinen Rassensystem zu einer stärkeren Betonung der Klasse. Deren größeres Gewicht war die Folge einer stärkeren sozialen Differenzierung innerhalb der verschiedenen Rassengruppen, hauptsächlich als

Ergebnis der wirtschaftlichen Entwicklung, daneben aber auch gezielter Maßnahmen der Regierung.

Der wirtschaftliche Aufstieg der Buren nach 1948 brachte mit der Zeit eine Annäherung der burischen und der britischen Mittel- und Oberschichten zustande, während sich deren Distanz zur vornehmlich burischen weißen Unterschicht vergrößerte. Die im 20. Jahrhundert vielbeschworene Einheit des Burentums, die nach 1948 einigermaßen verwirklicht gewesen war, war wieder zerbrochen. Innerhalb der weißen Gruppe war damit die Klasse wichtiger, die Nationalität weniger wichtig geworden.

Bei den Schwarzen verstärkte sich die wirtschaftlich bedingte Aufteilung ebenfalls: in qualifizierte, unqualifizierte und nicht fest beschäftigte Städter, in Landarbeiter auf weißen Farmen, in Landbesitzer und Landlose sowie eine neue schmale Elite in den Homelands. Dazu kam eine politisch bedingte Gliederung in Personen mit fester Aufenthaltsberechtigung in den Städten, in Pendler, Wanderarbeiter, Bewohner der »weißen« ländlichen Gebiete sowie Homelandbewohner. Ein Teil der Gegensätze ließe sich durch politische Maßnahmen beseitigen, vor allem durch vollständige Bewegungsfreiheit und die Aufhebung der Homelands. Andere aber sind davon unabhängig. Das gilt insbesondere für den Gegensatz zwischen Stadt und Land, der sich sogar noch verschärfen könnte. Würden etwa die Wanderarbeiter mit ihren Familien fest in den Städten angesiedelt, dann würden sie kein Bindeglied zwischen Städten und Homelands mehr bilden. Die Homelands hätten kaum noch Zugang zu Einkommen aus der städtischen Wirtschaft. Sie wären dann zwar weniger übervölkert; die zurückbleibende Bevölkerung aber wäre im Durchschnitt eher noch ärmer als jetzt. Abhilfe könnte hier nur eine Landreform auf Kosten der weißen Landwirtschaft bringen. Da die meisten weißen Höfe zwar groß, aber effiziente Einheiten und keine unproduktiven Latifundien wie etwa in Lateinamerika sind, brächte ihre Aufsplitterung allerdings zumindest für eine Übergangszeit einen Rückgang der Produktion.

Ein weiterer, politisch, nicht wirtschaftlich bedingter Gegensatz ist der zwischen den verschiedenen schwarzen Nationalitäten, der von der Regierung durch die Homelandpolitik verschärft worden ist. Er ließe sich sicher durch die Beendigung dieser Politik angesichts der vereinheitlichenden Wirkung der Wirtschaftsentwicklung mit der Zeit abbauen, bleibt einstweilen aber eine Realität.

Mit diesen sich überlagernden Rassen- und Klassengegensätzen ist eine eigentümliche Situation entstanden. Die Regierung kann ihre Machtgrundlage nur ausweiten, wenn sie über die von ihr vertretene und systematisch privilegierte weiße Gruppe hinausgeht. Damit aber gerät sie in Widerspruch zu ihrem eigenen Rassensystem, in dem letztlich *alle* Nichtweißen diskriminiert sind. Solange die Rassenzugehörigkeit das wichtigste Kriterium für die Lebenschancen bleibt, fällt es schwer, Angehörige diskriminierter Rassen, und ganz besonders Schwarze, davon zu überzeugen, daß ihre eigenen Interessen ein Zusammengehen mit den Weißen erforderlich machen. Das zeigt sich beim geringen Erfolg, den die Ausweitung politischer Rechte in kleinen Dosen auf Mischlinge und Inder sowie die Bevorzugung der schwarzen städtischen Mittelschicht und der Homeland-Eliten bisher hatte. Andererseits bedeutet jedes Zugeständnis an Nichtweiße Nachteile für manche Weißen und verschärft die weiße Opposition und damit die klassenmäßige Aufspaltung der Weißen. Solange die Regierung politisch ausschließlich von der weißen Wählerschaft abhängig ist, sind ihr hier enge Grenzen gezogen.

Während die Regierung so von ihrem eigenen Rassensystem politisch eingeengt wird, profitiert die Opposition, die die Abschaffung dieses Systems und einen nichtrassischen Staat fordert, im politischen Kampf von der Existenz des Systems. Auf der Grundlage der Rasse hat sie eine viel breitere Gefolgschaft als auf jeder möglichen Klassengrundlage. Das Rassensystem diskriminiert alle Nichtweißen und ganz besonders alle Schwarzen, die über 70 Prozent der Bevölkerung ausmachen. Bislang ist es allerdings keiner Organisation gelungen, eine umfassende Aktionseinheit aller Schwarzen in Stadt und Land aufzubauen. Die militanteren Gruppen stützen sich vor allem auf die Städte. Nur Inkatha vereint in größerem Umfang städtische und ländliche Gefolgschaft, ist dafür aber stärker auf die Zulu konzentriert. Solange jedoch der politische Hauptgegensatz der zwischen den Rassen ist, kann die Opposition zumindest der wohlwollenden Haltung aller Schwarzen sicher sein. Diese Einheit ist gefährdet, wenn Klasseninteressen in den Mittelpunkt rücken, besonders also dann, wenn die Regierung sich ein Stück weit von der reinen Rassenpolitik zu lösen vermag. Wie ernst die Gefahr genommen wird, zeigen die erst in den achtziger Jahren in größerem Maße aufgekommenen Auseinandersetzungen unter den Schwarzen. Alle Regungen zur Zusammenarbeit mit den Weißen werden dabei mit großer Härte bekämpft.

So ist das Paradox entstanden, daß jede Seite im politischen Kampf gerade das betonen muß, was sie eigentlich nicht will: die Regierung muß das Rassensystem abbauen, wenn sie ausreichend Bundesgenossen gewinnen will; die Opposition muß die Rassensolidarität bewahren, wenn sie keine scharfen Klassenauseinandersetzungen und damit einen Bruch in ihrer Gefolgschaft riskieren will. Der Ausgang läßt sich nicht voraussagen. Deutlich ist nur, daß Zukunftsperspektiven, die lediglich von einer harten Alternative zwischen Schwarz und Weiß ausgehen, der Lage kaum gerecht zu werden vermögen. Sie unterstellen einen vorbestimmten Ablauf, einen Übergang von der jetzigen weißen Vorherrschaft zur ebenso eindeutigen Mehrheitsherrschaft, wobei die Frage nur noch ist, wann der Übergang stattfindet und ob er friedlich oder gewaltsam erfolgt. Je nach politischer Haltung verspricht man sich vom Wechsel idealdemokratische Verhältnisse oder befürchtet eine Terrorherrschaft. Dieses Modell erfaßt lediglich den Rassengegensatz, nicht die Klassengegensätze. Entscheidend (und offen) ist die Frage, in welchem Verhältnis beide zueinander stehen werden. Die Welt bietet genügend Beispiele für Zwischenstufen zwischen den Extremen, die auch für Südafrika nicht von vornherein ausgeschlossen werden können. Ausschlaggebend sind letztlich nicht die Weißen schlechthin, sondern es ist eine herrschende Gruppe, die ausschließlich aus Weißen besteht. In welchem Ausmaß sie sich, auf Kosten der schwächeren Weißen, mit Gruppen aus andern Rassen zu verbünden versuchen wird, läßt sich nicht voraussagen. Die Möglichkeit des Umbaus eines Rassensystems in ein Klassensystem, in dem Weiße (aber nicht notwendig *die* Weißen) aufgrund von Besitz, Bildung, Einfluß usw. nach wie vor die stärkste Stellung einnehmen, ohne daß diese Stellung gesetzlich abgesichert wäre, ist jedenfalls nicht auszuschließen. Die herrschenden weißen Gruppen werden sich wohl eher auf andere Gruppen stützen bzw. ihre Basis auf Kosten der weißen Unterschicht ausweiten, als daß sie dem Prinzip uneingeschränkter weißer Vorherrschaft ihre eigene Stellung opfern werden, falls sie zur Auffassung gelangen, daß das Rassensystem nicht mehr haltbar ist oder zu hohe Kosten verursacht.

Die Konzentration auf die Alternative von Schwarz oder Weiß ist einerseits eine Folge des bestehenden Rassensystems, welches ein Denken in solchen Kategorien ja geradezu erzwingt. Es ist andererseits aber auch die Folge der gedanklichen Übertragung des Entkolonisierungsmodells auf Südafrika. In der Entkolonisierung wurde jeweils die Übergabe zumindest der politischen Macht von einer schmalen europäischen Schicht an die Afrikaner vollzogen. Je schmaler jene Schicht war, um so reibungsloser war in der Regel der Übergang. Obwohl Südafrika die rigoroseste gesetzliche Rassentrennung hatte und hat, ist es nicht einfach ein Fall einer solchen aufgesetzten herrschenden Schicht, deren Machtbasis im Mutterland liegt. Vielmehr bilden die Weißen eine eigenständige, im Lande selber verankerte Bevölkerungsgruppe. Die vielleicht wichtigste Folge davon war, daß die Wirtschaft zu einer umfassenden Symbiose der verschiedenen Rassen wurde. Natürlich läßt auch sie sich mit ausreichender Gewalt und großen Opfern auseinanderbrechen. Angesichts der engen Verbindung und der gegenseitigen – wenn auch ungleichen – Abhängigkeit der Rassen voneinander aber ist die Wahrscheinlichkeit größer, daß diese symbiotische Gesellschaft sich aus sich selber heraus verändern wird. Im Gegensatz zu den übrigen afrikanischen Staaten hat die Bildung einer schwarzen Nationalbewegung in Südafrika keine Machtübergabe erzwingen können. Anders als dort reicht hier eine politische Bewegung nicht aus, spielen die wirtschaftlichen Grundlagen eine zentrale Rolle, liegt der Schlüssel auch zur politischen Macht letztlich in der Kontrolle der Wirtschaft. Die bisherigen Auseinandersetzungen sind der Regierung deswegen nie wirklich gefährlich geworden, weil sie nicht in vollem Umfang auf die Arbeitswelt übergegriffen haben. Umgekehrt hat das zunehmende Gewicht der diskriminierten Rassen im Wirtschaftsprozeß bislang die wichtigsten Veränderungen ausgelöst, von den Gewerkschaftsrechten bis zum Kampf um die schwarze Mittelschicht. Solange keine militärische Intervention von außen erfolgt, spricht wenig dafür, daß dieses Muster der von den grundlegenden wirtschaftlichen Machtverhältnissen bestimmten Auseinandersetzungen durch das der – letztlich von der Schwäche der europäischen Kolonialmächte geprägten – Entkolonisierung verdrängt wird. Vergleichsfälle dürften sich eher bei der Herausbildung lateinamerikanischer Gesellschaften finden. Das Besondere an Südafrika ist ja nicht die allgemeine gesellschaftliche Ungleichheit, sondern die Rassenordnung und damit die Verhinderung der sozialen Mobilität. Mobilität und Abschaffung der Rassenordnung aber sind möglich, ohne daß die gesellschaftliche Ungleichheit grundlegend abgebaut wird, wie sehr viele Staaten zeigen.

Auch ideologische Faktoren sollten in diesem Zusammenhang nicht überschätzt werden. Rassismus ist unter den weißen Südafrikanern nach wie vor verbreitet, als Ausdruck des ganzen Systems der Rassendiskriminierung und zu dessen Rechtfertigung. Doch es wäre übertrieben, daraus auf ein unüberwindliches Hindernis schließen zu wollen in dem Sinne, daß andere Rassen grundsätzlich nur als in jeder Hinsicht diskriminiert denkbar sind. Der Abbau der »kleinen« Apartheid und die Situation in der Arbeitswelt zeigen dies. In Südafrika waren umfassende Theorien zum Nachweis der angeblichen Minderwertigkeit bestimmter Rassen, wie sie in Europa bis 1945 zirkulierten, nie von großer Bedeutung – die Überlegenheit der Weißen hatte sich ohne solche Theorien aus den alltäglichen Machtverhältnissen heraus ergeben. Die allermeisten weißen Südafrikaner wissen überdies, daß solche Rechtfertigungen gegenüber der Außenwelt inzwischen nicht mehr die geringste Überzeugungskraft haben. Der innere Wandel läuft damit parallel. Die NGK, mehr oder weniger die burische Staatskirche, hat 1986 Rassismus als »ernste Sünde« verurteilt und die Rechtfertigung der Apartheid als »Fehler« bezeichnet[2]. Das bedeutet nicht, daß die Apartheid deswegen fallen wird. Aber es bedeutet, daß die Situation auch in dieser Hinsicht offen ist.

Über aller Konzentration auf das, was Südafrika als Rassengesellschaft zum Sonderfall macht, sollten die Probleme nicht übersehen werden, die das Land mit andern, und besonders mit afrikanischen Staaten teilt, die ihm also unabhängig von seiner Gesellschaftsordnung aufgegeben sind. Dazu gehören die Verstädterung, der Stadt-Land-Gegensatz, die Zerstörung des Bodens (auch in der weißen Landwirtschaft), der Übergang zu einer wirklich eigenständigen Industrie, der Aufbau ausreichender sozialer Einrichtungen und schließlich das Bevölkerungswachstum, dem weniger durch das landwirtschaftliche Potential als durch das zur Verfügung stehende Wasser Grenzen gesetzt sind.

[2] Kirche und Gesellschaft §§ 112; 305 f.

Quellen und Literatur

Da die Fußnoten auf ein Minimum beschränkt sind, folgt hier zusammenfassend eine Übersicht über die wichtigsten Quellen und die wissenschaftliche Literatur. Dabei werden in erster Linie größere Darstellungen und solche, die ihrerseits weiterführende Quellen- und Literaturangaben enthalten, genannt. Vollständigkeit ist nicht beabsichtigt. Ich habe mich bemüht, möglichst immer auch die neuesten Werke zu nennen. Doch außerhalb Südafrikas und erst recht außerhalb des englischen Sprachbereichs fällt es nicht immer leicht, umfassend und ohne zeitlichen Verzug über Neuerscheinungen informiert zu bleiben, so daß mit gewissen Lücken zu rechnen ist. Im ganzen werden eher englisch- als afrikaanssprachige Arbeiten genannt, da letztere – von den Sprachschwierigkeiten abgesehen – in Europa schwer zugänglich sind. Eine außerhalb Südafrikas wenig bekannte Reihe, die besonders viele wertvolle Spezialstudien zu den unterschiedlichsten Themen enthält (englisch und afrikaans) sei hier speziell genannt: das Archives Year Book for South African History, das seit 1938 in Pretoria erscheint.

Der Aufbau dieser Übersicht entspricht, nach einigen allgemeinen Abschnitten, der Gliederung des Buches. Werke, die sich auf mehrere Kapitel beziehen, werden in der Regel nur da genannt, wo sie besonders wichtig sind. Die genauen Angaben über Verfasser, Titel, Erscheinungsort und -jahr finden sich in der Bibliographie.

Bibliographien

Einen allgemeinen Überblick über südafrikanische Bibliographien gibt R. MUSIKER (1980). Die beste Bibliographie zur südafrikanischen Geschichte ist C. F. J. MULLER u.a., South African history and historians (1979), zu ergänzen bis 1984 durch das allerdings sehr viel selektivere (dafür kommentierte) Werk von N. MUSIKER (1984). Neuere Angaben finden sich vor allem in den Werken zur Geschichte der Geschichtsschreibung (s.u.). Zur Kirchengeschichte im weitesten Rahmen das monumentale Werk von HOFMEYR/CROSS (1986–1988).

Andere Hilfsmittel

Das beste einschlägige Lexikon ist die Standard Encyclopaedia of South Africa (1970–1976). Nützliche erste historische Informationen (wenn auch ohne Literaturangaben) vermittelt SAUNDERS, Historical Dictionary of South Africa (1983, verbesserte Neuauflage vorgesehen). Die größeren Atlanten zur südafrikanischen Geschichte sind alle schon älteren Datums: Stockenstrom (1928), Böeseken (1969) und, vor allem zu empfehlen, Walker (1922).

Erste biographische Einführungen enthält der Dictionary of South African Biography (seit 1968).

Die wichtigsten einschlägigen Zeitschriften in Südafrika sind das South African Historical Journal (seit 1969), Historia (seit 1956) und Social Dynamics (seit 1975) sowie außerhalb das Journal of Southern African Studies (seit 1974) und das Journal of African History (seit 1960). Als laufender ausführlicher Überblick nicht nur über historische Werke, sondern allgemein über Literatur zu Südafrika erscheint seit 1987 die Southern African Review of Books.

Quellen

Während die Forschungen zur südafrikanischen Geschichte seit dem 19. Jahrhundert zahlreich und seit etwa 1970 zu einer wahren Flut geworden sind, sind nur vergleichsweise wenige Quellen veröffentlicht worden, zumal in einer Form, die sie wirklich allgemein zugänglich machen. Insbesondere fehlen große, kontinuierlich erscheinende Reihen. Eine bedeutsame Ausnahme bilden die Publikationen der Van Riebeeck Society, die vor allem Berichte von Reisenden und Missionaren aus dem 17.–19. Jahrhundert und vereinzelt auch Werke von Politikern erfassen (1. Reihe: 50 Bde, Kapstadt 1918–69; 2. Reihe: Kapstadt 1969 ff.). Speziell hervorzuheben sind für die frühe Zeit zwei deutschsprachige Klassiker, die Werke von Kolb (1719) und Lichtenstein (1811).

Im übrigen beschränken sich Quellenpublikationen meistens auf kleinere und isoliert erscheinende Werke, von denen hier nur auswahlsweise einige von allgemeinerer Bedeutung genannt seien. Für die frühen Beziehungen zwischen den verschiedenen Rassen ist D. Moodie (1838–41) unerläßlich, für die Verfassungsgeschichte des 19. Jahrhunderts Eybers (1918), zu ergänzen jetzt für das burische politische Denken durch du Toit/Giliomee (1983). Dokumente zu den Voortrekkern bei Preller (1918–38) und bei Pretorius/Kruger (1937), zur Kirchengeschichte bei Spoelstra (1906–07). Im 20. Jahrhundert werden die leicht zugänglichen Quellen noch spärlicher. Zentral ist die Sammlung von Karis/Carter zur Politik der Schwarzen (1972–77). Zur Geschichte der Mischlinge Hugo (1978), zu der der Inder Bhana/Pachai (1984). Zur Wirtschaftsgeschichte Houghton/Dagut (1972 bis 73), zu den Parteien Krüger, Parties (1960).

Für aktuelle Daten ist der alljährlich erscheinende unabhängige Survey des South African Institute of Race Relations unübertroffen. Vor allem im statistischen Bereich ist er zu ergänzen durch offizielle Publikationen, die South African Statistics (statistisches Jahrbuch) und die South African Labour Statistics (ebenfalls jährlich). Nützlich sind die Union Statistics for fifty years (1960), die die Periode 1910–1960 zusammenfassen. Wichtige Übersichten, aber nicht immer völlig zuverlässig und öfter tendenziös, jeweils im Official Yearbook.

Ein gutes Verzeichnis des älteren offiziellen Materials in Großbritannien und Südafrika, gedruckt und ungedruckt, findet sich am Ende der Cambridge History of the British Empire (1936/63); knapper in der Oxford History (1969–71).

Geschichte der Geschichtsschreibung

Die wachsende Meinungsvielfalt und die zunehmenden Auseinandersetzungen in der Geschichtsschreibung über Südafrika seit den 1970er Jahren haben auch zu vermehrtem Interesse an deren eigener Geschichte geführt, besonders im Anschluß an die Herausforderungen der stark durch neomarxistische Ansätze beeinflußten sog. radikalen Schule. Eine erste Auseinandersetzung bei WRIGHT (1977). Umfassende Darstellungen jetzt bei SAUNDERS, South African past (1988) und SMITH (1988). Am längsten und intensivsten hat sich VAN JAARSVELD mit dem Thema beschäftigt; vgl. von ihm insbesondere Afrikaner's interpretation (1964), Geskiedkundige verkenninge (1974) und Omstrede Suid-Afrikaanse verlede (1984). Zur Methodendiskussion z.B. Social Dynamics 9, 1 (1983).

Gesamtdarstellungen

Die ersten großen Gesamtdarstellungen stammten aus der Feder von englischsprachigen, aber der burischen Perspektive verpflichteten Historikern: die Werke von THEAL (11 Bde, 1888–1919) und CORY (6 Bde, 1910–40). Ihnen folgten knappere Arbeiten aus liberaler britischer Sicht, insbesondere von WALKER (3 Aufl., 1928–64) und, von WALKER herausgegeben, die Cambridge History of the British Empire (1936 und 1963). Vor allem ist hier aber die mit Abstand brillanteste und gedankenreichste Gesamtdarstellung von DE KIEWIET (1941) zu nennen, deren gewinnbringende Lektüre allerdings bereits gewisse Vorkenntnisse erfordert. Zum Ausgangspunkt für die intensive neuere Forschung wurde die Oxford History (1969–71). Die neueste umfassende und sehr informative Darstellung in der liberalen Tradition stammt von DAVENPORT (3. Aufl. 1987). Aus der seit 1970 mit sehr zahlreichen Einzeluntersuchungen hervortretenden »radikalen« Richtung ist bislang noch keine Gesamtdarstellung erschienen. Vgl. jetzt aber die große illustrierte Geschichte von Reader's Digest (1988). Zwei nützliche knappere neue Werke sind CAMERON/SPIES (1986, reich illustriert) und OMER-COOPER, History (1987). Gut dokumentiert sind die Abschnitte über Südafrika in der Cambridge History of Africa (1975–85). Daneben steht eine Reihe afrikaanssprachiger Werke, mit mehr oder weniger ausgeprägter burischer Perspektive, so von C. F. J.

MULLER (Hg., auch englisch, 4. Aufl. 1984), van JAARSVELD (Van van Riebeeck tot P. W. Botha, 3. Aufl. 1979) oder van der WALT (Hg., 3. Aufl. 1979). Die ausführlichste neuere, freilich sehr traditionelle Darstellung ist G. D. SCHOLTZ, Ontwikkeling van die politieke denke (8 Bde, 1967–84, unvollendet). Die Geschichte der Schwarzen bei MAYLAM, History (1986). Für die ältere Geschichte bis 1854 van ASWEGEN, Geskiedenis (1989).

Auch im Deutschen besteht eine Tradition von Gesamtdarstellungen, die 1897 mit WIRTH beginnt und 1934 von DIETZEL (der nur die Zeit ab 1870 behandelt) und 1952 von HINTRAGER fortgesetzt wurde – Werke, denen fast nur noch historisches Interesse zukommt. HARTMANN schrieb 1968 eine knappe Zusammenfassung, während die beste Darstellung von BILGER (1976) stammt.

Eine besondere Kategorie bilden vergleichende Studien, die seit den 1980er Jahren intensiviert wurden. Im Zentrum des Vergleichs stehen bislang die USA; noch wenig erkundet sind mögliche Parallelen zu Lateinamerika. Das bedeutendste Werk ist FREDRICKSON (1981), zu ergänzen durch CELL (1982). Spezieller zu Fragen der »Grenze« der Sammelband von LAMAR/THOMPSON (1981); ganz umfassend GREENBERG (1980) und DENOON, Settler capitalism (1983).

Gesamtdarstellungen einzelner Themenbereiche

Erstaunlich wenig ist an thematisch orientierten Gesamtdarstellungen erschienen. Zu einer allgemeinen Wirtschaftsgeschichte existieren bestenfalls Annäherungen, etwa der Sammelband von COLEMAN (1983) sowie HORWITZ (1967). Für die Kirchengeschichte liegt lediglich die ganz knappe Übersicht von HINCHLIFF (1968) vor. In der Missionsgeschichte muß man sich behelfen mit du PLESSIS (1911) und dessen Fortführung bis in die fünfziger Jahre von GERDENER (1958). Eine Ausnahme bildet MALHERBES großes Werk zur Geschichte des Bildungswesens (1925–77). In einem umfassenden Sinne hingegen gehört die Kulturgeschichte zu den von der Forschung am meisten vernachlässigten Gebieten. Fundierte breite Übersichten fehlen völlig, und die Werke zur allgemeinen Geschichte übergehen entsprechende Fragen meistens, wie es denn auch hier geschehen ist. Eine Übersicht über die bildenden Künste bei FRANSEN (1982). Günstiger ist die Lage bei der Rechtsgeschichte. Die ältere Darstellung von HAHLO/KAHN (1960) ist stärker systematisch, die neuere (1968) stärker historisch orientiert. Eine knappe Einführung in deutscher Sprache gibt ZIMMERMANN (1983), speziell zur Justiz SACHS (1973).

Einen Sonderfall bildet schließlich die Geschichte des burischen Nationalismus, der verschiedentlich zeitlich übergreifend behandelt wurde. Dazu gehören insbesondere T. D. MOODIE (1975), HEXHAM (1981), TEMPLIN (1984) und THOMPSON, Mythology (1985); von populäreren Werken sei nur genannt de KLERK (1975).

Kapitel 1: Die Vorgaben der Natur

Das Standardwerk zur physischen Geographie ist WELLINGTON, Bd. 1 (1955). Einen sehr breiten allgemeingeographischen Überblick bietet COLE (2. Aufl. 1966). Eine neuere gute Zusammenfassung findet sich bei CHRISTOPHER, South Africa (1982), während das Official Yearbook jeweils im ersten Kapitel eine knappe und übersichtliche Einführung bietet. Viel Information auch bei I. KAPLAN (1971). Das erste Standardwerk zur südafrikanischen Geographie verfaßte 1908 PASSARGE; eine neuere deutschsprachige Übersicht, in der allerdings die physische Geographie nur am Rande berücksichtigt wird, bieten KLIMM u. a. (1980). Zu Fragen der Bodenkonservation die Sondernummer des JSAS 15, 2 (1989).

Kapitel 2: Frühe Besiedlung – Jäger, Sammler und Viehzüchter

Die Ergebnisse von Vorgeschichte und Archäologie befinden sich seit einigen Jahrzehnten infolge zunehmender Grabungstätigkeit in raschem Fluß. Eine nützliche, teilweise aber bereits wieder veraltete Zusammenfassung, die auch die Ackerbaukulturen erfaßt, bei INSKEEP (1978). Eine umfassende Präsentation neuerer wissenschaftlicher Ergebnisse bietet der Sammelband von KLEIN (1984), mit weiterführenden Angaben. Speziell zur jüngeren Steinzeit PARKINGTON (1984).

Zu den Jägern und Sammlern das ältere Standardwerk von SCHAPERA (1930), neuere Ergebnisse im Sammelband von TOBIAS (1978). Ein breiter archäologischer Überblick auch bei SAMPSON (1974). Wichtig für die Einschätzung der Lebensweise sind Studien über die letzten Wildbeuter in der Kalahari, insbesondere von LEE (1979) und LEE/DE VORE (1976). Zur Felskunst existiert eine sehr reiche Literatur. Ein neuerer Überblick z. B. bei LEWIS-WILLIAMS (1983); vgl. auch WILLCOX (1963). Eines der ausführlichsten und am besten ausgestatteten Werke ist in deutscher Sprache erschienen, von FOCK (1979–84).

Kapitel 3: Schwarzafrikanische Staatswesen

Eine ausführliche, umfassende Geschichte der südafrikanischen Eisenzeit vom 3. bis zum 19. Jahrhundert fehlt, weil sich eine wirkliche Geschichte vorläufig und wohl auch weiterhin mangels Quellen nicht schreiben läßt. Der Zugriff muß letztlich systematisch bleiben. Dabei lassen sich zwei unterschiedliche Richtungen unterscheiden, die anthropologisch-ethnologische und die historische. Für erstere ist die beste Zusammenfassung HAMMOND-TOOKE (1974). Wichtige Aufsätze enthält THOMPSON, African societies (1969). Ausgezeichnet ist der Überblick von M. WILSON in der Oxford History Bd. 1 (1969). Speziell zum System des Brautpreises A. KUPER (1982). Methodische Überlegungen bei HAMMOND-TOOKE, Descent groups (1985).

Unter mehr historischen Gesichtspunkten bietet die beste und neueste Zusammenfassung HALL (1987), knapper: MAYLAM, History (1986). Für die frühe Zeit auch INSKEEP (1978) und PHILLIPSON (1977) sowie MAGGS (1976) und MASON (1962). Daß die neuere Geschichtswissenschaft Mühe hat, deutlich hinter das 18. Jahrhundert zurückzukommen, zeigt sich am besten in den im übrigen guten Geschichten einzelner Völker, die sich im wesentlichen auf das 19. Jahrhundert konzentrieren. Einige Informationen über die frühere Zeit bieten DELIUS (1983) für die Pedi, BONNER (1983) für die Swazi und besonders PEIRES (1981) für die Xhosa. Allgemeine theoretische Überlegungen bei GUY, Pre-capitalist societies (1987).

Kapitel 4: 1652–1795

Den besten Überblick vermittelt der Sammelband von ELPHICK/GILIOMEE (1979/89). Ergänzend KATZEN, in Oxford History Bd. 1 (1969). Eine breite Erzählung bei SPILHAUS (1966).

Die frühen portugiesischen Berichte sind zusammengestellt bei RAVEN-HART (1967).

Speziell zur Wirtschaft VAN DUIN/ROSS (1987), R. ROSS, Cape gentry (1983) und NEUMARK (1957), dazu die beiden in mancher Hinsicht noch immer nützlichen Werke von VAN DER WALT, Ausdehnung (1928) und GEYER (1923). Zu den Trekburen sind nach wie vor die Studien von P. J. VAN DER MERWE zentral.

Besonders viel ist in letzter Zeit über die Sklaven publiziert worden. Grundlegend: WORDEN (1985); vgl. daneben R. ROSS, Cape of torment (1983) und BÖESEKEN (1977).

Zu den Khoisan für die Frühzeit als Standardwerk ELPHICK (1985), daneben BREDEKAMP (1982) und MARKS, Khoisan resistance (1972).

Fragen der Gruppenbeziehungen außer in den vorgenannten Werken besonders bei H. F. HEESE (1984); die komplizierten Abstammungsverhältnisse bei J. A. HEESE, Herkoms (1971).

Zu Kirche, Schule und Ideologie vgl. die Angaben zu den nächsten Kapiteln.

Kapitel 5: 1795–1836

Für die Zeit bis 1840 bietet der Sammelband von ELPHICK/GILIOMEE (1979/1989) eine gute Übersicht. Zur Geschichte der Buren außerdem die Werke von P. J. VAN DER MERWE. Zur ersten britischen Besetzung 1795–1803 GILIOMEE, Eerste Britse bewind (1975).

Die Literatur zu den Fragen der Ostgrenze (meistens über 1836 hinausreichend und zum Teil erst im nächsten Kapitel genannt) ist reich. Die militärische Seite behandelt MILTON (1983). Aus der Sicht der Xhosa ist das Standardwerk PEIRES (1981). Vgl. auch SAUNDERS/ DERRICOURT (1974). Die Siedlerrebellionen behandeln BEYERS (1967), J. A. HEESE, Slagtersnek (1973) sowie MARAIS, Maynier (1962). Zur Khoikhoi-Rebellion von 1799 jetzt die Spezialstudie von NEWTON-KING/MALHERBE (1984). Besonders reich ist die Literatur zu den Siedlern von 1820. Grundlegend ist die Studie von NASH (1982). Die Geschichte der Griqua wird u.a. behandelt von R. ROSS, Adam Kok (1976) und LEGASSICK, in ELPHICK/GILIOMEE (1979). Vielfach dargestellt worden sind die Unternehmungen der Missionare, die philanthropischen Bewegungen und die Stellung der Mischlinge. Dabei sind noch immer ältere Werke von besonderem Gewicht: MACMILLAN, Cape colour question (1927), DERS., Bantu, Boer and Briton (1963) sowie MARAIS, Cape coloured people (1939). Eine neuere Gesamtdarstellung zu dieser Thematik fehlt. Speziell zu John Philip: A. ROSS (1986), sowie, von PHILIP selber, seine berühmten Researches in South Africa (1828). Die Freilassung der Sklaven behandelt BRADLOW (1983). Für Wirtschaftsfragen: NEUMARK (1957); die Landpolitik analysiert DULY (1968).

Kapitel 6: 1820/36–1867

Eine speziell auf diese Periode bezogene zusammenfassende Darstellung fehlt. Einen guten Überblick gibt die Oxford History, Bd. 1, Kap. 6–9. Viele wichtige Einzelaspekte werden behandelt im Sammelband von MARKS/ATMORE (1980), der einen Einstieg in die neuere Forschung vermittelt.

Über die mit der Mfecane verbundenen Ereignisse ist in letzter Zeit viel gearbeitet worden. Doch ist bislang keine neue Gesamtdarstellung erschienen, so daß OMER-COOPER, Zulu aftermath (1966) das Standardwerk bleibt, zu ergänzen etwa durch RASMUSSEN (1978). Radikale Kritik und Ablehnung des Konzepts der Mfecane überhaupt jetzt bei COBBING (1988). Zu den Zulu BRYANT (1949) und D. R. MORRIS (1966); speziell über Shaka (freilich eher vorwissenschaftlich) RITTER (1955).

Über den Großen Trek existiert eine sehr reiche Literatur, größtenteils auf Afrikaans. Dennoch fehlt eine moderne Gesamtdarstellung, so daß WALKER, Great Trek (1934) noch nicht ersetzt ist. Die wichtigsten und umfassendsten neueren Untersuchungen sind die beiden Werke von C. F. J. MULLER, Brite owerheid (1977) und Oorsprong (1974). Vgl. die Aufsätze in Historia 33 (1989), 1–73. Speziell zu Natal: LIEBENBERG, Pretorius (1977). Die frühe Geschichte der Burenrepubliken wird in vielen Bänden des Archives Year Book behandelt. Zur politischen Diskussion vgl. DU TOIT/GILIOMEE (1983), zum Verhältnis zu den Schwarzen AGAR-HAMILTON, Voortrekkers (1928). Die Entstehung des Oranje-Freistaats behandelt KEEGAN (1988).

Die inneren Verhältnisse des Kaps werden erörtert von Le Cordeur, Separatism (1981). Speziell zur Wahlrechtsfrage Trapido, Cape franchise (1964), zur britischen Reichspolitik de Kiewiet, Colonial policy (1929) und Galbraith, Reluctant empire (1963).

Zu Natal allgemein die Geschichte von Brookes/Webb (1965), zu den spezielleren Fragen der Reservatspolitik vor allem Welsh (1971) und Kline (1988), zu ergänzen etwa durch Harries (1987). Über Grey liegt die Biographie von Rutherford (1961) vor.

Spezieller zu den Verhältnissen in den schwarzen Staaten die beiden Sammelbände von Peires, Shaka (1981) und Saunders/Derricourt (1974), vor allem aber die Monographien zu einzelnen Völkern von Peires (Xhosa), Delius (Pedi), Shillington (Tswana), Bonner (Swazi) und Lye/Murray (Sotho/Tswana). Für die Griqua: R. Ross, Adam Kok (1976). Über Moshoeshoe liegen gleich zwei größere Biographien vor: Thompson (1975) und Sanders (1975). Zur Viehtötung der Xhosa 1856/57 Peires, Believers (1986) und ders., Central beliefs (1987) und jetzt ders., The dead (1989).

Die Wirtschaftsgeschichte des 19. Jahrhunderts und zumal vor 1867 ist noch wenig erforscht; allgemeine Werke behandeln meistens erst den Bergbau etwas ausführlicher. Am nützlichsten ist Schumann (1938).

Kapitel 7: 1867–1899

Auch für diese Epoche findet sich kein abgeschlossenes zusammenfassendes Werk. Viele Einzelaspekte, mit einem guten Einblick in die moderne Forschung, bieten die Sammelbände von Marks/Atmore (1980) und Marks/Rathbone (1982).

Zur Entwicklung des Diamantenbergbaus und seiner Folgen jetzt grundlegend Turrell (1987) und Worger (1987).

Für die großen Auseinandersetzungen der siebziger und achtziger Jahre zwischen Schwarzen und Weißen vgl. zunächst die Werke zu einzelnen schwarzen Staatswesen: Beinart (1982) für Pondoland, Bonner (1983) für Swaziland, Delius (1983) für die Pedi, Guy (1979) für die Zulu, Shillington (1985) sowie Lye/Murray (1980) für die Sotho und Tswana. Zum Zulukrieg von 1879 auch Morris (1966) und Duminy/Ballard (1981), zur britischen Politik de Kiewiet, Imperial factor (1937) und Goodfellow (1966), zum Krieg von 1880/81 zwischen Großbritannien und Transvaal van Jaarsveld, Vryheidsoorlog (1980).

Zum entstehenden burischen Nationalismus vor allem van Jaarsveld, Awakening (1961) sowie die Aufsätze von A. du Toit (1983–85), neben den am Ende des Abschnitts über die Gesamtdarstellungen genannten allgemeinen Werken. Speziell zum Kap Giliomee, Farmers (1987). Die Auseinandersetzungen bzw. das Verhältnis zwischen Schwarzen und Weißen in den Burenrepubliken behandeln u. a. Agar-

HAMILTON, Road to the North (1937) und VAN ASWEGEN, Posisie (1973), ausführlicher DERS., Verhouding (1971); wichtig sind außerdem TRAPIDO, Landlord (1978), BEINART/DELIUS/TRAPIDO (1986) und besonders KEEGAN, Rural transformations (1986). Allgemein zu Landfragen DAVENPORT/HUNT (1974).

Die Aufteilung Afrikas und die damit verbundenen Rivalitäten behandeln u.a. SCHREUDER (1980), GALBRAITH, Crown and charter (1974, über die British South Africa Company) und MAYLAM, Rhodes (1980). Das ganze 19. Jahrhundert erfaßt BENYON (1980), aus der Perspektive der britischen Reichspolitik.

Die Entwicklung bis zum Ausbruch des Burenkrieges hat verständlicherweise besonders große Aufmerksamkeit auf sich gezogen. Hier seien genannt MARAIS, Fall of Kruger's republic (1961), PORTER (1980) und KUBICEK (1979). Speziell zu den Ursachen etwa BLAINEY (1965) und DUMINY (1977). Biographien der Hauptprotagonisten: D. W. KRÜGER (1961–63) über Krüger, ROTBERG (1988) über Rhodes und MARLOWE (1976) über Milner.

Die Literatur über die Goldfunde und den Ausbau des Goldbergbaus ist reich. Hier nur zwei besonders bekannte Werke: CARTWRIGHT, Corner House (1965) und DERS., Gold paved the way (1967) sowie INNES' Unternehmensgeschichte von Anglo American (1984). Zur Rolle des Goldes in der Wirtschaft ganz allgemein KATZEN (1961). Nähere Informationen zu den Auswirkungen des Goldstandards u.a. bei DE CECCO (1974) und VAN-HELTEN (1982).

Die Diskussion über die ländlichen Gebiete und insbesondere die schwarze Landwirtschaft ist vor allem von BUNDY, Rise and fall (1979) neu belebt worden. Vgl. dazu JACK LEWIS (1984).

Einen guten Überblick über die politische Geschichte der Kapkolonie gibt DAVENPORT, Afrikaner Bond (1966).

Eine befriedigende Geschichte der Mission fehlt. Vgl. einstweilen die ältere Übersicht von DU PLESSIS (1911). Zahlreich sind dafür Darstellungen einzelner Kirchen und Missionsgesellschaften. Für übergreifende Aspekte vor allem ETHERINGTON, Preachers (1978) und ELPHICK, in LAMAR/THOMPSON (1981), für die äthiopischen und unabhängigen Kirchen SUNDKLER (1961), KAMPHAUSEN (1976) und SCHLOSSER (1958); radikale Missionskritik exemplarisch bei MAJEKE (1952).

Kapitel 8: 1899–1910

Der Burenkrieg hat die Zeitgenossen auch in Europa außerordentlich erregt. Entsprechend viel wurde darüber geschrieben. Militärisches Standardwerk ist die Times History (1900–09), von burischer Seite BREYTENBACH (1969–). Den nachhaltigsten Einfluß hatte HOBSON (1900). Moderne zusammenfassende Werke: PAKENHAM (1979) und WARWICK, South African War (1980), zur Rolle der Nichtweißen WARWICK, Black people (1983), KRIKLER (1986) und NASSON (1983).

Über die Methoden der Kriegführung SPIES (1977). Die britischen Sympathien für die Buren untersucht DAVEY (1978).

Den Prozeß, der zur Einigung Südafrikas führte, schildert insbesondere THOMPSON, Unification (1960). Spezieller zur Wiederaufbauphase und zur britischen Politik DENOON, Grand illusion (1973), zur Wiederherstellung der ländlichen Sozialordnung KEEGAN, Orange River Colony (1978), DERS., Transformations (1986) und TRAPIDO, Landlord (1978). SACKS (1967) untersucht das Verhältnis zu den Schwarzen, ODENDAAL (1984) ist zentral für die entstehenden schwarzen politischen Bewegungen und Kampagnen. Für Sol Plaatje, eine der führenden Figuren, die hervorragende Biographie von WILLAN (1984). Die Unruhen in Natal 1906–1908 sind umfassend dargestellt bei MARKS, Reluctant rebellion (1970).

Zu den sozialen und wirtschaftlichen Verhältnissen vor allem im Zusammenhang mit dem Goldbergbau ist in letzter Zeit viel publiziert worden. Wichtig sind u.a. DAVIES, Mining capital (1982), DERS., Capital, state and white labour (1979), BOZZOLI, Ruling class (1979) und LACEY (1981), zur Rekrutierung der Arbeiter JEEVES (1985) und LEVY (1982). Weitere Werke werden in Kapitel 9 genannt. Das chinesische Zwischenspiel wird am umfassendsten behandelt von RICHARDSON (1982). Das Verhältnis zu Moçambique, besonders im Hinblick auf die Rekrutierung von Arbeitskräften, untersucht KATZENELLENBOGEN (1982). Zu den Zuständen in den rasch wachsenden Städten STALS, Bd. 1 (1978) und vor allem VAN ONSELEN (1982).

Kapitel 9: 1910–1948

Zur ganzen Periode aus traditioneller Sicht D. W. KRÜGER, Making of a nation (1969). Gute Überblicke unter speziellen sozio-ökonomischen Fragestellungen geben YUDELMAN (1983) und LIPTON (1986). Eine Art Gesamtdarstellung aus ganz anderer Perspektive enthält HANCOCKS große Smuts-Biographie (1962–68). Als Ergänzung die Sammelbände von MARKS/RATHBONE (1982), MARKS/TRAPIDO (1987) und BOZZOLI, Town and countryside (1983).

Zur Rebellion von 1914 DAVENPORT (1963). Die Rolle der Schwarzen im Ersten Weltkrieg behandelt GRUNDLINGH (1987).

Zur Landwirtschaft und zum Landgesetz von 1913 vgl. etwa M. L. MORRIS (1976), WICKINS, Land Act (1981) sowie die Sammelbände von F. WILSON u.a., Farm labour (1977) und von BEINART/DELIUS/TRAPIDO (1986). Eine monographische Behandlung des Landgesetzes und seiner Folgen fehlt noch, während es am Rande von den meisten Studien zu den sozialen und wirtschaftlichen Verhältnissen einbezogen wird. Zur Landwirtschaft im 19. und 20. Jahrhundert allgemein DUGGAN (1986).

Am Goldbergbau sind vor allem die Aspekte des Arbeitsmarktes und der Auseinandersetzungen zwischen Unternehmern und weißen Arbeitern untersucht worden. Dazu gehören insbesondere: JOHNSTONE (1976), JEEVES (1985) und F. WILSON, Gold mines (1972). Rentabilitätsberechnungen für die Zeit von 1887 bis 1965 bei S. H. FRANKEL (1967). Zur Geschichte der weißen Arbeiterschaft KATZ (1976), zum Streik von 1922 OBERHOLSTER (1982). Allgemeiner zur Wirtschaft, mit umfassender Einordnung in die politischen Zusammenhänge: HORWITZ (1967) sowie DAVIES, Capital (1979); speziell unter Gesichtspunkten des Arbeitsmarktes noch immer VAN DER HORST (1942); umfassender zur Lage der schwarzen Arbeiter die frühe Pionierstudie von LEUBUSCHER (1931). Zu den Gewerkschaften JON LEWIS (1984) sowie der Sammelband von WEBSTER (1978). Die Segregation in den Städten behandeln z.B. DAVENPORT, Stallard (1970) und RICH (1978).

Für die Behandlung des Problems der armen Weißen bleibt der Bericht der Carnegie-Kommission (1932) unentbehrlich. Einen neuen, knappen Überblick über die wirtschaftlichen Folgen geben ABEDIAN/STANDISH (1985). Zur Stadtwanderung der Buren STALS, Bd. 2 (1986). Die Frage wird in der Regel auch in Werken zum burischen Nationalismus behandelt. Dazu vgl. T. D. MOODIE (1975), ADAM/GILIOMEE (1979) und vor allem O'MEARA (1983). Speziell zum Bruderbund WILKINS/STRYDOM (1979) und SERFONTEIN (1978), zur Schutzzollpolitik D. E. KAPLAN (1970).

Die erfolglosen Versuche zur territorialen Ausdehnung behandeln u.a. HAILEY (1963), CHANOCK (1977, für Rhodesien) und zusammenfassend HYAM (1972). Zum Flaggenstreit SAKER (1980).

Zur Geschichte des Afrikaans z.B. J. DU P. SCHOLTZ (1980), auf deutsch die vorzügliche Übersicht von RAIDT (1983).

Für die Hintergründe der verschärften Rassengesetzgebung unter Hertzog im weiteren Rahmen der Arbeitskräftepolitik: LACEY (1981). Die Auswirkungen der Wahlrechtseinschränkungen vor und nach 1948 bei BALLINGER (1969).

Die inneren Auseinandersetzungen während des Zweiten Weltkrieges fassen zusammen ROBERTS/TROLLIP (1947); speziell zum Verhältnis zu Deutschland und zum Nationalsozialismus VAN HEERDEN (1972).

Die schwarze Opposition wird in einem weiten Rahmen behandelt in den Übersichten von ROUX (1948), L. KUPER (1956) und SIMONS/SIMONS (1969). Die neueste Übersicht bei GROBLER (1988). Speziell zum ANC BENSON, African patriots (1963) und insbesondere WALSHE (1970); zum ICU WICKINS (1978) und BRADFORD (1987). Letztere bezieht sich vor allem auf die ländlichen Verhältnisse, die in andern Zusammenhängen auch behandelt werden von BEINART (1982) und BEINART/BUNDY (1987). Den Streik von 1946 untersuchen O'MEARA (1982) und T. D. MOODIE (1986).

Für die frühe Geschichte der Inder vgl. THOMPSON (1952), speziell zu Gandhi HUTTENBACK (1971) und jetzt grundlegend SWAN (1985). Allgemeiner PACHAI (1971) und, als Dokumentation, BHANA/PACHAI (1984).

Viele wichtige Werke zum 20. Jahrhundert befassen sich sowohl mit der Zeit vor als auch mit der nach 1948. Deswegen sind auch die Angaben zu Kapitel 9 zu konsultieren.

Einen guten Überblick unter dem leitenden Gesichtspunkt wirtschaftlicher und sozialer Verhältnisse geben LIPTON (1986) und STADLER (1987). Nützlich sind in der Hinsicht auch eine Reihe von Sammelbänden, so MARKS/TRAPIDO (1987), PRICE/ROSBERG (1980), LEFTWICH (1974) und THOMPSON/BUTLER (1975).

Die Wahlergebnisse von 1943 bis 1970 analysiert HEARD (1974), während SCHOEMAN (1977) die Wahlen von 1910 bis 1976 behandelt. Zur Geschichte der NP das monumentale Werk Die Nasionale Party (1975–). Die Geschichte des Apartheidskonzepts von befürwortender Seite bei RHOODIE/VENTER (1960).

Zum Aufbau der Apartheid sind die Publikationen des South African Institute of Race Relations unentbehrlich, insbesondere der jährliche Survey. Stärker zusammenfassend für den Ausgangspunkt von 1948 HELLMANN (1949), für die Resultate die beiden Bücher von HORRELL, Laws (1978) und Race relations (1982), die die Gesetzgebung zusammenfassen. HORRELL hat auch eine ganze Reihe von thematischen Spezialstudien verfaßt, etwa zu den Group Areas (1966). In einem weiteren Zusammenhang vgl. etwa noch VAN DER HORST, Race discrimination (1981) sowie die knappe Dokumentation von BROOKES, Apartheid (1968). Von zentraler Bedeutung ist die große Dokumentensammlung von KARIS/CARTER (1972–77). Speziell zu den Paßgesetzen SAVAGE (1986) und HINDSON (1987), zum Bildungswesen MALHERBE, Bd. 2 (1977), KALLAWAY (1984) und HYSLOP (1988). Fragen des Rechtssystems und des Polizeistaats z.B. bei DUGARD (1978), SACHS (1973), MATHEWS (1971) und neuerdings im Sammelband von RYCROFT (1987); speziell zu Haftbedingungen und Folter FOSTER (1987).

Zur Schlüsselfigur der Apartheid, Verwoerd, liegt noch keine umfassende Biographie vor. Vgl. einstweilen KENNEY (1980) und, als Zeitzeugen von unterschiedlichen Standpunkten, HEPPLE (1967) und G. D. SCHOLTZ (1974), dazu PELZERS Ausgabe von Reden Verwoerds (1966).

Die Stellung und der politische Kampf der Mischlinge, die lange Zeit wenig Interesse fanden, werden neuerdings in einer Reihe von Studien ausführlich behandelt: VAN DER ROSS (1986), GOLDIN (1987) und G. LEWIS (1987). Dokumente dazu bei HUGO (1978).

Die beste Übersicht zur Politik und zum Widerstand der Schwarzen bei LODGE (1983), knapper und zeitlich umfassender GROBLER (1988). Stärker theoretisch orientiert ist MOTLHABI (1984). Für die Zeit bis zu den sechziger Jahren spezieller FEIT (1966) und BENSON, African patriots (1963) sowie L. KUPER (1956); zu Sharpeville REEVES (1960). Eine Biographie Mandelas gibt BENSON (1986). Über die Inkatha MARÉ/HAMILTON (1987).

Besonders reich ist die Literatur im weiteren Zusammenhang der »großen« Apartheid und der Homelands. Allgemein: HORRELL, Homelands (1973). Bei einzelnen Homelands überwiegen Werke zu Transkei, insbesondere SOUTHALL (1982), daneben STULTZ (1979). Zu Ciskei CHARTON (1980), zu Bophuthatswana und KwaZulu BUTLER u. a. (1977). Viel Aufmerksamkeit haben die Zwangsumsiedlungen auf sich gezogen. Grundlegend ist das Surplus People Project (1983). Dessen Zusammenfassung bei PLATZKY/WALKER (1985). Vgl. auch DESMOND (1970), MARÉ (1980) und UNTERHALTER (1987). Eine wichtige Untersuchung zur Wanderarbeit ist F. WILSON, Migrant labour (1972). Speziell zu Lesotho: MURRAY (1981). Allgemein mit Wanderarbeitern aus schwarzafrikanischen Staaten befaßt sich der Sammelband von BÖHNING (1981), dazu DE VLETTER (1985 und 1987) sowie YUDELMAN/JEEVES (1986). Eine ausgezeichnete Einführung in die Problematik von Wanderarbeit, Paßgesetzen und Zuzugskontrollen bietet der Sammelband von GILIOMEE/SCHLEMMER (1985). Speziell zur Stadtwanderung der Schwarzen (auch vor 1948) SMIT/BOOYSEN (1981). Probleme der Arbeitskräfte in der Landwirtschaft erörtern die Beiträge in F. WILSON u. a. (Hg.), Farm labour (1977); zu den weiblichen Hausangestellten COCK (1980).

Eine umfassende historische Behandlung der südafrikanischen Wirtschaft seit dem Zweiten Weltkrieg fehlt. An ihrer Stelle ist auf mehr oder weniger stark historisch orientierte Querschnitte zurückzugreifen. Die nützlichste Zusammenstellung bei NATTRASS (1981). Wichtige Beiträge enthalten die Sammelbände von COLEMAN (1983) und MATTHEWS (1983). Für einen knappen Überblick vgl. HOUGHTON (1976), während HORWITZ (1967) auch die weiteren politischen Zusammenhänge berücksichtigt.

Zur Einkommensverteilung zwischen den Rassen insbesondere McGRATH (1982) und DEVEREUX (1983).

Die Literatur zur schwarzen Oppositionsbewegung seit den siebziger Jahren ist nahezu unübersehbar; zusammenfassend BREWER (1986). Zum Aufstand von Soweto 1976 liegen drei bedeutende Werke vor, von KANE-BERMAN (1978), HIRSON (1979) und BROOKS/BRICKHILL (1980); zur Black Consciousness vgl. GERHART (1978) und FATTON (1986).

Die frühen Gewerkschaftskämpfe behandeln WEBSTER (1978) und LUCKHARDT/WALL (1980), speziell mit den Streiks in Durban von 1973 Durban strikes (1976). Zum Aufstieg der schwarzen Gewerkschaften grundlegend PUSCHRA (1988), zu ergänzen etwa durch MAREES Sammelband (1987).

Historisch orientierte Werke zu den Kirchen sind selten; die theologische Betrachtungsweise überwiegt. Für einen knappen Überblick aus eher liberaler Position vgl. DE GRUCHY (1986); eine radikale Haltung in bezug auf die englischsprachigen Kirchen bei COCHRANE (1987). Zum Verhältnis der NGK zur Apartheid KINGHORN u. a. (1986).

Die Außenpolitik der Zeit bis 1970 ist zusammenfassend dargestellt bei BARBER (1973), vor allem für die spätere Zeit zu ergänzen durch GELDENHUYS (1984). Die Stellung Südwestafrikas/Namibias untersuchen SILAGI (1977) und DORE (1985). Den zunehmenden Einfluß der Sicherheitskräfte schildern P. H. FRANKEL (1984) und GRUNDY, Militarization (1988); die Stellung der nichtweißen Soldaten bei GRUNDY, Soldiers (1983).

Ausblick

Über die aktuelle Lage Südafrikas und seine mutmaßliche künftige Entwicklung wird verständlicherweise außerordentlich viel geschrieben. Dem Gegenstand entsprechend sind die Ergebnisse auch besonders rasch überholt. Deswegen, und weil der eigentliche Gegenstand dieses Buches die Geschichte, nicht die Zukunft ist, verzichte ich auf nähere Angaben.

Bibliographie

In Abweichung vom deutschsprachigen und in Anpassung an den angelsächsischen und insbesondere den südafrikanischen Gebrauch werden Präpositionen (de, van der, etc.) grundsätzlich als Bestandteile des Namens betrachtet. De Kiewiet z.B. ist also nicht unter K, sondern unter D zu suchen.

ABEDIAN, I. und B. STANDISH: Poor whites and the role of the state. The evidence. In: South African Journal of Economics 53 (1985), 141–165.

ADAM, HERIBERT: Variations of ethnicity. Afrikaner and Black nationalism in South Africa. In: Journal of Asian and African Studies 20 (1985), 169–182.

– und HERMANN GILIOMEE: The rise and crisis of Afrikaner power. Kapstadt 1979; amerikanische Ausgabe u.d.T.: Ethnic power mobilized. Can South Africa change? New Haven 1979.

AGAR-HAMILTON, J. A. I.: The native policy of the Voortrekkers. An essay in the history of the interior of South Africa – 1836–1858. Kapstadt o.J. (1928).

–: The road to the north. South Africa, 1852–1886. London 1937.

BALLINGER, MARGARET: From Union to Apartheid. A trek to isolation. Kapstadt 1969.

BARBER, JAMES: South Africa's foreign policy 1945–1970. London 1973.

BEINART, WILLIAM: The political economy of Pondoland 1860–1930. Johannesburg 1982.

– und COLIN BUNDY: Hidden struggles in rural South Africa. Politics and popular movements in the Transkei and Eastern Cape 1890 to 1930. London 1987.

BEINART, WILLIAM, PETER DELIUS und STANLEY TRAPIDO (Hg.): Putting a plough to the ground. Accumulation and dispossession in rural South Africa, 1850–1930. Johannesburg 1986.

BENSON, MARY: The African patriots. The story of the African National Congress of South Africa. London 1963.

–: Nelson Mandela. The man and the movement. New York 1986.

BENYON, JOHN: Proconsul and paramountcy in South Africa. The High Commission, British supremacy and the sub-continent 1806 to 1910. Pietermaritzburg 1980.

BEYERS, COENRAAD: Die Kaapse Patriotte gedurende die laaste kwart van die agtiende eeu en die voortlewing van hul denkbeelde. 2. Aufl., Pretoria 1967.

BHANA, SURENDRA und BRIDGLAL PACHAI (Hg.): A documentary history of Indian South Africans. Kapstadt 1984.

Bilger, Harald R.: Südafrika in Geschichte und Gegenwart. Konstanz 1976.

Blainey, G.: Lost causes of the Jameson Raid. In: Economic History Review, Second Series 18 (1965), 350–366.

Böeseken, A. J.: Geskiedenis-Atlas vir Suid-Afrika. 2. Aufl., Kapstadt o. J. (1969).

–: Slaves and free blacks at the Cape 1658–1700. Kapstadt 1977.

Böhning, W. R. (Hg.): Black migration to South Africa. A selection of policy-oriented research. Genf 1981 (ILO).

Bonner, Philip: Kings, commoners and concessionaires. The evolution and dissolution of the nineteenth-century Swazi state. Cambridge 1983.

Botha, Colin Graham: The French refugees at the Cape. 3. Aufl., Kapstadt 1970.

Bozzoli, Belinda: The political nature of a ruling class. Capital and ideology in South Africa 1890–1933. London 1981.

– (Hg.): Town and countryside in the Transvaal. Capitalist penetration and popular response. Johannesburg 1983.

Bradford, Helen: A taste of freedom. The ICU in rural South Africa 1924–1930. New Haven 1987.

Bradlow, Edna: Emancipation and race perceptions at the Cape. In: SAHJ 15 (1983), 10–33.

Bredekamp, Henry C.: Van veeverskaffers tot veewagters. 'n Historiese ondersoek na betrekkinge tussen die Khoikhoi en Europeërs aan die Kaap, 1662–1679. Bellville 1982.

Brewer, John D.: After Soweto. An unfinished journey. Oxford 1986.

Breytenbach, J. H.: Die geskiedenis van die Tweede Vryheidsoorlog in Suid-Afrika, 1899–1902. Bisher 5 Bde, Pretoria 1969–1983.

Brookes, Edgar H. (Hg.): Apartheid. A documentary study of modern South Africa. London 1968.

–: White rule in South Africa 1830–1910. Varieties in governmental policies affecting Africans. Pietermaritzburg 1974.

– und Colin de B. Webb: A history of Natal. Pietermaritzburg 1965.

Brooks, Alan und Jeremy Brickhill: Whirlwind before the storm. The origins and development of the uprising in Soweto and the rest of South Africa from June to December 1976. London 1980.

Bryant, Alfred T.: The Zulu people as they were before the white man came. Pietermaritzburg 1949.

Bundy, Colin: The emergence and decline of a South African peasantry. In: African Affairs 71 (1972), 369–388.

–: The rise and fall of the South African peasantry. Berkeley 1979.

Butler, Jeffrey, Robert I. Rotberg und John Adams: The black homelands of South Africa. The political and economic development of Bophuthatswana and KwaZulu. Berkeley 1977.

The Cambridge History of Africa. Hg. J. D. FAGE und ROLAND OLIVER. 8 Bde, Cambridge 1975–1986.

The Cambridge History of the British Empire. Bd. 8: South Africa, Rhodesia and the Protectorates. Hg. ERIC A. WALKER. Cambridge 1936, 2. Aufl. 1963 (zitiert: 1. Aufl.).

CAMERON, TREWHELLA und S. B. SPIES (Hg.): An illustrated history of South Africa. Johannesburg 1986.

Carnegie Commission, Report of the: The poor white problem in South Africa. 5 Bde, Stellenbosch 1932.

CARTWRIGHT, A. P.: The Corner House. The early history of Johannesburg. Kapstadt 1965.

–: Gold paved the way. The story of the Gold Fields Group of companies. London 1967.

CELL, JOHN W.: The highest stage of white supremacy. The origins of segregation in South Africa and the American South. Cambridge 1982.

CHANOCK, MARTIN: Unconsummated Union. Britain, Rhodesia and South Africa 1900–1945. Manchester 1977.

CHARTON, NANCY (Hg.): Ciskei. Economics and politics of dependence in a South African homeland. London 1980.

CHRISTOPHER, A. J.: The European concept of à farm in Southern Africa. In: Historia 15 (1970), 93–99.

–: South Africa. London 1982.

COBBING, JULIAN: The Mfecane as alibi. Thoughts on Dithakong and Mbolompo. In: JAH 29 (1988), 487–519.

COCHRANE, JAMES R.: Servants of power. The role of English-speaking churches in South Africa 1903–1930. Towards a critical theology via an historical analysis of the Anglican and Methodist churches. Johannesburg 1987.

COCK, JACKLYN: Maids and madams. A study in the politics of exploitation. Johannesburg 1980.

COERTZEN, PIETER: Die Hugenote van Suid-Afrika 1688–1988. Kapstadt 1988.

COLE, MONICA M.: South Africa. 2. Aufl., London 1966.

COLEMAN, FRANCIS L. (Hg.): Economic history of South Africa. Pretoria 1983.

CORY, GEORGE EDWARD: The rise of South Africa. A history of the origin of South African colonisation and of its development towards the East from the earliest times to 1857. 6 Bde, London, Kapstadt 1910–40, Ndr. Kapstadt 1965.

CRONJÉ, G., mit W. NICOL und E. P. GROENEWALD: Regverdige Rasse-Apartheid. Stellenbosch 1947.

DAVENPORT, T. R. H.: The Afrikaner Bond. The history of a South African political party, 1880–1911. Kapstadt 1966.

–: South Africa. A modern history. 3. Aufl., London 1987.

–: The South African rebellion, 1914. In: English Historical Review 78 (1963), 73–94.

–: The triumph of Colonel Stallard. The transformation of the Natives (Urban Areas) Act between 1923 and 1937. In: SAHJ 2 (1970), 77 bis 96.

–: und K. S. Hunt (Hg.): The right to the land. (Documents on Southern African history). Kapstadt 1974.

Davey, Arthur: The British Pro-Boers 1877–1902. Kapstadt 1978.

Davies, Robert H.: Capital, state and white labour in South Africa 1900–1960. An historical materialist analysis of class formation and class relations. Atlantic Highlands, N. J. 1979.

–: Mining capital, the state and unskilled white workers in South Africa, 1901–1913. In: Martin J. Murray (Hg.): South African capitalism and black political opposition. Cambridge, Mass. 1982, 173 bis 210.

De Cecco, Marcello: Money and empire. The international gold standard. Oxford 1974.

De Gruchy, John W.: The church struggle in South Africa, 2. Aufl., Grand Rapids 1986.

De Kiewiet, C. W.: British colonial policy and the South African republics, 1848–1872. London 1929.

–: A history of South Africa, social and economic. London 1941.

–: The imperial factor in South Africa. A study in politics and economics. New York 1966 (zuerst London 1937).

De Klerk, W. A.: The Puritans in Africa. A story of Afrikanerdom. Harmondsworth 1976.

Delius, Peter: The land belongs to us. The Pedi polity, the Boers and the British in the nineteenth-century Transvaal. Johannesburg 1983.

– und Stanley Trapido: Inboekselings and Oorlams. The creation and transformation of a servile class. In: JSAS 8 (1981/82), 214 to 242.

Denoon, Donald: A grand illusion. The failure of imperial policy in the Transvaal Colony during the period of reconstruction 1900 to 1905. London 1973.

–: Settler capitalism. The dynamics of dependent development in the southern hemisphere. Oxford 1983.

–: The Transvaal labour crisis, 1901–1906. In: JAH 7 (1967), 481–494.

Desmond, Cosmas: The discarded people. An account of African resettlement. 3. Aufl., Johannesburg o. J. (1970).

Devereux, Stephen: South African income distribution 1900–1980. Southern Africa Labour and Development Research Unit, Working Paper Nr. 51. Kapstadt 1983.

De Vletter, Fion: Foreign labour on the South African gold mines. New insights on an old problem. In: International Labour Review 126 (1987), 199–218.

–: Recent trends and prospects of black migration to South Africa. In: Journal of Modern African Studies 23 (1985), 667–702.

Dictionary of South African Biography. Bisher 5 Bde, Kapstadt, Durban, Pretoria 1968–87.

DIETZEL, KARL HEINRICH: Die Südafrikanische Union. Ihre Entstehung und ihr Wesen. Berlin 1934.

DORE, ISAAK I.: The international mandate system and Namibia. Boulder 1985.

DUGARD, JOHN: Human rights and the South African legal order. Princeton, N. J. 1978.

DUGGAN, WILLIAM R.: An economic analysis of Southern African agriculture. New York 1986.

DULY, LESLIE CLEMENT: British land policy at the Cape 1795–1844. A study of administrative procedures in the empire. Durham, N. C. 1968.

DUMINY, A. H.: The capitalists and the outbreak of the Anglo-Boer War. Durban 1977.

– und CHARLES BALLARD (Hg.): The Anglo-Zulu War. New perspectives. Pietermaritzburg 1981.

DU PLESSIS, J.: A history of Christian missions in South Africa. London 1911.

The Durban Strikes 1973. Hg. Institute for Industrial Education, Durban. 2. Aufl., Durban 1976.

DU TOIT, ANDRÉ: Captive to the nationalist paradigm. Prof. F. A. van Jaarsveld and the historical evidence for the Afrikaner's ideas on his calling and mission. In: SAHJ 16 (1984), 49–80.

–: No chosen people. The myth of the Calvinist origins of Afrikaner nationalism and racial ideology. In: American Historical Review 88 (1983), 120–152.

–: Puritans in Africa? Afrikaner »Calvinism« and Kuyperian Neo-Calvinism in late nineteenth-century South Africa. In: Comparative Studies in Society and History 27 (1985), 209–240.

– und HERMANN GILIOMEE: Afrikaner political thought. Analysis and documents. Bd. 1: 1780–1850. Berkeley 1983.

ELPHICK, RICHARD: Khoikhoi and the founding of White South Africa. Johannesburg 1985.

– und HERMANN GILIOMEE (Hg.): The shaping of South African society, 1652–1820. Kapstadt 1979. 2. erw. Aufl. u. d. T.: The shaping of South African society, 1652–1840. Kapstadt 1989 (zitiert: 1. Aufl.).

ETHERINGTON, NORMAN: Preachers, peasants and politics in Southeast Africa, 1835–1880. African Christian communities in Natal, Pondoland and Zululand. London 1978.

–: Social theory and the study of Christian missions in Africa. A South African case study. In: Africa 47 (1977), 31–40.

EYBERS, G. W. (Hg.): Select constitutional documents illustrating South African history, 1795–1910. London 1918, Ndr. New York 1969.

FATTON, ROBERT JR.: Black Consciousness in South Africa. The dialectics of ideological resistance to white supremacy. Albany 1986.

FEIT, EDWARD: African opposition in South Africa. The failure of passive resistance. Stanford 1967.

FIELDHOUSE, D. K.: Economics and empire 1830–1914. London 1984.

FISCH, JÖRG: Die Hugenotten am Kap der Guten Hoffnung oder die ideale Entstehung des weißen Südafrikaners. In: HEINZ DUCHHARDT (Hg.): Der Exodus der Hugenotten. Die Aufhebung des Edikts von Nantes 1685 als europäisches Ereignis. Köln 1985, 89 bis 119.

FOCK, GERHARD J. und DORA: Felsbilder in Südafrika. 2 Bde, Köln 1979–84.

FOSTER, DON: Detention and torture in South Africa. Psychological, legal and historical studies. Kapstadt 1987.

FRANKEL, PHILIP H.: Pretoria's Praetorians. Civil-military relations in South Africa. Cambridge 1984.

FRANKEL, S. HERBERT: Investment and the return to equity capital in the South African gold mining industry 1887–1965. Oxford 1967.

FRANSEN, HANS: Three centuries of South African art. Johannesburg 1982.

FREDRICKSON, GEORGE M.: White supremacy. A comparative study in American and South African history. New York 1981.

GALBRAITH, JOHN S.: Crown and Charter. The early years of the British South Africa Company. Berkeley 1974.

–: Reluctant Empire. British policy on the South African frontier 1834 to 1854. Berkeley 1963.

GELDENHUYS, DEON: The diplomacy of isolation. South African foreign policy making. Johannesburg 1984.

GERDENER, G. B. A.: Recent developments in the South African mission field. London 1958.

GERHART, GAIL M.: Black power in South Africa. The evolution of an ideology. Berkeley 1978.

GEYER, A. L.: Das wirtschaftliche System der Niederländischen Ostindischen Kompanie am Kap der Guten Hoffnung 1785–1795. München 1923.

GILIOMEE, HERMANN: Western Cape farmers and the beginnings of Afrikaner nationalism, 1870–1915. In: JSAS 14 (1987/88), 38–63.

–: Die Kaap tydens die eerste Britse bewind 1795–1803. Kapstadt 1975.

– und LAWRENCE SCHLEMMER (Hg.): Up against the fences. Poverty, passes and privilege in South Africa. Kapstadt 1985.

GOLDIN, IAN: Making race. The politics and economics of Coloured identity in South Africa. London 1987.

GOODFELLOW, CLEMENT FRANCIS: Great Britain and South African confederation 1870–1881. Kapstadt 1966.

GREENBERG, STANLEY B.: Race and state in capitalist development. South Africa in comparative perspective. Johannesburg 1980.

GROBLER, JACKIE: A decisive clash? A short history of Black protest politics in South Africa, 1875–1976. Pretoria 1988.

GRUNDLINGH, ALBERT: Fighting their own war. South African Blacks and the First World War. Johannesburg 1987.

GRUNDY, KENNETH W.: The militarization of South African politics. Oxford 1988.

–: Soldiers without politics. Blacks in the South African Armed Forces. Berkeley 1983.

GUY, JEFF: Analysing pre-capitalist societies in Southern Africa. In: JSAS 14 (1987/88), 18–37.

–: The destruction of the Zulu Kingdom. The civil war in Zululand, 1879–1884. London 1979.

HAHLO, H. R. und ELLISON KAHN: The South African legal system and its background. Kapstadt 1968.

–: The Union of South Africa. The development of its laws and constitution. London 1960.

HAILEY, W. M.: The Republic of South Africa and the High Commission Territories. London 1963.

HALL, MARTIN: The changing past. Farmers, kings and traders in Southern Africa, 200–1860. Kapstadt 1987.

HAMMOND-TOOKE, W. D. (Hg.): The Bantu-speaking peoples of Southern Africa. London 1974.

–: Descent groups, chiefdoms and South African historiography. In: JSAS 11 (1984/85), 305–319.

HANCOCK, W. K.: Smuts. Bd. 1: The sanguine years 1870–1919. Cambridge 1962. Bd. 2: The fields of force 1919–1950. Cambridge 1968.

HARRIES, PATRICK: Plantations, passes and proletarians. Labour and the colonial state in nineteenth century Natal. In: JSAS 13 (1986/87), 372–399.

HARTMANN, HANS WALTER: Südafrika. Geschichte – Wirtschaft – Politik. Stuttgart 1968.

HATTINGH, J. L.: Slawevrystellings aan die Kaap tussen 1700 en 1720. In: Kronos 4 (1981), 24–37.

HEARD, KENNETH A.: General elections in South Africa 1943–1970. London 1974.

HEESE, HANS FRIEDRICH: Groep sonder Grense. Die rol en status van die gemengde bevolking aan die Kaap, 1652–1795. Bellville 1984.

HEESE, J. A.: Die herkoms van die Afrikaner 1657–1867. Kapstadt 1971.

–: Slagtersnek en sy mense. Kapstadt 1973.

HELLMANN, ELLEN (Hg.): Handbook on race relations in South Africa. Kapstadt 1949.

HEPPLE, ALEXANDER: Verwoerd. Harmondsworth 1967.

HEXHAM, IRVING: The irony of Apartheid. The struggle for national independence of Afrikaner Calvinism against British imperialism. New York 1981.

HINCHLIFF, PETER: The Church in South Africa. London 1968.

HINDSON, DOUG: Pass controls and the urban African proletariat. Johannesburg 1987.

HINTRAGER, OSKAR: Geschichte von Südafrika. München 1952.

HIRSON, BARUCH: Year of fire, year of ash. The Soweto revolt: roots of a revolution? London 1979.

HOBSON, J. A.: The war in South Africa. Its causes and effects. London 1900.

HOFMEYR, J. W. und H. E. CROSS: History of the Church in Southern Africa. A select bibliography of published material. Bd. 1: bis 1980; Bd. 2: 1981–1985. Pretoria 1986–88.

HORRELL, MURIEL: The African homelands of South Africa. Johannesburg 1973.

–: Group Areas. The emerging pattern with illustrative examples from the Transvaal. Johannesburg 1966.

–: Laws affecting race relations in South Africa 1948–1976. Johannesburg 1978.

–: Race relations as regulated by law in South Africa 1948–1979. Johannesburg 1982.

HORWITZ, RALPH: The political economy of South Africa. London 1967.

HOUGHTON, D. Hobart: The South African economy. 4. Aufl., London 1976.

– und J. DAGUT (Hg.): Source material on the South African economy, 1860–1970. 3 Bde, London 1972–73.

HUGO, PIERRE: Quislings or realists? A documentary study of »Coloured« politics in South Africa. Johannesburg 1978.

HUTTENBACK, ROBERT A.: Gandhi in South Africa. British imperialism and the Indian question, 1860–1914. Ithaca 1971.

HYAM, RONALD: The failure of South African expansion 1908–1948. London 1972.

HYSLOP, JONATHAN: State education policy and the social reproduction of the urban African working class. The case of the southern Transvaal 1955–1976. In: JSAS 14 (1987/88), 446–476.

ILIFFE, JOHN: The African poor. A history. Cambridge 1987.

INNES, DUNCAN: Anglo American and the rise of modern South Africa. Johannesburg 1984.

INSKEEP, R. R.: The peopling of South Africa. Kapstadt 1978.

JEEVES, ALAN H.: Migrant labour in South Africa's mining economy. The struggle for the gold mines' labour supply 1890–1920. Kingston 1985.

JOHNSTONE, FREDERICK A.: Class, race and gold. A study of class relations and racial discrimination in South Africa. London 1976.

Kallaway, Peter (Hg.): Apartheid and education. The education of black South Africans. Johannesburg 1984.

Kamphausen, Erhard: Anfänge der kirchlichen Unabhängigkeitsbewegung in Südafrika. Geschichte und Theologie der Äthiopischen Bewegung, 1872–1912. Theol. Diss. Hamburg 1976. Bern 1976.

Kane-Berman, John: South Africa. The method in the madness. London 1979. Zuerst u. d. T. Soweto. Black revolt, white reaction. Johannesburg 1978.

Kaplan, D. E.: The politics of industrial protection in South Africa, 1910–1939. In: Martin J. Murray (Hg.): South African capitalism and black political opposition. Cambridge, Mass. 1982, 299–326.

Kaplan, Irving u. a.: Area Handbook for the Republic of South Africa. Washington 1971.

Karis, Thomas und Gwendolen M. Carter (Hg.): From protest to challenge. A documentary history of African politics in South Africa 1882–1964. 4 Bde, Stanford 1972–1977.

Katz, Elaine N.: A trade union aristocracy. A history of white workers in the Transvaal and the general strike of 1913. Johannesburg 1976.

Katzen, Leo: Gold and the South African economy. The influence of the goldmining industry on business cycles and economic growth in South Africa 1886–1961. Kapstadt 1961.

Katzenellenbogen, Simon E.: South Africa and southern Mozambique. Labour, railways and trade in the making of a relationship. Manchester 1982.

Keegan, Timothy J.: The making of the Orange Free State, 1846 to 1854. Subimperialism, primitive accumulation and state formation. In: Journal of Imperial and Commonwealth History 17 (1988), 26 bis 54.

–: The restructuring of agrarian class relations in a colonial economy. The Orange River Colony, 1902–1910. In: JSAS 5 (1978), 234–254.

–: Rural transformations in industrializing South Africa. The southern Highveld to 1914. Johannesburg 1986.

Kenney, H. F.: Architect of Apartheid. H. F. Verwoerd – an appraisal. Johannesburg 1980.

Kinghorn, Johann u. a.: Die NG Kerk en Apartheid. Johannesburg 1986.

Kirche und Gesellschaft. Ein Zeugnis der Nederduitse Gereformeerde Kerk, angenommen durch die Generalsynode der Nederduits-Gereformeerde Kerk, Oktober 1986. Pretoria 1987.

Klein, Richard G. (Hg.): Southern African prehistory and palaeoenvironments. Rotterdam 1984.

Klimm, Ernst, Karl-Günther Schneider und Bernd Wiese: Das südliche Afrika. I.: Republik Südafrika – Swasiland – Lesotho. Darmstadt 1980.

Kline, Benjamin: Genesis of Apartheid. British African policy in the Colony of Natal 1845–1893. Lanham 1988.

KOLB, PETER: Caput bonae spei hodiernum. Das ist: Vollständige Beschreibung des Africanischen Vorgebürges der Guten Hoffnung. Nürnberg 1719.

KRIKLER, JEREMY: The Transvaal agrarian class struggle in the South African War, 1899–1902. In: Social Dynamics 12,2 (1986) 1–30.

KRÜGER, D. W.: The making of a nation. A history of the Union of South Africa, 1910–1961. Johannesburg 1969.

–: Paul Kruger. 2 Bde, Johannesburg 1961–63.

– (Hg.): South African parties and policies 1910–1960. A select source book. Kapstadt 1960.

KUBICEK, ROBERT V.: Economic imperialism in theory and practice. The case of South African gold mining finance 1886–1914. Durham, N.C. 1979.

KUPER, ADAM: Wives for cattle. Bridewealth and marriage in Southern Africa. London 1982.

KUPER, LEO: Passive resistance in South Africa. London 1956.

LACEY, MARIAN: Working for Boroko. The origins of a coercive labour system in South Africa. Johannesburg 1981.

LAMAR, HOWARD und LEONARD THOMPSON (Hg.): The frontier in history. North America and Southern Africa compared. New Haven 1981.

LE CORDEUR, BASIL A.: The politics of Eastern Cape separatism 1820 to 1854. Kapstadt 1981.

LEE, RICHARD BORSHAY: The !Kung San. Men, women, and work in a foraging society. Cambridge 1979.

– und IRVEN DE VORE (Hg.): Kalahari Hunter-gatherers. Studies of the !Kung San and their neighbors. Cambridge, Mass. 1976.

LEFTWICH, ADRIAN: South Africa. Economic growth and political change. With comparative studies of Chile, Sri Lanka and Malaysia. London 1974.

LENTA, GIUSEPPE: »Reserved« land in South Africa. A century of declining productivity. In: Perspectives in Economic History 2 (Durban 1983), 13–24.

LEUBUSCHER, CHARLOTTE: Der südafrikanische Eingeborene als Industriearbeiter und als Stadtbewohner. Mit einem einleitenden Überblick über die afrikanische Eingeborenenfrage im allgemeinen. Jena 1931.

LEVY, NORMAN: The foundations of the South African cheap labour system. London 1982.

LEWIS, GAVIN: Between the wire and the wall. A history of South African »Coloured« politics. Kapstadt 1987.

LEWIS, JACK. The rise and fall of the South African peasantry. A critique and reassessment. In: JSAS 11 (1984/85), 1–24.

LEWIS, JON: Industrialisation and trade union organisation in South Africa, 1924–55. The rise and fall of the South African Trades and Labour Council. Cambridge 1984.

Lewis-Williams, J. David: The rock art of Southern Africa. Cambridge 1983.

Lichtenstein, Hinrich: Reisen im südlichen Afrika in den Jahren 1803, 1804, 1805 und 1806. 2 Bde, Ndr. Stuttgart 1967, hg. Wahrhold Drascher (zuerst Berlin 1811).

Liebenberg, B. J.: Andries Pretorius in Natal. Pretoria 1977.

Lipton, Merle: Capitalism and Apartheid. South Africa, 1910–1986. Aldershot 1986.

Lodge, Tom: Black politics in South Africa since 1945. Johannesburg 1983.

Luckhardt, Ken und Brenda Wall: Organize or starve! The history of the South African Congress of Trade Unions. London 1980.

Lye, William F. und Colin Murray: Transformations on the Highveld. The Tswana and Southern Sotho. Kapstadt 1980.

MacCrone, I. D.: The frontier tradition and race attitudes in South Africa. In: Race Relations Journal 28 (1961), 19–30.

–: Race attitudes in South Africa. Historical, experimental and psychological studies. Johannesburg 1937.

MacGrath, M. D.: Historical trends in the distribution of racial incomes in South Africa. In: Perspectives in Economic History 1 (Durban 1982) 6–29.

Macmillan, William M.: Bantu, Boer, and Briton. The making of the South African native problem. 2. Aufl., Oxford 1963.

–: The Cape colour question. A historical survey. Kapstadt 1968 (zuerst London 1927).

Maggs, T. M. O'C.: Iron age communities of the southern Highveld. Pietermaritzburg 1976.

Majeke, Nosipho [d. i. Dora Taylor]: The role of the missionaries in conquest. Johannesburg 1952.

Malherbe, Ernst Gideon: Education in South Africa. Bd. 1: 1652 to 1922. Kapstadt 1925, Ndr. 1975. Bd. 2: 1923–1975. Kapstadt 1977.

Marais, J. S.: The Cape Coloured People 1652–1937. Johannesburg 1968 (zuerst 1939).

–: The fall of Kruger's republic. Oxford 1961.

–: Maynier and the first Boer republic. Kapstadt 1944.

Maré, Gerhard und Georgina Hamilton: An appetite for power. Buthelezi's Inkatha and South Africa. Johannesburg 1987.

Maré, Gerry: African population relocation in South Africa. Johannesburg 1980.

Maree, Johann (Hg.): The independent trade unions, 1974–1984. Ten years of the South African Labour Bulletin. Johannesburg 1987.

Marks, Shula: Khoisan resistance to the Dutch in the seventeenth and eighteenth centuries. In: Journal of African Studies 13 (1972), 55–80.

–: Reluctant rebellion. The 1906–08 disturbances in Natal. Oxford 1970.

- und ANTHONY ATMORE (Hg.): Economy and society in preindustrial South Africa. London 1980.
- und RICHARD RATHBONE (Hg.): Industrialisation and social change in South Africa. African class formation, culture, and consciousness, 1870–1930. London 1982.
- und STANLEY TRAPIDO (Hg.): The politics of race, class and nationalism in twentieth-century South Africa. London 1987.

MARLOWE, JOHN: Milner. Apostle of empire. London 1976.

MASON, REVIL: Prehistory of the Transvaal. A record of human activity. Johannesburg 1962.

MATHEWS, ANTHONY S.: Law, order and liberty in South Africa. Kapstadt 1971.

MATTHEWS, JACQUELINE (Hg.): South Africa in the world economy. Johannesburg 1983.

MAYLAM, PAUL: A history of the African people of South Africa. From the early iron age to the 1970s. Kapstadt 1986.

–: Rhodes, the Tswana and the British. Colonialism, collaboration, and conflict in the Bechuanaland Protectorate, 1885–1899. Westport, Conn. 1980.

MILTON, JOHN: The edges of war. A history of frontier wars (1702 to 1878). Kapstadt 1983.

MOODIE, DONALD (Hg.): The record, or a series of official papers relative to the condition and treatment of the native tribes of South Africa. Ndr. Amsterdam 1960 (zuerst 1838–41).

MOODIE, T. DUNBAR: The moral economy of the black miners' strike of 1946. In: JSAS 13 (1986/87), 1–35.

–: The rise of Afrikanerdom. Power, Apartheid and the Afrikaner civil religion. Berkeley 1980.

MORRIS, DONALD R.: The washing of the spears. A history of the rise of the Zulu nation under Shaka and its fall in the Zulu War of 1879. London 1966.

MORRIS, M. L.: The development of capitalism in South African agriculture. Class struggle in the countryside. In: Economy and Society 5 (1976), 292–343.

MOTLHABI, MOKGETHI: The theory and practice of black resistance to Apartheid. A social-ethical analysis. Johannesburg 1984.

MULLER, C. F. J.: Die Britse owerheid en die Groot Trek. 4. Aufl., Kapstadt 1977.

–: Die oorsprong van die Groot Trek. Kapstadt 1974.

– (Hg.): Five hundred years. A history of South Africa. 4. Aufl., Pretoria 1984.

– u. a. (Hg.): South African history and historians. A bibliography. Pretoria 1979.

MULLER, NEIL: The dynamics of rural poverty in the Transkei. In: Africanus 14 (1984), 53–64.

MURRAY, COLIN: Families divided. The impact of migrant labour in Lesotho. Cambridge 1981.

Musiker, Naomi: South African history. A bibliographical guide with special reference to territorial expansion and colonization. New York 1984.

Musiker, Reuben: South African bibliography. A survey of bibliographies and bibliographical work. 2. Aufl., Kapstadt 1980.

Nash, M.D.: Bailie's party of 1820 settlers. Kapstadt 1982.

Die Nasionale Party. Hg. O. Geyser u.a. Bisher 4 Bde, Pretoria, Bloemfontein 1975–86.

Nasson, W. R.: ›Doing down their Masters‹: Africans, Boers and treason in the Cape Colony during the South African War of 1899–1902. In: Journal of Imperial and Commonwealth History 12 (1983), 29 bis 53.

Nattrass, Jill: The South African economy. Its growth and change. Oxford 1981.

Neumark, S. Daniel: Economic influences on the South African frontier 1652–1836. Stanford 1957.

Newton-King, Susan und V. C. Malherbe: The Khoikhoi rebellion in the Eastern Cape (1799–1803). 2. Aufl., Kapstadt 1984.

Oberholster, A.G.: Die Mynwerkerstaking. Witwatersrand 1922. Pretoria 1982.

Odendaal, André: Black protest politics in South Africa to 1912. Totowa, N. J. 1984 (Paperbackausgabe u. d. T.: Vukani Bantu! The beginnings of black protest politics in South Africa to 1912).

Official Yearbook of the Republic of South Africa. 12. Aufl. 1986, Pretoria o.J., 13. Aufl. 1987/88, Pretoria o.J.

O'Meara, Dan: The 1946 African mine workers' strike and the political economy of South Africa. In: Martin J. Murray (Hg.): South African capitalism and black political opposition, Cambridge, Mass. 1982, 361–396.

–: Volkskapitalisme. Class, capital and ideology in the development of Afrikaner nationalism, 1934–1948. Cambridge 1983.

Omer-Cooper, J. D.: History of Southern Africa. London 1987.

–: The Zulu aftermath. A nineteenth-century revolution in Bantu Africa. London 1966.

The Oxford History of South Africa. Hg. Monica Wilson und Leonard Thompson. 2 Bde, Oxford 1969–1971.

Pachai, Bridglal: The international aspects of the South African Indian question 1860–1971. Kapstadt 1971.

Pakenham, Thomas: The Boer War. London 1979.

Parkington, John: Changing views of the later stone age of South Africa. In: Advances in World Archaeology 3 (1984), 89–141.

Passarge, Siegfried: Südafrika. Eine Landes-, Volks- und Wirtschaftskunde. Leipzig 1908.

Peires, J. B. (Hg.): Before and after Shaka. Papers in Nguni history. Grahamstown 1981.

–: The central beliefs of the Xhosa cattle-killing. In: JAH 28 (1987), 43 bis 63.

–: The dead will arise. Nongqawuse and the great Xhosa cattle-killing movement of 1856–7. Johannesburg 1989.

–: The House of Phalo. A history of the Xhosa people in the days of their independence. Johannesburg 1981.

–: »Soft« believers and »hard« unbelievers in the Xhosa cattle-killing. In: JAH 27 (1986), 443–461.

Philip, John: Researches in South Africa, illustrating the civil, moral, and religious condition of the native tribes. 2 Bde, London 1828, Ndr. New York 1969.

Phillipson, W. D.: The later prehistory of Eastern and Southern Africa. London 1977.

Platzky, Laurine und Cherryl Walker: The Surplus People. Forced removals in South Africa. Johannesburg 1985.

Porter, A. N.: The origins of the South African War. Joseph Chamberlain and the diplomacy of imperialism 1895–99. Manchester 1980.

Posel, Deborah: The meaning of Apartheid before 1948. Conflicting interests and forces within the Afrikaner nationalist alliance. In: JSAS 14 (1987/88), 123–139.

Preller, Gustav S. (Hg.): Voortrekkermense. 6 Bde, Kapstadt 1918 bis 1938.

Pretorius, H. S. und D. W. Kruger (Hg.): Voortrekker-Argiefstukke. Pretoria 1937.

Price, Robert M. und Carl G. Rosberg (Hg.): The Apartheid regime. Political power and racial domination. Kapstadt 1980.

Puschra, Werner: Schwarze Gewerkschaften in Südafrika. Bonn 1988.

Raidt, Edith H.: Einführung in Geschichte und Struktur des Afrikaans. Darmstadt 1983.

Rasmussen, R. Kent: Migrant kingdom. Mzilikazi's Ndebele in South Africa. London 1978.

Raven-Hart, R.: Before van Riebeeck. Callers at South Africa from 1488 to 1652. Kapstadt 1967.

Reader's Digest. Illustrated history of South Africa. The real story. Kapstadt 1988.

Rhoodie, N. J. und H. J. Venter: Die Apartheidsgedagte. n' Sosiohistoriese uiteensetting van sy ontstaan en ontwikkeling. Kapstadt o. J. (ca. 1960).

Richardson, Peter: Chinese mine labour in the Transvaal. London 1982.

Rich, P. B.: Ministering to the white man's needs. The development of urban segregation in South Africa 1913–1923. In: African Studies 37 (1978), 17–191.

Ritter, E. A.: Shaka Zulu. The rise of the Zulu Empire. London 1955.

Roberts, Michael und A. E. G. Trollip: The South African opposition 1939–1945. An essay in contemporary history. London 1947.

Ross, Andrew: John Philip (1775–1851). Missions, race and politics in South Africa. Aberdeen 1986.

Ross, Robert: Adam Kok's Griquas. A study in the development of stratification in South Africa. Cambridge 1976.

–: Cape of torment. Slavery and resistance in South Africa. London 1983.

–: The rise of the Cape gentry. In: JSAS 9 (1982/83), 193–217.

Rotberg, Robert I.: The Founder. Cecil Rhodes and the pursuit of power. New York 1988.

Roux, Edward: Time longer than rope. A history of the black man's struggle for freedom in South Africa. 2. Aufl., Madison 1964.

Rutherford, J.: Sir George Grey K. C. B., 1812–1898. A study in colonial government. London 1961.

Rycroft, A. u. a. (Hg.): Race and the law in South Africa. Durban 1987.

Sachs, Albie: Justice in South Africa. Berkeley 1973.

Sacks, Benjamin: South Africa. An imperial dilemma. Non-Europeans and the British nation 1902–1914. Albuquerque 1967.

Saker, Harry: The South African flag controversy, 1925–1928. Kapstadt 1980.

Sampson, C. Garth: The stone age archaeology of Southern Africa. New York 1974.

Sanders, Peter: Moshoeshoe. Chief of the Sotho. London 1975.

Saunders, Christopher: Historical Dictionary of South Africa. Metuchen, N. J. 1983.

–: Liberated Africans in the Cape Colony in the first half of the nineteenth century. In: International Journal of African Historical Studies 18 (1985), 223–239.

–: The making of the South African past. Major historians on race and class. Kapstadt 1988.

– und Robin Derricourt (Hg.): Beyond the Cape frontier. Studies in the history of the Transkei and Ciskei. London 1974.

Savage, Michael: The imposition of pass laws on the African population in South Africa 1916–1984. In: African Affairs 85 (1986), 181 bis 205.

Schapera, Isaac: The Khoisan peoples of South Africa. Bushmen and Hottentots. London 1930.

Schlosser, Katesa: Eingeborenenkirchen in Süd- und Südwestafrika. Ihre Geschichte und Sozialstruktur. Kiel 1958.

Schoemann, B. M.: Parlamentêre verkiesings in Suid-Afrika 1910 tot 1976. Pretoria 1977.

Scholtz, G. D.: Dr Hendrik Frensch Verwoerd 1901–1966. 2 Bde, Johannesburg 1974.

– Die ontwikkeling van die politieke denke van die Afrikaner. 8 Bde, Johannesburg 1967–84.

SCHOLTZ, J. DU P.: Wording en ontwikkeling van Afrikaans. Kapstadt 1980.

SCHREUDER, D. M.: The scramble for Southern Africa, 1877–1895. The politics of partition reappraised. Cambridge 1980.

SCHUMANN, C. G. W.: Structural changes and business cycles in South Africa 1806–1936. London 1938.

SERFONTEIN, J. H. P.: Brotherhood of power. An exposé of the secret Afrikaner Broederbond. Bloomington 1978.

SHILLINGTON, KEVIN: The colonisation of the Southern Tswana 1870 to 1900. Johannesburg 1985.

SILAGI, MICHAEL: Von Deutsch-Südwest zu Namibia. Wesen und Wandlungen des völkerrechtlichen Mandats. Ebelsbach 1977.

SIMKINS, CHARLES: Agricultural production in the African Reserves of South Africa 1918–1969. In: JSAS 7 (1980/81), 256–283.

SIMONS, JACK und RAY SIMONS: Class and colour in South Africa 1850 to 1950. London 1983 (zuerst 1969).

SMIT, P. und J. J. BOOYSEN: Swart verstedeliking. Proses, patroon en strategie. Kapstadt 1981.

SMITH, KEN: The changing past. Trends in South African historical writing. Johannesburg 1988.

South African Institute of Race Relations (Hg.). Race Relations Survey. Johannesburg, seit 1936 jährlich, unter leicht variiertem Titel.

South African Labour Statistics 1988 und 1989. Pretoria o. J.

South African Statistics 1986 und 1988. Pretoria o. J.

SOUTHALL, ROGER: South Africa's Transkei. The political economy of an »independent« Bantustan. London 1982.

SPIES, S. B.: Methods of barbarism? Roberts and Kitchener and civilians in the Boer republics January 1900–May 1902. Kapstadt 1977.

SPILHAUS, M. WHITING: South Africa in the making 1652–1806. Kapstadt 1966.

SPOELSTRA, C.: Bouwstoffen voor de geschiedenis der Nederduitsch-Gereformeerde Kerken in Zuid-Afrika. 2 Bde, Amsterdam 1906 bis 1907.

STADLER, ALF: The political economy of modern South Africa. London 1987.

STALS, E. L. P. (Hg.): Afrikaners in die Goudstad. Bd. 1: 1886 tot 1924. Autor: J. J. FOURIE. Kapstadt 1978; Bd 2: 1924 tot 1961. Autor: E. L. P. STALS. Pretoria 1986.

Standard Encyclopaedia of Southern Africa. 12 Bde, Kapstadt 1970–76.

STOCKENSTROM, ERIC: Historiese Atlas von Suid-Afrika. Stellenbosch 1928.

STULTZ, NEWELL M.: Transkei's half loaf. Race separatism in South Africa. New Haven 1979.

SUNDKLER, BENGT G. M.: Bantu prophets in South Africa. 2. Aufl., London 1961 (auch deutsch).

Surplus People Project (Hg.): Forced removals in South Africa. 5 Bde, Kapstadt 1983.

Swan, Maureen: Gandhi. The South African experience. Johannesburg 1985.

Templin, J. Alton: Ideology on a frontier. The theological foundation of Afrikaner nationalism, 1652–1910. Westport, Conn. 1984.

Theal, George McCall: History of South Africa. 11 Bde, London 1888–1919, Ndr. Kapstadt 1964.

Thompson, Leonard M. (Hg.): African societies in Southern Africa. London 1969.

–: Indian immigration into Natal, 1860–1872. In: Archives Year Book für South African History 15, 2 (1952), 1–76.

–: The political mythology of Apartheid. New Haven 1985.

–: Survival in two worlds. Moshoeshoe of Lesotho 1786–1870. Oxford 1975.

–: The unification of South Africa 1902–1910. Oxford 1960.

– und Jeffrey Butler (Hg.): Change in contemporary South Africa. Berkeley 1975.

The Times History of the War in South Africa, 1899–1902. Hg. L. S. Amery. 7 Bde, London 1900–09.

Tobias, Phillip V. (Hg.): The Bushmen. Hunters and herders of Southern Africa. Kapstadt 1978.

Tomlinson, R.: Industrial decentralization and the relief of poverty in the homelands. In: South African Journal of Economics 51 (1983), 544–563.

Trapido, Stanley: Landlord and tenant in a colonial economy. The Transvaal 1880–1910. In: JSAS 5 (1978/79), 26–58.

–: Natal's non-racial franchise, 1856. In: African Studies 22 (1963), 22 bis 32.

–: The origins of the Cape franchise qualifications of 1853. In: JAH 5 (1964), 37–54.

Turrell, Robert Vicat: Capital and labour on the Kimberley diamond fields 1871–1890. Cambridge 1987.

Union statistics for fifty years. Jubilee issue 1910–1960. Compiled by the Bureau of Census and Statistics, Pretoria (Pretoria 1960).

Unterhalter, Elaine: Forced removal. The division, segregation and control of the people of South Africa. London 1987.

Van Aswegen, H. J.: Geskiedenis van Suid-Afrika tot 1854. Pretoria 1989.

–: Die posisie van die Nie-Blankes in die Oranje-Vrystaat, 1854–1899. In: SAHJ 8 (1973), 41–60.

–: Die verhouding van Blank en Nie-Blank in die Oranje-Vrystaat, 1854–1902. Archives Year Book for South African History 34, 1 (1971), Pretoria 1977.

VAN BILJON, P.: Grensbakens tussen Blank en Swart in Suid-Afrika. 'n Historiese ontwikkeling van grensbeleid en beleid van grond-toekenning aan die naturel in Suid-Afrika. Kapstadt o. J. (ca. 1947).

VAN DER HORST, SHEILA T.: Native labour in South Africa. Ndr. London 1971 (zuerst 1942).

–: Race discrimination in South Africa. A review. Kapstadt 1981.

VAN DER MERWE, PETRUS JOHANNES: Die noordwaartse beweging van die Boere voor die Groot Trek (1770–1842). Diss. Leiden 1937.

–: Trek. Studies oor die mobiliteit van die pioniersbevolking aan die Kaap. Kapstadt 1945.

–: Die Trekboer in die geskiedenis van die Kaapkolonie (1657–1842). Kapstadt 1938.

VAN DER ROSS, R. E.: The rise and decline of Apartheid. A study of political movements among the Coloured People of South Africa, 1880–1985. Kapstadt 1986.

VAN DER WALT, A.J.H.: Die Ausdehnung der Kolonie am Kap der Guten Hoffnung (1700–1779). Eine historisch-ökonomische Unter-suchung über das Werden und Wesen des Pionierlebens im 18. Jahr-hundert. Phil. Diss. Berlin 1928.

– u. a. (Hg.): Geskiedenis van Suid-Afrika. 3. Aufl., Kapstadt 1979.

VAN DUIN, PIETER und ROBERT ROSS: The economy of the Cape Colony in the eighteenth century. Leiden 1987.

VAN HEERDEN, FREDERIK JACOBUS: Nasionaal-Sosialisme as faktor in die Suid-Afrikaanse politiek, 1933–1948. Diss. Bloemfontein 1972 (Ms).

VAN-HELTEN, JEAN JACQUES: Empire and high finance. South Africa and the international gold standard 1890–1914. In: JAH 23 (1982), 529–548.

VAN JAARSVELD, F A., The Afrikaner's interpretation of South African history. Kapstadt 1964.

–: The awakening of Afrikaner nationalism 1868–1881. Kapstadt 1961.

– u. a. (Hg.): Die eerste Vryheidsoorlog. Van verset en geweld tot skikking deur onderhandeling 1877–1884. Pretoria 1980.

–: Geskiedkundige verkenninge. Pretoria 1974.

–: Omstrede Suid-Afrikaanse verlede. Geskiedenisideologie en die hi-storiese skuldvraagstuk. Johannesburg 1984.

–: Van Van Riebeeck tot P. W. Botha. 'n Inleiding tot die geskiedenis van die Republiek van Suid-Afrika. 3. Aufl., Johannesburg 1982.

VAN ONSELEN, CHARLES: Studies in the social and economic history of the Witwatersrand 1886–1914. 2 Bde, London 1982.

VAN ZYL, D. J.: Die slaaf in die ekonomiese lewe van die westelike distrikte van die Kaapkolonie, 1795–1834. In: SAHJ 10 (1975), 3 bis 23.

VERWOERD, H. F.: Verwoerd aan die woord. Toesprake 1948–1966. Hg. A. N. PELZER. Johannesburg 1966 (auch englische Ausgabe).

WALKER, ERIC ANDERSON: The Great Trek. London 1934.

–: Historical Atlas of South Africa. Kapstadt 1922.

–: A history of Southern Africa. 3. Aufl., London 1964.

WALSHE, PETER: The rise of African nationalism in South Africa. The African National Congress 1912–1952. London 1970.

WARWICK, PETER: Black people and the South African War 1899–1902. New York 1983.

– (Hg.): The South African War. The Anglo-Boer War, 1899–1902. London 1980.

WEBSTER, EDDIE (Hg.): Essays in Southern African labour history. Johannesburg 1978.

WELLINGTON, JOHN H.: Southern Africa. A geographical study. 2 Bde, Cambridge 1955–60.

WELSH, DAVID: The roots of segregation. Native policy in colonial Natal, 1845–1910. Kapstadt 1971.

WICKINS, PETER L.: The Industrial and Commercial Workers' Union of Africa. Kapstadt 1978.

–: The Natives Land Act of 1913. A cautionary essay on explanations of complex change. In: South African Journal of Economy 49 (1981), 105–129.

WILKINS, IVOR und HANS STRYDOM: The Super-Afrikaners. Johannesburg 1978.

Willan, Brian: Sol Plaatje. South African nationalist, 1876–1932. Berkeley 1984.

WILLCOX, A. R.: The rock art of South Africa. Johannesburg 1963.

WILSON, FRANCIS: Labour in the South African gold mines 1911–1969. Cambridge 1972.

–: Migrant labour in South Africa. Johannesburg 1972.

– ALIDE KOOY und DELIA HENDRIE (Hg.): Farm labour in South Africa. Kapstadt 1977.

WIRTH, ALBRECHT: Geschichte Südafrikas. Bonn 1897.

WOLPE, HAROLD: Capitalism and cheap labour-power in South Africa. From Segregation to Apartheid. In: Economy and Society 1 (1972), 425–456.

–: Industrialisation and race in South Africa. In: SAMI ZUBEIDA (Hg.): Race and racialism. London 1970, 151–179.

–: The ›white working class‹ in South Africa. In: Economy and Society 5 (1976), 197–240.

WORDEN, NIGEL: Slavery in Dutch South Africa. Cambridge 1985.

WORGER, WILLIAM H.: South Africa's city of diamonds. Mine workers and monopoly capitalism in Kimberley, 1867–1895. New Haven 1987.

WRIGHT, HARRISON M.: The burden of the present. Liberal-radical controversy over Southern African history. Kapstadt 1977.

YUDELMAN, DAVID: The emergence of modern South Africa. State, capital, and the incorporation of organized labour on the South African gold fields, 1902–1939. Westport, Conn. 1983.

– und ALAN JEEVES: New labour frontiers for old. Black migrants to the South African gold mines, 1920–1985. In: JSAS 13 (1986/87), 101–124.

ZIMMERMANN, REINHARD: Das römisch-holländische Recht in Südafrika. Einführung in die Grundlagen und usus hodiernus. Darmstadt 1983.

Die Bevölkerung Südafrikas 1904–1985

Jahr	Alle Rassen	Schwarze	%	Weiße	%	Mischlinge	%	Inder	%
1904	5 174 000	3 490 000	67,5	1 117 000	21,6	445 000	8,6	122 000	2,4
1911	5 972 000	4 019 000	67,3	1 276 000	21,4	525 000	8,8	152 000	2,6
1921	6 926 000	4 697 000	67,8	1 521 000	22,0	545 000	7,9	163 000	2,4
1936	9 588 000	6 596 000	68,8	2 003 000	20,9	769 000	8,0	220 000	2,3
1946	11 415 000	7 830 000	68,6	2 372 000	20,8	928 000	8,1	285 000	2,5
1951	12 672 000	8 560 000	67,6	2 642 000	20,9	1 103 000	8,7	367 000	2,9
1960	16 002 000	10 928 000	68,3	3 088 000	19,3	1 509 000	9,4	477 000	3,0
1970	21 794 000	15 340 000	70,4	3 773 000	17,3	2 051 000	9,4	630 000	2,9
1980	25 725 000	18 253 000	70,9	4 233 000	16,5	2 488 000	9,7	751 000	2,9
1985 (Zählung)	29 212 000	20 989 000	71,9	4 569 000	15,6	2 833 000	9,7	821 000	2,8
1985 (Schätzung)	33 622 000	24 901 000	74,1	4 961 000	14,7	2 881 000	8,6	878 000	2,6

Quellen: 1904–1970: SA Statistics 1986, 1.5. – 1980 und 1985 (Zählung): SA Labour Statistics 1988, 2; 7. – 1985 (Schätzung): SAIRR Survey 1986, 2.

Die Zahlen für 1904 bis 1970 geben die Resultate allgemeiner Volkszählungen. Seither wird die Berechnung komplizierter, da die offiziellen Zahlen für Südafrika regelmäßig die »unabhängigen« Homelands ausschließen. Diese sind hier, um die Vergleichsbasis zu wahren, mitberücksichtigt. Die Schätzung für 1985 geht davon aus, daß die Zählung jeweils einen bestimmten Prozentsatz der Bevölkerung nicht erfaßt und ist demgemäß höher. Im Prinzip müßten natürlich auch frühere Angaben entsprechend nach oben revidiert werden.

Die Sitze im Abgeordnetenhaus, 1910–1989

Wahljahr	Sitze insgesamt*	Labour-Partei	Sozialisten	Dominion-Partei	Progressive Partei	Unionisten-Partei	Südafrikan. Partei	Vereinigte Partei	Nationale Partei (Hertzog)	Afrikaner-Partei	Nationale Partei (Malan)	Unabhängige
1910	121	4				39	67					11
1915	130	4				40	59		27			
1920	134	21				25	41		44			3
1921	134	9					79		45			1
1924	135	18					53		63			1
1929	148	3 (National Council) / 5 (Creswell)					61		78			1
1933	150	4 (National Council) / – (Creswell)					61		75			10
1938	150	3	1	8				111			27	1
1943	150	9		7				89			43	2
1948	150	6						65		9	70	
1953	156	5						57			94	
1958	156							53			103	
1961	155				1			49			105	
1966	166				1			39			126	
1970	166				1			47			118	
1974	171				7			41			123	

	Progressive Föderalist. Partei (PFP)	New Republic-Partei	Südafrikan. Partei		Konservative Partei
1977	17	10	3	<u>134</u>	
1981	26	8		<u>131</u>	22
1987	19	1		<u>123</u>	22 1
1989	Demokrat. Partei 33			<u>93</u>	39

166 (1 Sitz noch offen)

* ohne ernannte und von getrennten Wählerschaften bestimmte Abgeordnete

Unterstrichenes: an der Regierung beteiligte Parteien

Die Ministerpräsidenten der Union von Südafrika (seit 31. 5. 1910) bzw. der Republik Südafrika (seit 31. 5. 1961)

1910–1919	Louis Botha
1919–1924	Jan Christiaan Smuts
1924–1939	James Barry Munnik Hertzog
1939–1948	Jan Christiaan Smuts
1948–1954	Daniel François Malan
1954–1958	Johannes Gerhardus Strydom
1958–1966	Hendrik Frensch Verwoerd
1966–1978	Balthazar Johannes Vorster
1978–1989	Pieter Willem Botha (seit 5. 9. 1984 Staatspräsident)
1989–	Frederik Willem De Klerk (Staatspräsident)

Abkürzungen

ANC   African National Congress (Afrikanischer Nationalkongreß)

GNP   Gesuiwerde Nasionale Party (Gereinigte NP)

HNP   1940–1951: Herenigde Nasionale Party (Wiedervereinigte NP), seit 1969: Herstigte Nasionale Party (Wiedererrichtete NP)

JAH   Journal of African History

JSAS   Journal of Southern African Studies

NGK   Nederduitse Gereformeerde Kerk (Niederländische Reformierte Kirche)

NP   Nasionale Party, National Party (Nationale Partei)

PAC   Pan-Africanist Congress (All-Afrikanistischer Kongreß)

SA   South Africa, South African (Südafrika, südafrikanisch)

SAHJ   South African Historical Journal

SAIRR   South African Institute of Race Relations (Südafrikanisches Institut für Rassenbeziehungen)

SAP   South African Party (Südafrikanische Partei)

SWAPO   South West African People's Organisation (Organisation des Südwestafrikanischen Volkes)

UDF   United Democratic Front (Vereinigte Demokratische Front)

UP   United Party (Vereinigte Partei)

Register

412

414

421